교육목회와 교회성장

머리말

하나님께서 원하시는 교회의 모습은 어떠한 것일까? 그리고 그러한 교회 모습은 어떻게 이루어 갈 수 있을까? 이 질문은 모든 목회자들 속에서 항상 제기되고 있는 근원적인 물음이 아닐 수 없다.

오늘날 한국교회가 당면하고 있는 가장 시급하고 심각한 사안은 교회가 마이너스 성장에 처해 있는 문제이다. 한국교회는 양적 성장의 방향으로만 질주한 나머지 신앙의 질적 성숙을 간과하였고, 질적 성숙의 주체적인 기능인 교육조차도 양적 성장의 수단으로만 취급해 왔다. 그 결과 한국교회는 아직 교육다운 교육을 실천하지 못하는 상태에 있다.

현재의 한국교회는 시대적인 요청과 더불어 사회 전체를 위한 선도적인 삶의 스타일을 제시해야 함에도 불구하고 사회의 계도적인 지위를 상실하고 말았다. 사실 그간의 한국교회는 지교회 성장에만 관심을 가진 채 시대적인 도전으로부터 단절되어 왔으며 신앙과 생활의 괴리 현상을 빚었고, 현실의 문제에 부딪칠 때는 항상 갈등을 유발시켜 왔다. 따라서 신앙과 삶의 관련성의 문제는 교회가 다시 한 번 새롭게 철저히 스스로에게 물어보아야 할 과제로 남아 있다.

목사는 교인의 가정생활, 교회생활, 사회생활에 대해 가르치는 자이며 특히 교회에 있어 각종 주일학교, 성경학교, 강습회 등의 모든 기관의 기독교교육의 지도자이다. 그러함에도 오늘날 목회자가 교회의 기능과 역할에 대해 한쪽으로 치우친 시각을 가지고 있다는 것은 문제가 될 수밖에 없다. 목회의 본질이 복음을 선포하고 가르치며 치료하는 사역을 동시적으로 하는 것임에도 불구하고 목회자가 교육에 관한 어떤 직책을 수행해야 하는 경우 본래 목회자가 해서는 안되는 일을 부과한다고 생각하며 그 임무를 피하려고 하는 예가 흔하다.

더욱이 양적인 팽창위주의 교회정책으로 인해 다양한 역할을 담당해야 할 교회가 그 기능을 상실한 채 비효율적으로 역할을 할 수밖에 없었다. 이러한 상황에서 교회는 다층, 다원화된 교인들의 교육적인 욕구를 충족시키기엔 요원한 상태에 있으며, 결국 단계적이고 발전적인 교육을 수행하지 못하고 있다.

거기에 덧붙여 한국교회는 자본주의 사회구조와 닮은 개교회주의와 대교회주의로 치달아 자유경쟁 또는 적자생존의 치열한 싸움을 치르지 않으면 안 되는 상황에서 목회자들은 전통적 기독교의 교회관을 현실과는 유리된 이상론으로 취급해야 생존한다는 유혹을 부단히 받고 있는 현실이다. 이런 연장선 상에 나타나는 극심한 한국교회의 분열 현상도 우리는 경험하고 있다.

진정한 교회의 사명은 단회적인 구원을 위해서 일하는 것에서 끝나는 것이 아니라 그리스도인으로서의 장성한 분량에 이르도록 하는 것(엡4:13), 곧 칭의적 경험에만 머무르는 것이 아니라 "항상 복종하여 두렵고 떨림으로 너희 구원을 이루라"(빌2:12)고 한 성화적 단계의 성숙을 위해 일하는 것이다. 이를 위해 교육목회의 실천은 가장 시급한 문제로 대두되고 있다.

진정한 교회성장이 요구되는 오늘의 현실에서 우리는 다시 한 번 진정한 성장은 무엇이며 그러한 성장을 위해 한국교회의 목회 방향은 어디로 가야 하는가 하는 문제를 심각히 생각하지 않을 수 없게 되었다. 그러므로 이 책에서는 한국교회의 성장 둔화와 성도수의 감소를 의식하면서 한국교회 목회와 성장에 나타난 문제점을 확인하고 교회갱신을 위한 목회의 새로운 방법론으로서 교육목회의 당위성과 의의를 밝히고자 한다.

그리고 참고문헌 목록은 지면상 일일이 열거하지 않고 일부만 제시하였다. 이 점을 널리 양해하기 바라며 각주를 참고하기 바란다.

출판계의 어려운 현실 속에서 이 책 제3판의 출판을 기꺼이 허락해 주시고 여러모로 배려해 주신 민영사 김동현 대표님과 교정과 편집으로 많이 수고해 주신 김정숙 선생님께 진심으로 감사드린다.

2016년 봄

지은이 씀

차례

제1부 교회와 성장의 관계

제1장 교회란 무엇인가

1. 교회의 어원적 의미 13
2. 교회의 본질 15
3. 교회의 기능 22
4. 은혜의 수단 28
5. 교회와 교육의 관계 31

제2장 교회성장과 교육목회

1. 교회성장의 정의 35
2. 교회성장의 성경적 배경 37
3. 교회성장의 현실적 요구 69
4. 교육목회의 필요성 71
5. 교육목회란 무엇인가 82
6. 교육목회의 성경적 배경 105
7. 교회갱신의 과제와 그 방법으로서의 교육목회 121

제2부 한국교회 성장의 실제에 대한 분석

제1장 한국교회의 성장 분석

1. 초기선교와 교회성장 125
2. 교회성장의 시련기(일제시대) 152
3. 교회성장의 새로운 출발(해방~1962.5.16) 170
4. 교회성장의 도약기(1962.5.16~1984) 178
5. 한국교회 성장의 현재(1985~2015) 185

제2장 한국교회 성장에 나타난 문제성

1. 목회관의 문제 195
2. 교회의 본질적 과제 간과 199
3. 교회의 구조의 문제성 207
4. 목회방법상에 나타난 문제들 222
5. 그리스도인의 신앙양태와 의식의 문제성 238
6. 교회교육 실제의 분석과 문제 242

제3부 교육목회의 신학적 근거와 적용

제1장 교육목회의 신학적 근거

1. 하나님의 교육 257
2. 예수 그리스도의 교육 260
3. 성령의 사역 267
4. 목회의 대상으로서의 인간 271

제2장 목회구조의 전환과 목사의 역할

1. 교육목회를 위한 목회구조의 전환 277
2. 교육목회와 목사의 역할 279

제3장 예전의 회복

1. 예배의 교육적 의미 287
2. 말씀중심 예배의 이해 297
3. 성례의 강화 308

제4장 성경교육의 강화

1. 성경교육의 목표 327
2. 성경학습의 접근방식 330
3. 성경교사의 준비 333

제5장 신앙문답 교육의 회복

1. 신앙문답 교육의 역사 337
2. 책으로서의 신앙교육서의 기능 343
3. 신앙교육서의 교수학적 구조 345
4. 신앙문답 교육의 중요성 348

제6장 상담의 극대화
1. 교육적 상담의 필요성 353
2. 상담의 목적 358
3. 상담의 원리 361
4. 상담의 기술 365

제7장 가정교육의 지원
1. 가정교육의 기초 369
2. 부모교육 377
3. 예비부부 교육 382
4. 부부교육 385

제8장 평신도 훈련의 강화
1. 평신도에 대한 이해 393
2. 평신도 훈련의 중요성 399
3. 평신도 직분자들의 교육 403

제9장 교육과 선교의 관계
1. 교회의 교육적 사역으로서의 선교 411
2. 한국교회 교육적 방향과 선교 416
3. 선교의 실제로서의 교육 423

제10장 교회 교육행정의 개선
1. 한국교회 교육행정의 이원적 구조의 탈피 427
2. 교육사(敎育師) 제도의 활용 430
3. 교회의 교육적 시설과 설비 435

제11장 주일학교 운영의 강화
1. 주일학교의 중요성 437
2. 교사훈련과 공과교육 439
3. 주일학교의 교육체계 441

○ 맺음말 445
○ 주요 참고문헌 448

제1부
교회와 성장의 관계

제1장　교회란 무엇인가
제2장　교회성장과 교육목회

제 1장
교회란 무엇인가

1. 교회의 어원적 의미

구약에 교회를 가리키는 두 용어가 있는데, 그 첫째는 (קָהָל, qahal)이다. 이 말은 "부르다, 소집하다"(to call)를 의미하는 (קָהָל, 카할)에서 왔다. 그러므로 명사로서는 집회, 회중, 여호와(하나님)의 총회를 말하며 언약 공동체를 지칭한다. 둘째 용어는 (עֵדָה, 'edhah)이다. 이 말은 "지정하다"(to appoint), 혹은 "지정된 장소에서 함께 만나다, 또는 함께 오다"(to meet or come together at an appointed place)를 의미하는 (יָעַד, ya'adh)에서 유래하였다. 그러므로 (עֵדָה, 'edhah)는 집회(an assembly)나 회중(a congregation)을 가리킨다.[1] 이 말이 이스라엘에 적용되었을 때, 그것은 회집하였거나 회집하지 않았거나에 관계없이 이스라엘의 자녀들, 혹은 구민의 대표자로 형성된 사회를 지시하였다. 한편 קָהָל은 정확히 말해서

---

1) *The New Brown, Driver, and Briggs Hebrew and English Lexicon of the Old Testament*(Lafayette, Indiana: Associated Publishers and Authors, Inc., 1981), 416-417, 729, 874. *Gesenius' Hebrew-Chaldee Lexicon to the Old Testament Scriptures*(Grand Rapids, Mich.: Baker Book House, 1979), 607-608, 726.

백성들의 실제적인 집회를 말한다.[2)] עֵדָה가 출애굽기, 레위기, 민수기, 그리고 여호수아에서는 훨씬 더 일반적인 용어이지만, 신명기에서는 볼 수 없고 후기의 여러 성경에서 드물게 나타날 뿐이다. קָהָל은 역대기, 에스라, 느헤미야에 많이 나타나고 있다.[3)]

신약에도 역시 70인경에서 유래된 두 말이 있는데, 첫째는 ἐκκλησία(ekklesia)이다. 이 말은 ἐκ(ek)와 καλέω(kaleo)의 합성어이며 '불러내다'를 뜻한다. 둘째 용어는 συναγωγή(sunagoge)이다. 이 말은 σύν(sun)과 ἄγω(ago)로 되어 있으며 '오다, 혹은 함께 오다'를 의미한다. 후자는 전적으로 유대인의 종교적 집회나 혹은 공예배를 위하여 모인 건물을 가리켜 독점적으로 사용되었다(마4:23; 행13:43; 계2:9, 3:9). 그러나 ἐκκλησία라는 말은 일반적으로 신약의 교회를 가리킨다.[4)] 신약성경에서 이 말은 '세상 가운데서 불러내다'라는 뜻으로 그리스도를 통하여 불리움을 받은 '그리스도인'을 의미하며, 이것은 역시 '하나님의 백성', 또는 '그리스도를 신앙하는 무리'를 뜻하는 말로 사용되었던 것이다.[5)] 로마를 중심한 나라들의 교회를 가리키는 용어로는 라틴어의 ecclesia, 스페인어의 iglesia, 프랑스어의 eglise, 이탈리아어의 chiesa 등으로 표현되는데 이는 ἐκκλησία에서 유래되었다.

한편 영어의 Church, 네덜란드어의 Kerk, 그리고 독일어의 Kirche, 스웨덴어의 kyrka 등은 ἐκκλησία에서 온 것이 아니라, '주께 속하다'를 의미하는 κυριακή(kuriake)에서 나온 말이다. 이는 루터가 ἐκκλησ

---

2) Louis Berkhof, *Systematic Theology*, New Combined Edition(Grand Rapids, Michigan: Wm. B. Eerdmans Publishing Company, 1996), 555.

3) *Ibid.*

4) 박형룡, 『교의신학 교회론』, 박형룡박사 저작전집 VI.(서울 : 기독교교육연구원, 1981), 18.

5) 정일웅, 『기독교 예배학 개론』(서울: 도서출판 솔로몬, 1993), 14.

ία라는 용어보다 '주님께 속한 공동체'라는 용어를 즐겨 썼기 때문에 그 영향을 많이 받은 독일 교회와 가까운 교회들이 이 용어를 사용했다. 이 말들은 교회가 하나님의 소유물이라는 사실을 강조한다. τὸ κυριακόν (to kuriakon, 주의 것) 혹은 ἡ κυριακή(he kuriake, 주께 속한 것)라는 명칭은 처음에 교회가 모인 장소를 가리켰다. 이 장소는 주께 속하는 것으로 생각되었으며, 그렇기 때문에 그것은 τὸ κυριακόν이라고 불리워졌다. 그러나 장소 자체로만으로는 아무 것도 아니므로, 교회가 예배하려고 거기 모이기 전에는 사실상 τὸ κυριακόν으로 나타나지 않았다. 따라서 마침내 이 말은 교회 자체, 곧 하나님의 영적 건물(the spiritual building)로 불리워지게 되었다.[6)]

2. 교회의 본질

그러면 교회의 본질은 무엇인가? 로마 가톨릭과 개신교는 교회의 본질적 성질에 관한 견해에 차이가 있다. 구교는 외부적이고 유형적인 조직체로서의 교회에서 그 본질을 찾지만 개신교는 이러한 외적인 관념을 깨고 성도들의 무형적이고 영적인 교통에서 교회의 본질을 찾는다.

교회는 피택자들의 집단이다. 종교개혁은 중세 로마 가톨릭 교회의 형식주의에 반대하여 교회의 본질이 교회의 외면적 조직에 있는 것이 아니라 오직 성도의 교통에 있다는 것을 강조하여 교회를 단순히 성도들의 집단, 즉 그리스도를 믿고 그 안에서 성화되고 그를 머리로 하여 그

6) Louis Berkhof, *Systematic Theology*, 557.

에게 연합된 자들의 집단으로 보았다.[7)]

웨스트민스터 신앙고백서는 "무형의 보편적 교회는 교회의 머리가 되시는 그리스도 아래서 이미 하나로 모였으며 현재 모이고 있고 또한 장차 하나로 모이게 될 모든 피택자들로 되어 있다. 또한 이 교회는 만물을 충만케 하시는 자의 배우자이며 신체이며 충만이다"[8)]라고 밝혀주고 있다.

이와 같이 교회의 본질은 그리스도와의 생명적 유기적 연합을 바탕으로 하는 성도의 교통(交通)이다. 성도란 본래 그리스도 안에서 믿음으로 말미암아 의롭다 하심을 받은 자들이다. 주님과 이들 사이의 관계를 성경은 '포도나무와 가지'(요15:5), '몸과 지체'(고전6:15-19), '머리와 몸'(엡1:22, 23; 4:15-16; 5:29-30) 등으로 묘사하고 있다. 이런 비유는 그리스도와 성도가 유기적이면서도 생명적인 연합을 이루고 있음을 뜻한다.

그리스도의 몸으로서의 교회상(敎會像)이 강조하는 바는, 그리스도께서 지상의 사역 동안에 인간의 육체 안에서 활동하신 것과 같이 교회는 현재 그리스도께서 활동하시는 장소라는 것이다. 또한 그리스도의 몸으로서의 교회는 신자들의 모임인 교회와 그리스도의 결합(connection)을 강조하며 교회를 구성하는 모든 신자들 상호간의 연결관계를 말해 준다. 이처럼 교회를 몸으로 이해할 때, 우리는 그 안에서 하나의 상호관계 즉 각 신자들이 서로 격려하고 세워주는 관계라는 것을 발견하게 된다.[9)]

따라서 성도들은 그리스도와 신령한 교제의 생활을 하며(계3:20, 21 참조) 나아가 그리스도와 연합된 다른 모든 성도들과도 신령한 교통이 이뤄지게 된다. 그리하여 그들은 공동의 신앙고백을 하며 주님을 위하

7) 박형룡, 『교의신학 교회론』, 35.
8) *The Westminster Confession of Faith*, Chap.XXV.
9) Millard J. Erickson, *Christian Theology*, Unabridged, one-volume edition (Grand Rapids, Michigan: Baker Book House, 1985), 36-38.

여 일하게 되는데, 교회는 바로 이런 성도의 교통을 본질로 한다.

그러나 유형교회 안에 들어와 있는 자가 전부 그리스도와 참된 연합을 이룬 참 신자라는 것은 아니다. 이 교회는 소수의 중생되지 않은 자들을 포함할 수 있으며 항상 포함하고 있다. 그러나 공공연한 불신자들과 악인들을 허용하지 않는다. 바울 사도는 유형교회에 편지하면서 그들을 '성도'라고 부르기를 주저하지 않았다. 그러나 악한 자들과 불순종하는 자들을 그들 중에서 쫓아낼 필요성을 강조하였다(고전5장; 살후3:6, 14; 딛3:10).[10] 또한 교회의 본질을 '성도의 교통'에서 찾는다고 해서 유형교회에 행정적인 조직이 필요없다는 주장을 하고 있는 것은 아니다.

교회는 하나님의 백성들로 구성된다. 하나님의 백성은 "하나님께서 유대인 중에서 뿐 아니라 이방인 중에서도 부르신"(롬9:24) 모든 사람들로 구성된다. 그들은 그의 소유이며 그는 그들의 하나님이다. 하나님의 백성이 이스라엘이며 교회라는 개념은 여러 가지 의미를 내포하고 있다. 하나님께서는 그들을 사랑하시고 돌보시고 보호하시며, 또한 그들을 "자기 눈동자같이" 지키신다(신32:10). 그리고 그들이 주저함없이 자신의 충성스러운 백성이 되기를 기대하신다. 하나님의 백성에게 특별히 요구되는 특질은 바로 거룩성이다.[11]

이미 초대교회는 교회를 성도의 교통이라고 하여, 교회의 본질이 무엇인지를 표현한 바 있고, 종교개혁에서도 교회의 본질은 교회의 외형적인 조직체에서 찾을 것이 아니라 '성도의 교통'에서 찾아야 한다는 진리를 다시 한 번 강조하였다. 루터와 칼빈에게 있어서, 교회는 단순히 성도들의 공동체이다. 그들은 교회를 이해함에 있어 그리스도를 믿어 성화되고, 머리가 되시는 그리스도에게 연합된 자들의 단체로 보았던 것

10) Louis Berkhof, *Systematic Theology*, 564.
11) Millard J. Erickson, *Christian Theology*, 1305–1306.

이다.[12] 칼빈(Calvin)은 "하나님께서 모든 신자들의 공통된 아버지시며 그리스도께서 보편적인 머리가 되신다는 사실을 참으로 확신한다면 성도들이 형제의 사랑으로 연합하여 상호간에 그들의 유익(은사들)을 나누어 가질 수밖에 없다."[13]라고 하였다. 특히 그가 교회의 일치와 순결에 관심을 가지고 "전통적으로 내려오는 교회의 제도에 대항하여 기존 교회의 하나됨을 파괴하는 것을 목적으로 하지 않고 참 교회를 재정립하고자 한"[14] 것은 교회의 본질로서 성도의 교통을 중요하게 생각하고 있음을 보여준다.

우리는 교회의 본질을 생각하면서 무엇이 참교회와 거짓교회를 구분할 수 있는 표지(標識)가 될 수 있는지를 살피지 않을 수 없다. 교회의 표지의 수에 대해 베자(Beza), 알스테드(Alsted) 등은 순수한 교리의 전파라는 한 가지 표지만을 말하고 있으며, 칼빈(Calvin)이나 불링거(Bullinger) 등은 말씀의 순수한 전파와 성례의 정당한 시행의 두 가지 표지를 주장하였다. 또 히페리우스(Hyperius)나 우르시누스(Ursinus) 등은 여기에 하나를 더 보태어 권징의 신실한 시행을 말하기도 하였다.[15]

칼빈은 교회의 표지에 대해서 "하나님의 말씀이 진지하게 전해지고 들려지는 곳, 또 성례전이 그리스도께서 정하신 그대로 집행되는 곳이라면 어디라도 하나님의 교회는 존재하는 것이며, 이것은 의심할 수 없는 사실이다"[16]라고 두 개의 표지를 말했다. 강겔(K. Gangel)은 지역교회를 정의하면서 "지역교회란 예배, 교제, 교육, 그리고 전도를 위하여 신앙을 고백하고 신자들이 함께 모여 성경적인 지도자의 인도를 받는 하

12) Louis Berkhof, *Systematic Theology*, 562, 564.
13) *Inst*. Ⅳ.1.3.
14) 김길성, 『개혁신학과 교회』(서울: 총신대학 출판부, 1996), 34.
15) Louis Berkhof, *Systematic Theology*, 576.
16) *Inst*. Ⅳ.1.9.

나의 몸으로서 주권적인 정체성을 가질 뿐 아니라 교회의 생명력과 사역의 일부분으로서 성례, 권징, 서로간에 덕을 세우는 일이 행해지는 곳이다"[17)]라고 하여 권징을 중요하게 다루고 있음을 본다. 비록 권징이 교회의 핵심적인 표지는 아니라고 할지라도 교리를 순수하게 유지하며, 성례를 거룩하게 보수하는데 매우 본질적이며 교육적인 측면에서도 중요한 의의를 갖는 것이므로 세 가지를 교회의 표지로 살펴보고자 한다.

첫째, 말씀의 순수한 전파이다. 이것은 교회의 표지 중에서 가장 중요한 것이다. 말씀의 전파(praedicatio verbi)는 성례와 관계없이 존재할 수 있으나 성례는 말씀없이는 존재하지 못한다. 말씀의 참된 전파는 교회를 유지하며, 교회로 하여금 신실한 자들의 어머니가 되게 하는 데 큰 수단이 된다. 이것은 참된 교회의 특성들 가운데 하나이다(요8:32, 37, 47; 14:23; 요일4:1-3; 요이1:9).[18)]

둘째, 성례(聖禮)의 정당한 거행이다. 성례를 결코 하나님의 말씀에서 분리시켜서는 안된다. 왜냐하면 성례는 자체의 내용을 스스로 가지지 못하고, 하나님의 말씀에서 그 내용을 얻기 때문이다. 성례의 시행(administratio sacramenti)은 사실상 말씀의 유형적인 전파이다. 성례의 정당한 거행이 참된 교회의 특성이라는 것은 성례가 말씀의 전파와 불가분의 관계에 있다(마28:19; 막16:15, 16; 행2:42; 고전11:23-30)는 것을 말해준다.[19)]

셋째, 권징의 신실한 시행이다. 칼빈은 이 권징을 교회의 표지로 여기지 않고 교회의 본질에 속하는 것으로도 여기지 않았으나 교회의 교리의 순결과 질서유지에 없어서는 안될 필수적인 것으로 보았다. 칼빈은

---

17) Kenneth O. Gangel, *Competent to Lead*, 황성철 역, 『성공적인 경영자로서의 목회자』(서울:한국로고스연구원, 1996), 39.

18) Louis Berkhof, *Systematic Theology*, 577.

19) *Ibid.*, 577-578.

권징(discipline)의 목적을 세 가지로 제시하고 있다.

> 첫째는, 품행이 단정치 못하고 불명예스러운 생활을 하여 하나님께 모욕을 끼치며, 하나님의 거룩한 교회(엡5:25)를 사악하고 모독적인 사람들의 소굴로 만드는 자는 그리스도인이라 말할 수 없다. 즉 교회는 그리스도의 몸(골1:24)이기 때문에 이런 종류의 불결한 것과 부패한 지체로 말미암아 타락되는 일은 있을 수 없다. 따라서 교회 가운데 하나님의 신성한 이름에 치욕의 낙인을 찍는 자가 없게 하기 위하여 기독교의 이름에 불명예를 초래하는 자들을 교회의 가족으로부터 추방하지 않으면 안된다.
>
> 두 번째의 목적은, 일반적으로 잘 발생하는 일이지만, 선량한 사람들이 악한 사람들과의 교제로 말미암아 타락되는 일이 없기 위함이다.
>
> 세 번째의 목적은, 이 사람들이 자신의 추악함에 대한 부끄러움에 놀라 스스로 회개할 수 있도록 하기 위함이다. 계속 부드럽게 해주면 더욱 더 완악해지는 자들은 채찍으로 맞고 나서야 정신을 차리기 때문에 그들의 악을 벌하는 일은 매우 유익한 것이다.[20]

권징을 등한히 하는 교회는 곧 그 속에 진리의 빛을 상실하게 되고 거룩한 것을 남용하게 된다. 그러므로 지상에서 가능한 한 그 이상(理想)에 진실하게 머물고자 하는 교회는 권징을 시행함에 근실하며 성실해야 한다. 하나님의 말씀은 그리스도의 교회 안에 진정한 권징이 있어야 할 것을 강조하고 있다(마18:17; 고전5:1-5, 13; 14:33, 40; 계2:14, 15, 20).[21]

칼빈이 교회를 성도의 교통으로 말한 것은, 그가 불가견적 교회만 염

---

20) *Inst*. Ⅳ.12.5.

21) Louis Berkhof, *Systematic Theology*, 578.

두에 둔 것이 아니고 불가견적 교회를 교회의 두 표지와 연결시켜 이해하고 있다는 점에서 매우 중요하다.[22] 그는 말하기를 "그리스도의 교회는 존재해 왔으며 …… 그리스도께서 아버지의 우편에서 다스리시는 한 그의 교회는 살아 있다. 그러나 사실상 나타나 보이는 형태로 존재하는 것이 아닌데도 교회의 형태가 늘 나타나 보인다는 점은 이율배반적이다. 교회는 외적인 화사함이 필요한 것이 아니고 우리가 이미 말한 바와 같이 말씀과 성례의 두 표지가 있어야 하는 것이다"[23]라고 하였다.

칼빈은 다시 가견적 교회를 보편적 교회와 개별적 교회로 구분하여, "보편적 교회는 모든 인종으로부터 모아진 큰 무리로서 각 곳에 흩어져 있으나, 하나의 신성한 교리의 진리 안에서 일치하여 동일한 종교로 얽매어져 있다. 이러한 보편적인 교회에는 필요에 따라 도시와 농촌 방방곡곡에 세워진 각기 다른 교회들이 포함되며, 따라서 교회라는 명칭과 그 권위를 정당하게 얻고 있는 것이다. 그리고 각 개인은 그들의 신앙을 고백함으로써 교회들에 소속된다고 간주된다"고 하면서 개교회가 "말씀에 봉사하는 직분을 세워 그 직분을 중히 여기고 있으며 또한 성례전을 집행하고 있다면 그것은 의심할 여지없이 정당한 교회로 간주되어야 한다"고 밝힘으로써 결국 보편적 교회는 개교회들이 교회의 표지를 지향하는 데서 도모될 수 있다고 보았다.[24]

칼빈은 가견적 교회를 '신자의 어머니'라고 부르면서 그 이유를 "어머니가 우리를 태 중에 잉태하여 낳은 후 젖먹여 길러 주었듯이 교회는 우리가 육에서 벗어나 천사와 같이 될 때까지(마22:30) 우리를 돌보고 인

22) 김길성, 『개혁신학과 교회』, 34.

23) *Johannis Calvini Opera Selecta* 1, 31f; *Corpus Reformatum* 1, 20f를 *Ibid.*에서 재인용.

24) *Inst.* Ⅳ.1.9.

도하여 주는데 이 외에 우리가 생명으로 향할 다른 길은 없다."[25]라고 하여 교회가 신자들의 신앙을 인도하고 교육하며 훈련하는 곳임을 강조한다.

그는 교회를 그리스도에게 복종하는 교회로서 성도들의 교통이라고 말함으로 유기체적인 교회를 강조하는 동시에, 말씀 선포와 성례의 집행을 위해 교회의 직원인 목사, 교사, 장로, 집사로 구성되는 제도적 교회를 강조하고 있다.

3. 교회의 기능

교회를 기능적인 측면에서 정의하려는 입장은 바람직하지 않다고 하더라도 교회의 기능과 역할은 매우 중요한 주제이다. 그 이유는 우리 주님께서 교회를 세우신 목적이 단순히 교회의 존재 그 자체에 있지는 않기 때문이다. 오히려 교회는 교회를 향하신 주님의 의도를 성취하기 위해 세워졌다. 그 의도란 바로 교회가 세상에서 주님의 일을 계속하는 것, 즉 과거에 그가 하신 일을 영속시키고, 만일 그가 지금도 이 땅에 계신다면 틀림없이 행하실 그 일을 하는 것이다.[26] 하나님은 교회를 통하여 이루시는 그의 일을 가지고 계신다. 따라서 교회는 그의 의도에 따라 교회로서의 기능과 역할을 다해야 하는 사명을 갖게 되는 것이다. 그러면 교회의 기능은 무엇인지 살펴보자.

---

25) *Inst*. Ⅳ.1.4.
26) Millard J. Erickson, *Christian Theology*, 1051.

1) 예배(λειτυργία)

교회가 가지고 있는 중요한 기능은 예배이다. 이것은 하나님을 경배하며 섬기고 그를 기쁘시게 하는 봉사적인 관계에서 행하여 온 교회의 기본적인 과제이다. 창조함을 받고 구속을 받은 인류가 하나님께 마땅히 드릴 예배의식을 설정하고 경건히 예배하는 것은 교회의 근본적인 임무이다. "예배는 하나님과 그의 백성들과의 만남이요, 그리스도를 통하여 사죄해 주신 은총을 힘입고, 말씀을 통하여 역사하신 그의 약속을 들으며, 신앙적 삶의 근원적인 힘을 얻는 것이 기독교의 예배이다."[27]

예배는 하나님을 찬양하고 높이는 것으로서 구약성경에서 공통적으로 시행되었는데 특히 시편에 잘 나타나 있다. 또한 요한계시록에 기록된 천성에 관한 설명에서는 하나님의 백성들이 그분의 위대하심을 찬양하고 선포하는 것으로 묘사되어 있다. 하나님께 속한 교회가 그분을 찬양하고 영화롭게 하는 것은 당연한 일이다. 이러한 예배의 측면에서 볼 때, 교회의 활동은 교회 자체에 초점을 맞추는 것이 아니라, 오히려 하나님이 누구시며 또한 어떠한 분이신지에 초점을 맞추는 하나님 중심적인 활동이어야 한다. 왜냐하면 교회 활동의 목적은 그 자신의 감정을 만족시키는 데 있는 것이 아니라, 하나님이 누구시며 또한 어떠한 분이신지를 적절히 표현하는 데 있기 때문이다.[28]

2) 교제(κοινωνία)

교회가 가지고 있는 또 하나의 기능은 교제이다. 예배가 주님께 초점

27) 정일웅, 『기독교예배학개론』, 17.
28) Millard J. Erickson, *Christian Theology*, 1057.

이 맞추어져 있는 반면 교제는 신자들에게 초점을 맞추고 있고 또한 그들을 유익하게 하는 것이다.

예수께서는 전도를 강조하셨는데, 전도를 잘 하기 위해서는 신자들의 교제를 통해 그리스도의 몸을 세우는 것이 우선이다. 그리스도의 몸을 세우는 일은 교화(edification)란 말로 자주 사용되기도 한다. 바울 사도는 교회의 교화에 대하여 거듭 말하였는데, 하나님께서 교회에 다양한 은사를 주신 이유는 '성도를 온전케 하며 봉사의 일을 하게 하며 그리스도의 몸을 세우려 하심'(엡4:12)이라 하였다. 교회의 지체들이 교제를 통하여 그리스도의 몸을 세우는데, 신약은 코이노니아(κοινωνία)에 관하여 언급하고 있다. 이는 문자적으로 모든 것을 공동으로 소유하는 것을 의미하는데 초대교회의 지체들은 실제로 자신들의 물질적 소유(행5장)와 서로의 체험까지도 공유하였다(고전12:26; 갈6:2).[29] 성도는 서로 격려하고 공감하며 서로의 짐을 나누어 짐으로 진정한 신앙의 공동체를 이루어야 한다. 그뿐만 아니라 이 교제에는 다른 지체의 죄에 대한 견책과 교정이 수반되는데 반드시 사랑으로 행해져야 한다. 예수께서는 마태복음에서 권징의 모범에 대해 가르쳐주셨는데(마18:15-17) 이는 잘못을 범한 지체를 제거하는 데 있는 것이 아니라 그로 하여금 의로운 삶으로 돌아서서 신자들과의 교제를 회복하는 데 있다.[30]

또한 교회에 있어서 교제는 교육을 통하여 이루어진다. 성도의 교제는 말씀을 중심으로 이루어져야 한다. 이것은 제자화라는 폭넓은 과업의 한 부분이다. 대위임령에 언급된 예수님의 명령 가운데 하나는 회심자들에 대해 "내가 너희에게 분부한 모든 것을 가르쳐서 지키게 하라"

29) 고린도전서 12장 26절: "만일 한 지체가 고통을 받으면 모든 지체도 함께 고통을 받고 한 지체가 영광을 얻으면 모든 지체도 함께 즐거워 하나니"
갈라디아 6장 2절: "너희가 짐을 서로 지라 그리하여 그리스도의 법을 성취하라"

30) Milard J. Erickson, *Christian Theology*, 1055.

(마28:20)는 것이었다. 이를 위해 하나님께서 교회에 주신 은사들 가운데 하나가 바로 '목사와 교사'(엡4:11)인데 주님은 이들을 통하여 자신의 백성들로 봉사의 일을 할 수 있는 준비를 갖추게 하신다. 교육은 다양한 수준에서 여러 형태를 띠고 이루어질 수 있다. 오늘날 이용 가능한 모든 합법적인 방법들과 기술들을 사용하는 것은 교회에 부과된 의무이다.[31)]

교회가 성경에 계시된 하나님의 진리를 가르치는 책무를 가지고 있다는 것은 또한 교회가 그 계시에 대한 이해를 증진시킬 의무를 지니고 있다는 것을 암시한다. 설교는 기독교회가 초창기부터 사용해 온 또 하나의 교육방법이다.[32)]

성령께서는 자신의 지혜를 따라 교회에 꼭 필요한 은사들을 나누어 주심으로써 그 몸이 전체로서 온전히 세워지고 갖추어질 수 있도록 하신다.

3) 복음증거(μαρτυρία)

교회의 최고 임무는 하나님의 말씀을 전파하여 증거하는 일이다. 이는 그리스도께서 지정하신 임무(마28:19; 행1:8)로 교회는 세계에 복음진리를 증거할 사명을 가지고 존재한다. 주님은 모든 권세를 부여받으신 후 제자들에게 자신의 권한을 위임하시고 그들을 자신의 대리자로 세우셨다. 전통적으로 복음을 증거하는 일은 전도, 선교, 설교, 교육, 상담 등의 사역을 통해서 이루어지는 것으로 본다. 이 일은 결국 큰 범주로 보아 말씀선포(κήρυγμα)와 교육(διδαχή)으로 이루어진다고 볼 수 있다. 특히 진정한 복음증거가 이루어지기 위해서 복음의 신앙을 유지시키고 그 안에서 성장하여 그리스도의 장성한 분량에 이르도록 인격을 성숙시

---

31) *Ibid*.
32) *Ibid*., 1056.

키고 하나님 나라의 일꾼으로 준비시키는 일은 교육의 힘으로 이룰 수 있다. 초대교회에서도 교육은 교회생활의 본질적 요소인 동시에 본질적인 사명이었다. 설교와 말씀선포로써 수행되는 복음적 사역에 있어서도 교육을 통한 보충과 완성은 필수적인 것이었다.[33)]

예수께서는 모든 권세를 받으신 후(마28:18), 제자들에게 자신의 권한을 위임하시고 그들을 자신의 대리자로 세우셨다. 이처럼 그들은 모든 족속들에게 가서 전도할 권리를 부여받았는데 그 사명의 범위는 전포괄적이다(마28:19; 행1:8). 땅 끝까지 이르러 그리스도를 증거하여야 하는데, 그 사명에는 어떠한 지리적인 제한도 없다. 즉 모든 나라와 모든 족속들에게 복음의 메시지를 가지고 가야 한다.[34)]

초대교회는 함께 모여 예배드리고 교육을 한 후 나가서 전도하였다. 예배에서는 교회의 지체들이 하나님께 집중하고 교육과 교제에서 자신과 동료 그리스도인들에게로 집중하며 전도에서 그들의 주의를 불신자들에게로 돌린다. 그리고 이 모든 활동들은 균형이 잘 잡힌 식단의 요소들처럼 몸된 교회의 영적 건강과 안녕을 유지하는 데 필수적이다.[35)]

4) 봉사(διακονία)

교회가 주님의 사역을 수행해야 한다면, 교회는 어떠한 형태로든지 궁핍한 자들과 고통받는 자들에 대한 사역을 감당해야 한다. 이 사명을 통하여 교회는 교회 자체만을 위한 교회가 아니라 이웃을 위한 교회, 세

---

33) Norman E. Harper, *Making Disciples: The Challenge of Christian Education at the End of the 20 Century*(Memphis: Christian Studies Center, 1981), 89.

34) Millard J. Erickson, *Christian Theology*, 1052, 1054.

35) *Ibid.*, 1057.

상을 위한 교회로서의 모습을 보여주어야 한다.

칼빈은 사도행전 2장에 등장하는 초대교회로부터 교회의 4대 사역을 주장한다. 즉 칼빈에 의하면, 교회의 집회 때마다 반드시 시행해야 하는 것이 네 가지가 있는데, 그것은 첫째, 말씀을 가르치고, 둘째, 기도를 드리며, 셋째, 성찬에 참여하며, 넷째, 구제하는 것이다. 따라서 칼빈에 의하면 이 네 가지, 즉 말씀과 기도와 성찬과 구제 없이는(sine vervo, orationibus, participatione coenae et eleemosynis) 어떤 교회의 모임도 없다는 것이 교회론적인 변함없는 규칙이다. 그런데 여기서 우리는 칼빈이 교회의 예배를 구제와 구별하여 말하지 않았다는 것을 확실히 알 수 있다. 즉 칼빈은 말씀을 듣고 공적인 기도를 하며 성찬을 하기 위해서 교회로 모이는 공동체는 동시에 반드시 구제를 시행하는 것이 초대교회의 규칙이며, 이것은 변경되지 않고 내려오는 규정이라고 본 것이다.[36]

선한 사마리아인의 비유는 예수께서 신자들에게 그러한 기대를 가지고 계신다는 사실을 분명하게 보여주고 있다(눅10:25-37). 이웃 사랑은 하나님 사랑과 율법적으로 밀접히 관련되어 있는데, 예수께서도 마태복음에서 '양과 염소의 비유'(마25:31-46)로 교훈하실 때 참 신자가 거짓 고백을 하는 자들과 구별되는 표징은 예수님의 모범을 따라 그의 이름으로 행한 사랑의 행위라고 말씀하셨다. 고아와 과부, 그리고 이방인들에 대한 관심은 하나님께 예배하는 자들이 마땅히 가져야 할 자세이다. 교회는 궁핍이나 고통뿐 아니라 불의가 발견되는 모든 곳에서 그것에 대한 관심을 보여주고 행동을 취해야 한다.[37]

---

36) 안인섭, "칼빈의 제네바 교회의 사회복지," 요한 칼빈 탄생 500주년 기념사업회, 『칼빈의 목회와 윤리, 사회참여』(서울: SFC출판부, 2013), 358-359.

37) Millard J. Erickson, *Christian Theology*, 1058.

4. 은혜의 수단

은혜란 죄인을 죄와 부패의 속박으로부터 해방시켜 중생 및 성화시킴으로 하나님 보시기에 기뻐하실 자로 만드시는 하나님의 권능이다. 은혜의 수단이란 바로 이러한 하나님의 권능을 피택자에게 주시는 방식을 말한다. 광의적으로 은혜의 수단은 신자들의 영적 안녕을 위해 사용되는 모든 것을 말하는데, 이 경우 교회, 말씀의 선포, 성례, 주일 공중기도 등이다. 이 말이 협의적으로 사용될 경우, 은혜의 수단이란 성경에 기록되고 교회에 선포되는 하나님의 말씀과 성례를 말하는 것이다.

웨스트민스터 대신앙교육서[38]는 은혜의 수단에 대해 "그리스도께서 그의 교회에 중보의 유익을 전하여 주는 표면에 나타나는 일반적 수단은 그의 모든 규례들인데 특별히 말씀과 성례와 기도이며 이 모든 것은 택하신 자로 구원에 이르게 하기에 효과적이다"라고 밝혀주고 있어(제154문) 광의적 의미로 정의하고 있다.

말씀과 성례는 보통 은혜의 수단들이 아니라 죄인에게서 죄를 제거하고 그를 갱신하여 하나님의 형상(形像)에 일치하게 하는 특별 은혜의 수단으로,[39] 이 은혜의 수단들은 하나님께서 구원하는 은혜의 전달을 위하여 규칙적으로 제정되고 시행되는 방편들이며 영구한 가치를 지닌

38) 〈요리문답〉 또는 〈카테키즘〉이란 용어에 관하여 정일웅 교수는 그 의미를 살려 〈신앙교육서〉로 사용한다. 이 책도 교육에 관련하는 관계로 이 용어로 통일하여 사용하고자 한다. 한편 이 용어에 대해 김영재 교수는 〈신앙교육문답서〉로, 이장식 교수는 〈신앙문답서〉라는 말을 사용하고 있다[참고, 정일웅, 『종교개혁 시대의 기독교 신앙의 가르침』(서울:한국로고스연구원, 1991); 김영재, 『교회와 신앙고백』(서울: 성광문화사, 1989); 이장식, 『기독교신조사 제1집』(서울: 컨콜디아사, 1993)].

39) 박형룡, 『교의신학 교회론』, 207.

것이다.[40]

기록된 하나님의 말씀이라고 할 때, 이 말씀의 의미는 하나님의 영감된 말씀 곧 성경의 말씀을 가리키는데,[41] 하지(Hodge)가 지적하듯이 그 하나님의 말씀이 인간들의 성화와 구원을 위한 수단으로 특별히 제정된 사실을 성경이 가르치고 있는 것은 의심할 여지가 없다.[42] 또한 그 하나님의 말씀은 선포되어지지 않으면 안된다는 사실을 강조해야 한다. 말씀은 선포되어질 때 오직 그 때에만 은혜의 수단이 되는 것이다. 이 전파는 그리스도를 통한 하나님의 말씀 사역에 있어서 교회에 의한 복음의 권위적인 선포이다.

이렇게 말씀의 전파가 이루어지는 곳에 성령께서 함께 역사하심으로 구원에 필요한 초자연적 은혜가 주어지게 되며, 말씀과 더불어 역사하시는 성령의 역사는 그 말씀을 듣는 자로 하여금 깨닫게 하고 하나님의 형상을 좇아 변화되게 하기 위함이다.

칼빈은 말씀, 그 중에서도 특별히 설교를 성령의 수단이요 성령의 기관으로 보았는데(Inst. Ⅱ.5.5) 성령께서 말씀과 더불어 역사하신 것으로 이해했다. 성령은 말씀을 동반하며 말씀은 성령을 동반한다. 따라서 하나님의 말씀은 항상 어디에서나 능력있는 말씀이다.[43]

은혜의 제2 수단이 되는 성례는 세례와 성찬으로 나누어진다. 성례는 우리의 복음의 이해를 돕기 위하여 우리의 예수 그리스도를 향한 신앙을 강화하기 위하여 우리의 순종과 수양을 증진하기 위하여 제정된 것

---

40) *Ibid*., 208.

41) Louis Berkhof, *Systematic Theology*, 610.

42) Charles Hodge, *Systematic Theology* Vol.Ⅲ(Grand Rapids, Michigan: Wm. B. Eerdmans Publishing Company, 1995), 466.

43) 최홍석, 『교회와 신학』(서울: 총신대학출판부, 1993), 29.

이다.[44] 이 성례는 그리스도로 말미암아 제정된 거룩한 의식으로서 이 의식을 통하여 그리스도 안에 나타난 하나님의 은혜와 은혜언약의 혜택이 신자들에게 제시되어 인(印)쳐지고 적용되며, 한편 신자들이 하나님께 그들의 신앙과 순종을 표현하게 하는 것이다.[45]

웨스트민스터 소신앙교육서 제 92문은 "성례는 그리스도께서 세우신 거룩한 예식인데 그리스도와 그 새언약의 유익을 감각적 표호로써 표시하며 인쳐 신자들에게 적용하는 것이니라"고 설명한다.

성경은 오직 두 가지의 성례 즉 세례와 성찬을 말하고 있는데, 이것은 구약과 신약을 통하여 일관된 원리로 "할례와 유월절이 신약에 귀속되고(창17:11; 고전5:7; 골2:11 참조), 세례와 성찬이 구약교회에 귀속되었음을 말한다(고전 10:1-4)."[46] 곧 신약의 세례와 구약의 할례가 본질적으로 동일한 의미를 가지며(창17:11; 롬4:11, 6:3 참조), 신약의 성찬과 구약의 유월절이 또한 그러하다.(고전5:7 참조). 웨스트민스터 신앙교육서는 세례와 성찬에 대하여 다음과 같이 말해 주고 있다.

> "세례는 물을 가지고 성부와 성자와 성령의 이름으로 죄를 씻는 성례인데 우리가 그리스도에게 연합됨과 은혜언약의 모든 은혜에 참여함과 주님의 사람이 되기로 하는 우리의 서약을 표시하며 인치는 것이니라."[47]
>
> "주의 성찬은 신약의 성례이니 예수 그리스도께서 정하신대로 떡과 포도즙을 주고 받음으로 그의 죽으심을 나타냄이다. 합당하게 받는 자들은 그의 몸과 피를 받아먹고 주님과 연합하고 하나님의 사람

44) 박형룡, 『교의신학 교회론』, 239.
45) Louis Berkhof, *Systematic Theology*, 617.
46) 박형룡, 『교의신학 교회론』, 250.
47) 웨스트민스터 소신앙교육서 제94문.

> 임을 새롭게 약속하며 같은 신비한 몸의 지체들로서 피차의 사랑과 교제를 증거하고 새롭게 한다." [48]

기도(祈禱)는 은혜의 제3의 수단이다. 웨스트민스터 신앙교육서의 지적대로 "기도는 우리의 소원을 하나님께 고하되 그리스도의 이름으로 또한 성령의 도움으로 하며 우리의 죄를 자복하고 그의 긍휼을 감사하는 것이다." [49] 더 나아가 기도는 하나님과의 친교이며 뜻과 행동을 하나님께 맞추는 일이며, [50] "영혼의 호흡으로 영혼이 하나님으로 더불어 가지는 담화이다. 호흡이 끊어진 신체가 생명을 지속할 수 없음 같이 기도 없는 영혼은 영적 생명을 보전할 수 없다." [51]

이러한 은혜의 수단들 곧 말씀이나 성례 또는 기도는 하나님이 은혜 주시기 위하여 친히 제정하신 것들이다. 하나님께서는 이러한 은혜의 수단들을 통해 죄인들의 마음 속에 은혜의 역사를 이루신다. 그러므로 교회는 이러한 은혜의 수단들을 귀하게 여기고 신실하게 시행하여야 할 것이다. 그리하여 교회가 강건하여 가고 온전하여질 수 있도록 해야 한다.

5. 교회와 교육의 관계

우리가 이러한 교회의 사명의 중요성을 인식하면서 한 가지 염두에 두어야 할 것은 이러한 사명을 과연 교회가 잘 감당해 나갈 수 있기 위해

48) 웨스트민스터 대신앙교육서 제168문.

49) 웨스트민스터 대신앙교육서 제178문.

50) George A. Buttrick ed., *The Interpreter's Dictionary of the Bible* Vol.Ⅲ (New York: Abingdon Press, 1962), 857.

51) 박형룡, 『교의신학 교회론』, 367.

서는 우선적으로 교회의 성원에 대한 철저한 교육이 필요하다는 점이다. 초대교회의 사도들은 이 점에 대해 잘 인식하고 있는데, 초대교회는 신앙의 공동체요 교육의 공동체였다. 교육은 교회성장에 있어 필연적인 관계에 있다.

기독교교육이란 거룩한 교사이신 하나님의 성령이 어떻게 역사하시는가를 발견하고 하나님과 함께 역사하는 일이다. 그것은 하나님의 말씀에 의하여 인생의 모든 분야가 다시 만들어지는 일이다.[52]

정상적인 교회는 성장의 필연성을 내포하고 있다. 좋은 땅에 뿌리워진 복음의 씨앗은 자라날 수밖에 없다. 하나님은 자라나게 하시는 분이다. "나는 심었고 아볼로는 물을 주었으되 오직 하나님은 자라나게 하셨나니 그런즉 심는 이나 물 주는 이는 아무 것도 아니로되 오직 자라나게 하시는 하나님 뿐이니라"(고전3:5-7). 목회는 바로 이 자라나게 하시는 하나님과 동역하는 일이다. 그리고 심고 물 주는 것은 바로 교육적인 목회 활동을 의미한다. 이러한 목회자들의 교육활동에 성령께서 거듭나게 하고 성화의 길을 가도록 개개인들을 도우신다. 또 필요에 따라 하나님의 말씀을 기억나게 하신다. 그러므로 목회자가 말씀을 따라 적절히 교육한다면 교회 성장은 필연적으로 일어나게 될 것이다.

교회의 교육은 교회학교 내에서만 이루어지는 것이 아니고 교회 전체의 영적인 힘과 관계된다. 따라서 교회교육이 교회학교를 포함하는 교회 전체와 관련되므로 우리는 교회 전체가 교육을 행한다고 말할 수 있다. 교회 전체가 교육에 책임이 있고 교회 전체가 교육한다는 말은 다음의 네 가지 요소를 포함한다.

첫째로, 교회 전체가 교육한다는 말은 교회가 성경에 나온 초대교회

---

52) Lois E. LeBar, *Focus on People in Church Education*, 김수학 · 정정숙 역, 『기독교교육의 핵심』(서울: 세종문화사, 1980), 28.

처럼 참되고 진실된 교회가 되어야 한다는 것을 전제로 한다. 교회는 교육을 그 본연의 의무로 가지고 있다. 초대교회는 설립되자마자 즉시 교육을 시작했다. 처음 베드로의 전도는 성경해석으로 시작해서 성경해석으로 끝났다. 즉 당시의 교육은 곧 전도요, 예배요, 그리스도인의 생활 자체였던 것이다.

둘째로, 교회 전체가 교육한다는 말은 교회 자체가 하나의 집단적 인격을 가진 교사라는 것을 의미한다.

셋째로, 교회 전체가 교육한다는 말은 교회의 교역자와 평신도들이 어느 한 계층에만 관심을 갖지 아니하고, 어린이 교육에서부터 청소년 교육, 그리고 성인들의 교육에 이르기까지 교회의 모든 성원을 위한 교육에 구체적으로 관심을 가지고 교육한다는 것을 의미한다.

넷째로, 교회 전체가 교육한다는 말은 교회 전체가 교회교육이 이루어지는 중요한 교육현장임을 의미한다.

따라서 교회는 교육을 통해 교회다워지며, 교육을 통해 보전되고 성장되어 간다고 할 수 있다. 그렇기 때문에 목회자들은 목회는 곧 교육이라는 관념을 가져야 한다.

제 2장

교회성장과 교육목회

1. 교회성장의 정의

교회성장에 관해 이야기할 때 교회성장학의 관점과 선교학의 관점에서 다소 이해의 차이가 있다. 교회성장학에서는 개교회의 교인의 증가와 성장에 관심을 두는 반면에, 선교학과 선교역사에서는 새 신자의 수의 증가와 지역과 나라의 전체 성장에 관심을 둔다. 그리고 교회성장학에서는 교인들의 소위 수평적 이동을 무관하게 여기며 이를 성장의 수로 계산하는 반면에, 선교학에서는 그것을 교회성장의 수치에 포함시키지 않는다.[53)]

맥가브란은 진정한 교회성장이란 잃은 양을 찾아내어 우리 안에서 잘 목양함으로 말미암아 그들이 그리스도의 훌륭한 제자가 되게 하고 또한 "교인들이 그 사회에서 건실하게 살 뿐 아니라 하나님께 기쁨을 돌리는 구별되고 거룩한 생활을 함으로써 교회들을 발전시키는 가운데 하

53) 김영재, "한국교회 성장의 역사와 전망," 「신학지평」 제 7집(1998년 봄호), 143.

나님께 대한 신실한 순종을 의미하는 것으로,"[54] 교회성장은 곧 "하나님께 대한 충성심인 동시에 하나님께서 열망하시는 것이며,[55] 신학과 충실한 성경적 근거 가운데서 발생한다"[56]고 하였다. 이와 같이 교회성장은 성경과 신학적 배경을 가지고 있으며 하나님께 대한 충성도를 평가받는 척도로 규정되고 있다.

또한 맥가브란의 제자이자 동료인 피터 와그너(Peter Wagner)는 교회성장이란 용어의 진정한 의미를 다음과 같이 정의하고 있다. "교회성장이란 예수 그리스도와 아직 아무런 개인적 관계를 가지고 있지 않은 사람들로 하여금 그와 더불어 교제를 가지도록 해주며 책임있는 교인이 되도록 만들어 주는 데 관련된 모든 사항을 의미한다."[57] 이는 만민에게 복음을 전파하고 듣는 사람들을 설득하여 그리스도를 영접케 하며 그의 충실한 제자로 삼아 그들로 그리스도의 몸된 교회에 연합시켜 책임적이고 생산적인 회중이 되게 할 때에 교회성장이 일어난다는 말이다.

'교회성장'이란 말은 물량적인 것이기보다는 그리스도 교회의 성숙한 모습, 교회에 속한 그리스도인 개개인의 신앙적인 삶의 태도일 뿐만 아니라 이웃과 세상의 관계에서 복음의 가치를 따라 책임있게 살아가는 개인의 신앙적인 모습이면서 동시에 교회 공동체의 모습이라고 해야 할 것이다. 바람직한 교회성장은 참된 교회의 표지에 근거한 성장, 곧 통일성, 보편성, 거룩성, 사도성에 기초한 성장이라고 보아야 한다.[58]

---

54) Donald A. McGavran, *Understanding Church Growth*(Grand Rapids, Michigan: Wm. B. Eerdmans Publishing Co., 1980), 6.
55) *Ibid*., 5.
56) *Ibid*., 8.
57) C. Peter Wagner, *Your Churh Can Grow*, 권달천 역, 『교회성장의 원리』(서울: 생명의 말씀사, 1983), 10.
58) 최동규, "참된 교회의 성장을 위한 선교적 교회론," 「복음과 실천신학」 제23권(2011년 봄호), 289-295.

교회들은 교회의 보편성에 대한 의식을 망각한 채 계속 경쟁적으로 개교회의 존립과 비대만을 추구하는 성장주의는 버려야 한다. 한국교회가 건전하게 성장하기 위해서는 교회들이 교회의 신앙고백에 충실하여야 한다. 그러면서도 교회들은 신학적 차이에도 불구하고 이단이 아닌 한, 각기 제 몫을 다하는 것임을 인정하며 서로 관용하고 협력해야 한다. 그래서 연합을 도모해야 하며, 같은 신앙고백을 가진 교회들은 분열을 지양하고 연합을, 나아가서는 실질적으로 하나됨을 모색해야 한다. 그리하여 교회가 영적이며 윤리적인 권위를 회복해야 한다. 그리고 이제는 교회가 소수의 종교집단이 아니므로 한국 사회와 문화에 기여하는 교회, 윤리적으로 도덕적으로 국민을 교화하고 주도하는 역할을 해야 한다.[59)]

2. 교회성장의 성경적 배경

교회는 그리스도의 몸이요 교회의 머리는 그리스도이시다(엡1:23-24). 그리스도의 교회는 그리스도가 친히 세우셨고 그 머리가 되시며 부활하신 후 성령을 통하여 그의 교회를 계속 인도하시겠다는 약속에 기초한다.[60)] 하나님은 자신의 목적과 계획에 따라 설립된 교회가 성장하기를 열망하신다. 교회는 그 성장이나 성숙을 그 자체 안에서 해석하는 것이 아니고 오히려 하나님과 그의 구원의 약속과의 관계 안에서 보아야

59) 김영재, "한국교회 성장의 역사와 전망," 167-168.
60) Alvin J. Lindgren, 『교회개발론』, 박근원 역,(서울: 대한기독교출판사, 1977), 35-38.

한다. 이 약속은 성경 안에서 그 뜻이 분명히 계시되었고, 이 계시된 사실은 신학적 해석을 통해 진의를 드러내게 된다.

그러므로 교회의 성장은 성경적 계시와 신학적 방법에 근거할 때 정당화 되고 하나님께 대한 성실성의 의미도 찾게 된다. 모든 그리스도인들은 예수 그리스도를 본받아 잃은 자를 찾아 구원하기 위해 보내어진 자들로서 주님께 대한 종의 사명을 다해야 한다. 교회성장은 성령의 도우시는 강한 역사에 의하여 위대한 임무를 위탁받은 인간의 행위를 통해서 이루어지는 것이다. 그리스도인이 잃은 자를 찾는 일에 성실성을 보이는 그곳에 반드시 성장은 따르기 마련이다. 잃어버린 양을 찾아보는 일만으로는 충분치 않다. 목자장 되신 예수님은 형식상 찾아보는 일을 기뻐하시지 않는다. 그는 그의 양이 발견되기를 원하신다.[61] 교회성장의 다음 단계는 잃은 자를 단순히 발견하는 것만이 아니라 그 양들을 우리 안에서 정상적인 상태로 회복시키는 일이다. 곧 그것은 잃은 자들을 찾아 구원하고 회복시켜서 주의 자녀가 되게 하고 잘 돌아봄으로써 견실하고 구별된 삶을 살아가는 능력을 길러주어 그리스도의 충성스런 종으로 양육하는 일이다. 현존하는 교인들이 주님의 사랑으로 충만하고 그의 명령에 순종하여 전진하면서 방황하는 자들을 양의 우리로 이끌어들여 양떼를 먹인다면 교회는 놀랍게 성장할 것이다. 복음전파나 찾는 일의 성실성만으로는 충분치 못하며 반드시 성실한 돌봄이 있어야 한다. 찾은 양에게 말씀으로 먹이는 일에도 역시 충실해야 할 것이다.

교회들이 부흥하려면 성경말씀으로 양육하는 일과 하나님의 뜻을 수행함에 있어 성령의 충만은 필수조건이다. 건전한 성장이란 성도들이 그 사회에서 건실하게 살 뿐 아니라 하나님께 기쁨을 돌리는 거룩하고 구별된 생활을 함으로써 교회들을 발전시키는 가운데 하나님께 대한 성

---

61) Donald A. McGavran, *Understanding Church Growth*, 5.

실한 순종을 의미한다. 만일 교회가 사회에 대하여 담을 만들고 내향적인 경향을 갖고서 이웃들과 절연한다면 복음을 전할 수가 없을 것이다. 그리스도인들은 우리 주님처럼, 무지하고 범죄하는 현실세계의 마을과 도시 속에 복음을 따라 구체적으로 살아감으로 하나님을 섬기고 세상에 봉사해야 한다.

다시 말하면 우리는 모두 사회 속에서 '봉사의 종'이 되어야 한다. 섬기는 일은 확실히 어려운 일이다. 그러나 그보다 더 어려운 일은 '세상 안에 살면서도 세상에 속하지 않는 일'이다. 이것이 곧 성경의 교훈이다. 우리는 '그리스도인'으로 세상에 거해야 한다. 그러면서도 '세상과 구분되어야' 한다. 즉 예수는 막연한 우주적 그리스도가 아니요 복음서와 서신서에 기록된대로 그는 현실적으로 역사에 참여하여 활기있는 삶을 충분히 유지하시면서도 세상과는 구분된 생을 보내신 분이시다. 이런 삶은 강조되어야 할 성실성 중에서도 가장 어려운 일이지만 그것 없이는 성장을 거의 기대할 수가 없다.[62] 교회성장은 한 마디로 그리스도와의 관계에로의 성장이라고 볼 수 있다. "오직 사랑 안에서 참된 것을 하여 범사에 그에게까지 자랄지라 그는 머리니 곧 그리스도라 그에게서 온 몸이 각 마디를 통하여 도움을 입음으로 연락하고 상합하여 각 지체의 분량대로 역사하여 그 몸을 자라게 하며 사랑 안에서 스스로 세우느니라"(엡4:15-16). 이와 같은 교회의 성장은 물량적 성장을 수반하는 것이기도 하나 우선적으로 교회가 그리스도와 연합하여 교회의 영적 생명이 장성하여 세상의 유혹에 동요되지 않고 사랑을 행하는 생활을 하며 공동체로 연합된 한 몸으로서의 성장이다. 그러면 교회성장의 성경적 근거를 구약과 복음서 및 사도행전을 통하여 살펴보기로 하자.

---

62) *Ibid.*, 6.

1) 구약에 나타난 보편성(universality)

하나님이 온 세계 민족 중에서 그의 백성을 모은다는 사상은 창세기로부터 말라기까지 나타난다. 이러한 구원의 범위에 있어서 보편성(universality)은 구약 선교개념의 뿌리이며 또한 교회성장 이론의 근거이기도 하다. 그러면 이러한 보편성 교리에서 찾을 수 있는 교회성장의 성경적 근거는 무엇인가?

첫째, 성경은 온 인류가 하나님의 피조물임을 밝히고 있다. 땅 위에 거하는 모든 인간들이 하나님의 피조물이라는 사실은 선교원리 중 가장 심오하고 기초적인 원리가 된다. 창세기 1장 1절은 마태복음 28장 19, 20절의 대위임령의 필수적인 기초이다. 하나님은 6일 동안 우주만물을 창조하시고 마지막으로 하나님의 형상대로 인간을 창조하셨다. 그리고 하나님은 처음으로 창조함을 받은 인간 아담에게 말씀하셨다. "하나님이 그들에게 복을 주시며, 그들에게 이르시되 생육하고 번성하여 땅에 충만하라, 땅을 정복하라, 바다의 고기와 공중의 새와 땅에 움직이는 모든 생물을 다스리라(창1:28)" 하나님의 말씀은 아담뿐만 아니라 모든 인류에게 생육하고 번성하라는 말씀이다. 성장의 필수요건은 생육하고 번성하는 것이다. 더우기 창세기와 연관하여 사도행전 17장 26절의 인류를 한 혈통으로 만드셨다는 말씀은 교회성장과 선교분야에 있어 깊은 의미를 지니고 있다.[63]

둘째, 하나님이 온 인류의 창조주라는 사실은 필연적으로 그가 온 인류의 통치자임을 시사한다. "여호와께서 하늘에서 감찰하사 모든 인생을 보심이여"(시33:13). 만민의 통치자이신 하나님에게는 만민이 하나님

---

63) Johannes Bavinck, *An Introduction to the Science of Mission*, 김명혁 역, 『선교의 성서적 기초』(서울: 성광문화사, 1983), 10.

의 사랑과 보호의 대상인 것이다. 하나님은 하나라도 멸망하기를 원치 않으시고(벧후3:9), 모든 사람이 진리의 지식에 이르기를 원하신다(딤전 2:4). 구약에서는 열방의 장래가 관심사로 등장하고 있는데, 이방 열국들도 장차 구원을 얻으리라는 주제가 구약 첫 페이지부터 마지막 페이지까지 펼쳐져 있는 것은 하나님의 구원계획이 전 세계에 관련된 것임을 알게 하는 것이다. 여기에 교회성장의 근거가 있다.

셋째, 위의 내용과 관련하여 구약은 이스라엘의 구별이 만민에 대한 관심을 배제한 것이 아님을 보여주고 있다. 그것은 일시적인 구분으로서 하나님의 구원 계획상 필요한 것이었으나 하나님의 때가 차면 폐지될 것이었다. 아브라함과 그 후손의 구별 그 자체가 목적이 아니었다. 그것은 목적을 위한 수단에 불과했다. 그 목적은 모든 족속이 그들로 인하여 축복을 받는 것이었다.[64] 이렇게 아브라함이 택함을 받은 것은 자신의 영광이나 후손들의 축복이나 그 원수들의 불행을 위해서가 아니라 오히려 아브라함과 함께 인간의 역사에서 새로운 장을 시작함에 있어, 하나님께서 세상을 구원하시는 도구로 쓰임받기 위해서라고 볼 수 있다.[65]

이러한 구원의 범위의 보편성(universality)이 곧 구약 선교의 뿌리이다. 구약 성경은 이스라엘 민족을 구원의 통로로 삼아 선별했다는 점에서 특수성이 나타나지만, 그러나 그러한 특수성도 결국 '만민을 위한 하나님'이라는 보편성이 지배한다는 점을 분명히 보여주기 위한 것이다.

64) R.B. Kuiper, *God-centered Evangelism: A Presentation of the Scriptural Theology of Evangelism*(Grand Rapids, Mich.: Baker Book House, 1961), 53.

65) Robert Martin-Achard, *A Light to the Nation*(Edinburgh: Oliver and Boyd, 1962), 35를 Harvie M. Conn ed., *Theological Perspectives on Church Growth*, 김남식 역, 『교회성장의 신학』(서울: 성광문화사, 1986), 27에서 재인용.

아브라함이 우르에서 구별되어 나올 때도 아브라함을 인하여 만민이 복을 받을 것이라 하였다(창12:3). 이러한 축복의 약속은 아브라함의 씨와 관련하여 더 강력하게 반복되었다(창22:18). 이스라엘의 구별이 일시적이라는 사실은 이방의 더 많은 자들의 구원에 관한 예언들의 씨앗이 되었다.[66] 모든 인류를 향하신 하나님의 자비로운 목적은 구약 전체에 가득히 들어 있다. 예를 들면 다윗은 "땅의 모든 끝이 여호와를 기억하고 돌아오며 열방의 모든 족속이 주의 앞에 경배할"(시22:27) 그날을 바라보았다. 이사야는 시온산의 주께서 "만민을 위하여 기름진 것"을 베푸시고 "열방의 그 덮인 휘장을 제하실" 것을 예언하였다(사25:6-7). 그 이후에 요엘은 "내가 내 신을 만민에게 부어주리니"라는 하나님의 약속을 들었다(욜2:28).

넷째, 구약에서 구원과 하나님 나라 백성의 선교 목표가 무엇인가가 문제인데 그것은 곧' 도래하는 하나님의 나라'이다. 구약에서는 '하나님의 나라'라는 표현을 발견할 수 없다. 그러나 그 사상은 구약에 명백히 나타나 있다. 하나님의 나라는 하나님의 백성에게 주신 구원의 약속과 또한 메시야의 약속과 불가분의 관계를 가진 이스라엘의 종말론적 희망이었다. 이스라엘은 하나님의 세계 통치의 현재성을 믿으면서도 하나님 나라 구현이 메시야의 오심과 그 심판을 통해서 이루어지리라고 믿었다. '찾아오실 메시야'의 개념은 구약성경의 하나님 나라 이해에 중요한 역할을 하고 있다.[67]

이와 같이 구약은 다가오는 '하나님 나라'에 대한 희망과 신앙을 나타내고 있으며 역사의 종국에 완성될 '하나님의 나라'로 모든 족속을 불러 모으고 있다. "말일에 여호와의 전의 산이 모든 산 꼭대기에 굳게 설 것

---

66) Johannes Bavinck, *An Introduction to the Science of Mission*, 10.
67) 장중열, 『교회성장과 선교학』(서울: 성광문화사, 1978), 47-49.

이요 모든 작은 산 위에 뛰어나리니 만방이 그리로 모여들 것이라 많은 백성이 가며 이르기를 오라 우리가 여호와의 산에 오르며 야곱의 하나님의 전에 이르자"(사2:2-3). "만군의 여호와가 말하노라 그날에는 방언이 다른 열국 백성 열 명이 유다 사람 하나의 옷자락을 잡을 것이라 곧 잡고 말하기를 하나님이 너희와 함께 하심을 들었나니 우리가 너희와 함께 가려하노라 하리라 하니라"(슥8:23). 바로 이러한 구약의 선교 개념이 교회성장 원리의 성경적 근거를 이루고 있다고 할 수 있을 것이다.

2) 복음서에 나타난 교회성장의 근거

첫째로, 예수 그리스도의 생애와 교훈에서 교회성장의 근거를 찾아볼 수 있다. 성육신하신 그리스도에게서 복음의 보편성을 발견할 수 있다. 예수 그리스도가 이 땅에 오신 것은 유대 민족만이 아니라 세상의 모든 믿는 자를 구원하기 위함이었다. "하나님이 세상을 이처럼 사랑하사 독생자를 주셨으니 이는 저를 믿는 자마다 멸망치 않고 영생을 얻게 하려 하심이니라 하나님이 그 아들을 세상에 보내신 것은 세상을 심판하려 하심이 아니요 저로 말미암아 세상이 구원을 받게 하려 하심이라"(요3:16-17). 이 구절에서 세상은 핵심적으로 인류의 죄성을 의미하는 것으로, 혹은 죄많은 인간을 의미하는 것으로 볼 수 있다.[68] 구령(救靈)의 역

68) R.B. Kuiper, *God-centered Evangelism: A Presentation of the Scriptual Theology of Evangelism*, 21-23. "요한복음 3장 16절에 사용된 세상(κόσμος)이란 용어는 아주 해석하기 어려운 용어이다. 이에 대하여 해석한 세 가지 내용을 보면 다음과 같다. 어떤 사람들은 세상이란 말이 하나님께서 세상을 만드실 때부터 영원한 생명에로 선택한 자를 가리킨다고 생각한다. 또 어떤 이들은 이 용어가 이 지상에 과거에 살았던 사람들과 현재에 살고 있는 사람들, 그리고 장차 태어날 모든 사람 개개인을 포함하는 것이라고 말한다. 또 다른 사람들은 이 용어가 사람들 뿐 아니라 식물과 동물, 바다와 강, 산과 계곡,

사가 일어날 때 교회는 성장된다.

예수님은 씨뿌리는 비유에서 성장하는 것과 성장하지 못하는 것에 대해서 말씀하고 있다. 씨를 뿌렸지만 어떤 씨들은 길가에 떨어졌기 때문에 새들이 와서 그 씨를 먹어버렸고 어떤 씨들은 돌짝밭에 뿌려져 싹이 났지만 뿌리를 내릴만한 흙이 없었기 때문에 말라 죽었다. 그리고 가시떨기 밭에 떨어진 씨들은 얼마 동안 싹이나 자랐지만 가시에 짓눌려서 성장하지 못하고 말았다. 그러나 어떤 씨들은 좋은 밭에 떨어져 성장하여 혹 백 배, 육십 배, 삼십 배의 결실을 가져왔다.[69)]

이러한 결실을 가져올 수 있었던 것은 씨가 좋은 땅에 떨어져 잘 성장할 수 있었기 때문이다. 이 비유는 직접적으로 하나님 나라의 확장에 관한 것이나 교회성장의 근거로도 볼 수 있는 말씀이다.

또한 예수님의 교훈에서 우리는 그의 사명과 메시지의 보편성을 깨닫게 된다. 특히 요한복음에서 예수님의 사명이 범세계적인 것으로 나타난다. 요한복음에 '세상'(kosmos)이란 말이 77회 사용되었는데 대부분 예수께서 친히 사용하신 것이다. 세례 요한은 그를 가리켜 "세상 죄를 지고 가는 하나님의 어린 양"(요1:29)이라 하였다. 사마리아인들은 그를

혹성과 별들과 자연의 세력 등, 창조 전체와 관련된 것이라고 주장한다."

카이퍼(Kuiper)는 이 세 가지 해석들에 대해 반대하면서 강조되어야 할 것은 세상의 규모가 아니라 인류의 죄성이라고 한다. 이 용어의 사용법은 요한의 기록에 아주 흔하게 나타나고 있음을 볼 수 있다고 한다. 그렇기 때문에 세상이 아주 커서 큰 사랑이 필요한 것이 아니라 요점은 세상이 아주 악하기 때문에 측량할 수 없는 놀라운 사랑이 필요하다는 점이라는 것을 그는 강조하고 있다.

요한은 그의 서신에서 말하기를 "아버지가 아들을 세상의 구주로 보낸 것을 우리가 보았고 또 증거한다"(요일4:14)고 했으며, 바울 사도는 "한 사람(그리스도)이 모든 사람을 대신하여 죽으셨다"(고후5:14)고 했다. 이처럼 예수님의 생애와 활동은 처음부터 끝까지 인류의 구원과 직접 관련되어 있다.

69) 마태복음 1장 1-23절, 마가복음 4장 1-20절 참조.

이스라엘의 메시아만이 아니라 세상의 구주인 것을 인정했다(요4:42).

공관복음에도 예수님께서 전파하신 복음이 넓은 차원이었음을 보여준다. 그의 말씀을 직접 들은 사람들은 거의 전부가 유대인들이었고, 그가 그들에게 말씀하신 것이나 그가 선포하신 진리는 유대인들 뿐만 아니라 이방인들에게도 해당되는 말씀이었다. 그는 보편적으로 적용되는 원리들을 정립하셨다. "사람이 떡으로만 살 것이 아니요"(마4:4). "아무도 두 주인을 섬기지 못한다"(마6:24). "안식일은 사람을 위하여 있는 것이요 사람이 안식일을 위하여 있는 것이 아니다"(마2:27). "사람이 무엇을 주고 제 생명과 바꾸겠느냐?"(막8:37). 밀과 가라지의 비유에서 그는 "밭은 세상이라"(마13:38)고 선언하셨다. 팔레스틴이나 로마에 국한된 것이 아니라는 말이다. 그가 성전을 정화시키셨을 때도 그 계기를 이용하여 성전은 유대인들만을 위한 기도의 집이 아니라 '만민'을 위한 기도의 집이 되는 것이 하나님의 의도라고 말씀하셨다(막11:17).

그는 또 "이 우리에 들지 아니한 양들이 내게 있어 내가 인도하여야 할 터이니 저희도 내 음성을 듣고 한 무리가 되어 한 목자에게 있으리라"(요10:16)고 하셨다. 이것은 예수님의 죽음과 부활 후에 이방인들이 하나님의 은혜의 복음을 듣고 받아들여 하나님의 대가족의 일부가 되리라는 것을 분명히 가리킨 것이다.[70)]

예수님의 교훈은 처음부터(마4:23) 마지막까지(행1:3) '하나님의 나라'에 집중되어 있다. 그런데 이 '하나님의 나라' 개념은 유대인이나 제자들의 그것과 근본적으로 다른 것이다. 그들에게 하나님의 나라는 팔레스틴에 국한된 일시적 세력에 근거한 지상의 나라였다. 예수께서 승천하

---

70) J. Herbert Kane, "The Biblical Basis of Mission," in *Christian Missions in Biblical Perspective*, 김명혁 편역, 『선교의 성서적 기초』(서울: 성광문화사, 1983), 79.

시던 날 제자들이 던진 마지막 질문을 볼 때 이것이 분명하다. "주여 이스라엘 나라를 회복하심이 이때니이까?"(행1:6). 그들은 메시아가 정치적 메시아로서 그들을 대적들로부터 구출하는 정복자 메시아가 될 것을 기대했다(눅1:73-74). 그들은 그들을 그들의 죄로부터 구원하실 고난의 메시아를 기대하지 않았다(마1:21).[71]

그러나 예수 그리스도에게 있어 하나님의 나라는 그 성격이 영적인 것으로(롬14:17)[72] 언제나 하나님의 통치와 그의 지배를 의미하며 결코 영토를 의미하지 않는다.[73] 예수 그리스도를 따르는 사람이 이미 들어간 영역이다(눅16:16, 골1:13). 또한 하나님의 나라는 그리스도께서 다시 오실 때 우리가 틀림없이 들어가게 될 미래의 영역이기도 하다(마8:11, 벧후1:11). 이 미래적인 하나님 나라의 도래는 커다란 영광과 함께 올 것이다.[74] 하나님 나라의 범위는 보편적이며(마25:31-36), 그 구성(構成)은 범세계적이고(마8:11), 그 기간은 영원하다(눅1:33).

하나님 나라의 확장은 교회성장과 깊은 관련 속에 있다고 보는 것이 교회성장의 신학이다. 새 결신자를 통한 교회성장은 참다운 하나님 나라의 성장이기 때문이다. 하나님의 구속 활동과 권능은 예수 그리스도의 교회를 통하여 오늘날 세상에서 역사하고 있다. 그러므로 하나님의 궁극적 목표인 '하나님의 나라의 성취'는 우주에 완전한 하나님의 통치가 이루어지는 것이며 앞으로도 하나님은 교회를 통해서 이 일을 이루

---

71) *Ibid.*, 80.

72) George E. Ladd, *The Gospel of the Kingdom: Popular Expositions on the Kingdom of God*(Grand Rapids, Michigan: Wm. B. Eerdmans Publishing Co., 1983), 16.

73) Gehardus Vos, *The Kingdom of God and the Church*(Phillipsburg, New Jersey: Presbyterian and Reformed Publishing Co., 1972), 21.

74) George E. Ladd, *The Gospel of the Kingdom: Popular Expositions on the Kingdom of God*, 17.

실 것이다. 따라서 교회를 개척하고 성장시키는 것은 예수님의 교훈의 중심을 이루고 있는 하나님의 나라의 확장을 위한 것이다.

둘째로, 예수 그리스도의 죽음과 부활의 진리에서 교회성장의 근거를 찾아볼 수 있다. 십자가 위에서 예수님은 이스라엘 백성과 이방인들이 받아야 할 하나님의 심판을 대신 받으셨다. 그의 부활 역시 온 세계 나라와 민족들을 자유케 하는 통치를 가져왔다. 그러므로 예수님의 십자가와 부활은 세계선교와 교회성장의 근거가 된다. 그것은 십자가와 부활이 구원의 토대가 되기 때문이다. 그리하여 교회에게는 십자가와 부활의 메시지를 모든 민족들에게 전파해야 할 의무가 부여되었다.

이 선교의 과업은 요하네스 베르카일(Johannes Verkuyl)이 말한대로 "이방의 충만한 수가 차서 하나님의 왕국이 완전히 도래할" 때에야 완성될 것이다.[75] 예수 그리스도는 죽음과 부활을 통하여 "우리를 위한 화목제물"이 되셨으며 화목제물이 되신 것은 "우리만을 위할 뿐 아니라 온 세상의 죄를 위하심이다"(요일2:2). 그리하여 예수 그리스도는 "세상의 구주"(요일4:14)와 "만유의 후사"(히1:2)가 되셨다. 십자가에 죽으심은 제자들이 볼 때 하나의 큰 재앙이었다(눅23:21). 그러나 부활이 그것을 영광스런 승리로 바꾸어 놓았다(골2:13-15). 그는 더 이상 단지 나사렛 예수만이 아니다. 그는 생명의 왕이시며(행3:15), 영광의 주님이시며(고전2:8), "복되시고 홀로 한 분이신 능하신 자이며 만왕의 왕이시며 만주의 주"(딤전6:15)이시다. 하늘과 땅의 모든 권세가 그에게 주어졌으며(마28:18), 거기에는 사죄의 권세(행5:31)와 생명을 주시는 권세(요17:2)와 심판을 행하시는 권세(요5:22; 행17:31)가 포함되어 있다. 곧 부활하

75) Johannes Verkuyl, "The Biblical Foundation for the Worldwide Mission Mandate," in *Contemporary Missiology*, 김명혁 편역, 『선교의 성서적 기초』, 189에서 재인용.

시고 승천하신 예수님은 "높은 곳에 계신 위엄의 우편에 앉으심"(히1:3)으로써 우주의 통치자가 되셨다. 따라서 만민은 지금 그의 통치 아래 있으며 만민은 그의 법의 지배를 받는다. 그는 보편적인 주님이시며 우주적 그리스도이기에 더욱 그러하다.

셋째로, 예수 그리스도의 대위임령(The Great Commission)에서 교회성장의 근거를 찾아볼 수 있다. "하늘과 땅의 모든 권세를 내게 주셨으니 그러므로 너희는 가서 모든 족속으로 제자를 삼아 아버지와 아들과 성령의 이름으로 세례를 주고 내가 너희에게 분부한 모든 것을 가르쳐 지키게 하라 볼지어다 내가 세상 끝 날까지 너희와 항상 함께 있으리라"(마28:18-20). "너희는 온 천하에 다니며 복음을 전파하라"(막16:15). "이같이 그리스도가 고난을 받고 제 삼 일에 죽은 자 가운데서 살아날 것과 또 그의 이름으로 죄 사함을 얻게 하는 회개가 예루살렘으로부터 시작하여 모든 족속에게 전파될 것이 기록되었으니 너희는 이 모든 일의 증인이라"(눅24:46-48). "너희에게 평강이 있을지어다 아버지께서 나를 보내신 것 같이 나도 너희를 보내노라"(요20:21).

교회가 세계복음화에 종사해야 할 이유는 많다. 그러나 가장 큰 이유는 그리스도의 명령이다. 예수 그리스도는 교회의 머리이시며 동시에 그가 세계 만민으로 믿어 순종케 하라고 남겨놓으신 일을 맡은 군대의 사령관이시다(롬1:5). 대위임령은 모든 시대의 교회에 대한 그의 전진 명령이다. 이것이 교회의 최대 과제이다.

넷째, 예수 그리스도께서 오신 목적은 "양으로 생명을 얻게 하고 더 풍성히 얻게 하려는 것"(요10:10)이란 사실이 교회성장의 중요한 근거가 된다.[76]

---

76) 바울서신에서도 이런 점이 드러난다. 예수 그리스도는 신자들에게 영적 생명을 주시며, 또한 그 생명을 장성케 하신다(히13:20-21). 이 점은 교회의 질적

3) 사도행전에 나타난 교회성장

사도행전은 성령께서 사도들을 통하여 이룩하신 선교와 교회성장의 내용이 기록된 문서이다. 사도행전은 "하나님의 교회가 승리하는 과정"[77]을 그려주고 있으며, 그 안에는 초대교회의 선교활동의 풍부한 자료들이 수록되어 있다. 따라서 사도행전에는 교회성장의 근거를 살펴보는데 도움이 되는 자료들이 많이 있다. 사도행전은 신약성경에서 전략적인 위치를 차지하고 있다. 그것은 전기적(傳記的)인 복음서와 권면적(勸勉的)인 서신들 간에 다리를 놓는다. 사도행전은 신약성경에서 유일한 역사서이다. 사도행전이 없으면 우리는 서신들의 수신지 교회에 대해 전혀 알 수 없을 것이다. 사도행전이 없다면 갈릴리에서 시작하여 안디옥, 에베소, 고린도 그리고 로마로 확대된 복음확장 운동에 대해 완전히 캄캄할 뻔 하였다.

사도행전은 부활하신 그리스도께서 그 목적을 두고 이미 훈련해 놓은 열 두 사도를 통하여 행하며 가르치기를 계속하신 것에 대한 기록이다. 복음서와 사도행전을 연결하는 하나의 연결고리는 요한복음 20장

성장 혹은 성숙과 밀접히 관련된다. 그리스도께서 교회의 직분을 세우신 것도 "성도를 온전케 하며 봉사의 일을 하게 하며 그리스도의 몸을 세우려 하심이다"(엡4:12). 그러므로 우리는 바울이 에베소 교인들에게 밝힌 성장에의 권유에 귀를 기울여야 한다. "우리가 다 하나님의 아들을 믿는 것과 아는 일에 하나가 되어 온전한 사람을 이루어 그리스도의 장성한 분량이 충만한 데까지 이르리니 이는 우리가 이제부터 어린아이가 되지 아니하여 사람의 궤술과 간사한 유혹에 빠져 모든 교훈의 풍조에 밀려 요동치 않게 하려 함이라 오직 사랑 안에서 참된 것을 하여 범사에 그에게까지 자랄지라 그는 머리니 곧 그리스도라 그에게서 온 몸이 각 마디를 통하여 도움을 입음으로 연락하고 상합하여 각 지체의 분량대로 역사하여 그 몸을 자라게 하며 사랑 안에서 스스로 세우느니라"(엡4:13-16).

77) Grasham Machen, *The New Testament: An Introduction to Its Literature and History*(Edinburgh: The Banner of Truth, 1981), 57.

21절에 기록된 예수님의 말씀이다. “아버지께서 나를 보내신 것 같이 나도 너희를 보내노라.” 예수 그리스도는 기독교 선교를 개시(開始)하셨고 사도들은 그것을 추진하였다. 그들의 선교는 예수님의 선교의 계속이었다. 동일한 목적으로 의도되고 동일한 능력을 부여받고 동일한 메세지로 위탁된 선교였다.[78)]

그 핵심귀절이 사도행전 1장 8절이다. “오직 성령이 너희에게 임하시면 너희가 권능을 받고 예루살렘과 온 유대와 사마리아와 땅 끝까지 이르러 내 증인이 되리라.” 여기 땅 끝까지라는 말은 이사야 49장 6절의 “땅 끝까지”라는 말을 생각나게 한다. 예수님의 마음은 땅 끝의 모든 족속에 있었으며 증인의 사명을 수행하기 위해서는 성령의 능력이 필요하다는 것을 이 말씀은 잘 밝혀주고 있다. 누가는 사도행전 전체를 이 귀절을 중심으로 하여 기록한 것이 분명하다. 사도행전은 세 부분으로 대별된다. 기독교가 예루살렘에서 시작하여(1-7장) 유대와 사마리아로 전진하여(8-12장) 마침내 땅 끝까지 이르는(13-28장) 기독교 확산 과정을 다룬 것이 사도행전이다.

1장 8절에서 중요한 두 단어는 ‘능력’과 ‘증인’이다. 이 두 단어는 사도행전 전체의 모티브가 된다. 부활은 제자들을 증인으로 만들었고 오순절 사건은 효과적으로 증거할 수 있는 능력을 부여했다.[79)] 예수님의 부활 사건은 그의 부활을 직접 확인하였던 제자들의 생활과 사상을 완전히 바꾸어 놓았다. 그들은 가는 곳마다 예수님과 그의 부활을 전파하였다. 그들은 예루살렘의 유대인들(행4:2)과 가이사랴의 이방인들(행10:40), 그리고 아덴의 철학자들(행17:31)에게도 이 부활의 소식을 전파하였다. 그들은 그리스도의 측량할 수 없는 부요를 유대인과 이방인에

78) J. Herbert Kane, “The Biblical Basis of Mission,” 94.
79) *Ibid.*, 95.

게 전파하는 것이 최고의 특권임을 믿었기에(엡3:7-10) 예수님의 부활 소식을 땅 끝까지 이르러 전하는 증인이 되기에 힘썼다.

복음이 모든 방해 요소들을 제거하는 능력의 복음임을 누가는 사도행전을 통해 크게 부각시키고 있다. 유대주의의 좁은 울타리 안에서 예루살렘을 중심하고 오순절에 일어난 복음운동은 유대인들과 그 개종자들을 중심하여 퍼져나갔다(행2:5-11). 이와 같이 동일 문화권에서 태동한 복음운동은 마침내 헬라문화에 젖은 사람들에게까지 전해짐으로써 복음이 문화의 장벽을 넘어설 수 있음을 확증해 주었다(행6:8~7:60). 현대 세속문화, 공산주의문화, 또는 소위 종교문화들－유교문화, 불교문화, 모슬렘문화－까지도 복음의 능력으로 정복할 수 있다.

스데반이 순교한 후 제자들은 흩어지기 시작하였고, 이 때 성령의 지시를 받은 빌립은 사마리아로 갔다(행8:4, 5). 복음이 천대받던 사마리아까지 들어갔던 것은 복음이 사회적 계급까지도 뚫고 들어간 것을 보여준다. 사회 각계 각층의 모든 사람들이 복음을 받아야 할 뿐 아니라 또한 복음침투가 가능함을 보여준다. 하나님의 지시로 빌립은 남쪽을 향해 가자로 갔다. 거기서 그는 에디오피아의 여왕 간다게의 내시에게 복음을 전했다. 에디오피아인은 아프리카 흑인종이다. 백인도 흑인도 황인종에게도 복음전달이 가능하다(행8:36-38). 주의 제자 베드로는 로마인들에게까지 복음을 전함으로 국가적 장벽을 뛰어 넘어 무할례자 이방인이 성령을 받고 세례를 받는 놀라운 일이 일어났다(행10:1~11:18). 이제 복음이 이방인에게 완전히 넘어감으로(행11:19, 20) 이방인이 그리스도인이 될 경우 모세의 법대로 할례를 받아야 하는지를 묻는 소위 예루살렘 회의가 열리게 되었다. 이 회의의 주제는 민족 복음화와 세계 복음화였다(행15장;갈2장). 이렇게 해서 복음은 타종교의 장벽까지 허물어 버리게 된다. 사도행전은 복음이 세상 끝까지 넓게 퍼져 나가는 것으로 끝

을 맺는다(행28:30-31).[80)]

누가가 보여준 또 하나의 원리는 수적(數的) 성장이다. 사도행전은 교회의 수적 성장을 통계로 보여주는 좋은 예를 가지고 있다. 예수께서 부활하시고 승천하시기 전 오순절에 예루살렘에 모인 제자들의 공동체는 120명으로 시작하였다(행1:15). 그날 개종한 사람의 수가 3000명이나 되었으며(행2:41) 신자의 수는 날마다 증가하여(행2:47) 여자를 포함하지 않은 남자의 수만 5000명에 달하므로(행4:4) 초대교회는 이미 대형화된 것을 볼 수 있다. 남자와 여자의 수가 계속 증가했고(행5:14) 이들 교회 성장은 멈추지 않았다(행9:31; 12:24). 제자의 수에 많은 제사장들까지 포함되었으며(행6:1, 7) 바울이 예루살렘을 방문했을 때는 이미 수 만명의 유대인 신자가 있었다(행21:20). 이처럼 120명의 문도가 수 만명에 이른 것은 한 생명이 천하보다 귀하다는 주님의 말씀과 땅 끝까지 이르러 내 증인이 되라는 대위임령을 순종한 열매이며 이는 오늘의 교회가 마땅히 따라야 할 모범이다.

특별히 환경적 이변이 없는 한, 교회의 구성원의 수가 늘어나는 수적 성장은 대체로 교회의 신앙의 성숙도가 깊어가는 질적 성장과 병행한다. 같은 조건 하에 있는 교회에 질적으로 우수한 성도들이 모여 있다면 그렇지 못한 교회보다 더 많이 전도하고 봉사함으로 수적 성장을 가져올 것은 너무도 분명한 사실이다.

사도행전 6장 7절에서는 "하나님의 말씀이 점점 왕성하여 예루살렘에 있는 제자의 수가 더 심히 많아지고……"라고 함으로써 하나님의 말씀의 왕성(곧 질적 성장)과 양적 성장이 서로 밀접히 관련되어 있음을 보여주고 있다. 위 구절에서 하나님의 말씀이 '왕성하다'라고 할 때 '자라다, 성장하다'의 뜻을 가진 '아욱싸노'(αὐξάνω)란 헬라어를 사용함으로

80) 이종윤 · 전호진 · 나일선, 『교회성장론』, 219-220.

써 질적 성장과 양적 성장이 서로 밀접한 관계에 있음을 보여 주고 있다.[81] 또한 9장 31절에서는 온 교회가 '평안함'과 '주를 경외함'과 '성령의 위로'로 진행하여(질적 성장) 수가 더 많아졌다고(양적 성장) 기술하고 있다. 그리고 16장 5절에서도 역시 "이에 여러 교회가 믿음이 더 굳어지고(질적 성장) 수가 날마다 더하니라(양적 성장)"고 기술해 주고 있다.[82]

이상에서 볼 때 교회의 질적 성장과 양적 성장은 상호 연관되어 있으며 이 둘은 서로 배척하는 것이 아님을 알 수 있다. 성경은 교회에 질적 성장이 있을 때 양적 성장이 따라온다는 점을 말하고 있다.

그러나 수적 성장이 반드시 질적 성장의 결과라고만 해석할 수는 없다. 박해 아래 있는 교회는 순교자를 배출할 만큼 질적으로 우수하지만 양적 성장은 기대할 수 없을 뿐만 아니라 인구가 제한되어 있는 농어촌 지역이나 도서지방도 수적 성장이 없다 하여 질적으로 저급한 교회라고 해서는 안될 것이다.[83]

초대교회는 지리적 확장 운동을 통해서 교회를 성장시켰다. 예루살렘을 중심으로 하여 복음이 유대, 갈릴리, 사마리아까지 확장되었다. 복음의 중심지가 예루살렘에서 수리아의 안디옥(행11:19이하, 13:1)으로 옮겨지면서 안디옥 교회는 최초의 선교사 바울과 바나바를 파송하여 소아시아 일대에 복음을 크게 전파하게 된다. 복음의 센터가 비시디아 안디옥(행13:14, 49)으로 그리고 다시 에베소로(행19:10), 마침내 로마로 옮겨져(행28:31) 세계복음화의 기틀을 잡게 되었다.

---

81) 변종길, "무엇이 성경적인 교회성장인가," 「목회와 신학」(1993년 7월호), 35.

82) *Ibid.* 박윤선 박사도 이 구절을 주석하면서 "그 때 교회들이 질적 양적으로 다 부흥되는 것을 가리킨다. 만일 교회가 믿음이 없이 수적으로만 진흥한다면 그것은 정상이 아니다"라고 하였다. 박윤선, 『성경주석 사도행전』(서울: 영음사, 1981), 336.

83) 이종윤 · 전호진 · 나일선, 『교회성장론』, 220-221.

바울은 이방인의 선교사로 알려졌지만 유대인에게 먼저(롬1:16) 복음을 전한다는 민족복음화의 신학적 근거를 제시했을 뿐만 아니라 그는 그 원리를 실천한 전도자이다. 그가 이방지역을 찾아갈 경우 유대인 회당이 있는 지역을 찾은 것은(행13:46; 17:12이하; 18:5이하; 28:17-28) 결코 우연이 아니었다.

오늘날 우리 민족이 세계 도처에 흩어져 살고 있으며 한국인이 있는 곳마다 거의 교회가 세워지고 있는 것은 선교적 차원에서 매우 중요한 사실로 보아야 한다. 하나님께서 세계복음화를 위하여 우리 민족을 미리 흩어 보내시고 그들을 좇아 선교사가 파송되고 선교사는 교회를 세우고 교회는 그 지역과 민족을 복음화 하는 중심지가 되는 것이 성경적 전도 방법이다. 이같은 교회의 지리적 확장은 해외선교만이 아니고 타지방의 개척교회 운동도 포함하고 있으므로 국내외적으로 복음의 지리적 확장 운동이 곧 교회의 성장이라고 보는 것이다.[84]

성장하는 교회는 모든 사람을 포괄적으로 내포하고 있음을 사도행전은 보여주고 있다. 요엘 선지자의 말을 인용한 누가는 아들과 딸, 노소 그리고 남종과 여종들이 모두 마지막 때에 성령을 받게 될 것이라고 말한다(행2:16-21). 예루살렘의 모든 사람들(행2:14)과 이스라엘의 모든 백성이(행2:36) 그리고 남자와 여자가(행5:14;8:6) 모두 그리스도에게 돌아왔다. 이방인도 유대인도(행17:4, 12) 그리스도 안에서 함께 부르심을 받게 되는 것이다. 초대교회 내에 제사장(행6:7), 마술사(행9:43), 에디오피아의 장관(행8:27), 여자 재봉사(행9:39), 제혁업자(행9:43), 백부장(행10:1), 지방총독(행13:7), 상인(행16:4), 로마의 간수장(행16:27), 철학가(행17:34), 천막제조인(행18:3), 회당장(18:8) 등 각종 직업인들이 그리스도의 초청을 받기도 하고 교회에 들어오기도 한 것은 직업의 귀천을 가

84) *Ibid.*, 221.

리지 않고 모든 종류의 사람이 다 복음 안에서 살 수 있음을 보여준 것이다. 이처럼 교회는 어느 민족이나 부족 또는 특정한 직업인을 복음에서 제외하는 배타적인 입장을 취할 수가 없으며 모든 종류의 사람에게 포괄성을 갖고 전하고 수용해야 한다.[85)]

교회가 성장하는 원리와 요인은 무엇일까? 우리는 이 원리와 요인을 어디서 발견할 수 있을까? 이 질문에 대하여 맥가브란(D. McGavran)과 안(Arn)은 "이는 교회가 성장하는 곳에서, 교인수가 증가하는 곳에서, 그들의 삶이 그리스도에게 위임되고, 또한 세속에서 책임있는 존재로 사는 곳에서 발견된다."라고 지적한 바 있다.[86)] 이들의 지론을 따른다면 아무래도 이상적인 교회성장 모형은 사도행전에 기술된 초대교회를 들지 않을 수 없다.

"땅끝까지 이르러 내 증인이 되라"(행1:8)는 주님의 대위임령을 수행하기 위하여 사도행전에는 주님의 교회가 성장(확장)하는 모습을 면밀하게 보여주고 있다. 즉 복음이 (1)문화, 사회, 민족, 종교 등 모든 장애물을 뛰어넘는 것을 생생하게 알려주며, (2)수적 증가에 대하여 특별한 관심을 기울이고, (3)지리적 확장을 예루살렘(선교의 중심지)-수리아의 안디옥(제2의 선교 중심지)-비시디아 안디옥-에베소-로마(대단히 큰 선교 중심지)로 보여주며, (4)교회의 완전성과 포괄성에 대하여 주의를 언급하며, (5)시종일관 교회의 성장과 선교전략이 하나님의 신비스럽고 주관적인 역사로 이해되고 있다.[87)]

알란 티펫(Alan Tippett)이 말한 것처럼 사도행전은 교회의 외형적인 수적 성장과 내적인 영적 성장을 보여주는 생동적인 성장상(成長像)을

85) *Ibid.*, 221-222.
86) Donald A. McGavran and W. Arn, 『교회성장의 10단계』 김종일 역, (서울: 신망애출판사, 1987), 15.
87) 이종윤, 『신구약 성경개설』(서울: 충현출판사, 1982), 195-209.

가지고 있다.[88] 사도행전의 교회는 그 출현부터 이미 수적으로 질적으로 그리고 조직적으로 성장하는 교회였다(행2:46, 16:5). 뿐만 아니라 사도행전에 나타난 교회성장의 원리를 지리적 세 중심지(Center)를 중심으로 살피면 그것은 성장하고 있는 역사를 보여준다. 이 세 중심지란 예루살렘(행1:1~8:1), 수리아 안디옥(8:2~12:25), 그리고 로마(13:~28:)를 가리킨다.[89] 이 원형적인 교회성장 모델을 분석하고 정확하게 종합 전달하여 준 사람은 "사랑받는 의사 누가"(눅1:1-4)였다.

하워드 마샬(Howard Marshall)은 누가를 전도자, 역사가 그리고 신학자로 이해한다.[90] 누가를 이런 관점에서 보면, 그가 전하여 주는 원형적인 교회성장의 모델은 당시 전도를 통하여 급성장한 사도행전 교회의 역사적 사건에 대하여 신학적인 근거를 부여해 주었다고 볼 수 있다. 이 사실이 역사가요 과학자인 누가의 '통계적인 수'[91] 이해에서 잘 나타나고 있다. 그래서 우리는 "날마다 수가 더하는"(행2:47) 성장을 거듭한 예루살렘 교회와 안디옥 교회를 사례별로 연구 분석하면서 이들 교회의 성장의 요인을 분석 종합해 보기로 하자.

---

88) Alan R. Tippett, *Church Growth and the Word of God: The Biblical Basis of Church Growth Viewpoint*(Grand Rapids, Michgan: Wm. B. Eerdmans Publishing Co., 1970), 12.

89) 오병세, "사도행전에 나타난 교회성장의 원리," 「교회문제연구」 제3집(부산: 고신대학 교회문제 연구소, 1982), 13-20.

90) Howard I. Marshall, *Luke: Historian and Theologian*(New York: Paternoster Press, 1974), 216.

91) 누가도 눅5:1-14, 15:1-32, 19:1-10에서 예수님의 수에 대해서 관심을 보여준다. 예수님이 언급한 비유에서 전체의 통일성을 보전하기 위해서 통계적인 원칙을 사용하셨다. 그것은 정확한 계수였다. 여기서 계수의 동기는 목회상의 관리가 된다. 계수의 동기는 우리의 큰 목자장이 오실 때까지(벧전 5:2-4) 하나님의 양떼를 돌보도록 우리들 작은 목자들에게 주신 사명으로 정확한 계수는 선한 목자의 일을 하는데 매우 중요한 것이다.

(1) 예루살렘 교회

교회가 새롭게 개척되고 확장되어 나아가기 위해서는 그 일을 감당할 수 있는 성장한 모교회가 있어야만 했다. 120명에서 3000명이 더하고 다시 5000명이 추가된 예루살렘 교회야말로 이 사명을 감당할 선교의 중심지가 될 수 있었다. 이 중심지를 향해서 "예루살렘 근처 허다한 사람들도 모여 병든 사람과 더러운 귀신에게 괴로움 받는 사람을 데리고 와서 다 나음을 얻고"(행5:16) 다시 돌아가 자기가 있는 지역에서 교회를 세워 나감으로 예루살렘과 주변 유대, 사마리아, 갈릴리 지방에 수많은 교회들이 개척되고 확장되어 나갔다(행9:31). 일찌기 이사야를 통하여 "그날에 이새의 뿌리에서 한 싹이 나서 만민의 기호로 설 것이요 열방이 그에게로 돌아오리니 그 거한 곳이 영화로우리라"(사11:10, 2:3) 하신 예언이 세계 선교의 중심지로서의 예루살렘을 그리고 있다.

"주 여호와께서 가라사대 이것이 곧 예루살렘이라 내가 그를 이방인 가운데 두어 열방으로 둘러 있게 하였다"(겔5:5)고 하신 예루살렘의 역사는 곧 이스라엘의 역사라고 할 수 있다. 한 때 살렘(시76:2)으로 불리웠던 옛 예루살렘은 오늘에 이르기까지 4,000년간 성지의 중심지로 그리고 기독교의 중심지로 이해되었다. 지중해와 사해의 분수령으로 남쪽으로는 이집트에서 발원하여 북의 시리아 등 강대국에 이르기까지 고대 유목 족장시대 때부터 '족장의 통로'로 이용되어 온 지리적 위치 때문에 예루살렘은 동서남북이 교차되는 지리적 중요성과 더불어 문화적 교류의 중심지로서 중요한 역할을 담당해 왔다.[92] 예루살렘은 도시의 가장 높은 곳이 해발 2,669피트로 삼각형의 구릉을 이루는 유대 중앙산맥 중 가장 높은 곳에 자리잡고 있다. 예수님 당시의 예루살렘에 대하여 하지

92) 양국주 편저, 『예루살렘』(서울: 종로서적, 1982), 50.

스(Melvin L. Hodges)는 인구가 밀집된 곳이고 예수님 사건이 널리 알려진 곳이며 약속의 장소라고 하였다.[93)]

사도행전의 저자인 의사 누가는 예루살렘 교회의 구성원을 다음과 같이 밝혀주고 있다. "제자들이 감람원이라는 산으로부터 예루살렘에 돌아오니 이 산은 예루살렘에서 가까와 안식일에 가기에 알맞은 길이라 들어가 저희 유하는 다락에 올라가니 베드로, 요한, 야고보, 안드레와 빌립, 도마와 바돌로매, 마태와 및 알패오의 아들 야고보, 셀롯인 시몬, 야고보의 아들 유다가 거기 있어 여자들과 예수의 모친 마리아와 예수의 아우들로 더불어 마음을 같이 하여 전혀 기도에 힘쓰니라 모인 무리의 수가 한 일백 이십 명이나 되더라(행1:12-15). 예루살렘 교회는 12 사도와 예수님의 동생 야고보(갈2:9)를 주축으로 해서 설립되었다.

이들 대부분은 예수님으로부터 직접 듣고 배웠으며 특별히 십자가와 부활의 사건을 친히 목격한 사람들로서 "이 예수는 하늘로 가심을 본 그대로 오시리라"(행1:11) 하신 말씀에 입각하여 확고한 종말론적인 신앙을 가지고 신앙생활에 힘썼다. 의사 누가는 당시 이들의 신앙생활의 모습을 이렇게 전해 주고 있다. 승천하시기 직전 예수님이 "이같이 그리스도가 고난을 받고 제 삼일에 죽은 자 가운데서 살아날 것과 또 그의 이름으로 죄사함을 얻게 하는 회개가 예루살렘으로부터 시작하여 모든 족속에게 전파될 것이 기록되었으니 너희는 이 모든 일의 증인이라 볼지어다 내가 내 아버지의 약속하신 것을 너희에게 보내리니 너희는 위로부터 능력을 입히울 때까지 이 성에 유하라"(눅24:46-49) 하신 분부에 따라 저들은 모이기를 힘쓰고 마음을 같이 하여 기도하기를 힘쓰는 가운데 마침내 주님의 약속대로 "다 성령의 충만함을 받고 성령이 말하게 하

93) Melvin L. Hodges, *A Theology of the Church and Its Mission*(Springfield: Gospel Publishing House, 1977), 157.

심을 따라 다른 방언으로 말하기 시작하였으며"(행2:1-4) 새로운 신자들은 "사도의 가르침을 받아 서로 교제하며 떡을 떼며 기도하기를 전혀 힘썼으며…… 믿는 사람이 다 함께 있어 모든 물건을 서로 통용하고 또 재산과 소유를 팔아 각 사람의 필요에 따라 나눠 주고 날마다 마음을 같이 하여 성전에 모이기를 힘쓰고 집에서 떡을 떼며 기쁨과 순전한 마음으로 음식을 먹고 하나님을 찬미하며 또 온 백성에게 칭찬을 받으니 주께서 구원받는 사람을 날마다 더하게 하셨다"(행2:42-47).

오순절 아침 저들이 성령의 권능을 받은 후 시작한 교역활동(ministry work)을 살펴보면 다음과 같다. 사도들이 담대히 말씀을 전파하고(행2:14), 기도에 전혀 힘썼으며(행2:42), 서로 상부상조하여 각 사람의 필요를 충족시켜 주고(행2:43-44), 날마다 성전에 모이기를 힘썼으며(행2:46), 성도의 교제생활에 힘쓰고(행2:46), 하나님께 찬송하여(행2:47) 온 백성에게 칭송을 받았다(행2:47). 그리고 날마다 교육과 전도를 하였고(행5:42), 최초로 집사를 선택하여 그들에게 역할을 부여하였다(행6:1-6). 뿐만 아니라 평신노들도 전도하고 교회를 개척히였으며(행8:4-7), 사도들은 이러한 개척교회들을 지원하였다(행8:14-24).

이상과 같이 예루살렘 교회가 다양한 목회사역을 감당하는 동안 안팎으로 많은 문제들이 제기되었다. 아나니아와 삽비라의 죽음(행5:1-11)을 비롯해서 헬라파 유대인들과 히브리파 유대인들 간의 갈등(행6:1-2), 당국자들의 조직적 핍박(행4:8-22, 5:12-42), 스데반과 야고보의 순교(행6:8~8:2; 12:2), 베드로의 투옥(행12:1-4) 등으로 많은 시련이 이어졌다. 그러나 예루살렘 교회는 부활하신 그리스도에 대한 충성심(행4:19- 20)과 한결같은 기도(행4:24-32, 12:12-19)로 외부의 위험에 대처하고 내부의 순수성을 유지하면서 교회의 구조적 갱신의 시도(試圖) 즉 선교와 봉사를 충족시키도록 전문화를 인정하여 위협적인 긴장상태를 극복하면서 새로운 안정상태를 성취하였다. 이로 인하여 교회는 날마다 더 성장해갔다.

터너(C.H. Turner)는 예루살렘 교회의 성장에 관해 이야기 하면서 시간적으로 오순절부터 일곱 집사의 선택을 AD 30~35년으로 보고 바울의 첫 예루살렘 방문까지를 AD 36년로 본다.[94] 의사 누가는 이 초기 5년 동안의 교회성장을 "수가 더하더라"고 하였는데, 와그너(Peter Wagner)는 이것을 산출하여 120명, 3,000명, 남자 5,000명, 여자 5,000명(추정)으로 계산하여 총 교인 수는 8,120명 내지 11,000명으로 증가하였다고 보며 이 무렵의 교회성장율을 215~342%의 성장으로 보고 있다.[95] 예루살렘 교회의 성장은 여기에서 멈추지 않고 계속되어 사도행전 21장 20절에서 예루살렘에 있던 형제들은 바울에게 예루살렘 교인 수에 대하여 "유대인 중에 믿는 자 수 만명이 있으니 다 율법에 열심이 있는 자라" 하였다. 또 사도행전 4장에 보면 관원과 서기관과 장로들이 사도들의 복음전파에 대해 "이것이 민간에 더 퍼지지 못하게 저희를 위협하여 이 후에는 이 이름으로 아무 사람에게도 말하지 말게 하자 하고 그들을 불러 경계하여 도무지 예수의 이름으로 말하지도 말고 가르치지도 말라"(행 4:1-18)고 위협, 경계한 것을 보면 당시의 교회성장의 속도를 알 수가 있다. 그리고 "제자의 수가 더하더라"는 표현 대신에 "하나님의 말씀이 흥왕하여 더하더라"(행12:24)고 한 것을 보면 이 무렵의 예루살렘 교회는 헤아릴 수 없을 만큼 급속한 성장을 하고 있었음을 미루어 짐작할 수 있다. 실로 교회성장의 좋은 본보기라 할 수 있다. 그러나 이미 언급하였듯이 다만 수적인 성장에만 관심을 가져서는 안될 것이고 흩어지는 교회

---

94) C. H. Turner, *Chronology of the New Testament*(New York: Charles Scribner's Sons, 1901), 415-425.

95) Peter Wagner, *Your Church Can Grow*, 167.

로서의, 선교적 교회로서의 특징에 더욱 관심을 가져야 할 것이다.

(2) 안디옥 교회

이 교회야말로 기독교 역사상 최초로 정식 선교사를 파송한 기념비적인 교회라 할 수 있다. 바울은 이곳을 선교의 근거지로 삼고 제1차, 제2차 그리고 제 3차에 걸친 선교여행을 성공적으로 가질 수 있었다. 만약 안디옥 교회가 많은 지도자를 배출해 내고 선교사를 파송하고 그들에게 필요한 재정적인 후원을 할 수 없었다고 하면 세계 선교의 양상은 많이 달라졌을 것이다. 교회는 무엇보다도 인물을 양성해야 하고 인재를 배출해야만 선교를 감당할 수 있는데 안디옥 교회는 자질을 갖춘 훌륭한 인물들이 많았다. "안디옥 교회에 선지자들과 교사들이 있으니 곧 바나바와 니게르라는 시므온과 구레네 사람 루기오와 분봉왕 헤롯의 젖동생 마나엔과 및 사울이라"(행13:1).

바울과 바나바는 이곳에서 안수받고 파송받은 최초의 선교사로 제1차 전도 여행을 통하여 소아시아 지방의 교회를 확장하고, 제2차 선교 여행도 이곳에서 출발하여 에게해 지방의 교회 선교를 추진해 나갔다. 그리고 마지막 제3차 여행도 이곳에서 출발하여 마침내 세계의 수도라 할 수 있는 로마에까지 이르러 선교를 하게 된다. 실로 안디옥 교회는 세계선교의 중심지라 할 수 있다.

안디옥은 로마 제국 내의 로마(Rome), 알렉산드리아(Alexandria)와 더불어 3대 도시의 하나였다. 수리아의 수도로서 인구 50만을 헤아리는 이 도시는 교통의 중심지요 또한 사업이 번창한 관계로 많은 사람들의 교류가 빈번하였다. 그러므로 이 도시의 거민들은 자연히 환락을 즐겼고 또한 부도덕하기 이를 데 없었다.[96] 한편 이 도시엔 일찍부터 유대인 공동체가 형성되어 있었기 때문에[97] 쉽게 기독교의 복음을 수용할 수 있었을 뿐만 아니라 예루살렘 교회와의 친밀한 관계를 가지면서 이방 선교의 전략적 중심지 역할을 십분 발휘할 수 있었다.

안디옥 교회는 스데반의 순교(행7:59)로 일어난 박해를 피하여 흩어진 사람들이 베니게와 구브로와 안디옥까지 이르러 도(道)를 유대인에게만 전하는데 그 중에 구브로(Cyprus)와 구레네(Cyrene)의 배경을 가진 헬라파 유대인들이 오랜 유대인들의 편견을 버리고 안디옥(Antiock)에 와서 이미 이곳에 정착해 있던 유대인과 헬라인에게 복음을 전파하였다(행11:19-20). 이 때 "주의 손이 그들과 함께 하시매 수다한 사람이 믿고 주께 돌아옴으로써"(행11:21) 설립되었다. 바나바와 바울이 이곳에 와서 일 년간 모여 있어 큰 무리를 가르쳐 교회가 더욱 부흥됨으로 제자들이 이 안디옥에서 비로소 '그리스도인'이라는 호칭을 얻게 되었다.(행11:22- 26).

이방지역의 최초 교회인 안디옥 교회의 목회활동은 다음과 같다. 바나바는 훌륭한 인격을 소유하고 성령충만한 목회를 하였으며(행11:24), 바나바와 사울은 팀 목회(행11:26)를 통해 큰 무리를 가르치는 교육목회(행11:26)를 실시하였다. 또 안디옥 교회는 궁핍한 가운데 있는 유대교회를 후원하였으며(행11:30), 선지자들과 교사들은 열심으로 활동하였다(행13:1). 특히 이 교회는 바나바와 사울을 안수하여 선교사로 파송하였는데(행13:2), 그들은 선교사역 중 귀국하여 교회에 "하나님이 함께 행하신 모든 일과 이방인들에게 믿음의 문을 여신 것을" 보고하였다(행

96) Merill Tenney, *New Testament Times*(Grand Rapids, Mich.: Eerdmans, 1978), 192.

97) Yohanan Aharoni and Michael Avi-Yonah, *Bible Atlas*, 문창수 역, 『아가페 성서지도』(서울: 아가페출판사, 1979), 244.

14:27).

안디옥 교회는 바나바와 바울의 심혈을 기울인 목회활동으로 인해 내적 성장(Internal Growth)과 양적 성장(Expansion Growth)을 보여주었으며 또한 동일 문화권이 아닌 타 문화권에까지 복음을 전하고 교회를 개척하는 교량성장(Bridging Growth)에 까지 이르렀다.[98] 그러나 "어떤 사람들이 유대로부터 와서 형제들을 가르치되 너희가 모세의 법대로 할례를 받지 아니하면 능히 구원을 얻지 못하리라"(행15:1) 한데서 교회 안에 상당한 변론이 일게 되었다. 이로 인해 교회는 예루살렘 교회 사도들의 지도를 받고자 양측 지도자를 선정하여(행15:2) 예루살렘으로 보낸 후 기다리다가 예루살렘에서 보낸 유다와 실라가 가져온 편지를 교회 앞에 읽음으로써 어려웠던 문제를 해결하였다(행15:31). 이리하여 할례 문제로 야기되었던 심각한 교회의 내분은 가라앉고 "믿음이 더욱 굳어지고 수는 날마다 더하여"(행16:5) 갔다.

이들 무리의 수가 얼마였는지는 알 수는 없으나(행15:35), 하여간 날마다 신도가 증가되고 있는 이 안디옥 교회 성도들을 기리켜 그곳 이방인들이 '그리스도인'이라 부른 것으로 미루어 보아 이 교회의 성장이 빠른 속도로 진행되고 있었음을 엿볼 수 있다. 이러한 초대교회의 성장을 겔버(Vergil Gerver)는 영적 다이내믹(Spiritual Dynamic) 혹은 교회의 역동적인 힘(Dynamic Power)이라 하였다.[99]

---

98) Peter Wagner, *Your Spiritual Gift Can help Your Church Grow*(Glendale: A Division of G/L Publications, 1980), 195-196.

99) Vergil Gerver, 『교회성장진단법연구』 조동진 역,(서울: 크리스챤헤럴드사, 1974), 19.

4) 초대교회의 성장요인

지금까지 우리는 신약 교회 중에서 교회성장의 원리와 요인을 가장 잘 나타내 보여주는 예루살렘 교회와 안디옥 교회를 살펴 보았다. 이들 두 교회를 연구해 본 결과 이들에겐 서로 상관관계를 가진 공통된 성장의 외적 요소들(visible factors)과 내적 요소들(invisible factors)이 있음을 발견하였다. 본 케이스 연구에서 발견된 외적 성장 요소에 따른 내적 성장 요인들을 살펴보면, 교회의 다양한 구성원—사도들, 장로와 집사, 평신도, 선교사 등—모두가 협력하여 그 맡은 바 직무를 충실하게 감당하고 있다는 사실에 주목하게 된다.

우선적으로 교회성장은 목회자의 역량의 여하에 따라 크게 영향을 받는다. 목회자가 교회성장에 대한 불타는 의욕을 가지고 그것을 위해 희생하고 댓가를 지불할 때 교회는 성장하였다. 그래서 와그너(Wagner)가 밝힌 바와 같이 건강하고 성장하는 교회의 살아있는 표적 가운데 첫째로 적극적인 사고방식을 가진 목사가 자신의 유능한 지도력을 전체 교회로 하여금 성장을 위한 행동을 하는데 촉매작용이 되도록 하는 것이 매우 중요하다.[100] 신약 성경은 목사를 감독(딤전3:1), 장로(벧전5:1), 교사(딛1:9), 전도인(딤후4:5), 하나님의 비밀을 맡은 자(고전4:1), 하나님의 동역자(고전3:9), 양무리의 본(벧전5:3) 등 여러 가지로 표현하고 있다. 초대 교회의 성장에 사도의 역할이 컸던 것과 같이 현대 교회 성장의 핵심도 목사의 지도력과 그의 영력에 달려 있다고 할 수 있다. 그래서 슐러(R. Schuller)는 성공적인 목사는 "사업을 정하고 목표를 세우고 이에 대한 대가를 기쁘게 지불함으로써 진정한 지도력을 갖는다"라고 하였다.[101]

---

100) Peter Wagner, *Your Church Can Grow*, 62-67.
101) W. Arn, 『교회성장 핸드북』, 63.

성령은 교회 공동체를 통하여 장로와 집사들을 선택하게 하고 사도들이 안수케 하며 그들을 교회의 봉사자와 감독자로 삼아서 교회성장에 동참케 하였다.[102] 저들은 일정한 기준에 따라 선택되어,[103] 기도하는 일에 힘쓰고(행14:23) 받는 일보다 구제하는 일에 힘썼으며(행20:35), 교회 행정을 도왔고(행15:4, 16:4) 재정출입을 맡았으며(행6:2), 사도들에 의해서 계속 교육을 받았고 전도에 힘썼다.[104]

또한 성령이 평신도들을 부르셔서 거듭나게 하시고 각양 은사에 따라 교회를 섬기게 하셨다(행12:28-30). 그들은 사도들의 가르침을 받아(행2:41) 죄를 회개한 후 세례를 받았으며(행2:28), 성전에 모여 기도하고 말씀 배우는 일에 힘썼다(행2:42, 46). 그리고 형제들의 필요에 따라 나눠주길 힘쓰고(행2:45) 박해 중에서도 전도하길 힘썼다(행8:4). 그들은 사도와 장로 그리고 집사와 함께 기둥처럼 일하는 동역자들이었다.[105]

성령은 교회 선지자와 교사 중에 불러 시키는 일을 위하여 따로 세워 안수하고 이방 선교를 위하여 파송하였다(행13:4). 신약 교회는 아직 어려운 형편 속에서도 신교사를 파송하는데 교회 안에서 가장 훌륭한 인물들인 바나바와 바울을 따로 세워 이방선교의 문을 열었다. 그들의 활동은 다음과 같다. 그들은 가르치는 사람들로(행13:2) 주를 섬겨 금식하고(행13:2) 팀 목회(Team Ministry)를 통해 효율적으로 사역하였으며(행13:5; 15:40) 교회의 지원을 받아(행13:1-3) 이방 지역의 유대인과 이방인들을 가르쳤다(행18:4-6). 또한 그들은 개척 교회를 순회, 격려하였으며(행18:18-23) 파송 교회에 귀환하여 보고를 하였다.[106]

---

102) 사도행전 6장 6절; 20장 28절.
103) 사도행전 6장 3절; 디모데전서 3장 1-13절.
104) 사도행전 2장 42절; 6장 10절, 8장 4-5절.
105) 사도행전 18장 2절; 로마서 16장 3-4절.
106) 사도행전 14장 26-28절; 15장 14절.

주의 성령은 복음을 전하기 위하여 전도할 나라, 지역, 장소를 정하여 주고 때로는 변경하여 지시하기도 했다(행16:6-10). 선교사들은 성령의 지시를 따랐다. 교회설립 장소는 대체로 다음과 같은 특징을 가지고 있었다. 즉 변화가 일어나는 지역, 곧 정치, 경제, 사회의 변동이 심한 지역을 택하여 인구밀집 도시를 먼저 찾아 전파하였다(행17:17). 그리고 인구밀집 지역에서도 교통이 편리한 곳을 택하였다(행18:4). 그리고 가능한 남의 터 위에서는 복음을 전하지 않기로 하였다(롬15:20). 이는 목회 윤리적인 면도 있지만 복음의 확산을 위해서도 유익한 것으로 여겨진다.

우리는 위의 두 교회를 연구한 결과 이들 교회는 내적, 외적 성장요소가 균등하게 조화를 이루고 있고, 또한 이 외적 성장요소는 내적 성장요소를 안고 있으며 내적 성장요소는 계속 상호 보충 작용을 하였고, 이 상호 작용을 진행시킨 주동 세력은 성령의 역사였음을 알 수 있다. 그래서 맥가브란(McGavran)은 "교회의 성장은 성령의 활동에 의존한다"[107]고 하였고 겔버(Gerver)는 "성령은 믿는 사람이 생육하고 번성하는 생명이 되시고 또한 교회성장에도 생명이 되신다"[108]고 하였다.

그러므로 성령의 도우심 없이는 전도도 교회성장도 기대할 수 없다. 초기의 교회는 성령의 역사를 통하여 크리스챤들이 "새로운 자유와 사랑, 내적인 해방감, 넘치는 기쁨과 평안, 하나님의 실재에 대한 강한 인식, 사랑의 교제, 전도에 대한 불붙는 열심을 경험"함으로써 급성장해 나갔다.[109] 하나님은 성령의 은사를 신약교회 성장의 핵심적인 요소로 사용하셨다. 와그너(P. Wagner)는 "성령의 은사는 하나님의 은혜를 따라

---

107) Donald McGavran & George Hunter, 『교회성장학』 박은규 역,(서울: 대한기독교서회, 1986), 11.

108) V. Gerver, 『교회성장진단법연구』, 19.

109) John Stott, 『오늘날 성령의 사역』 조병수 역,(서울: 기독교교육연구원, 1983), 3.

그리스도의 몸의 모든 지체에게 성령에 의하여 주어진 특별한 속성으로서 그리스도의 몸 안에서 사용하도록 주어진 것이다"[110)]라고 하였다. 성령의 은사는 "성령께서 그리스도인 각자에게 분배해 주신 교역의 기능 또는 재능으로 교회의 덕을 세우며, 세상을 섬기는 목적을 수행하는 수단으로 하나님께서 그리스도 안에서 성령을 통하여 주신 선물"[111)]이다.

이와 같이 하나님은 친히 자신과 그리스도의 영을 통하여 역사하신다. 다시 말해서 그리스도는 하나님의 현존(Deus Praesens)으로 일하셨고 성령은 지금 그리스도의 현존(Christus Praesens)으로 교회 안에서 활동하고 계신다.[112)] 그러므로 신약 교회에서 성령의 은사 없이는 그리스도인으로서의 생활이나 복음증거는 상상도 할 수 없는 일이었다.[113)]

그리고 이 성령의 은사는 몇몇 한정된 사람에게만 주어지는 특권이 아니라 적어도 통회 자복하고 예수의 이름으로 세례를 받은 사람은 한 가지 이상의 성령의 은사들(χάρισματα)[고전12:4-11; 7:7; 6:23; 12:6-13; 갈5:22-26]을 받았다고 본다. 이런 안목을 가지고 볼 때, 초대 교회

110) Peter Wagner, *Your Spiritual Gift Can help Your Church Grow*, 권달천 역, 『성령의 은사와 교회성장』(서울: 생명의 말씀사, 1982), 41-42. 그는 "성령의 은사를 가리키는 일반적인 헬라어는 카리스마(χάρισμα)라는 말인데 이 카리스마라는 단어의 복수형은 카리스마타(χάρισματα)이다. 그러니까 우리가 요즈음 사용하고 있는 '카리스마운동'(charismatic movement)이라는 말이나 '카리스마적'(charismatic)이라는 말은 이 헬라어 단어에서 나온 것이다. 그러나 이 헬라어 단어에는 보다 더 큰 의미가 들어 있다. 왜냐하면 '카리스마'라고 하는 헬라어 단어는 은혜를 의미하는 카리스(χάρις)라는 말에서 나왔기 때문이다. 그러니까 성령의 은사와 하나님의 은혜와의 사이에는 대단히 밀접한 관계가 있는 것이다"라고 했다(*Ibid.*).

111) 오성춘, "교역갱신을 위한 영적 은사의 필요성," 「목회와 신학」(1995년 6월호), 46.

112) 지원용, "루터가 본 성령과 은사운동," 『신학과 신앙』 제1집(서울: 콘콜디아사, 1986), 9.

113) John Stott, 『오늘날 성령의 사역』, 17.

는 '카리스마 공동체'요 그 성장의 핵심은 카리스마의 결과[114]로써 가능했다는 것을 알게 된다. 다시 말해서 성령의 은사야말로 신약 성경에서 보여주는 초대 교회의 성장을 "질적으로 양적으로 성취하는 영적 다이나믹(The Spiritual Dynamic)"[115]인 것이다.

또한 초대 교회의 성장을 살펴볼 때 두드러지는 특징은 디다케(διδαχή)에 대한 강조이다. 초대 교회에서 교육은 교회 생활의 본질적 요소로 강조 되었고, 교육은 예배와도 직결되어 있었다. 그리스도의 수난과 대속적 죽음과 부활을 전파하는 복음을 나타내기 위하여 말씀선포 뿐만 아니라 가르침도 이에 못지않게 필요한 것이었다. 설교와 말씀선포로써 수행되어지는 복음적 사역에도 교육과 가르침을 통한 완성과 보충이 필요했다.

초대 교회의 교육 행위에 있어서 교육적 기능은 전 공동체의 생활 자체 안에서 수행되었던 것이 그 특징이었다. 이는 초대 교회 교육이 공식적인 교육 형식이기 이전에 오순절 경험 이후에 크리스챤들의 신앙생활의 지도, 사도들의 가르침, 성도의 교제, 기도, 그리고 떡을 떼는 일 등, 이 모든 전체 생활 속에서 이루어졌음을 말하는 것이다. 초대 교회 이후 현재까지의 교회 역사 동안 만일 교회가 가르치는 '디다케'(didache) 사역을 게을리 했다면 교회의 존속이 위태로왔을 것이다.

'케리그마'(κήρυγμα)와 함께 '디다케' 역시 교회가 수행하여야 할 필요 불가결한 본질적인 사명 중의 하나이다. 기독교의 신앙은 교육이라고 하는 과정을 통하여 보다 견고하고 확실해 지는 것이다. 기독교 신앙을 고백하기까지에는 기본적 진리에 대한 교육이 필수적이다. 아무리 믿음의 열정이 불같다 할지라도 착실히 교육받는 일이 없다면 비정상적

114) *Ibid.*, 124.
115) V. Gerver, 『교회성장진단법연구』, 19.

인 그리스도인이 되고 만다.

그러므로 그리스도의 가르침을 깊이 깨닫는 일은 그리스도를 믿는 사람 모두에게 반드시 필요한 일이며, 이 일은 교육을 통해서만 가능한 일이다. 바로 이러한 교육이 초대교회의 성장의 중요한 원인이었으며 또한 이단에 맞서는 싸움에 있어서 승리를 가져다 주는 원천이었다.[116)]

3. 교회성장의 현실적 요구

요즈음 목회현장에서 '위기'라는 말이 들려오고 있다. 그것은 한국교회가 양적, 질적 측면에서 어려움에 봉착하고 있다는 목회적 현실 인식에서 나타난 반응이 아닌가 생각한다. "그동안 급성장했던 한국교회의 성장율은 현저하게 둔화되고 있고, 교회의 사회적 공신력 또한 크게 떨어지고 있다. 교회개혁이나 갱신에 대한 요구가 교회 안과 밖에서 점차 커지고 있으며, 신앙노선의 차이로 인한 교회내적 갈등도 만만치 않다. 대형집회 참여율이 눈에 띄게 감소하고 있고 교파간의 협조도 그리 활발한 것 같지는 않다. 교인들의 질적 성숙을 위한 프로그램의 빈곤이 드러나고 있고 목회자들은 타종교, 타교파, 타교회로 이탈하는 교인들에 대해 거의 속수무책인 상태이다. 전도가 전보다 잘 안되고, 교인들의 열성도 예전만 못하다는 얘기들도 자주 나오고 있다."[117)]

근래 한국교회는 감소기에 들어 있다고 한다. 세계사상 유례없는 폭

116) 김태원, 『교회의 교육적 사명』(서울: 종로서적, 1990), 26.
117) 이원규, "한국교회 현실과 목회 현장에 대한 사회학적인 진단," 「기독교사상」(1993년 10월호), 224.

발적인 교회성장의 역사가 80년대 초까지 일어난 반면 80년대 후반부터 교회의 개척이 어렵고 성장이 멈추고 있다는 보고가 나왔다. 심지어 대형교회 중에서는 감소추세까지 나타나고 있다.[118)]

한국교회는 지난 1960년대 이후 양적으로 급성장해 왔다. 교회수를 보면 1960년의 5,011개에서 1990년의 35,869개로 30년 동안 615 퍼센트 증가했고, 교인수는 같은 기간 동안 623,072명에서 10,312,813 명으로, 수적인 면에서만 볼 때 무려 1,555 퍼센트나 증가했다.[119)] 이는 실로 놀라운 성장으로 평가된다.

그러나 이러한 한국교회의 성장은 통계적으로 볼 때 점차 둔화되고 있다. 즉, 교회 수에 있어서는 1960년대에는 연평균 증가율이 15.7 퍼센트였으나 그 비율이 70년대에는 6.5 퍼센트로 줄어 들었다. 비록 80년대에는 증가율이 6.9 퍼센트로 높아지기는 했으나 1990년 이후로는 다시 5 퍼센트 이하로 떨어지고 있다. 교인 수에 있어서는 성장률의 감소가 더욱 두드러지고 있다. 즉 1960년대의 연평균 증가율이 41.2 퍼센트에 달했으나, 그 비율이 70년대에는 12.5 퍼센트로, 다시 80년대에는 4.4 퍼센트로 크게 감소되었던 것이다. 그 비율이 90년대에 와서는 3 퍼센트 선으로 낮아지고 있다.[120)] 2000년 이후에는 마이너스 성장을 보이고 있는 실정이다.[121)]

---

118) 명성훈, "정체된 교회를 성장시키기 위한 새로운 목회전략," 「목회와 신학」(1993년 7월호), 100.

119) 이원규, "한국교회 현실과 목회 현장에 대한 사회학적인 진단," 225.

120) 이원규, "한국교회에 영향을 미친 교회성장론에 대한 임상적 평가," 「목회와 신학」(1993년 7월호), 50-51.

121) 통계청이 94년 5월 23일부터 6월1일까지 전국 3만 2천 5백 표본가구 내의 만15세 이상 8만 81명을 대상으로 조사한 여러 부문 가운데 종교인구 및 집회 참여도 부문을 살펴보면 91년도 조사(종교를 가지고 있는 인구 54%)에 비하여 종교를 가지고 있는 인구가 4.1%감소하고 있는 것으로 나타나고 있는데 기독교가 0.4%, 불교가 3.2%, 유교가 0.6%로 감소한 반면 천주교는

우리의 상황은 이렇게 어려운 형편에 처해 있다. 그러나 교회성장은 하나님의 뜻이다. 하나님은 그의 교회가 성장하기를 원하신다. 교회를 성장시키는 주체는 하나님이시지만 그럼에도 불구하고 교회성장의 책임은 인간에게 있다. 왜냐하면 하나님께서는 인간을 통하여 일을 하시기 때문이다. 따라서 우리는 새로운 각오와 전략을 준비하여 교회를 성장시켜야 할 무거운 책임을 자각하게 된다.

4. 교육목회의 필요성

성경적으로 볼 때, 그리스도의 복음을 땅끝까지 증거해야 한다는 것은 교회에 주어진 주님의 명령이요 기독교의 대사명(大使命)이다(마 28:19-20). 그래서 기독교의 복음이 한국 땅에도 전파되어 한국교회가 그 동안 성장되어온 것은 사실이다. 지금도 선교학의 과제는 복음전도를 위하여 효과적인 방법론을 찾아내야 하고 적용해야 한다. 그리고 한국교회도 아직은 불신자가 다수인 우리 민족을 향하여 복음의 씨를 뿌려야 하고, 복음전도 운동이 계속적으로 일어나야 하며, 교회에 속한 자의 수도 늘어나도록 힘써야 한다.

양적 성장은 외적으로 나타나 보이는 교회건물, 시설, 인원수, 재산,

0.2%증가 하는 기현상이 나타났다. 교회연합신문은 이 기사를 '기독교인 줄고 천주교인 는다'라는 표제로 대서특필 하고 있다(교회연합신문 1995년 1월 7일자 5면). 2005년 인구주택조사를 보면 1995년 876만 336명으로 종교인구의 19.7%이던 개신교가 2005년 861만 6,438명으로 종교인구의 18.3%로 줄어들고 있음을 볼 수 있다[문화체육관광부, 『한국의 종교현황』(서울: 새 성균기획, 2012), 9].

행사 등에 관계된 성장이며, 질적인 성장은 교회의 신앙의 성숙도를 중심으로 보는 것이다. 그렇지만 양적인 성장과 질적인 성장을 엄밀히 구분하는 것은 불가능하다. 우리가 여기에서 생각하고자 하는 것은 적어도 질적인 성장에 근거해서 양적인 성장도 일어나야 한다는 점이다.

교회는 우선적으로 양적인 성장을 지향할 수도 있고 질적인 성숙을 지향할 수도 있다. 그러나 문제는 양적 성장을 교회의 우선적인 목표로 정해 놓으면, 끝없는 성장제일주의로 나아가기 때문에 질적인 성숙은 기대하기 어렵게 된다는 점이다. 대형화를 추구하면서 모든 관심과 노력이 전도와 부흥운동과 같은 성장전략에 집중되면, 양적인 성장은 가능할 수 있을지는 몰라도 이에 따라 교육이나 친교, 특히 봉사의 기능이 무시되기 쉽고 공동체성이 약화될 가능성이 있다. 때로는 성장 자체가 교회의 최상의 목표가 되는 위험성이 생겨날 수도 있다.[122)]

교회성장의 동기는 교인 숫자나 증가시키고 그들로부터 헌금이나 많이 거두어들이고자 하는 것이 아니다. 오직 모든 사람을 위한 하나님의 독생자 예수 그리스도의 대속적 죽음에서 나타난 하나님의 사랑을 온 세계에 증거하고 하나님의 나라를 확장하는 것이다. 교회성장 운동은 교인들을 그들의 교회 안에서 그들이 사는 지역과 세계를 대상으로 하여 증거의 사역을 담당하도록 그들을 총동원시키는 운동이다.[123)]

한국교회는 풀러 학파의 '교회성장학'으로부터 깊은 영향을 받으면서 급격히 늘어가는 교인수를 무한대로 수용하는 '메가교회'(mega-church)주의로 우회하기 시작하였다. 그리하여 우리도 모르는 사이에 목회자는 점차 '경영자'(manager)상으로 탈바꿈하고 하고 있었다.[124)] 목회적 전문

---

122) 이원규, "한국교회 현실과 목회현장에 대한 사회학적 진단," 231.

123) Waldo J. Werning, *Vision and Strategy for Church Growth*, 정사무엘 역, 『현대 교회성장의 새로운 전략』(서울: 예찬사, 1992), 27.

124) 은준관, "지구촌 시대의 신학교육," 「기독교사상」(1994년 3월호), 32.

성을 '경영'에 두는 것은 교회를 기업화하거나 사유화하는 위험성을 내포한다.[125)]

이러한 성장 관념과, 그 목표를 이루기 위한 수단과 방법을 가리지 않는 행위는 결국 교회의 공신력을 떨어뜨리고 기독교의 구원의 진리를 값싼 은혜로 전락시키는 결과를 낳았으며 지금 성장이 둔화되고 정체되는 결과를 초래하는 원인이 되고 있다. 그러므로 한국 교회는 이러한 성장이념의 혼돈을 극복하고 새로운 성장의 방법을 추구하는 방향으로 목회관을 바로 잡아야 할 것이다.

대부분의 한국교회가 목회의 목적이나 목표를 전도에 두고 있다. 더구나 교회의 교육적인 사역조차도, 성장세대를 교육하든 기성세대를 교육하든 간에 모두가 숫자를 늘리기 위해서 운영하는 경우가 많다. 그래서 한국교회의 목회적 특징을 한 마디로 말하면 주로 선교적 차원에서 이루어진 목회였다고 할 수 있다.[126)] 이는 복음전파에만 치중한 목회, 즉 양적 성장의 팽창주의 목회관에 근거를 두고 있다. 원래 한국교회는 사경회를 중심으로 하여 성장되어 왔음에도 불구하고 그 좋은 전통을 살리지 못했다.

이와 같은 선교적 차원의 목회는 한국교회 선교 1세기 동안에 있어야만 했던 필연적인 것으로 이해할 수 있다. 아직도 민족의 소수가 그리스도인이라는 점에서 다수의 그리스도인 획득과 기독교 확장을 위해서 교회의 목회 실제는 선교적 차원에서 다루어질 수밖에 없다. 그런 관점에서 한국교회의 민족복음화를 위한 전도운동과 선교사명은 계속 되어야 할 것이다.

그러나 바로 앞서 지적한 바와 같이 말씀의 교육과 생활훈련에 관심

125) *Ibid.*, 42.
126) 정일웅, 『교육목회학』, 114.

이 소홀하게 되면 교회는 성숙하지 못한 채 미숙한 상태에서만 계속 머물러 있게 된다. 그리고 여기에서 교회성장의 평가기준은 '몇 명 모였느냐'로써 항상 물량적이거나 숫자적인 것으로 일관하고 있다.[127)]

이렇게 된 원인은 우선적으로 선교와 전도 개념의 혼란를 들 수 있다. 선교적 차원의 목회관의 문제는 개교회가 자립의 단계를 훨씬 넘어섰음에도 불구하고 아직도 배가운동을 목회사역의 전부로 생각하는 교회나 목회자 자신들의 무절제에 있다. 이런 선교적 차원의 목회관의 무절제한 가속화 현상은 경제학적 관점에서 늘 문제되고 있는 자본주의적 사고방식, 즉 능력별 경쟁원리에 쉽게 결탁되어, 목회의 실제적 상황은 목회자 사이에 능력별 경쟁의 극대화가 일어나고 본의 아닌 교인쟁탈이 일어나고 강단 경쟁까지도 일어나고 있다. 이러한 개교회주의 현상은 개인의 자유로운 창의성과 노력의 경쟁을 중요시하는 자본주의 경제체제와 매우 유사한 성격을 가지고 있는 것으로 그것은 자본주의가 가지고 있는 많은 약점을 그대로 지니고 있다.[128)] 그 가운데 하나로 교회와 교회가 힘겨루는 경쟁을 하게 되면 힘이 있는 교회는 점점 더 커지고, 힘이 없는 교회는 더 힘이 없는 교회가 되는 바람직하지 못한 현상이 생겨나게 된다. 이는 교회의 공동체성의 상실로 교회의 표지인 성도의 교통(communio sanctorum)이 이루어질 수 없는 심각한 문제를 드러낸다.

두 번째는 교회관에 대한 혼란으로 교회의 분열과 난립의 현상이다. 오늘날 대도시에 나타나고 있는 개척교회의 현상 중에 교회들이 참다운 선교적 대의를 가지고 새로 설립되는 교회도 있지만 기존교회에서 갈등

---

127) 강희천, "교회교육의 문제 그 분석과 과제,"「목회현장과 성서연구: 제8회 연신원 학술자료세미나 강의집」(서울: 연세대학교 신학대학 학술자료원, 1988), 523.

128) 손봉호, "한국교회와 개교회주의, 그 문제와 대책,"「목회와 신학」(1995년 3월호), 91.

과 분열로 인해 파생된 개척교회도 적지 않다. 그 때문에 지역적 안배를 무시한 교회들이 많이 생겨나고 있다.

현재 한국교회는 수 백개의 교단으로 나누어져 있어 서로가 간접적으로나마 경쟁의 상대가 되고 있다. 이러한 사분오열은 기독교의 힘을 분산시키고 실제로 기독교의 본질적인 과제수행에 부정적 모습으로 더 많이 작용한다. 즉 종교의 상품화 시대라는 세인의 조소만이 아니라 근본적으로 교회론의 입장에서 교회의 공동체성 또는 교회의 연합성이 깨어지기 때문에 이는 분명 한국교회가 지닌 또 하나의 약점이 아닐 수 없다.

세 번째는 설교 편중적인 목회의 문제이다. 교회의 목회가 설교 편중적으로만 흐르는 것은 신자의 성숙을 위해 부족하다. 오늘날 교회들은 대형교회를 추구하게 되고 많은 신자와 기타 이유로 하여 설교 편중적인 목회에 치중하고 있어 성례가 매우 소홀히 되고 있음을 보게 된다. 또한 설교를 보완하고 성경을 신자들이 스스로 공부하고 이해할 수 있도록 도와주는 성경교육이 미흡함으로 신자들의 성숙을 이끌지 못하고 있다.

바로 신자의 성장과정 때문에 목회가 필요한 것이요 또한 교회교육이 필요한 것이다. 한국교회를 양적인 성장에서 질적인 성숙으로 이끌어 줄 새로운 목회관은 바로 교육적인 차원의 목회이다. 목회가 인간의 인격변화와 행동의 변화를 불러 일으키고 마침내 믿음 안에서의 새로운 삶의 모습이 형성되게 하는 것이라면 그것은 바로 교육의 과제임을 인식해야 한다.

이제 교육적인 차원의 새로운 목회를 통하여 지난 선교 1세기 어간에 나타났던 목회의 약점을 수정하고 보완하여 교회의 질적 성숙을 도모해 나가야 할 것이다.

목회자는 교회를 섬기면서 교육목회에 관심을 갖지 않을 수 없다. 교육목회는 목회의 모든 상황을 신자들의 영적 성숙을 도모하고 그들을 하나님의 말씀으로 잘 양육하는 일과 결부시켜 교육에 중점을 두는 목회이다. 목회자가 지속적인 교회성장에 관심을 갖는다면 목회가 이러한 방향으로 전환되어야 한다. 왜냐하면 목회자가 성도들을 바르게 교육하면 결과적으로 성도들은 자신들의 사명을 실천하여 구제와 봉사와 선교 등을 통한 모범적인 신앙생활을 통해서 교회의 성장을 가져올 수밖에 없기 때문이다.

물론 목회자의 유능한 설교에 많은 군중이 몰려들어 대교회로 성장하는 사례도 많이 있다. 그러나 교육없는 설교만의 목회로는 교회를 지속적으로 성장시킬 수 없다. 헤롤드 피켓(Harold L. Fickett Jr.) 박사는 우리에게 좋은 실례를 제시해 주고 있다.

> 1900년대 초기에 할데만(I. M. Haldeman) 박사가 〈뉴욕제일 침례교회〉의 목사가 되었다. 이 사람은 진실로 설교계의 거물이었고 심오한 예언자적 신학자였으며 이름난 문필가였다…… 할데만 박사의 설교를 듣기 위해 사람들은 1가 2가 3가를 연해서 장사진을 쳤다는 것이다. 모든 교회사업이 그의 강단 사역 중심이었다. 특기할만한 주일학교 사업이라곤 아무것도 없었다. 주일학교 이외의 교육사업이 있었느냐 하면 그런 것도 없었다. 오직 할데만 박사의 설교 하나만을 중심으로 그 큰 교회의 전 활동이 돌아가고 있었던 것이다. 할데만 박사가 생존해 있는 동안, 그리고 강단을 지키고 있는 동안은 〈뉴욕제일 침례교회〉는 뉴욕 지방만이 아니라 전국에 걸쳐 하나님을 위하고 선한 사업을 위해 막중한 영향력을 행사하고 있었다.
>
> 그러나 할데만 박사가 별세하자 이에 버금갈 설교자가 없었다. 그래서 할데만 박사가 없어진 후 그 교회는 갈수록 수척해만 갔다. 며

칠전 나는 뉴욕시에서 온 친구 두 사람을 만나 이야기 했다. 이 두 친구는 그 지역내의 복음주의적 교회 활동에 관한한 손바닥을 들여다 보듯이 환하게 아는 위치에 있었다. 그들의 말에 따르면 〈뉴욕제일 침례교회〉는 지금 옛 영광의 뼈대만 남아 앙상한 꼴이라는 것이다. 그곳 주일 아침 예배에 참석해 보면 소수의 청중만 모여들고 있음을 볼 수있다. 할데만 박사를 잃은 것이다. 그들은 교회 조직을 바탕으로 한 신앙교육 사업을 중시하지 않았던 것이다. 아마도 이것이 이 교회가 그토록 퇴락해 버리고 이젠 다시 인근에 영향력을 행사할 수 없이 된 이유 중 하나가 된 것이다.

이 경우에 비해서 〈달라스 제일 침례교회〉의 이야기는 어떠한가? 조지 투루엣(George W. Truett) 박사가 이 교회에서 자기의 전성기를 맞이할 때 나는 텍사스 주에서 살았다. 트루엣 박사라고 하면 설교계의 왕자 중 한 사람으로 40년간 이 〈달라스 제일 침례교회〉를 목회하고 있었다. 내가 기억하기로는 트루엣 박사가 황혼기에 접어들어 그 사역의 종말이 가까울 때 많은 사람들은 박사 사후엔 교회 역시 시장될 것이라고 단정하고 있었다. 텍사스 지방에 가서 이 교회 교인을 만나 이야기하면 약속이나 한듯 "나는 트루엣 박사 교회 교인이지요"하지 "〈달라스 제일 침례교회〉 교인입니다"하는 이가 하나도 없었기 때문이다. 고로 많은 사람들이 트루엣 박사가 사라지면 그의 교회도 끝장나리라고 믿어 의심치 않았는데, 한 가지 그들이 간과한 사실은 이 트루엣 박사가 자기의 강단 사역만 중시한 것이 아니라 신앙교육의 중요성을 인식하는 안목이 있어 이 사업을 추진했었다는 사실이다.

트루엣 박사가 강단 사역에 전념하며 연구하고 있을 때, 박사 주변의 보좌역 중에는 밥 콜만(Bob Coleman)이란 사람이 있어 평신도 신

> 앙교육 사업을 강력히 추진하고 있었던 것이다. 이왕에 〈달라스 제일 침례교회〉는 남부 지방에서 최대의 주일학교 조직을 자랑하였거니와 오늘날도 그 조직은 끊임없이 확장일로에 있다. 트루엣 박사는 타계하였지만 그 교회의 교육사업은 여전히 전 교인을 한 덩어리로 뭉쳐놓아 트루엣 박사의 후임자로 유능한 사람을 찾기까지 버티어 나간 것이다. 그들은 마침내 크리스웰(W. A. Criswel)이란 이름의 오클라호마 출신의 젊은이를 찾아냈다. 이미 25년 전의 일이다. 과거 트루엣 박사가 남겨놓고 간 강력한 주일학교 사업의 반석 위에 오늘날 크리스웰 박사는 초특급의 웅장한 대조직을 건립하게 된 것이니 이런 규모는 트루엣 박사의 전성기에도 꿈꾸지 못한 일이다.[129]

트루엣 박사가 남기고 간 강력한 주일학교 사업의 기초 위에서 후임자는 더욱 사명을 잘 감당하는 훌륭한 교회로 성장시킬 수 있었다. 비결은 그의 강단 사역과 겸해서 훌륭한 주일학교 교육사업이 병행되었기 때문이다.[130]

사실 교회의 모든 사역은 교육과 밀접한 관련을 가지고 있으며, 교육목회를 통해서 그 사역들이 이루어져 왔음을 확인할 수 있다. 우리는 초

---

129) Harold L. Fickett, Jr., *Hope for Your Church: Ten Principles of Church Growth*(G/L Publications, 1972), 142.

130) *Ibid.*, Harold L. Fickett, Jr.는 이 책에서 교회성장의 열 가지 원리를 제시하였는데, 그것은 (1)예수 그리스도 중심(Christ Centered), (2)성경중심 (Biblically Based), (3)전도하는 교회(Evangelistic), (4)중생교인 확보(A Regenerated Membership), (5)신임받는 지도력(Confidence in Leadership), (6)성경적인 재정정책(Scripturally Financed), (7)충분한 직원(Adequately Staffed), (8)믿음의 동력화(Motivated by Faith), (9)교회봉사의 전문화(Diversified in Service), (10)균형의 유지(Balanced on Emphasis)이다. Fickett은 열 번째 균형의 유지 원리 속에서 강단사역과 교육사역의 균형을 이야기하고 있다.

대교회가 행하였던 교회의 구체적 행위를 성경에서 살펴보게 되면, 교회의 중요한 모든 사역이 교육적 활동을 근거해서 이루어졌으며 교회 자체가 교육과 깊은 관계 속에 있었음을 보게 된다.

초대교회는 그리스도가 명하신 "땅끝까지 이르러 내 증인이 되라"(행1:8)는 복음전파의 사명을 교회의 제일의 과제로 삼았다. 그러나 이러한 복음전파의 사명은 그 방법에 있어서 전부 가르치고 배우는 관계에서 이루어졌음을 보게 된다. 먼저 오순절 사건 후 예루살렘 교회는 모일 때마다 사도들의 가르침에서부터 그들의 교회생활을 시작하였다(행2:42). 또 예루살렘 교회에서 구제의 문제로 분쟁이 일어나게 되었을 때 사도들은 "우리가 하나님의 말씀을 제쳐 놓고 공궤를 일삼는 것이 마땅치 않다"(행6:2)고 하면서 집사를 세워 이 일을 담당케 하고 자신들은 말씀의 봉사에 주력했는데, 그 구체적 방법은 가르치고 배우는 관계에서 이루어졌음을 짐작할 수 있다. 또 빌립이 귀국하고 있는 구스 내시를 만나 복음을 전한 일(행:26-39)도 성경을 가르치고 배우는 관계 속에서 이루어진 일이다.

초대교회의 선교사 바울의 사역도 그 실제적인 사역의 방법에 있어서 가르치고 배우는 교육적 행위에 의존하고 있음을 보게 된다. 그는 고린도 교회에 편지하면서 하나님이 벌써 소아시아 교회에 세우신 몇 가지 직분을 언급하였는데, 그 가운데 교사의 직분(고전12:28)이 있음을 우리는 주목한다. 특히 바울은 고린도 교회를 향하여 "교회에서 네가 남을 가르치기 위하여 깨달은 마음으로 다섯 마디 말을 하는 것이 일만 마디 방언으로 말하는 것보다 나으니라"(고전14:19)고 말하면서 무분별한 방언의 남용과 오해에 대해 지적하는 것과 함께 '깨닫게 하고 이해시키는' 교육적 사역의 중요성을 상기시켜 주고 있다.

또 갈라디아 교회의 성도들에게 편지하면서 바울은 '가르침을 받는 자'는 '가르치는 자'와 모든 좋은 것을 함께 하라고 교훈하고 있는데 이도 교육의 사역의 중요성을 간접적으로 교훈하고 있는 내용이다. 바울은 역시 에베소 교인들에게 보내는 편지 가운데서 그리스도인을 지어져 가는 집으로 비유하면서(엡2:20-22), 그리스도인의 신앙은 더욱 자라고 지어져가는 집으로 성장하여 그리스도의 장성한 분량이 충만한 데까지 이르러야 할 것을 교훈했다. 그는 그리스도의 몸을 세우기 위해 하나님은 그의 교회에 "목사와 교사"를 세워서 성도를 온전케 하여 이러한 일들을 행하게 했다고 말한다(엡4:11-16).[131]

실제로 바울의 초대교회에서의 사역과 삶은 복음전파와 그 복음의 가르침, 즉 교사로서의 사역이 전부였다고 해도 과언이 아닐 것이다. 그의 사역은 한 마디로 교육적 돌봄의 목회였다고 말할 수 있을 것이다.

이와 같이 교회의 중심적 과제는 초대교회에서부터 하나님의 백성들을 하나님의 말씀으로 가르치고 그들을 신앙 안에서 자라게 하여 그리스도의 몸인 교회를 세우기 위한 교육적 행위였던 것을 볼 수 있다. 그러므로 교회는 그 자체가 교육과 더불어 존재하며 주님의 재림 때까지 이 일이 교회를 통하여 수행되어야 함을 전제할 때 지상의 교회는 바로 교육의 과정 속에 실재하고 있으며, 따라서 교육함이 없는 교회는 교회로서의 특성을 상실할 수밖에 없음은 자명한 일이다.[132]

이러한 관계에서 볼 때, 이제 모든 목회자들은 목회를 교육적 관점에서 이해하는 눈이 필요하다. 설교도 교육적 관점에서 이해[133]할 뿐 아니

131) 정일웅, 『교육목회학』, 234-235.

132) *Ibid.*, 236.

133) 사실 '설교'로 번역한 성경의 원어들은 그 기능이 '설교'라는 단어의 기능과 꼭 맞아 떨어지지 않는다. 원어들의 범위가 다소 좁다. 신약성경에서 케뤼소(κηρύσσω)와 유앙겔리조(εὐαγγελίζω)는 각각 '포고하다'와 '복음을 선포하다'라는 뜻으로 쓰인다. 전도활동을 가리킨다. 전자는 항상 공중 앞에 복음을 선포하는 것과 관계되고, 후자는 구원받지 않은 집단들이나 개인들에게 복음을 알리는 일을 표현할 때 쓸 수 있다(행8:35 참조). 반면에 '가

라 예배와 선교, 그리고 상담과 성경공부도 다 교육적인 관점에서 이해할 필요가 있다. 나아가서 목회는 곧 교육적인 관점에서 수정되고 평가되고 발전되어야 한다. 목회를 교육적 관점에서 이해할 때에 비로소 목회계획이란 것이 설 수 있다. 이 사실은 매우 중요한데 그 이유는 교육적 관점에서 목회를 고려할 때에만 교육에서 중히 여기는 커리큘럼의 문제가 목회계획 속에 나타날 수 있기 때문이다.[134)]

르치다'로 번역한 디다스코(διδάσκω)는 오늘날 사용하는 '설교'라는 단어에 더 가까우며, 복음을 믿는 사람들에게 진리를 선포하는 것과 관계가 있다(고전 4:17 참조)[Jay E. Adams, *Preaching with Purpose: The Urgent Task of Homiletics*, 이길상 역, 『설교의 시급한 과제』(서울: 아가페출판사, 1993), 19].

"이러한 구분은 위 단어들 중 두 개의 배경을 알면 자연스럽게 이해할 수 있다. 그리스 도시국가는 시민(구별된 소수), 노예, 자유인(이 두 계층이 인구 대다수를 차지함)이라는 세 계층으로 이루어졌다. 투표를 해야 할 때나 그밖에 다른 목적으로 시민들이 모일 필요가 있을 때마다 케뤽스(κῆρυξ, 포고자)가 도시 곳곳을 다니면서 그 사실을 알렸다. 그런 식으로 전체 인구 가운데 시민들만 소집하여 구성한 것이 '불러낸 사람들'의 에클레시아(ἐκκλησία, '민회' 또는 '교회')였고, 이 에클레시아가 시 업무를 처리하였다. 이와 비슷하게 하나님의 복음 선포자는 이곳 저곳을 다니며 좋은 소식을 전하며, 그 선포에 믿음으로 응답한 사람들이 하나님의 에클레시아('교회' 또는 '불러낸 사람들')로 모여서 천국 시민들로 하나님의 일을 처리한다. 이들은 '성도들'이 되도록 세상에서 불러낸 사람들이다. 그렇다면 복음을 선포하는 것(κηρύσσω)은 '좋은 소식을 전하는 것'(εὐαγγελίζω)과 똑같이 전도사역인 셈이다. 일단 교회가 모이고 그 안에서 전달되는 말(물론 복음 메시지와 어긋나지 않는)은 디다스칼리아(διδασκαλία), 곧 가르침이다(딤전4:16, 5:17 참조). 이것은 고린도전서 1장 6절에서처럼 단순히 '말'(λαλιά, 한글개역성경, '증거')이라고도 할 수 있다. 디다스칼리아와 랄리아는 모두 파라클레시스(παράκλησις, '도움, 지원, 조언, 권고, 격려, 강권'), 파라무티아(παραμυθία '위로, 격려'), 누테시아(νουθεσία, '상담, 훈계'), 그리고 교훈(참조, 딛2:15. 한글개역개정성경, '권면')을 포함한다."(*Ibid.*, 19-20).

그렇다면, 설교에는 두 종류가 있는 셈이다. 전도설교(좋은 소식을 선포하고 알림)와 목회설교(교육설교, 가르침)가 바로 그것이다. 여기에서 우리가 주로 논하는 바는 바로 후자의 내용이며 그런 점에서 볼 때도 예배시의 설교는 더욱 교육적인 면과 깊은 관련을 맺고 있음을 보게 된다.

134) 정일웅, 『한국교회의 기독교 신앙교육』, 92-93.

5. 교육목회란 무엇인가

1) 교육목회의 정의

목회는 담임목사가 중심이 되어, 목자적인 입장에서, 교회 안과 밖의 사람들을, 성령의 도우심을 입어 하나님의 말씀과 성례와 교회의 다양한 사역 또는 프로그램을 매개로 가르치고, 자신의 삶과 인격을 통하여 예수 그리스도의 모습을 드러냄으로써, 그들이 신앙고백을 통하여 하나님의 자녀가 되게 하고, 그들로 하여금 그리스도의 제자로서 교회 안팎에서 하나님의 일을 하도록 지도하며 교회의 예배, 교제, 교육, 전도와 선교, 봉사의 사역을 통하여 공동체적으로 하나님께 영광을 돌리고 또 그의 영광을 세상에 드러내게 하는 일을 효과적으로 수행할 수 있도록 하는 길을 열어주는 사역이다.[135]

오늘날 기독교교육은 그 의미와 가치가 날로 새롭게 인식되고 이해될 뿐 아니라 그 과제 또한 더욱 새롭게 요구되는 상황에 처해 있다. 현대 사회는 더욱 다양하고 다원적인 사회로 변화하고 있으며 그 변화를 올바르게 이끌어야 할 책임이 목회자들에게 주어져 있다. 그리고 그 방편은 교육에 있다. 그 때문에 우리의 목회 사역은 교육의 힘과 그 기능적인 역할이 절대적으로 필요한 상황에 있다.

특히 오늘날 실천신학의 과제, 곧 교회를 중심으로 하여 이루어지는 목회사역에 있어서도 새로운 학문적 표현이라 할 수 있는 교육목회란 말이 대두되고 있다. 이러한 교육목회가 의도하려는 것은 목회가 교육,

---

135) 한국복음주의실천신학회 편, 『21세기 실천신학개론』(서울:기독교문서선교회, 2006), 276.

즉 기독교교육에 기초해야 한다는 것이다. 교육에 기초하지 않는 목회, 즉 교육의 도움을 통하지 않는 목회는 현재와 미래를 가진 목회라고 할 수 없다.

예수께서는 목회가 어떠한 것인지를 그의 청중들에게 확신시켜 주시려고 생생한 표현을 사용하셨다. 즉 가난한 이들에게 복음을 전하게 하시고, 묶인 자들에게는 해방을 알려주고, 눈먼 사람들은 보게 하고, 억눌린 사람들에게는 자유를 주는 것(눅4:18), 그리고 굶주렸을 때에 먹을 것을 주고, 나그네 되었을 때에 따뜻하게 맞이하고, 헐벗었을 때에 입을 것을 주며, 병들었을 때에 돌보아 주고, 감옥에 갇혔을 때에 찾아주는 것 등이다(마25:35-36). 이 말씀은 우리의 목회가 특별한, 적극적인 동사(動詞)들로써 묘사되어야 함을 의미한다.[136)]

투루나이젠(Eduard Thruneysen)은 "목회가 관심의 대상으로 삼는 인간의 영혼은 인간 속에 있는 영적인 것 뿐만 아니라 성경이 말하는대로 하나님의 다스림을 받는 몸과 영혼과 정신이 하나가 된 인격적인 전인으로서의 영혼"[137)]이라고 하였다.

목회와 교역(敎役)을 정의하면, "목회라는 말은 교역(ministry)의 한 가지로 목양의 관점에서 목회자와 교회가 하는 모든 교역을 의미한다. 목회는 영어의 패스트롤 캐어(Pastrol Care)의 우리말 번역"이며, "교역(ministry)은 목회보다 더 포괄적인 용어로 그 중심은 예수님의 십자가에 의하여 구속받음, 주님의 모범과 가르침을 따라 살게 함, 성령 안에서 계속적으로 임재하시는 주님에 의하여 인도되는 삶을 살도록 돌보는 일"

136) General Board of Education of The Methodist Church, *Workbook: Developing Your Educational Ministry*, 오인탁 역, 『교육목회지침서』(서울: 장로회신학대학출판부, 1980), 28.

137) Eduard Thurneysen, *Die Lehrer von der Seelsorge*, 박근원 역, 『목회학』(서울: 한국신학연구소, 1975), 44.

이다.[138] 한편, 네덜란드의 신학자 아브라함 카이퍼(Abraham Kuyper)의 실천신학의 학문적 범위 설정의 이론에서 보면 그는 교육적 과목, 다스림의 과목, 봉사적 과목, 평신도 과목 등 4부분으로 나누고 있는데 첫번째 부분을 바로 교육적 과목으로 분류하였다. 교육적 과목의 내용은 (1)설교학 (2)교리문답학 (3)예배학 (4)전도 및 선교 등이며,[139] 이것은 목회사역에 있어서 가르침의 직무 즉 교회의 교육적 사명이 얼마나 큰가 하는 사실을 잘 보여주고 있다. "교회를 건강하게 세워나가는 목회를 하기 위해서는 교육적인 관점을 가지는 것이 중요하다. 왜냐하면 교회는 '하나님 나라의 학교'로서 근복적으로 그리스도의 제자들을 가르치는 '교육적 공동체'이기 때문이다."[140]

우리는 하나님의 말씀을 이해하고 깨닫는 것이 성령의 도움이 아니고서는 불가능하다는 것을 안다(고전2:10 이하). 그러나 우리는 최선을 다하여 성령의 역사가 (그의 뜻대로) 이루어지도록 수고할 책임을 가지고 있다(고전3:6). 이 책임은 곧 목회적 책임이라고 말할 수도 있고 교육적 책임이라고도 말할 수 있다. 먼저 하나님의 말씀이 선포되는 일(κήρυγμα)에서부터 그것을 더 깊이 이해시켜 주는 작업인 가르침(διδαχή)을 통하여 하나님의 말씀인 성경을 배우는 것으로 확대되어야 한다.

복음은 '이해'되어져야 한다. 루터에게서 이것은 두 면, 즉 오성(悟性)으로서의 이해와 마음으로부터의 이해를 뜻한다. 많은 사람들은-그가 한탄하듯이-3~4 년 동안 설교를 들었으나 '배우지는 않았다'. "이런 것은 책에 충분히 기록되어 있다. 그러나 이 모든 것은 아직도 마음에 스며

138) 오성춘, "교역갱신을 위한 영적 은사의 필요성," 46.

139) Abraham Kuyper, *Encyclopedia of Sacred Theology*. tr. J. Hendrik De Vries(New York: Charles Scribner's Sons, 1898), Part Ⅲ. 참고.

140) 이석철, 『교육으로 목회를 본다』(대전:침례신학대학출판부, 2012), 머리말.

들어 오지는 않는다."[141] 복음에 대한 우리의 해석은 인간의 마음에 도달해야 한다. '전(ganze)'인간, 가장 내재적인(innerst)' 인간에 와 닿아야 한다. 이 일을 위해서는 교육의 사역이 절대적으로 필요하다. 예를 들어 주기도에 관한 수업은 이미 기도되어진다는 것을 전제로 한다. 교육목회에 대한 루터의 견해는 '기독교 신앙과 삶의 생동적인 맥락 속에서'의 이해에 집착되어 있음을 보게 된다.[142]

이해는 사물이나 사건을 깨닫고, 확실히 안다고 말할 수 있는 데까지 인도해 주는 관문이다. 그러므로 가르치고 배우는 학습행위는 반드시 이해를 위한 관점이 전제되어야 한다(행8:26). 바울도 방언, 계시, 지식, 예언으로보다도 깨닫는 말(이해된 언어, 알아듣기 쉬운 말)로 가르치라고 했다.[143] 교육의 관점에서 생각할 때 우리의 신앙교육은 하나님의 말씀에 대한 더 많은 이해를 위한 작업이 부족했다고 여겨진다. 믿음은 말씀의 이해를 통해서 오는 것이라고 말할 수 없고 성령의 깨닫게 하심을 통해서 오는 것이지만, 그 통로는 말씀을 들음으로써, 또한 말씀을 이해하는 과정과 더불어 오는 것임을 기억해야 한다.

우리는 무엇보다도 우리가 부름받은 이 교육활동이 주님을 섬기는 일임을 확신한다. 그 본질적 성격은 사람들의 삶의 관심사들에 대한 응답으로서 봉사하는 것이다. 그러나 우리는 종종 우리의 교육활동에 있어 이 확신을 부인해 왔다는 점을 고백하지 않을 수 없다. 우리들은 때때로 마치 우리가 구성한 프로그램이나 또는 그것이 수행되어지는 조직, 혹은 학습자들이 모이는 집단들이나 심지어는 그들이 사용하는 자료들이 본질적인 것인 양 행동해 왔다. 이것들도 유용한 수단이 될 수 있다. 그

141) Karl E. Nipkow, *Christliche Erziehung und Glaube*, 오인탁 역, 『기독교교육과 신앙』(서울: 홍성사, 1984), 52-53.

142) *Ibid.*, 53.

143) 고린도전서 14장 6-19절.

러나 그것들은 교육의 목적이 아니다. 목회로서의 교육은 적어도 네 가지 기능을 통해 개인들의 성장을 돕는다. 그것은 (1)보살핌의 공동체들 안에서 개인적인 확신의 관계를 설정하는 일 (2)예배를 통해 복음과 생의 의미를 축하하는 일 (3)학습자의 탐구, 교수, 연구들을 지도하는 일 (4)기독교적 목회를 실천하고, 이를 훈련하는 일 등이다.[144]

우리는 교회의 교육적 활동이 완전한 인간에게 말하며, 그를 참여시키며, 변화시킴을 확인하게 된다. 교육활동은 '영적 생활' 하나만의 교육도 아니며, '종교적 사람'에로의 교육만도 아니다. 오히려 교육활동은 전 복음이 삶의 전반에 영향을 줄 수 있도록 하려는 노력이다. 그러므로 교육목회는 각 개인의 전체적 인간성에 관계하여 그를 성숙하도록 도우며 그의 넓고 다양한 관계의 장 전체에 도움을 주고자 하는 것이다. 그리고 그가 어린 시절부터 노년기에 이르기까지 그의 일생을 통해 언제나 새로운 형태로 다시 일어나게 되는 생의 큰 관심사들을 처리하도록 도와주는 일을 한다.[145]

Johann Comenius가 강조하였던 인간의 평생교육[146]은 바로 우리의 교회를 중심하여 이루어지는 목회사역에서 기독교적 평생교육으로 실시되어야 한다. 왜냐하면 우리의 목회 현장은 바로 전 세대(whole generation)의 모임으로 구성되어 있기 때문이다. 이런 관점에서 볼 때 오

---

144) *Workbook: Developing Your Educational Ministry*, 46.

145) *Ibid.*, 48-49.

146) Johann A. Comenius, *Pampaedia*, Lateinscher Text und deutsche Übersezung, Nach handschrift herausgeben von Dimitrij Tschižewsk in Gemeinschaft mit heinrich Geissler und Klaus Schaller,(Heidele3rg: Quelle & Meyer, 1965), 221-447. Comenius가 제시하는 삶의 여덟 단계 학교는 태아기 학교(schola geniturae), 유아기 학교(schola juventutis) 장년기 학교(schola virilitatis), 노년기 학교(schola sennii), 사망기 학교(schola morits)이다. 코메니우스는 이 학교들을 통하여 평생교육을 추구하였다.

늘 모든 목회자들은 목회사역이 인간의 평생교육의 차원에서 이루어져야 할 사역이라는 사실을 인식하고, 목회와 교육이 깊은 관계 속에 있음을 또한 인식해야 할 것이다. 목회의 중심은 새로이 부름받은 주의 백성을 찾는 전도의 일에서부터 신앙을 고백하는 신앙으로의 양육과 신앙인으로 살아가도록 삶을 지도하는 삶의 교육 전부가 포함되는 것이다.

따라서 교육목회란 목회의 다양한 차원들을 교육적 견지에서 이해하고 성도와 교회의 성숙을 도모하는 목회철학이요 그 실천이라고 말할 수 있을 것이다.

2) 현대 교육목회의 이론제기들

현대의 기독교교육 이론들에 나타나는 방향성은 인간의 문제와 관련하여 항상 새롭게 제시되고 있는데, 이러한 이론들은 목회를 교육적 측면으로 보도록 우리에게 촉구하고 있다.

레티 럿셀(Letty Russell)은 그의 주저(主著) *Christian Education in Mission*에서 기독교교육을 복음과제의 수행과 관련하여 해석하였는데, 그의 교육론은 후껀데이크(H. Hoekendijk)의 Missio Dei의 이론에 기초하고 있다.

러셀은 이 책의 서론에서 기독교교육은 하나님의 선교사명에 참여하도록 우리를 부르시는 그리스도의 초청에 참여하는 기회가 된다고 전제하고 이 책에서 논의하고자 하는 세 가지 전망에 대해서 설명하고 있다. 첫째 전망은 하나님의 선교로서의 사명으로, 교회의 선교활동이란 예수 그리스도를 통해서 이 세상을 자기와 화해시키려는 하나님의 선교에의 참여를 말한다. 여기에서 교회의 자기이해는 하나님의 선교, 즉 인간에게 참된 인간성을 회복시키려는 하나님의 활동에 참여하는 것이며 이의 증인 공동체가 되도록 부름받은 것이 바로 교회라는 것이다. 둘째 전망은 하나님의 선교영역이 되는 역사적 세계에 대한 새로운 이해에 두었으며 여기서 교회는 세계에 대해 하나님의 활동을 증언할 책임과 의무를 수반한다. 셋째 전망은 교회생활의 새로운 구조의 필요성이라고 주장하면서 크리스챤 공동체의 형태는 이 세상에 대한 하나님의 목적과 계획을 우리들이 어떻게 이해하며 현대 사회의 여러 구조를 어떻게 이해하느냐라는 바탕 위에서 새로운 형태로 이루어져야 한다고 하였다.[147)]

러셀에 의하면 과거의 기독교교육이 두 가지의 오해를 초래하였는데, 한 가지는 종래의 기독교교육이 교회의 전유물 내지 소유물같이 되어서 교회의 포로상태를 벗어나지 못하고 교회의 제도적 보존상 여러 가지 해결을 위한 "반창고"로 이용되어 왔다는 것이다. 또 다른 하나는 기독교교육을 교회생활의 다른 부분으로 분리하여 결국 교회의 통일성을 부정하는 결과를 초래함으로 교회의 사물화(私物化)된 교육행위를 탈피하지 못하므로 교회가 예수 그리스도의 '생명의 떡'을 주는 대신 '돌'을 주는 경향에 빠져 왔다고 말한다.[148)] "우리들은 바야흐로 이 새로운 시대 —하나님께서 선물을 내려주시는 그리스도의 오심의 시대에 살고 있다. 그의 최대의 선물은 하나님께서 우리들을 형성하고 양육하며 하나님의 아들 딸로 삼아 주시는 사랑이다. 그럼에도 불구하고 교회는 자주 바리새인들이 그랬듯이 이 선물에다 제약을 가하고 자기의 이익을 위해 이용하려 한다. 그렇게 함으로써 교회는 하늘 아버지께서 좋은 선물을 내려주신 것을 사실상 부정하고 '생명의 떡'을 돌로 변질시키고 있는 것이

147) 졸고, "'인간화'를 위한 '기독교교육'에 대한 우리의 이해," 「신학연구」 제3집(안양대학교 신학연구소, 1995), 95.

148) *Ibid.*.

다."[149)]

기독교교육을 하나님께서 온 세계와 인류를 구원하고자 하는 선교와 그 초대에의 참여과정이라고 보는 러셀은 다음과 같이 다소 모호하게 기독교교육을 정의하고 있다. "기독교교육은 하나님과 또 이웃과의 화해를 통해서 참 인간성을 회복하시려는 하나님의 선교의 과업에 참여하도록 모든 사람에게 주어진 그리스도의 초청에 자발적으로 기쁘게 참여케 하는 일이다."[150)]

이와 같은 러셀의 교육론은 그 당시의 사회적 상황과의 관련에서 볼 때, 프레이레의 *The Pedagogy of the Oppressed*(1970)에서 제시된 의식화교육론[151)]과 함께 현대 기독교교육사상에 새로운 방향을 설정하게 되었다.

149) Letty M. Russell, *Christian Education in Mission*, 정웅섭 역, 『기독교교육의 새 전망』(서울: 대한기독교서회, 1972), 20.

150) *Ibid.*, 32.

151) 『피압박자를 위한 교육론』. 이 의식화 교육론은 Paulo Freiré(1921~1997)가 제기했다. 브라질 리치페(Ricife)의 빈곤한 가정에서 출생한 그는 브라질 동북부 지역과 칠레 등시에서 문맹늘을 위한 '의식화' 교육을 하였으며, 여러 대학에서 교편을 잡다가 1970년 이후 WCC의 특별자문으로 일하고 있다. 그에게 있어 교육이란 침묵의 문화(Culture of silence)를 깨뜨리고 사람이 사람다워지는 주체가 되게 하는 데 목적을 두고 있다. 프레이레에게 있어서 모든 교육행위에는 중간 노선이란 있을 수 없고 오직 양자택일만 있을 뿐이다. 교육은 인간을 해방하든지, 혹은 인간을 예속시키든지 둘 중의 하나를 실천하고 있다는 것이다. 따라서 교육행위에는 인간을 자유케 하는 것이어야 하며 방법, 기술, 과정 전체가 인간해방의 구현방법이어야 한다. 즉 그에게 있어서 교육사상의 근본동기는 사회제도의 보존이라는데 있는 것이 아니라 피압박자들의 고난과 비극에 참다운 자유의 해방을 가져오는데 있었다고 보았으며, 그것은 곧 의식화 과정과 참여에 의해서 이루어진다는 입장을 취하고 있다. 그에게 있어 의식(consciousness)이란 인간 안에 존재하는 어떤 것이 아니라 오히려 그것은 세계를 향한 의도성(intentionality)이라고 이해한다. 의식화란 바로 이 의식의 실천(Praxis)을 말하며 사회, 정치, 경제적 모순을 인지하는 학습사건이다. (졸고, "'인간화'를 위한 '기독교교육'에 대한 우리의 이해," 90).

물론 러셀의 이론은 하나님의 선교의 이론에 뿌리를 두고 있어 신학적으로는 많은 비판의 여지가 있으나, 목회의 전반을 인간성을 회복[152] 시키고자 하는 의도에서 교육에 중점을 두고 있는 교육목회적 성격은 분명하게 나타나고 있다.

20세기 후반에 진입하면서 서구와 미국에서는 기독교교육의 새로운 방향들이 설정되고 있고 현재까지 영향을 미치고 있는 것을 볼 수 있는데, 오늘날 한국교회 상황에서 많이 강조되고 있는 '신앙공동체 교육론'이 바로 그것이다. 이러한 교육론의 대표적 인물들로는 리쳐즈(Lawrence O. Richards)와 웨스트호프(John H. Westerhoff Ⅲ) 등을 들 수 있다.

리쳐즈(Richards)는 교회론이 교육이해의 근거가 되어야 한다고 주장하면서 교회를 생명이 전달되는 통로로 보았다. 그는 교회를 말하면서 특히 생명의 문제를 중요하게 다루고 있다. 머리이신 그리스도와 유기적으로 연합되어 있는 생명이 전인적으로 성장할 수 있도록 도와주는 일을 교회의 할 일로 보았다. 생명인 몸을 세워주고 강화하는 일의 성취를 위해 제자교육을 강조하고 있다. 특히 그의 강점은 삐아제(Piaget)나 콜벅(Kohlberg) 등의 발달심리학자들이 가지고 있는 전제들은 배격하고[153] 그 통찰력은 수용하는 입장이다.

웨스터호프(Westerhof Ⅲ)는 신앙을 다음 세대에 계승하는 일의 가능성에 관해 다루면서 신앙공동체의 교육을 강조하고 있다. 그는 1960년대에 기독교교육의 본질에 대한 이해를 심화하고 갱신하기 위해 여러

152) 러셀(Letty M. Russell)이 의미하는 바 인간성 회복이란 인간의 자유와 해방을 말한다. 그러나 그의 신학적 배경이 〈하나님의 선교(Missio Dei)〉 신학에 속해 있어 우리는 그런 의미의 인간성 회복을 교육의 목표로 의도하지 않는다.

학자들이 공헌한 것은 사실이라고 말한다. 이들은 기독교교육의 프로그램이 항상 교회의 사명과 임무 전체와의 관련 속에서 계획되고 수행되어야 한다는 뜻을 각자의 방식으로 주장하고 있으며, 교회학교에서 행하는 좁은 의미의 지식교육은 기독교교육의 일부에 지나지 않는다는 올바른 인식을 가지고 있었음을 밝히고 있다. 그런데 이런 통찰에도 불구하고 이들의 단점을 웨스트호프는 이렇게 말한다. “그럼에도 불구하고 전체적인 강조점은 여전히 전통적인 교육 프로그램에 주어져 있으며, 그런 한에 있어서는 아직도 종래의 틀을 타파하는 듯한 새로운 전망이 주어져 있다고는 말하기 힘들다.”[154)]

그는 1970년대 이후의 기독교교육의 상황도 역시 신정통주의의 압도적 영향 아래 있었다고 보고 있으며, 현재의 상황으로는 교회학교가 전폭적인 전환을 보인다는 것은 있을 수 없다고 생각하고 있다.[155)] 그러나 그는 “교회교육의 문제는 단지 프로그램 면의 수정이 아니라 오히려 그

---

153) Lawrence O. Richards, *A Theology of Christian Education*(Grand Rapids, Michigan: Zondervan Publishing Co., 1975), 문창수 역, 『교육신학과 실제』(서울: 정경사, 1993), 194. 그는 훌륭한 기독교 아동교육의 전제와 삐아제(Jean Piaget)와 콜벅(Kohlberg) 학파의 전제 사이에 나타나는 대조를 보여 준다(198).

기독교교육	삐아제/콜벅
절대(絶對)는 존재한다. 참된 내용에 우선순위를 둔다. 성장은 본질적으로 진리(리얼리티)를 사람의 인격 속에 통합시키는 것이다. 성경은 이 과정에서 중요하다.	절대(絶對)는 존재하지 않는다. 내적 발달(구조)에 우선순위를 둔다. 성장은 본질적으로서 지력적(cognitive) 구조가 발달하여 사람의 리얼리티를 창조함에 따라, 그의 인지의 재구조화를 의미한다. 성경은 이런 과정에 중요하지 않고… 오히려 해로울 수도 있다.

154) John H. Westerhoff Ⅲ, *Will Our Chidren have Faith?*, 26.

155) *Ibid.*

근거를 이루고 있는 범례(paradigm) 또는 모델, 곧 교육적 선교의 방향을 지어주는 준거의 틀(frame of reference)에 의해 좌우된다"[156]고 하는 예리한 분석을 하였다.

그런데 기독교교육에 종사하는 사람들과 여러 교회는 지식교수를 중심한 학교형 교육의 규범(schooling-instruction paradigm)을 추종해 왔다는 것이다.[157]

그는 "교육의 주체는 인간의 공동체 그 자체여서, 학교형의 의도적이고 조직적인 교육과는 달리, 자연스럽고 오히려 비조직적인 힘이 움직여서 사람들을 감화시키는 그러한 교육이라야 본래적인 교육이라"[158]는 플라토(Plato)의 교육관을 소개하면서, 20세기의 교육자 듀이(John Dewey)가 이러한 플라토의 교육관을 추종했으나 만년에 이르러 도시화 현상과 기술혁명에 직면해 종래의 가정, 교회, 지역사회라는 공동체를 장으로 하는 교육이 이제는 이미 시대에 부응할 수 없다고 판단하여 대표적인 학교교육론자로 변하여 버렸다는 점도 지적하고 있다.[159] 그 후, 미국교육이 그의 영향으로 인해 대체로 학교조직의 정비와 교수법의 개선을 두 축으로 삼아 발전해 왔다는 것이다. 이렇게 하여 학교형 교육이 만병통치약으로 받아들여져 그 방법이나 기술에 관해서는 부단히 개선이 가해졌으나 그 범례 자체에 대한 신뢰는 매우 컸기에 결코 의심을 받지는 않았다고 한다.[160]

웨스터호프는 교회도 이같은 교육과 문화 일반의 추세를 반영하여 같은 범례를 같은 이유로 선택함에 따라 교회의 여러 가지 필요와 요구에

156) *Ibid.*, 28.
157) *Ibid.*, 29.
158) *Ibid.*, 30.
159) *Ibid.*
160) *Ibid.*, 31-32.

대응하여 마련되는 전형적인 교육수단은 학교 교수형의 틀 속에 새로 몇 가지 학습과정을 짜 넣는 일에 불과하였다고 교회의 교육 현실을 분석하고 그 문제점에 대해 다음과 같이 비판하였다.

> "사람의 학습활동은 여러 가지 방법에 의해 촉진되는 것임에도 불구하고, 교회교육은 교육의 장을 학교조직에 한정하고 그 방법과 수단을 오직 지식교수와 동일시하고 있음에 그 문제점이 있다."[161] "교회에서 그리스도에 대한 믿음과 복종이 애매하게 되면 어린이들에 대해서도 단지 성경지식이나 교회의 역사, 또는 교사의 개인적 신조나 윤리규정을 주입하는 것으로써 교육을 망치는 결과를 가져온다. 교회가 아무리 팽창하고 왕성해져도 이럴 경우 교양있는 무신론자밖에 양육하지 못하게 될 것이다."[162] "오늘날 전통적인 학교형–지식전수의 범례는 여러 가지 이유로 해서 소교회와 대교회 양편의 교육적 필요에 대해 모두 적절성을 결여하고 있다. 내용적으로 보아 중요하다고 여겨지는 것은, 실제에 있어서 교회교육에 불가결한 조건임에도 불구하고 학교형 지식교수의 틀 안에서 전혀 배제되어 있는 영역이 문제이다. 즉, 교회교육의 전문가들이 이른바 종교적 사회화(religious socialization)의 과정에 관심과 주의를 기울이고 있지 않다는 사실이다."[163]

그러므로 웨스터호프는 이러한 문제점을 피하기 위해 대안으로 신앙의 특성과 공동체의 본질에 대한 이해의 촉구를 강조하면서 다음과 같이 밝히고 있다.

---

161) *Ibid.*, 32.
162) *Ibid.*, 53.
163) *Ibid.*, 43.

> "교회공동체에 있어서 무의도적으로 숨겨진 커리큘럼이야 말로 의도적인 정규 커리큘럼 이상으로 중요한 의미를 지니고 있기에, 기독교교육을 계획하고 평가하는 경우 학교형의 교수라는 방법이 지니고 있는 한계를 분명히 밝혀 두어야 한다는 것이 우리의 주장이다."[164)]
> "신앙은 어떠한 교수법을 사용해서도 완전히 가르쳐질 수 없는 것이다. 가르침으로써 가능한 것은 겨우 종교로서의 기독교의 내용일 뿐이다. 종교는 지식의 대상이 될 수 있다. 그러나 신앙은 마음을 열고 그것으로 행위하고 살아가는 방법이 아니고서는 파악될 수 없는 사항이다. 그러므로 신앙이 생생하게 맥박치는 공동체 안에서 자연스럽게 불러 일으켜지고 자각되는 일은 있어도 결코 누구의 소유물인 양 그에게서 다른 사람에게로 전수되는 것은 아니다. 오히려 신앙은 역사 속에서 신앙의 전통을 담당하며 살아가는 공동체와 연결되어, 지금 여기에서 그같은 믿음을 서로 나누는 사람들에 의해 단적으로 표명되며, 개혁되며, 새로운 의미를 획득해 가는 일이다."[165)]
> "교회란 결코 그 자체를 위해 존재하는 공동체가 아니다. 교회는 결코 그 자체가 목적일 수 없으며 오히려 수단에 지나지 않는다. 교회의 사명과 목적은 기독교 신앙이 역사 속에서 고지(告知)되고, 경험되고, 이해되어, 믿음에 뿌리박아 살고 행동하는 공동체가 되는 일이다."[166)]

그러므로 웨스터호프는 종교교육의 새로운 이해를 위하여 인지적 차원이 중심이 되고 있는 '학교형 교육의 범례'에 대응하여 새로운 범례로 '신앙과 문화를 형성하는 공동체의 범례'(a community of faith-

---

164) *Ibid.*, 46.
165) *Ibid.*, 54.
166) *Ibid.*, 85.

enculturation paradigm)[167]를 제시하였다. 이는 신앙공동체의 근본적인 본질과 특성이 기독교교육의 준거의 틀, 혹은 장으로서 사용되는 일에 있어 우리의 교회생활의 모든 국면을 교육을 위해 사용함을 의미하는 것이다.[168]

즉 교육은 공동체를 통하여 가능케 되며, 이 공동체가 신앙교육을 가능케 하는 교육의 상황이며, 이러한 신앙공동체를 지향하는 교육적인 목회의 새로운 방향으로 우리가 적극 수용할 수 있는 내용인 것이다.

3) 교육목회의 과제와 목표

교육에 있어서 목표를 설정하는 일은 어떤 일보다도 우선적으로 해야 할 일이다. 목표는 다양한 기능을 가지는데, 그것은 방향제시 기능, 선택의 기준 제공 기능, 평가의 기준 제공 기능, 관계 발전 기능 등이다.[169]

다원종교문화 속에서 기독교의 종교교육이 감당해야 할 근본적인 교육의 과제에 대해 독일의 종교교육학자 닢코(K. E. Nipkow)는 교회교육의 네 가지 과제를 제시하고 있는 바, 이 네 가지 과제는 교육목회의 과제와 목표로서 중요한 의미를 담고 있다. 그 내용은 다음과 같은 것들이다.[170]

첫째는 인간의 '자아정체성(自我正體性) 확립을 돕는 과제'이다. 현대인이 직면하고 있는 가장 큰 위기는 인간의 자아정체성 확립의 위기라

167) *Ibid.*, 97, 222. 이 범례는 "공동체가 신앙에다 기초를 두고 그 신앙에 따라서 그 고유한 문화, 곧 기독교적 사고양식, 가치관, 생활양식 등의 총체를 창조함으로써 이제까지의 기성문화를 변혁하는 가운데 그 공동체의 구성원이 교육되어 성장되는 원리에 초점을 맞추어 전개되는 교육모델이다. 따라서 그것은 공동체의 존재양식 그 자체가 생성해 내는 교육의 모델이라 할 수 있다."

168) *Ibid.*, 139.

169) 현유광, 『교회교육 길라잡이』 (서울: 도서출판 생명의 양식, 2008), 74-77.

170) Karl E. Nipkow, *Christliche Erziehung und Glaube*, Ch.II-VII.

고 할 수 있다. 예를 들면, 왜 자신이 존재하고 있으며 생존하고 있는지, 경쟁사회 속에 살아가면서 그 삶의 의미를 상실한데서 기인하는 정체성 위기에 관한 것이다. 이러한 현상은 성인은 말할 것도 없고 성장세대에게도 심각한 현상으로 인간 누구에게나 직면하게 되는 근본적인 문제라 할 것이다. 기독교교육은 인간이 정신과 인격의 내면적 통합에서 인식하고 판단하며 행동하는 인격적 존재가 되도록 만들어 주어야 한다. 여기서 기독교교육의 역할은 인간적인 삶에 동반자로서, 그리고 대화의 역할자로서 정체성의 안정을 위해 도움을 제공해 주는 것이다.

둘째로 중요한 과제는 '사회봉사적이며 정치적인 책임수행 능력 배양의 과제'이다. 이것은 세상을 위한 교회의, 또는 이웃을 위한 크리스천들의 봉사적이며 행동 실천적인 과제를 뜻한다. 극단적인 개인주의를 극복하고 공동체 형성을 지향하는 교육으로의 전환을 필요로 한다. 기독교교육은 "하나님을 사랑하고, 네 이웃을 네 몸과 같이 사랑하라"하신 계명을 실천하는 신앙인격 형성에 기여해야 한다. 그리고 하나님을 사랑한다는 것은 개인의 고백에서도 확인될 수 있지만, 더 중요한 것은 이웃을 섬기며 봉사하는 사랑의 관계와 삶 속에서 확인되어야 한다.

셋째로 '진리의 분별력 형성의 과제'이다. 이것을 닢코는 '종교비판적인 통찰력 형성의 과제'라고 부른다. 이 영역의 과제는 인간의 인지적(認知的) 영역에 속한 인격형성의 과제이다. 기독교 신앙교육은 교육 내용과의 관련 속에서 언제나 규범적인 성격을 지닌다. 이러한 규범적인 내용은 언제나 기독교 신앙의 정체성 위기를 극복하는데 지혜를 제공하는 역할을 할 뿐 아니라 신앙적인 경험 가운데서 진리에 대한 올바른 판단능력으로 작용하게 되는 것이다. 이러한 교육적 과제 수행에 역시 기독교적 관점에서의 사회 비판능력을 길러 주는 것과 신학적인 비판 능력까지도 포함되어야 한다.

넷째로 '교회연합의 과제'이다. 이는 보편적인 '하나님의 그리스도 교회'라는 전제에서 요구되는 과제라 할 것이다. 이것은 기독교 내면의 다원적 교파와 그들의 연합을 의미하며 동시에 다원적 종교문화에 대처하는 유일한 방법으로서의 기독교적 과제이다. 신학적으로 우리는 하나님의 백성이라는 관점에서 통일의 가능성과 연합의 가능성을 예견하는 것이며 또한 만인제사장의 관점에서 목회자와 평신도가 구별될 수 없음을 인식하는 것이다. 그리고 이러한 연합적 과제는 무엇보다도 교육을 통하여 계몽하고 인식시켜야 하는 기독교교육의 과제인 것이다. 이러한 과제는 역시 현대 산업사회와 자본주의 환경에 나타나는 가장 큰 문제 가운데 하나인 개인주의적인 문제들의 극복에서 제기되는 기독교교육의 새로운 과제인식이다.

교육목회는 데려오기의 전도만을 일방적으로 몰아가는 것이 아니라 참다운 복음전도가 이루어지게 하기 위하여 먼저 그리스도인의 양육과 훈련을 꾀하는 작업이다. 신앙인격의 온전한 양육과 훈련이 전제될 때에 데려오는 운동으로서의 전도는 양육된 그들에 의하여 후차적으로 뒤따라 오는 것이다.[171] 그리고 교육목회의 목표는 가르침을 통하여 개인의 신앙양육을 기대하고, 그리스도를 뒤따르는 인격의 변화를 기대하며, 하나님의 나라를 위하여 헌신하는 신앙적 삶을 훈련함을 의미한다(엡4:11-16). 진정한 기독교교육의 유일한 목적은 인간이 하나님을 닮아가는 것으로, 이것은 인간의 삶의 유일한 목적이다.[172] 기독교교육에서

---

171) Lawrence Richards, *A Theology of Christian Education*, 문창수 역, 『교육신학과 실제』(서울: 정경사, 1993). 이 책에서 리쳐즈는 미래적인 목회유형을 교육목회에 두면서 그리스도인의 양육과 훈련이 올바르게 이루어지면 복음의 전도는 양육된 자들에 의하여 후차적으로 이루어지는 일로 보았다.

172) C. B. Eavey, *The Art of Effective Teaching*(Grand Rapids, Mich.: Zondervan Publishing House, 1953), 14.

행하는 모든 것은 거룩한 생활과 성품으로 완전함에 이르도록 하는 궁극적인 목표를 가지고 있다.[173] 그런데 이와 같은 기독교교육은 단순한 인간의 활동이 아니라 개인들이 그리스도 안에서 하나님을 만나는 것이다. 기독교교육은 거듭나고 하나님의 형상 안에서 성장한 사람들이 경험하는 것이다.[174]

미국 전국교회협의회의 기독교교육분과에서 로렌스 리틀(Lawrence C. Little)을 회장으로 하는 위원회가 구성되었는데, 그 위원회가 5년 이상 연구한 후 기독교교육의 목적을 제시했다. 그것은 다음과 같은 내용인데 교육목회의 목표를 위해서 좋은 제시가 될 수 있다고 생각한다.

> 기독교교육의 최상의 목적은 개인들로 하여금 예수 그리스도 안에서 계시된 하나님의 찾으시는 사랑을 인식할 수 있게 하고, 하나님

173) C. B. Eavey, "Aims and Objectives of Christian Education," *An Introduction to Evangelical Christian Education*, ed. by J. Edward Hakes(Chicago: Moody press, 1964), 62. 그는 이 포괄적인 목표는 여러가지 구체적인 목표를 가지고 있으며, 궁극적인 포괄적 목표를 달성하기 위해서는 먼저 이러한 여러 가지 구체적인 목표가 달성되어야 한다고 보았다. 그 구체적 목표란, (1)인간으로 하여금 잃어버린 바 된 타락한 죄인이라는 사실 및 그리스도와 그의 구속 사역을 교육하여 자발적으로 그리스도를 구주로 영접하도록 하는 일, (2)구주이신 그리스도에게 완전히 복종하도록 하는 일, (3)지속적인 양육을 통해 신앙생활을 성숙시키는 일, (4)효율적인 사회봉사의 능력을 개발시키는 일, (5)하나님의 은혜롭고 영광스러운 의도(Purpose)에 대해 이해하고 감사하도록 하는 일, (6)하나님께 대한 영혼의 적절한 태도를 개발함으로 참된 예배를 드릴 수 있도록 훈련하는 일, (7)그의 자녀들에 대한 영광스러운 계획을 가르치는 일, (8)신학 체계 뿐만 아니라 그리스도인의 삶과 생활방식을 가르치는 일, (9)복음증거를 위해 훈련하는 일, 곧 자신을 위한 삶이 아니라 그리스도를 위한 삶, 아직 하나님과의 교제에 들어가지 못한 자들의 유익을 위해 효과적인 사역을 하도록 준비하는 일 등을 말한다(*Ibid.*, 62-64).

174) Wesner Fallow, *Church Education for Tomorrow*(Philadelphia: Westminster Press, 1960), 80.

의 자녀들로서 그들이 자라도록 도와 주고, 하나님의 뜻에 따라 살도록 도와 주며, 기독교 공동체를 향하여 생동적인 관계를 유지하도록 도와주는 방법들 가운데 이 사랑에 믿음으로 응답할 수 있게 하는 데 있다. 이 목적을 성취하기 위해서 기독교교육은 성령의 지도 아래서 다음과 같이 노력한다.

(1) 발달의 매 단계에서 개인들이 거룩하게 창조된 존재로서 자신의 최상의 잠재력을 실현하고 그리스도께 헌신하며 크리스천으로서의 성숙을 향해 자라나도록 돕기 위해서 노력한다.

(2) 개인들로 하여금 사회 안에서 책임있는 역할들을 감당하고, 모든 인간 안에서 하나님의 사랑의 목적을 보면서 그들의 가족과 교회와 다른 개인들과 집단들과의 기독교적 관계를 수립하고 유지하도록 돕기 위해서 노력한다.

(3) 개인들이 자연계를 하나님의 창조로 더 잘 이해하고 인식할수 있도록, 그리고 하나님과 인류에 대한 봉사 가운데 자연계의 가치들을 보존하고 그것을 사용하는 데 대한 책임감을 받아들이도록 돕기 위해서 노력한다.

(4) 개인들을 성경에 대한 점증적 이해와 인식에로 인도하고, 이로써 그들이 하나님의 말씀을 청종하도록 인도하며, 그들로 역사적인 기독교 유산의 다른 요소들을 인식하고 효과적으로 사용하도록 인도하는 일을 위해 노력한다.

(5) 개인들이 교회의 국내 선교와 세계 선교에 신실하게 참여함으로써 기독교적인 교제에서 책임있는 역할들을 발견하고 성취할 수 있는 능력을 주기 위해서 노력한다.[175)]

---

175) *The Objectives of Christian Education: A Study Document*(New York: National Council of Churches, 1958), 21–22.

미 장로교회는 교육의 목적을 그리스도인들로 하여금 "공동적으로는 그의 백성으로서, 개인적으로는 그의 종으로서 세상에서 언약적 의무를 실천하는 생활을 하려고 노력하도록 하며"[176] 그렇게 함으로 "모든 사람이 예수 그리스도 안에서 하나님의 부르심에 믿음으로 응답하고, 그와 교제하는 삶 가운데 양육되어 이로써 그들이 하나님의 자녀로서 모든 삶의 관계들과 책임들에 응할 수 있게 하는 데 있다"[177]고 정했다.

미 루터파 교회는 보다 더 세분화된 목적을 가지고 있다. "그리스도의 몸으로서의 교회가 그 가운데 성령께서 부르시고, 모으시며, 조명해 주시고, 하나님과 동료 인간과의 관계 속에서 성화시키는 신자들의 공동체로 하여금 보다 영향력 있는 것이 되도록 노력하는 한, 교회의 중심적 교육목적은 그로 말미암아 존재할 것이다. 즉 그 목적은 개인들로 하여금 그가 기독교적인 삶의, 보다 온전한 성숙을 향하여 교회 공동체 안에서 자라날 때에 영원하고 성육신하신 하나님의 말씀에 대해 응답하고 증거하도록 돕는 것이다."[178]

또 미 연합교회의 커리큘럼에서 나타나는 교육목적은 "하나님과의 관계 속에서 성장하며, 이웃과의 신뢰성있고 책임성있는 관계를 발전시키며, 온전한 사람이 되는 것"이다.[179]

위에서 보여주고 있는 바 미국 교회의 여러 교단의 교회교육의 목적

---

176) Sara Little, "The Covenant Life Curriculum," *Religeous Education* LVI July-August, 1961), 268을 Randolf Crump Miller, "The Objective of Christian Education," in *An Introduction to Christian Education*, ed. by Marvin J. Tayler(Nashville: Abingdon Press, 1966), 99에서 재인용.

177) *Education for Covenant Living*(Richmond: Presbyterian Church in the United States, 1962), 25를 *Ibid.*에서 재인용.

178) W. Kent Gilbert, *As Christian Teach*(Philadelphia: Fortress Press, 1962), 158-160을 *Ibid.*에서 재인용.

179) Roger L. Shinn, *The Educational Mission of our Church*, 이정기 역, 『교회와 교육』(서울: 보이스사, 1979), 138.

들은 교육목회의 중요성을 잘 드러내 주고 있다. 교육목회의 목표는 바로 모든 사람들이 머리되신 예수 그리스도의 분량에 이르기까지 장성하며, 모든 무릎이 그 무릎을 꿇고, 모든 혀가 예수 그리스도를 주로 고백하며, 하나님의 통치가 하늘에서 이루어진 것처럼 땅에서도 이루어지게 하는 것이다.[180)]

대한예수교 장로회 총회의 교육목적과 목표도 잘 살펴볼 것 같으면 이러한 교육목회의 목표와 방향을 잘 제시해 주고 있음을 보게 되며 아울러 목회의 방향이 교육목회의 방향으로 나아가야 함을 보여주는 내용임을 알 수 있다.

> 대한예수교 장로회 총회의 교육이념과 교육목적도 잘 살펴볼 것 같으면 이러한 기독교교육의 목표와 방향을 잘 제시해 주고 있음을 보게 되며 아울러 목회의 방향이 교육목회의 방향으로 나아가야 함을 보여주는 내용이라는 사실을 보게 된다.
>
> 〈교육이념〉
>
> 성경을 총괄한 개혁주의 신앙고백(웨스트민스터 표준문서들: Westminster Standards)을 따라서 살아가는 그리스도인을 양성한다.
>
> 〈교육목적〉
>
> 성경을 배우게 함으로,
>
> 1. 삼위일체 하나님을 믿고 사랑하며 섬기게 한다.
> 2. 잃어버린 하나님의 형상을 회복케 함으로 이웃을 이해하고 사랑하며 평화와 정의사회를 실현케 한다.

180) 에베소서 4장 11-16절; 빌립보서 2장 20절; 마태복음6장 10절.

> 3. 자기 사명을 자각하여 맡은 일에 충성하게 한다. 이러한 그리스도인을 양육하여 하나님께 영광 돌리게 한다.[181]

우리의 커다란 관심은 신앙과 교리에 대한 직접적인 기독교교육 실시에 있다. 그리스도인들로 하여금 성경을 사랑할 줄 알고 그 말씀대로 생활하게 하는 데 있는 것이다. 그들로 하여금 성경과 교회사를 통하여 기독교인들을 지도하며, 또한 생명을 주어 온 근본적인 교리와 교훈을 분명히 깨닫게 하자는 데 우리의 관심이 있다. 나아가서 기독교교육의 다음 목표는 기독교적 생활의 실천과 기독교적 인격의 수립에 있다. 여기에 세 가지 관심사가 내포되어 있다. 즉, 기독교교육은 사람들로 하여금 깨끗한 생활을 하게 할 것, 사람들로 하여금 사회인들이 공인하는 생활을 하게 할 것, 그리고 사람들로 하여금 하나님의 기뻐하시는 생활을 발전시키게 할 것 등에 있다.[182]

교육목회는 성도들을 공동체 안에서 훈련하여 자신들의 전 삶을 통하여 하나님을 섬기면서 사회적으로 이웃과의 관계에서 기독교적인 가치를 실현하는 신앙의 성숙된 삶, 곧 개인윤리에서 뿐 아니라 사회윤리적으로 책임있는 삶을 사는 영적인 자질을 길러주어야 한다.

교회의 참된 본질은 무엇보다도 성경이 잘 보여주고 있다. 하나님의 백성으로서의, 그리스도의 몸으로서의 모이는 교회요, 동시에 세상을 구원하라는 하나님의 부르심에 응답하는 교회로서 하나님이 주신 사명을 실천하기 위해서 흩어져야만 한다. 하나님의 부르심에 응답하는 공동체로서 존재하는 교회는 그 자체의 독특한 사명을 가지고 있다. 이 사

---

181) http://www.gapck.org/education/sub01_02.asp

182) D. C. Wyckoff, *The Task of Christian Education*, 전택부 역, 『기독교교육의 과제』(서울: 대한 기독교교육협회, 1993), 32.

명은 교회를 교회되게 하는 필수적인 요소로서, 교회가 이 세상에 계속 존재하는 한, 교회가 반드시 추구하고 완성해야 할 사명이다. 그 사명은 케리그마(κήρυγμα), 디다케(διδαχή), 코이노니아(κοινωνία), 디아코니아(διακονία)이다. 그런데 이 모든 사명들은 하나님의 말씀의 교육을 전제하고 있다는 사실을 기억할 필요가 있다.

교회는 하나님의 교육활동의 기관(organ)이다. 교육은 교회의 본질적 사명일 뿐 아니라, 교회 자체가 교육의 기관이다. 여기에서 교육은 아는 인간이 모르는 인간에게 일정한 지식을 가르쳐 주는 활동을 의미하지 않는다. 교육은 철저히 하나님에 의한 인간의 구속활동 자체를 의미한다. 타락한 인간을 구속하며 회개시키고 구원받게 하는 모든 활동을 교육으로 보는 것이다. 교육은 하나님에 의한 인간 구원에로의 통로이다. 교육을 통하지 않고는 인간은 죄의 무지로부터 벗어날 수 없다. 타락과 더불어 이미 인간은 그가 죄인이며 무지하다는 사실조차 모르는 존재로 변하였기 때문이다. 그래서 하나님은 인간을 각성시키고 회개하도록 하여 다시 한 번 구원을 받을 수 있게 하기 위하여 교육이라는 통로를 택하셨다. 이를 우리는 죄를 지어 죽을 수밖에 없는 아담과 그 아내 하와에게 가죽옷을 입히시어 다시 한 번 살 수 있고 회개할 수 있는 기회를 주시는 하나님의 모습에서 이미 보았다.[183] 교회는 하나님에 의하여 특별히 계획된 인간 교육의 집이요 형식이다. 하나님은 당신이 직접 세우신 교회를 통하여 인간을 구원에로 교육하신다. 교회 자체가 하나님의 교육기관이다. 그리고 교육은 하나님의 직접적이요 전적인 손 아래 있다. 그렇기 때문에 교회의 모든 활동 자체가 곧 교육인 것이다. 그러므로 교회는 교육을 하나님의 위임사명으로서 전체적이고 전문적으로 수행하지 않

183) 창세기 3장 21절.

으면 안될 것이다.[184)]

교회는 교육을 성장의 수단으로서가 아니라 교회의 마땅한 사명으로서 수행하여야 한다. 성장은 교육에 열심한 결과요 축복이다. 교회의 교육적인 책임의 사명에는 교회의 기본권인 복음교육의 사명, 언제나 남을 위하여 현존하는 교회봉사 교육의 사명, 항상 개혁하는 교회로서의 비판교육의 사명, 그리고 하나님 백성 전체로서의 교회의 통합교육의 사명이 있다.[185)]

엄밀히 말해서, 넓은 의미의 기독교교육은 교회에서만 이루어지는 것은 아니다. 학교나 사회, 가정을 통하여 기독교교육은 일어날 수도 있고, 개인의 독특한 경험이라든가 어떤 그룹끼리의 모임에서도 행해질 수 있다. 그러나 이와 같은 기독교교육 현장의 다양성에도 불구하고 기독교교육이 행해지는 가장 중요한 중심지는 바로 교회이다. 교회는 기독교교육이 일어나는 다른 현장과 비하여 가장 중요한 현장이며, 기독교교육을 위한 가장 큰 역할을 하는 공동체이다. 오랜 기독교 역사를 살펴 보아도 기독교교육의 가장 중요한 전수 역할을 담당했던 곳은 바로 교회이다. 따라서 기독교교육을 곧 교회교육이라고 동일시할 수는 없지만, 기독교교육은 바로 교회를 중심으로 하는 교육이라고 말할 수 있다.[186)]

이러한 교회의 구조 안에서 보면 개체 교회 하나 하나는 신앙의 공동체일 뿐만 아니라 동시에 하나님의 가장 작은, 그러나 가장 직접적인 교육기관으로 있다. 우리는 개체교회를 전체적으로 교육의 대상이요 주체로 보며, 어린이와 젊은이와 어른과 늙은이가 모두 합하여 교회요 공동체라는 이해를 심화하고, 교육적인 견지의 교회관을 가짐으로 분열과

184) 오인탁, 『기독교교육』(서울: 종로서적, 1989), 29.
185) *Ibid.*, 40-41.
186) 김태원, 『교회의 교육적 사명』(서울: 종로서적, 1990), 41.

개교회 성장주의 시대를 벗어나 교회의 진정한 교육적 사명을 실천해 나가야 할 것이다.

6. 교육목회의 성경적 배경

1) 구약의 배경

하나님은 자신이 만든 인간에게 자신의 뜻을 가르치셨다. 인간은 지상에서 생육하고 번성해야 하며 땅을 정복해야 하고 땅의 모든 것을 다스려야 한다. 또한 하나님은 다른 살아있는 피조물과 더불어 인간에게 생존하는 방법에 관하여 가르치셨다(창1:28-30). 즉 하나님은 인간에게 해야 할 일과 성취시켜야 할 과제를 부과하셨다. 이러한 것들을 통하여 인간은 하나님이 인간과 세상에 부여한 능력과 자질을 개발(開發)히고 성숙시켜야 한다.[187]

하나님의 말씀은 교육이 근본적으로 종교적이어야 함을 분명히 지적하고 있다. 창세기 18장 19절에서 우리는 하나님께서 아브라함에 관하여 말씀하고 계신 것을 본다. “내가 그로 자식과 권속에게 명하여 여호와의 도를 지켜 의와 공도를 행하게 하려고 그를 택하였나니 이는 나 여호와가 아브라함에게 대하여 말한 일을 이루게 함이니라.” 아브라함은 강대한 나라의 조상이 되고 모든 열국의 축복의 근원이 되기 위하여 하나님의 택함을 받았다. 아브라함에 대한 그분의 약속이 성취되고 여호

187) C. B. Eavey, *History of Christian Education*(Chicago: Moody Press, 1965), 20-21.

와께서 그에게 약속된 축복을 실제로 가져다 줄 수 있도록 그의 후손들에게 "여호와의 도를 지켜 의와 공도를 행하도록" 가르쳐야 했다.

하나님께서 아론에게 명령하시기를, "여호와가 모세로 명한 모든 규례를 이스라엘 자손에게 가르치리라(and you are to teach the people of Israel all the statutes which the Lord has spoken to them by Moses)"(레 10:11) 하셨다. 이 책임은 계속하여 제사직의 책임이 되었다(신24:8ff, 31:9ff, 33:8ff).

신명기는 이들 자녀들이 기꺼운 마음으로 여호와를 섬길 수 있기 위하여, 과거에 하나님께서 그 민족을 인도한 놀라운 방법에 대하여 그들의 자녀들을 부지런히 일깨우도록 이스라엘을 권고하는 일로 가득차 있다.[188] 그리고 우리는 이러한 모든 권고에 대해 환희로 응답하는 경건한 이스라엘의 반응을 다음의 시편 구절에서 볼 수 있다.

> "내가 입을 열고 비유를 베풀어서 옛 비밀한 말을 발표하리니 이는 우리가 들은 바요 아는 바요 우리 열조가 우리에게 전한 바라 우리가 이를 그 자손에게 숨기지 아니하고 여호와의 영예와 그 능력과 기이한 사적을 후대에 전하리로다. 여호와께서 증거를 야곱에게 세우시며 법도를 이스라엘에게 정하시고 우리 열조에게 명하사 저희 자손에게 알게 하라 하셨으니 이는 저희로 후대 곧 후생 자손에게 이를 알게 하고 그들은 일어나 그 자손에게 일러서 저희로 그 소망을 하나님께 두매 하나님의 행사를 잊지 아니하고 오직 그 계명을 지켜서 그 열조 곧 완고하고 패역하여 마음이 정직하지 못하며 그 심령은 하나

188) Louis Berkhof, "Being Reformed in Our Attitude toward the Christian School," in *Foundations of Christian Education : Addresses to Christion Teachers*, ed. by Dennis E. Johnson(Phillipsburg, N.J.: Presbyterian and Reformed Publishing Company, 1990), 29-30.

> 님께 충성치 아니한 세대와 같지 않게 하려 하심이라"(시78:2-8).

진정한 축복의 약속을 잉태하는 것은 바로 그러한 형태의 교육이다. 만약 아브라함이 그의 자녀들에게 여호와의 도를 부지런히 가르치면, 여호와는 아브라함과 그의 후대들에게 약속하신 것들을 이루어 주실 것이다. 잠언 22장 6절에서도 교육의 중요성을 말해 주고 있다. "마땅히 행할 길을 아이에게 가르치라 그리하면 늙어도 그것을 떠나지 아니하리라." 여기서 우리가 주목하는 것은 그저 "행할 길"이 아니라 "마땅히 행할 길"임을 잘 분별해야 한다는 점이다.[189)]

신명기 6장 6~9절에서는 가르침의 문제, 교육의 문제가 심각하게 다루어지고 있음을 알 수 있는데, 이러한 신명기의 주된 관심 중의 하나인 '교육'은 신명기의 중심 주제이며 핵심적 사상인 '언약'과 연관된다는 사실을 기억할 필요가 있다.

> "오늘날 내가 네게 명하는 이 말씀을 너는 마음에 새기고 네 자녀에게 부지런히 가르치며 집에 앉았을 때에든지 길에 행할 때든지 누웠을 때에든지 일어날 때에든지 이 말씀을 강론할 것이며 너는 또 그것을 네 손목에 매어 기호를 삼으며 네 미간에 붙여 표를 삼고 또 네 집 문설주와 바깥문에 기록할지니라"(신6:6-9).

즉, 신명기가 교육에 관심을 두고 있는 것은 그것이 언약의 영속화를 이루는 길이기 때문이다. 바로 이러한 점은 교육목회의 중요성을 부각시켜 주는 중요한 내용이 아닐 수 없다.

자녀들이 하나님의 놀라운 능력을 체험하지 못하였으므로 부모와 각

---

189) *Ibid.*, 31.

종 교육 지도자들은 그들을 가르쳐야 한다. 왜냐하면 이스라엘 자녀들도 그 언약의 동참자들이기 때문이다.

> "오직 너는 스스로 삼가며 네 마음을 힘써 지키라 두렵건데 네가 그 목도한 일을 잊어버릴까 하노라 너는 그 일들을 네 아들들과 네 자손들에게 알게 하라"(신4:9)
>
> "우리 하나님 여호와께서 호렙산에서 우리와 언약을 세우셨나니 이 언약은 여호와께서 우리 열조와 세우신 것이 아니요 오늘날 여기 살아있는 우리 곧 우리와 세우신 것이라"(신5:2, 3)
>
> "후일에 네 아들이 네게 묻기를 우리 하나님 여호와의 명하신 증거와 말씀과 규례가 무슨 뜻이뇨 하거든 네 아들에게 이르기를…… 할지니라"(신6:20–25)
>
> "너희 자녀는 알지도 못하고 보지도 못하였으나…… 너희가 여호와의 행하신 이 모든 큰 일을 목도하였느니라"(신11:2–7)
>
> "내가 이 언약과 맹세를 너희에게만 세우는 것이 아니라 오늘날 우리와 함께 여기 있지 아니한 자에게까지니"(신29:14–15)
>
> "모세가 이 율법을 써서 여호와의 언약궤를 메는 레위 자손 제사장들과 이스라엘 모든 장로에게 주고 그들에게 명하여 이르기를 매 칠년 끝 해 곧 정기 면제년의 초막절에 온 이스라엘이 네 하나님 여호와 앞 그 택하신 곳에 모일 때에 이 율법을 낭독하여 온 이스라엘로 듣게 할지니 곧 백성의 남녀와 유치와 네 성 안에 우거하는 타국인을 모으고 네 하나님 여호와를 경외하며 이 율법의 모든 말씀을 지켜 행하게 하고 또 너희가 요단을 건너가서 얻을 땅에 거할 동안에 이 말씀을 알지 못하는 그들의 자녀로 듣고 네 하나님 여호와를 경외하기를 배우게 할지니라"(신31:9–13)

> "옛날을 기억하라 역대의 연대를 생각하라 네 아비에게 물으라 그가 네게 설명할 것이요 네 어른들에게 물으라 그들이 네게 이르리로다" (신32:7).

신명기에 나타나는 여러 구절들을 통해서 우리가 얻는 통찰력은 하나님은 이스라엘과 또한 그 자손들과도 언약을 맺으셨으며, 그런 이유 때문에 이스라엘에게 이 언약을 전승하는 책임이 주어졌으며, 이러한 교육적 책임을 통하여 언약의 영속화를 이루어야 한다는 점이다.

신명기에 나타나는 말씀 외에도 구약성경 곳곳에 다음 세대를 위한 교육을 강조하는 말씀들이 나타나고 있다.

> "너희는 이 일을 규례로 삼아 너희와 너희 자손이 영원히 지킬 것이니…… 이 후에 너희 자녀가 묻기를 이 예식이 무슨 뜻이냐 하거든 너희는 이르기를…… 하라"(출12:24-27).
>
> "여호와께서 증거를 야곱에게 세우시며 법도를 이스라엘에게 정하시고 우리 열조에게 명하사 저희 자손에게 알게 하라 하셨으니 이는 저희로 후대 곧 후생 자손에게 이를 알게 하고 그들은 일어나 그 자손에게 일러서 저희로 그 소망을 하나님께 두며 하나님의 행사를 잊지 아니하고 오직 그 계명을 지켜서 그 열조 곧 완고하고 패역하여 그 마음이 정직하지 못하며 그 심령은 하나님께 충성치 아니한 세대와 같지 않게 하심이라"(시78:5-8).

그러므로 교육이란 언약 공동체의 본질적인 사명이며, 또한 언약 공동체의 존재양식이다. 이것은 오늘날 교육목회에 관한 근본적인 근거를 제공해 준다고 할 수 있다.

이스라엘에 있어 모든 직분은 교육적 활동과 연관되어 있다. 예를 들어, 제사장의 일차 직무는 여호와와 회중 사이에 서서 하나님과 그의 백성간의 의사소통을 조절하고, 희생제를 드리고, 또 여타 형식의 예배를 주관하는 중재적 성격을 띤다. 그러나 그 중재적 소명 외에도 제사장은 율법의 해석자이자 교사이다. 에스겔 44장 23절의 "내 백성에게 거룩한 것과 속된 것의 구별을 가르치며 부정한 것과 정한 것을 분별하게 할 것이며"라는 말씀은 이 점을 분명하게 보여준다.[190)]

제사장들은 백성들에게 율법을 가르칠 책임과 율법을 전수할 책임이 있었다. 더우기 그들의 대를 이을 제사장들에게 제사법과 의식법을 가르칠 책임이 있었다. 물론 제사장들은 백성들이 어떻게 희생을 드리며, 제사를 드리며, 의식을 행하여야 할지를 교육하였다. 제사장들이 그들의 기능을 수행하는 모든 장소는 곧 교육하는 장소였다.[191)]

모든 희생제, 상징, 그리고 의식은 하나님을 향한 감정과 자세를 위한 기초였으며 신앙과 관념 또는 율법을 가르치는 효과적인 수단이었다. 특히 이러한 절차들이 성막예배와 관련됨으로 인해 사람들은 하나님의 거룩성, 하나님께 대한 신실함의 중요성, 하나님께서 죄로 여기시는 것들에 대한 이해, 그리고 회개의 필요성을 가르침 받게 되었다. 그리고 제사장의 직무 중에는 백성이 서로간에 어떻게 관계를 가지며 살 것인가에 대한 교육적 책임도 있었다. 제사장들은 백성을 조언하기도 하였고 그들의 질문에 응답하기도 하였다. 따라서 제사장들은 백성들에게 윤리와 시민법을 교육하였다. 뿐만 아니라 백성들의 개인적 문제와 관련하여 그들을 도왔고 그들의 실제 생활이 하나님이 기뻐하시는 방향으로

---

190) Kenneth O. Gangel and Warren S. Benson, *Christian Education: Its History and Philosophy*, 유재덕 역, 『기독교교육사』(서울: 1992), 19.

191) C. B. Eavey, *History of Chiristian Education*, 55.

나아가도록 말씀을 해석해 주었다.[192]

이스라엘 백성들이 하나님의 말씀에 주의하지 않고서 하나님으로부터 멀리 떠나게 되었을 때 마지막 사사이자 최초의 선지자인 사무엘은 그들에게 말하기를, "나는 선하고 의로운 도로 너희를 가르칠 것인즉"(삼상12:23)이라고 했다. 이스라엘 백성에게 아주 어려운 상황이 주어졌을 때 하나님의 신의 영감을 받은 아사랴는 이스라엘 백성에 대하여 "이스라엘에는 참 신이 없고 가르치는 제사장도 없고 율법이 없은지가 오래였느니라"(대하15:3)라고 하였다. 이러한 말씀들은 교육적 활동이 약화될 때 상황이 어려워질 수밖에 없음을 보여주고 있다.

율법서와 역사서 그리고 시편과 마찬가지로 예언서에서도 교육에 관한 많은 진술들이 포함되어 있다. 예를 들면, 이사야가 예시하고(사2:3), 미가가 거의 문자 그대로 반복하고 있는(미4:2) 위대한 요청이 있는데 그 내용은 마지막 날에 하나님께서 "그 도(道)로 우리에게 가르칠 것이라 우리가 그 길로 행하리라"는 사실을 민족들이 알 것을 말하고 있다. 선지자들의 일은, "대저 경계에 경계를 더하며 경계에 경계를 더하며 교훈에 교훈을 더하며 교훈에 교훈을 더하되 여기서도 조금 저기서도 조금 하는구나"(사28:10)라는 구절에서 나타나는 바와 같이 모든 시대의 교사들이 하는 일과 같다. 그러나 그 중에서도 가장 중요한 임무는 백성들에게 하나님의 도를 가르치는 것이었다.[193]

구약에서는 부모를 비롯하여 족장, 제사장, 사사, 왕, 선지자, 현인 등 다양한 지위에 있는 자들에게 교육적인 명령이 주어져 있었는데, 그들이 다양한 방면에서 다양한 방식으로 그 명령을 따랐을 때는 태평성대

---

192) *Ibid.*, 55-56.

193) C. B. Eavey, *Principles of Teaching for Christian Teachers*, 박영호 역, 『기독교교육원리』(서울: 기독교문서선교회, 1984), 23.

를 누리며 성장을 가져왔고, 그 일에 소홀했을 때는 어려운 상황이 초래되었음을 보여주고 있다. 물론 부모를 비롯하여 각종 지도자들은 교육 이외에 직무에 따른 명령들도 받았지만 교육의 명령을 우선적으로 받았다. 그들은 신앙 공동체였으며 그 신앙 공동체는 바로 교육 공동체로서의 정체성을 가질 때에 확립될 수 있는 것임을 보게 된다. 바로 이러한 점이 구약이 보여주고 있는 바 교육목회의 중요한 근거가 되는 것이다.

2) 신약의 배경

신진대사 과정이 살아있는 유기체에 필수적인 것과 마찬가지로 교육은 기독교 공동체 내에서의 본질적인 기능이다. 교육은 예배, 성경공부, 상담, 훈련, 성가연습, 그리고 그리스도인의 가정 등 여러 분야에서 이루어질 수 있다. 그런데 이것은 반드시 이루어져야 한다.[194]

교회의 모든 프로그램은 마태복음에서 두 번에 걸쳐(4:23, 9:35) 그 머리되신 그리스도의 지상의 역사를 통해 묘사되어 있다. "예수께서 온 갈릴리에 두루 다니사 저희 회당에서 가르치시며 천국복음을 전파하시며 백성 중에 모든 병과 모든 약한 것을 고치시니"－교회의 모든 프로그램은 교육, 선교, 교제, 구제로 이루어진다.[195]

교회의 교육적 사역은 예수께서 제자들에 대하여 친히 하신 말씀 중에 표현되어 있다. "예수께서 나아와 일러 가라사대 하늘과 땅의 모든 권세를 내게 주셨으니 그러므로 너희는 가서 모든 족속으로 제자를 삼아 아버지와 아들과 성령의 이름으로 세례를 주고 내가 너희에게 분부

194) Lucien E. Coleman Jr., *Why the Church Must teach*, 박영철 역, 『교육하는 교회』(서울: 요단출판사, 1990), 143.

195) Lois E. LeBar, *Focus on People in Church Education*, 김수학 · 정정숙 역, 『기독교교육의 핵심』(서울: 세종문화사, 1980), 27.

한 모든 것을 가르쳐 지키게 하라 볼지어다 내가 세상 끝날까지 너희와 항상 함께 있으리라 하시니라"(마28:18-20).

그리스도 시대에 학교들은 매우 중요한 위치를 차지해 왔다. 게다가 바울이 그의 교육을 위해 보내졌던 가말리엘의 학교와 같은 고등한 학교들은 유명한 랍비들에 의해 경영되었다. 모든 회당은 회당 안에 학교를 두었던 것처럼 보이며 회당의 직원 또는 기도문 독창자에 의해 관리되었던 것처럼 보인다. 그리고 모든 아기들은 5세 또는 6세 될 때부터 회당에 보내졌다. 모든 교육의 목표는 교훈(moral)이었다. 즉 하나님의 충실한 종이 되도록 모든 아이들을 훈련하는 것이었다. 최고의 교재는 구약성경이었으며, 더 나이든 학생들을 위해 미쉬나(mishinah)와 전통적인 법률이 있었다. 학생들은 교사를 향해 반원형으로 둘러싸듯 정렬하여 땅에 앉았다. 각 학교에는 두루마리 구약성경이나 적어도 모세의 율법은 있었으나 미쉬나(mishinah)는 이 시대에 기록되지 않았다. 그리고 교수는 거의 전적으로 구두로 하였음에 틀림없다. 교사는 그의 제자들에게 변함없이 자신이 배워왔던 불변하는 전통과 율법의 해석을 전수했다. 그들은 이런 것들을 기억해야만 했다. 그리고 이러한 방식으로 이것은 다른 사람에게 전수되었다.[196)]

우리가 자연스럽게 기대했던 것처럼 구두교육의 이런 체계는 즉시 기독교 교회 안으로 전달됐다. 우리 주님의 삶을 실제로 새로운 개종자들에게 교수해야 할 필요성과, 그가 가르치신 교훈으로 그들을 감화시켜야 할 필요성, 그리고 이러한 일들의 저변에 놓인 위대한 영적 진리에로 그들을 이끌어야 할 필요성이 동시에 요구되었다. 따라서 이러한 요구에 일찍부터 직면하게 되었다. 교회의 봉사자들 중에 복음전도자(evangelist)들과

---

196) Andrew J. C. Allen, *The Church Catechism: Its History and Contents* (London: Longmans, Green, and Co., 1892), 3.

교사(teacher)들은 바울에 의해 그의 서신에 열거되어 있다(고전12:28; 엡 4:11). 한편 가르침(teaching)은 교회 안의 몇몇 사람들에게 성령에 의해 주어진 것으로, 그러한 은사는 교화(edifying)를 위해 사용되었다(롬 12:6, 7). 바울이 열거한 여러 직무들의 역할 및 의무가 무엇이었는지 정확히 말하기란 불가능하다. 또한 그 직무들 사이에 엄밀히 구분할 수 있는 선을 긋는 일도 불가능하다. 실제로 그러한 선은 존재하지 않았던 것처럼 보인다. 다만 같은 사람들이 여러 가지 다양한 직무의 역할을 감당했던 것으로 보인다. 그렇지만 복음진리의 교수는 복음전도자들과 교사들의 주된 사역이었음이 분명하다. 전자의 사역은 후자의 사역에 비해 좀 더 선교적인 특징을 갖는다는 점이 다를 뿐이다. 누가복음 서론에서 언급되어 있는 것이 바로 이 체계적인 교수이다. 이 책은 데오빌로에게 쓴 것인데 그는 이 책을 연구함으로 이 책 안에서 가르침을 받은, 즉 문답식으로 입의 말을 통해 가르침을 받은 것들에 관해 확실한 것을 알았을 것이다.[197)]

초대 교회의 그리스도인들은 '도'(the way)를 따르는 자들로 알려졌다(행9:2; 10:9, 23; 22:4, 14, 22). 그리고 그들은 참으로 '도'를 따랐다. 그들은 그들의 신앙에 의해 구별되어졌을 뿐만 아니라 그들이 살아가는 도를 알고 있었다. 그들은 이방 문화에 대하여 무감각하거나 방탕하는 것에 대조를 이루는 사랑의 윤리로서 삶을 살았다. 그리고 세속 사회의 수많은 사람들이 그들의 삶의 수준을 보고서 믿게 되었다.[198)] 이와 같은 상황이 가능하게 한 요인은 무엇인가? 맨슨(T. W. Manson)은 이렇게 기록하고 있다.

197) *Ibid.*, 3-4.
198) Lucien E. Coleman, Jr., *Why the Church Must teach*, 157.

> 로마제국을 정복한 기독교는 많은 회중들에게 훌륭한 설교를 해 주는 설교가들에 의해 이루어지는 종교가 아니었다. 내가 알기로 우리는 교회가 탄생한 처음 300년간에 있었던 훌륭한 설교가들에 관하여 많은 것을 모르고 있다…… 위대한 설교가들은 콘스탄틴 대제(Constantine the Great) 이후에 나타났으며 그 전에 이미 기독교는 기독교가 해야 할 일을 하였고 그리고 로마제국의 국교가 되었다. 우리는 이 일이 어떻게 이루어졌는지를 설명하려고 할 때 청중에게 감동을 주는 웅변적인 전도자를 보기보다는 자신들의 가정 봉사를 통하여 그리스도를 가르치는 하인과, 자신의 일을 통하여 그리스도를 가르치는 일군, 그리고 자신의 장사를 통하여 그리스도를 가르치는 구두방 주인 등을 볼 수 있다. 참된 기독교를 전파하는 가장 좋은 방법은 진실한 그리스도인이 되는 것이며, 신약성경은 말로만이 아니라 생명력 있는 삶과 확신을 주는 능력에 대한 선포로 가득 차 있다. 그리스도인의 삶은 20세기를 위한 천국의 비유가 되어야 한다.[199)]

결국 그리스도인들은 '말씀' 안에서 살아가는 법을 배웠다는 것이다. 분명히 그리스도인의 삶의 원동력은 그리스도 안에 거하는 변화의 힘이다(고후5:17). 그리스도인의 삶에 대한 지도는 언제나 교육적 사역의 주된 관심사였다. 신약 성경에서는 사람이 회심할 때 예의바른 행위의 포괄적인 지식을 얻는다고 결코 가정하지 않는다. 영생을 얻은 후 회심자는 그리스도인으로서 살아가는 법을 배워야 한다. 예를 들어 에베소서 4장 17절에는 규모있는 그리스도인의 행위에 대한 주제에 초점을 맞춘 긴 강론이 언급되어 있다. 바울은 "감각 없는 자 되어 자신을 방탕에 방

199) T. W. Manson, *Ministry and Priesthood*(Richmond, VA : John Knox Press, 1970), 21.

임하여 모든 더러운 것을 욕심으로 행하는"(19절) 이방인들에 대하여 이야기 한 후, "오직 너희는 그리스도를 이같이 배우지 아니하였느니라 진리가 예수 안에 있는 것 같이 너희가 과연 그에게서 듣고 또한 그 안에서 가르침을 받을진대"(20~21)라고 하였다. 생명이신 그리스도를 본받는 일은 지식적으로만 이루어질 수 있는 것이 아니고 공동체적인 신앙교육과 철저한 회개의 삶, 그리고 십자가의 은총을 바라보고 영성을 회복하는 삶을 통하여 이루어질 수 있다. 바로 이러한 가르침이 진리 안에서 세상을 변하게 할 수 있다. 이러한 교회교육이 교회성장을 양적 및 질적으로 가져온 것임을 확인할 수 있다.

교회는 기독교교육의 중심 현장이다. 그 이유를 두 가지로 말할 수 있다. 하나는 교회가 처음부터 받은 살아있는 신앙의 유산을 계속 다음 세대에 전달하여 온 주체라는 점이다. 예수 그리스도가 그의 제자들에게 말한 신앙은 교회를 통하여 고백되고 가르쳐지고 증언되어 왔다. 그런고로 교회가 존재하지 않으면 신앙의 전달도, 기독교교육의 가르침도 있을 수가 없다.

다른 하나의 이유는 교회는 신앙을 전수할 뿐 아니라 교회 그 자체가 생동하는 교육행위로 경험되고, 변화되는 삶과 신앙의 현장이라는 점이다. 교회의 교육은 교사와 학생이 만나는 학습과정에서 이루어지지만 그러나 그 이상의, 교회라는 폭과 관계를 통하여 교육은 이루어진다. 교회의 영적 분위기, 사랑의 농도, 교회의 구성원들과 그들의 신앙고백 등을 통하여 교회는 교육이 일어나는 전체적인 자리가 되는 것이다.[200] 그러므로 교회는 우선적으로 교회로서의 모습을 갖추는 일이 중요하다. 교회가 교회다워지는 일은 교회교육의 전제조건인 것이다. 신앙교육은 삶을 통한 교육이며, 공동체적인 삶의 현장을 통한 교육에 더하여 의도

200) 김태원, 『교회의 교육적 사명』, 42.

적인 교육이 보충되어야 하는 것이기 때문이다.

교회교육은 교회라는 터전을 바탕으로 일어난다. 교회교육은 교회학교 내에서만 이루어지는 것이 아니고 교회 전체의 영적인 힘과 관계된다. 따라서 교회교육이 교회학교를 포함하는 교회 전체와 관련됨으로 우리는 교회 전체가 교육을 행하고 있다고 말할 수 있다.

이미 앞에서 살펴본 것처럼 신약교회는 그 성장 속도와 그 성장의 질면에서 교회성장의 모범을 보여주고 있다. 그렇다면 초대 신약교회들의 성장을 있게 한 주요 원인은 교육이었음을 알 수 있다. 초대 교회의 신앙의 가르침과 배움의 열기는 어떠하였는지 그 일부 교회를 추출해서 살펴 보기로 하자.

첫째, 예루살렘 교회는 기독교의 모교회이다. 예수님이 승천한 직후에 형성된 이 교회는 사도들을 중심으로 120여 명 정도로 구성되었다. 오순절을 거치면서 3천 명으로 성장한 이 교회는 배움이 풍성하였다. 예수님의 승천 이전에 40 일간의 마지막 가르침을 받았으며(행1:3) 맛디아를 세울 때도 예수님께 3년 동안 배운 자를 선택하였으며[201] 교회는 사도들의 가르침을 받았다.[202]

그들의 배움은 진지했고, 다만 지식만이 아닌 실천으로 나타났다(행2:42). 사도들은 구약과 함께 기록되기 전인 신약의 유전(예, 고전15:1-8; 11:2)을 집에서와 공동체로 모여서 연구, 토론하였다(행2:46).

둘째, 안디옥 교회는 이방인 선교의 전초기지로서 여기서 사도 바울이 훈련받고 선교사로 임명되었다. 안디옥 교회서 바나바와 바울은 1년 동안 가르치게 되었고(행11:25), 이 가르침은 이방인 선교와 구제 및 진

201) 사도행전 1장 22-26.

202) 사도행전 2장 42절.

지하고 철저한 제자도를 드러내게 하였다.[203] 그들의 가르침과 교육의 결과는 바울을 포함하여 5명의 지도자로 늘어나서 1년 후 두 사람이 떠나 선교사로 파송되었을 때에도 3명의 지도자가 남아서 가르칠 정도였다(행13:1). 이처럼 진지한 배움과 깊은 지식, 훈련은 지도자를 양성하고 세우는 것으로 잘 드러난다.

셋째, 고린도 교회는 바울이 브리스길라와 아굴라와 함께 세운 교회였다.[204] 여기서 그는 1년 6개월 동안 가르쳤다. 고린도전후서에서 바울은 고린도 교회의 미성숙을 비판하고 교정시키면서도 고린도 교회가 가진 모든 구변과 모든 지식에 풍족함은 칭찬하였다.[205] 고린도 교회는 온갖 지식이 풍성한 지역에 살면서 세상의 철학과 학문을 알았을 뿐 아니라 예수 그리스도의 복음도 알고 배웠다. 그들의 문제는 지식이 없는 것이 아니라 지식이 많음에도 불구하고 미성숙하여 삶에 적용하지 못하는 것이었다.

넷째, 베뢰아 교회는 바울이 데살로니가를 떠난 다음 도착해서 세운 교회이다. 베뢰아 교회는 사도의 가르침을 받되 진지하게 배웠고, 그 뿐 아니라 바울의 가르침의 진위를 가리기 위해 날마다 성경을 상고했다(행17:11). 여기서 '상고하다'(ἀνακρίνοντες)라는 말은 능동태 동사로서 깊은 묵상과 대조, 관찰, 분석과 종합을 포함한 능동적 연구이다.

이처럼 초대 교회는 배움과 연구, 지식습득에 최선을 다 하였고 이는 교회의 성숙과 성장에 크게 기여하였다. 오늘날 교회의 최대 위기는 가르침과 배움과 연구를 게을리하고 중단하는 것이다.

사도행전 2장 41~42절에 기록된 누가의 기사는 초대 그리스도인들

---

203) 사도행전 11장 25-30절, 13장 1-3절.
204) 사도행전 18장 1-18절.
205) 고린도전서 1장 6-8절.

이 지상명령을 온전히 수행하였다는 사실을 명백하게 제시해 주고 있다. 이 기사는 오순절의 특별한 사건으로 대략 삼천 명이 개종하였음을 알려주고 있다. 또한 개종 후 그들은 즉시 세례를 받았고 "사도들의 가르침(διδακή)을 받았다"(42절)는 사실을 그 기사를 통해 발견할 수 있다. 가르침은 그 당시 사도들의 전도활동에 있어서 중심 전략이었다. 그들은 성전에 들어가 "백성들을 가르치고 예수를 들어 죽은 자 가운데서 부활하는 도를 전파하였다"(행4:2). 당시의 종교 지도자들은 사도들에게 "도무지 예수의 이름으로 말하지도 말고 가르치지도 말라"(4:8, 5:28)고 경고하였다. 그러나 사도들의 마음 속에는 부활하신 주님의 명령이 새겨져 있었기 때문에 사명을 다하였다. "저희가 날마다 성전에 있든지 집에 있든지 예수는 그리스도라 가르치기와 전도하기를 쉬지 아니 하니라"(행5:42).

이스튼(B.S. Easton)은 오순절 이후 예루살렘 회중 내에서 싹트기 시작한 소위 '유례없는 교육문제'를 묘사하였다.[206] 짧은 기간 동안 기독교 공동체는 극적으로 성장하였고(행2:42; 4:4), 교육의 임무도 극적으로 증가하였다. 최적의 환경 속에서 그렇게 많은 개종자들을 위한 교육 프로그램을 유지하기 위하여 열 두 사도의 열정이 최대 한도로 발휘되었을 것이다. 그러나 한 가지 애로사항은 처음에 기독교로 개종된 사람들은 "주로 서민 계층 출신이었고 대부분의 유대인이 '죄인'이라고 불렀던 자들이었으며 종교적 행습에는 오랫동안 무관했던 자들이었고 어린시절부터 종교적 규율에는 익숙치 못한 사람들"[207]이었다. 따라서 이들의 교육 문제는 사도들만으로는 가능하지 않았다. 사도들은 전도자이며 예배

206) Burton Scott Easton, "The First Evangelic Tradition," *Journal of Biblical Literature*, 50(1931), 151.

207) *Ibid.*

인도자였고 또한 회중의 문제를 다루는 자들이었다. 결국 이러한 일을 분담해서 할 수 있는 사람이 필요했다. 대표적인 사람들이 바로 칭찬받는 일곱 집사였는데, 그들도 또한 가르치는 사역을 담당했던 것이다. 그 한 예로 빌립이 에디오피아 내시를 가르쳐 결국 세례까지 주었던 것은 빌립이 이미 가르치는 사역을 담당하고 있었음을 보여주고 있다.

그리고 영적인 지도력을 갖추고 있었던 브리스길라와 아굴라는 학문이 많고 성경에 능했던 아볼로를 데려다 하나님의 도를 더 자세히 풀어 주었으며, 그 후 아볼로는 에베소 교회가 성장하는데 중요한 역할을 하였다.[208] 영적 지도자들이 교육의 임무를 감당하고 있었음은 특히 에베소서 4장 11절에서 교육이 목사에게 있어서 부차적인 기능이 아니라 오히려 교육적 기능이 목사의 역할 속에 포함되어 있다고 말함으로써 교육의 중요성을 더 강하게 말해주고 있다. 요약하면 신약성경에 증거된 바, 첫째로 교육의 책임이 교회의 지도자로 선출된 다양한 계층의 사람들에게 부여되었고, 둘째로 교육의 특권이 결코 공식적인 지도자들에게만 제한된 것이 아니다.[209] 교육은 결코 부차적인 사역이 아니다. 이것은 초대 기독교 신앙공동체의 맥박(脈搏)이었다. 회중 가운데 그 어느 누구도 교육을 게을리할 수 없었다. 또한 그 어떤 신자도 예수께서 분부하신 모든 것을 지키기 위한 배움의 책임에서 벗어날 수 없었다.

208) 사도행전 18장 24-25절.

209) Lucien E. Coleman, Jr., *Why the Church Must teach*, 44.

7. 교회갱신의 과제와 그 방법으로서의 교육목회

교회가 그 정체성을 잃어버리고 교회의 교회다운 모습을 상실하고 있는 위기 속에서 교회를 새롭게 하여 참다운 교회의 모습으로 되돌릴 수 있는 방법이 있다면 그것은 과연 어떤 방법일 것인가? 교회가 새로와지는 데에는 교회 전체 성원의 노력이 필요하지만 우선적으로 교회 지도자들, 특히 목회자들의 인식 전환이 필수적 요건이다. 목회자들이 어떤 방법으로 목회를 하느냐에 교회가 침체되고 위기에 빠질 것인지 아니면 새로워지고 활력을 갖게 될 것인지를 결정하게 될 것이다.

"목회가 목회다워지려면 그 지혜는 교육에서 얻어야 한다. 교육은 목회자 자신을 배우게 할 뿐 아니라 양들을 양육시키는 그 자체이다. 그런 면에서 볼 때 교육과 목회는 동전의 양면(兩面)처럼 동일한 한 사건의 두 표현에 불과한 것이다. 복음 그 자체가 인간을 변화시키는 하나님의 능력인 것처럼 복음은 교육이라는 수단을 통하여 인간의 구체적 행동의 변화를 생산할 뿐 아니라 목회사역 자체를 변화시켜 목회다운 목회를 가능케 한다."[210]

우리는 교육사를 통해 중세교회의 교직자들이 교육목회의 방법을 벗어나 상징주의적이고 의식주의적인 방식으로만 목회하고 권위주의로 일관했기 때문에 중세교회가 부패하고 만 사실을 생생히 볼 수 있다. 이에 대해 우리는 개혁자들이 어떤 목회 방법으로 교회를 개혁하고 갱신하였는지도 분명히 확인할 수 있다. 그것은 다름 아닌 교육목회의 방법이었다. 그들의 목회는 하나님의 말씀의 풍성한 의미가 모든 교회생활과 삶의 모든 현장에서 관련되도록 하기 위해 성경을 번역하고 주석하

210) 정일웅, 『교육목회학』, 113.

며, 신앙교육서를 만들고 교육기관을 세우며 교인들의 성숙을 위해 체계적인 교육 프로그램을 세웠다. 그들은 교육을 목회의 한 방편으로서가 아니라 목회의 본질적인 기능으로 생각했던 것이다.

한국교회의 근본적인 갱신을 위해서는 무엇보다 성경에 근거한 교회로 돌아가는 것이 중요하다. 성경은 교회를 성령 하나님께서 인도하신다고 말한다. 성령 하나님께서는 말씀을 통해 성도들을 깨우치고, 깨달은 성도들은 성령께서 자신에게 주신 은사에 따라 사명을 감당함으로써 성도가 각각 그리스도의 지체로서 역할을 하게 된다. 이것이 바로 그리스도의 몸된 교회이다. 이 몸된 교회에 주님께서는 말씀의 사역자를 세워 성도를 온전케 하여 봉사의 일을 하게 하며 그리스도의 몸을 세우게 하셨다(엡 4:10-13).

우리는 '개혁된 교회는 항상 개혁되어야 한다'는 구호를 즐겨 사용하는데, 항상 개혁하고 갱신하는 일은 교육목회의 방식으로만 가능하다는 사실을 기억해야 할 것이다.

제2부

한국교회 성장의 실제에 대한 분석

제1장 한국교회의 성장 분석

제2장 한국교회 성장에 나타난 문제성

제 1장
한국교회의 성장 분석

1. 초기선교와 교회성장

1) 선교의 역사

1876년 만주에서 이응찬, 백홍준, 이성하, 김진기 등 네 젊은이가 매킨타이어(John McIntyre) 목사에게 세례를 받고 입교한 것, 이것은 곧 한국 개신교의 시작이라고 볼 수 있다. 네 사람이 한꺼번에 세례를 받고 외지에서나마 함께 모여 예배를 보기 시작했다는 것은 중대한 사건이 아닐 수 없다. 아울러 그들이 만주에 있는 한인 마을과 국내의 마을에서 전도를 개시하여 예배를 드리기 시작한 사실 또한 중대한 사건이 아닐 수 없다. 다시 말해서 그들은 1884년부터 자기네들끼리 예배를 드리기 시작했으며, 이들의 모임은 최초의 한인 기독교인의 공동체였다. 이것이 곧 한국 개신교 최초의 평신도 교회이며, 이것이 곧 한국 개신교의 특징이라고 말할 수 있다.[1] 일반적으로 미선교국에 복음을 전파하는 과정은 먼저 선교사들이 투입되고, 이들을 통하여 사역이 시작하는 것이 통상

1) 전택부, 『한국교회발전사』(서울: 대한기독교출판사, 1987), 98.

적인 방법이었지만 한국은 그렇지가 않았다. 옛 고구려 땅 만주에서 중국인들을 위해 파송받은 선교사에게 복음을 들은 이응찬, 백홍준, 이성하, 김진기, 서상륜 등 의주 청년들에 의하여 복음의 빛이 쇄국의 문을 굳게 닫고 있는 한국에 유입되기 시작하면서 하나님은 구원의 손길을 펼치기 시작하였고 이들에 의하여 밀반입된 복음의 씨는 황해도 장연군 대구면 송천리에 조그마한 초가집 교회를 설립하면서 한국 최초의 교회가 설립된다. 이것이 한국교회의 출발이요 역사의 기점이다.[2] 물론 그 이전에도 선교사들이 한국을 찾아온 것은 사실이지만 그것은 비공식적이었고 활동도 미미한 것이었다고 할 수 있겠다.

한국에서의 개신교 교회의 발전과 관련해 우리나라에 최초로 찾아왔던 개신교 선교사는 카알 구츨라프(Karl Gutzlaff)로 그는 1832년 한 달 동안 한국에 머물러 있었다.

---

2) 김대인, "역사관 바로 세우기," 「교회연합신문」(1996년 2월 18일자) 3면. 김목사는 한국교회사 인식의 전환을 촉구하면서 이렇게 말한다. "그러나 지금까지 한국교회는 이런 역사적 사실을 소홀히 취급하여 오고 있었다. 그래서 최초로 설립된 교회의 년도는 물론 소래교회가 우리에게 주는 의미도 제대로 조명해 보지 못하고 있었다. 그 결과 한국교회는 100주년을 맞을 때, '교회설립 100주년'이 아니라 '선교 100주년'을 기념하였고 복음을 듣고 들어오는 선조들의 모습을 그리며 가슴이 뜨거워진 것이 아니라 제물포 앞바다에 언더우드가 배를 타고 들어오던 장면을 그의 후손들을 통하여 재현시키면서 박수를 보냈던 것이다. 역사를 모르고 뿌리를 모르는 어리석음이 창피스럽고 우스꽝스런 사건을 연출하게 된 것이다. …… 한국교회가 지금까지 지향해온 역사관을 살피면 사대주의 사관내지는 식민지 사관을 벗어나지 못하고 있다. 즉 외국선교사들을 주축으로 역사가 진행된 것으로 생각하였다는 뜻이다. 물론 선교사들의 수고와 업적을 존중하는 것은 바람직한 일이나 역사를 보는 관점까지 선교사 위주로 보아야 할 필요는 없으며, 그들이 남긴 자료를 무비판적으로 받아들여 우리의 교회사를 꾸미는 넌센스는 없어야 할 사안이었다. 역사관이 바로 정립되지 않았으니 한국교회의 주역이었던 한국교인들은 역사의 엑스트라(Extra)로 전락되었고, 한국인들을 돕기위해 온 선교사들은 협조자(Helper)가 아닌 주역으로 둔갑하고 만 것이다."

그 다음으로 한국을 찾아온 선교사는 1865년의 로버트 토마스(Robert Thomas)였는데, 그는 그 다음 해에 한국에 있어서의 최초의 프로테스탄트 순교자가 되었다. 1876년에는 토마스와 같이 스코틀란드 사람이었던 존 매킨타이어(John McIntyre)와 존 로스(John Ross)가 만주로 이주한 한국 사람들 중에서 최초로 프로테스탄트 교회 신자가 된 사람들에게 세례를 베풀었다. 한국은 그 때까지도 외국 사람들에게 문호를 개방하지 않고 있었으나, 최초로 한국과 미국 사이에 통상조약이 맺어진지 2년 후인 1884년에는 상황이 변해서 미국의 의료 선교사인 호레이스 알렌(Horace Allen)이 한국에서 살면서 일하기 위하여 입국하였다. 그 다음 해에는 최초로 '임명된' 미국 북감리교회와 북장로교회의 프로테스탄트 선교사들이 함께 한국 땅에 상륙하였는데, 감리교회 선교사는 아펜젤러(H.G. Appenzeller)였고 장로교회 선교사는 호레이스 언더우드(Horace G. Underwood)였다.[3)]

몇 해가 지나는 동안에 그들은 복음을 전파하는데 공식적인 방해가 없으리라는 것을 알게 되었으며 그리하여 선교사들에 의해서 광범위한 순회전도가 시작되었다. 얼마가지 않아서 다른 선교사들도 한국에서 활동하기 시작하였는데, 호주 장로교회는 1889년에, 영국 교회는 1890년에, 미국의 남장로교회 선교부는 1892년에, 그리고 캐나다 장로교회는 1898년에 각각 선교 활동을 시작하였다.[4)]

개신교 선교의 한 가지 특징은 직접적이기보다는 학교와 병원을 앞세운 간접적인 선교의 특징을 가지고 있었다. 감리교 초대 선교사 맥클레이 목사는 1884년 6월 23일 한국 땅에 상륙하자 우선 학교사업과 병원

3) Roy E. Shearer, *Wildfire: Church Growth in Korea*, 이승익 역, 『한국교회성장사』(서울: 대한기독교서회, 1992), 34-35.

4) *Ibid.*, 35.

사업의 윤허를 청원했다. 한편 초대 장로교 선교사 알렌 의사는 1884년 9월 20일 상륙할 때, 자기가 선교사인 것을 감추고 미국 등 외국 공사관 소속 공의로 행세했다. 이와 같이 초기 개신교는 직접 선교보다 주로 간접으로 선교했다.[5] 초기 천주교와 개신교의 차이를 말하는 가운데 다음과 같은 분석이 나오기도 하였다.

> 천주교 신자들은 성경 말씀을 배우지 못한 반면에 개신교 신자들의 최우선적인 계획은 성경의 전파와 복음서의 번역이었다. 천주교는 정치적 사건에 많이 관계한 반면에 개신교 신자들은 정치문제에는 관계하지 않았다. 로마 가톨릭 신부들은 불법적으로 숨어 입국한 반면에 프로테스탄트 선교사들은 한국이 정식으로 조약을 맺고 개국하기를 기다려 조심조심 입국하였다. 초대 로마 가톨릭 선교사들은 신도들 속에서 그 신자들과 섞여 살았다. 그들은 직접 회중을 인도하고 교회의 통일성을 수립하였다. 그러나 프로테스탄트 선교사들은 자기들 독자의 생활수준을 유지하며 별개 구역에서 따로 살았다. 그들은 한국인들 가운데서 지도자를 택하여 훈련시켜 목회하게 함으로써 독립교회론의 길을 닦아 놓았다.[6]

한국에 들어온 프로테스탄트의 유형에는 다음의 두 가지를 들 수 있다. 그 첫째 유형은 서구형 프로테스탄트 교회이며, 또 다른 하나는 교파형의 미국적인 교회이다.[7] 서구형 프로테스탄트 교회는 국가적인 범위로 확대되어 있어서 교회의 유기적인 연결과 결속만이 강조되고 따라서 공

---

5) 전택부, 『한국교회발전사』, 114.
6) 백락준, 『한국개신교사』(서울: 연세대학교출판부, 1973), 59.
7) 민경배, 『한국교회사』(서울: 대한기독교출판사, 1982), 134.

동체의 신학과 교회적 신앙의 의식이 훨씬 강했다. 그런데 정치성을 배제한 이 서구형의 프로테스탄트 교회는 그것이 선교되었을 경우의 긍정적인 공헌의 가능성에도 불구하고 한국에 선교를 시작했지만 언제나 바닷가를 스쳐 지나갔을 뿐 영속적인 선교에 임하지 못했다.[8)]

이처럼 한국에 대한 선교는 영구하게 지속될 결실을 남기지 못하고 문만 두드리다가 지나가고 말았다. 그 주된 요인은 한국의 쇄국정책에 대한 강경한 선교정책의 이론 자체가 벌써 서구적인 기독교국의 교회론을 전제로 하여 형성된 것이었기 때문이다. 민경배 교수는 그것이 관계되는 한 로마 가톨릭의 형태적 동일성이 우선 눈에 띄었고, 따라서 시대적으로나 교회론적으로 조선 풍토에 도입될 가능성이 지극히 희박했던 것이 아닌가 보고 있다.[9)] 다시 말하면 기독교의 한국 도입은 그 관련이 여러모로 단절된 순수한 형태의 복음, 소위 복음주의적 부흥회 타입의 교파적 교회에서 그 가능성이 그래도 열릴 수밖에 없었다는 필연성을 가지게 된다.

한국에 처음 발을 들여놓고 프로테스탄트의 보루를 구축해서 한국 기독교 선교역사의 첫 페이지를 찬란하게 장식한 선교사들은 미국 사람들이었다. 이 말은 동시에 한국에 소개된 교회의 형태와 내용이 미국적인 교파, 즉 그 교회의 형태와 내용에 연결된다는 말이 될 것이다.[10)] 초기 한국교회의 부흥운동의 패턴도 영미에서 건너온 것이다.[11)] 한국에 온 선교사들의 복음이해와 신앙형태가 한국의 기독교인들의 복음이해와 신앙형태를 만드는데 결정적인 영향을 주었다. 그런데 그것들의 특징은 경건주의적이고 주관주의적인 것이었다. 다시 말하면, 복음은 개인

8) *Ibid.*, 135.
9) *Ibid.*, 147.
10) *Ibid.*, 148.
11) 이장식, 『한국교회의 어제와 오늘』(서울: 대한기독교출판사, 1977), 183.

의 회심과 구원의 내적 확신을 위한 것이며 그 회심과 확신은 개인의 경험을 통하여 얻은 것이었다.[12] 19세기 말엽에 일어났던 미국 교회 안의 부흥운동의 감화를 받은 많은 사람들이 각국에 선교사로 지원해 갔는데 한국에 온 미국 선교사들도 그들 가운데 속하는 사람이었고 한국교회 안에서 일으킨 부흥운동도 미국교회의 그것을 닮은 것이었다. 초기에 한국에 파송된 선교사의 신앙유형에 대하여 미국 북장로교 외국선교본부 총무였던 아더 브라운(A. J. Brown)도 다음과 같이 말했다.

> 19세기와 20세기 초에 한국에 들어간 전형적인 선교사는 청교도형의 사람들이었다. 그들은 성수주일 하기를 우리 조상(미국인)들이 뉴우 잉글랜드에서 1세기 전에 하듯 한다. 그들은 댄스나 흡연이나 카드놀이를 그리스도인들이 할 수 없는 죄로 인정한다. 신학과 성서 비판에서는 굉장히 보수적이며 그리스도의 전천년왕국재림설을 핵심적인 진리로 믿는다. 고등비판이나 자유신학은 위험한 이단으로 단죄된다. 미국이나 영국에서는 보수주의자들이나 자유주의자들이 한데 어울려 살고 일하게 되었다. 하지만, 한국에서는 근대주의적 견해를 가진 자들이면 거친 길을 갈 수밖에 없는데, 장로교의 경우는 더욱 그렇다.
>
> 한국 교인들이 이러한 신앙유형을 재생하리라는 것은 당연한 일이다. 결과는 번연의 천로역정식의 경험을 가지게 되고, 따라서 구원은 이 파괴의 도성에서의 도피로 이해하게 되었다…….
>
> 이 세상 어디서도 한국 교인들만큼 많이 기도하고 성경을 읽으며 헌신예배에 참석하고 헌금을 많이 하면서 전도에 무한한 정력을 쏟고 있는 사람들을 찾아보기 어려울 것이다. 또 이들만큼 안식일을 엄

12) *Ibid.*, 29-30.

격하게 준수하고, 교리에 대한 확신을 엄격히 가지며, 그들이 받아 신봉하고 있는 그 패턴에서 떠난 다른 견해에 대하여 그들처럼 부동의 반발을 하는 사람들도 없을 것이다.

따라서 한국교회 신앙형태의 무슨 결점이 있다면, 광활한 견해와 이상의 결여, 성경의 해석에 있어서의 약간의 차이가 드러난다고 할지라도 그들 역시 상당한 경건과 충성으로 그리스도를 믿고 있다고 하는 사실에 대한 긍정(肯定)의 부재(不在), 정사(正邪)의 문제가 아니라 다만 판단과 편의의 문제에서 아량을 품을 수 있는 정도인데도 강경한 태도를 갖는 것 등이라고 말할 수 있겠다. 심각성(intensity)이 포괄성(breadth)보다 더 세게 작용하는 것, 그것이 한국 기독교인의 특징이다.

또 다른 하나, 한국 기독교인들의 특징은 복음의 사회실용에 대한 상당한 무관심이다. 한국 교인들의 생각은 내세에 깊이 박혀 있다. 현세는 완전히 상실된 세계라 보고, 여기 구원의 방도가 있다고 보지 않는다. 그래서 교회의 사명은 선택된 자를 불러 내어서 세계를 버리고 그리스도가 재림하기를 기다리게 하는데 있다고 본다. 그러기 위해, 교회는 흠없는 청결한 사람들의 구성으로 이루어져야 하며, 사회를 청결케 하고 더 나은 사회조건을 만들어 놓으려고 하는 일은 시간과 힘의 허비라고 보고 있는 듯하다. "사회개혁을 위해 무슨 일을 하고 있소?" 하고 한 번 그 곳 선교사에게 물어본 일이 있었다. "아무것도 없소. 우리는 복음전파 때문에 너무 바쁘오." 하는 것이 그의 대답이었다.[13)]

---

13) Arthur J. Brown, *The Mastery of Far East*(New York: Charles Scribner's, 1919)를 조해수, 『한국교회 신앙의 어제와 오늘』(제15회 총회목회신학원강의안, 1985), 54-55에서 재인용.

한국교회 역사는 처음부터 미국 선교사들의 신학적 전통에 의존되어 있으며, 한국 장로교의 경우 철저한 칼빈의 신학 사상에만 전적으로 의존되어 있다기보다는 오히려 종교개혁 후기 경건주의 영향에 의한 미국에서 발전된 세대주의나 근본주의적인 신학에 더 의존되어 있었다.[14)]

한국에서 개신교가 성공한 직접적인 동기와 한국 개신교의 초기 신앙형태 중 그 근거가 된 것이 바로 경건주의와 복음주의 선교였다. 경건주의는 서구의 기독교 문명에서 과학이나 정치 그리고 문화적 우월성이라는 생리를 제거하고 또다른 한편으로 종교적 열정도 제거해서 다만 순수한 복음의 삶만을 중추로 삼는 신앙이다.[15)] 그래서 이 소종파형 교회는 세속과 종교의 분리를 당연하게 보거나 아니면 세속에 무관한 형태를 가졌다. 결국 이와 같이 우리나라에 들어오게 된 최초의 미국 선교사들의 배경이 그들을 한 마디로 복음주의자들이라 부를 수 있게 하였다.[16)] 또한 초기 선교사들 가운데는 부흥운동적인 형태의 감리교 계통의 선교사들이 있었다. 그들의 이러한 특성은 초기 한국교회의 성도들의 신앙유형 형성에 영향을 끼쳤다.

2) 성장의 현황

1886년에 세례를 받은 그리스도교인은 전국적으로 단 9명에 불과하였다. 그러나 그 다음 해에는 25명으로 불어났으며, 1888년에 65명, 1889년에 100명, 1890년에 104명, 1891년에 119명, 1892년에 127명,

14) 정일웅, 『기독교예배학개론』(서울: 솔로몬, 1993), 89.
15) 민경배, 『한국교회사』, 148.
16) J. Edwin Orr, *The Light of the Nations Evangelical Renewal in the 19th Century*(Grand Rapids, Mishigan: Wm. B. Eerdmans, 1965), 213을 *Ibid.*, 148에서 재인용.

1893년에 141명, 청일전쟁이 일어나던 해인 1894년에는 236명에 달하였다. 선교사역이 개시된지 20년이 지난 1896년에 이르러서는 세례자 수가 총 500명에 이르렀다.[17)]

1888년부터 1906년까지 장로교와 감리교 교세 통계는 [표-1]과 같다.[18)] 이 표에서 우리는 초기에는 신도수가 완만한 증가 추세를 보이다

[표-1] 1888년부터 1906년까지 장로교와 감리교 교세 통계

연도 \ 교회	감리교			장로교	
	세례	학습	총계	세례	총계
1888	11	27	38	-	-
1889	9	36	45	-	-
1890	-	-	-	-	-
1891	15	58	73	15	-
1892	-	-	159	-	-
1893	68	173	241	-	-
1894	68	167	335	40	-
1895	122	228	410	180	-
1896	223	588	817	2,000	-
1897	353	1,182	1,535	2,334	6,800
1898	556	1,502	2,058	2,800	7,500
1899	649	1,967	2,616	3,426	9,364
1900	792	3,105	3,897	4,000	13,569
1901	1,440	3,977	5,417	7,481	14,784
1902	1,750	4,936	6,686	6,167	19,327
1903	2,108	5,771	7,879	6,468	24,971
1904	2,617	5,371	7,988	6,946	26,554
1905	3,208	5,796	9,004	8,431	37,407
1906	4,027	11,098	15,125	12,161	56,943

17) C. A. Clark, *The Nevius Method for Mission Work: Illustrated in Korea*, 박용규 · 김춘섭 역, 『한국교회와 네비우스선교정책』(서울: 대한기독교서회, 1994), 84.

18) *Ibid.*, 254. 이 통계 중 감리교의 것은 미감리회와 남감리회를 더한 것이다.

가 1894년에서 1896년 사이에 급증함을 알 수 있다. 특히 장로교의 경우 1895년에 200명 미만이던 세례교인이 1896년 이후 2천명 이상으로 무려 10배 이상의 성장을 보이고 있다. 당시의 대표적인 교회들의 규모는 다음과 같다.[19)]

[표-2] 교회별 통계(1895)

교회	세례인	학습인	헌금		
			일반	건축	기타
정동감리교회	51	74	$ 10	$ 201	
Baldwin Chapel	18	27	$ 15		
정동장로교회		156	$ 82	$ 400	
공동골교회	43	14	$ 25		
제물포교회	46	61	$ 65	$ 33	
소래교회	26	?		$ 160	
신안포교회	20	82		$ 12	
대동문교회	?	?	$ 26.49		$ 11.94
구성(KouSyeng)	7	4	$ 22		
삭주(Sa Chou)	12	31	$ 8.93	$ 24	

또 당시 1893년에서 1900년까지 8년간 장로교회 설립현황을 연대순과 지방별로 헤아려 보면 [표-3]과 같다.[20)]

이 도표도 살펴 보면 역시 1896년과 1897년에 많은 교회들이 세워지고 있음을 볼 수 있다. 한 가지 특징은 당시 교회 성장은 주로 북한지역, 특히 평안도와 황해도를 중심으로 활발하게 일어나고 있음을 본다.

---

19) *The Korean Repository*(1895년 10월)의 통계를 한국종교사회연구소, 『한국종교』 창간호(서울: 도서출판 고려한림원, 1993), 123에서 재인용.

20) 전택부, 『한국교회발전사』, 129.

[표-3] 1893년에서 1900년까지 8년간 장로교회 설립현황

(1) 연대별

연수	연대	교회수
1	1893년	19개
2	1894년	12개
3	1895년	18개
4	1896년	25개
5	1897년	33개
6	1898년	19개
7	1899년	19개
8	1900년	46개

모두 8년간에 191개

(2) 지방별

지방수	지방	교회수
1	경기도(서울포함)	9개
2	전라도	8개
3	경상도	9개
4	함경도	12개
5	북간도	1개
6	황해도	56개
7	평안도	96개

모두 7개 지방에 191개
강원도와 충청도는 감리교의 선교구역이므로 설립된 교회가 없다.

3) 성장의 요인

(1) 경건주의와 복음주의 선교

경건주의 내지 복음주의 부흥회 타입은 신학의 빈곤, 교회론의 약화, 사회의식 부재의 영혼구원, 정치무관의 정숙주의, 합리성의 결여, 그리고 이원적인 신앙적 전제로 그 부정적인 면이 있음에도 불구하고 이 복음주의적이고 경건주의적 신앙은 한국인 본래의 정신적 유형에 상통하는 데가 많았다.[21] 신학이 아닌 생활과 체험의 단순한 복음이라는 것이 원래 신비주의적인 정서에 상통했고 세상에 어울릴 수 없었던 정신적 귀족성의 형이상학적인 한국인 기질에 신통하게도 호소한 것이다.[22]

---

21) *Ibid.*, 149.
22) *Ibid.*

(2) 사경회

한국교회는 초기에 성경을 중심으로 하는 사경회를 통하여 부흥운동이 많이 전개되었다. 처음에는 주로 선교사들이 가르치다가 후에는 한국 조사(助師)들과 합동으로 가르쳤는데 주목적은 성경공부이었다.[23] 사경회에 대하여 헌트(W. Hunt)목사는 다음과 같이 말하였다. "사경회란 모든 교회 신자들이 성경을 교재로 사용하여 연구하는 모임이며 이 사경회는 성경연구만 하는 것이 아니라 기도와 상담과 실제적인 전도활동의 가르침을 말한다."[24]

일정한 형태가 갖추어지기 전에는 몇 사람이 한 장소에 모여 성경을 공부한 것을 일컬어 사경회라고 불렀다. 그러면 사경회는 언제 시작되었는가? 선교사들은 일치해서 1890년에 처음으로 사경회가 시작되었다고 한다. 클라크(C. A. Clark, 郭安連)목사는 1890년에 네비우스 계획에 따라 처음으로 사경반을 개설해서 7 명이 모였다고 한다.[25] 로드즈(H. A. Rhodes, 盧解理)목사도 또한 같은 해에 언더우드 목사의 집에서 7명을 모아 기포드(D. L. Gifford, 寄普)목사 등이 가르쳤다고 한다. 모인 7명의 출신지를 기록했는데, 북에서 2명, 솔내에서 2명, 서울에서 3명이다.[26] 한석진 목사에 따르면 이들의 명단은 의주에서 백홍준, 김관근, 솔내에

23) G. H. Johnes, "The Growth of the Church in the Mission Field," *The International Review of Mission*(Edinberg, 1912. Vol.1 No.3), 97.

24) William B. Hunt, *Annual Report of the Board of Foreign Misson of the Presbyterian Church*(New York, 1910), 14.

25) C. A. Clark, *The Korea Church and the Nevius Methods*(New York: Fleming H. Revell Co., 1930), 108.

26) H. A. Rhodes, *History of the Korea Mission: Presbyterian Church U. S. A.*, 1884-1934. Vol.1(Seoul: Chosen Mission Presbyterian Church, 1934; reprint ed., Seoul: The Presbyterian Church of Korea Department of Education, 1984), 109.

서 서경조, 최명오, 서울에서 서상륜, 정공빈, 홍정우였다고 한다.[27] 블레어(H. E. Blair, 邦惠法)목사는 1890년에서 1891년으로 넘어가는 겨울에 7명이 언더우드의 집에 모여 기포드 목사가 가르친 것이 사경회의 처음이라고 한다.[28] 서경조 목사가 최초의 사경반 참석자임에도 불구하고 선교사들의 일치한 다른 기록들과의 상이점으로 해서 그의 기록이 신빙성이 없는 것으로 판단된다. 그의 기록은 1925년에 이루어진 것으로 25년 이후의 회고록이다. 또한 그의 기록에서 그는 초기 사경회에 관한 몇 가지 사실을 기록 했는데 그 기록들이 명확하게 되어있지 못하다. 그러므로 같은 회고록 안의 1888년의 기록도 명확하지 못한 것으로 판단된다.

한편 마펫(S. A. Maffett)목사는 1890년 3월 18일에 서울에서 엘린우드(Ellinwood)박사에게 보내는 편지에서 헤론 부인이 매주일 밤마다 부인반을 열었다고 말한다.[29] 결국 1890년 이전부터 일주일에 한번이든지 부정기적이든지 성경을 가르치는 반이 있었다고 볼 수 있다. 그러나 일정 기간 동안 집중적으로 성경을 가르치는 사경회는 1890년이 끝나는 겨울에 처음으로 시작되었다고 볼 수 있다.

사경회를 시작할 때에는 한국인 지도자들을 훈련시키고자 하는 목적이 분명히 있었다. 그래서 교회의 형태를 갖추고 있었던 의주, 솔내, 서울의 지도자들을 같은 한 장소에 모아 집중적으로 훈련시켰다. 한국정부의 정책과 충돌됨이 없는 선교사역에 대해 마펫 목사는 다음과 같이 말했다. "성경과 교리를 가르쳤다. 그것은 조용히 씨를 뿌리는 일이며,

---

27) 채필근 편, 『한석진 목사와 그 시대』(서울: 대한기독교서회, 1971), 11.

28) H. E. Blair, "Fifty Years of Development of the Korea Church," *The Fiftieth Anniversary Celebration of the Korean Mission of the Presbyterian Church in the U.S.A.*(1934), 120.

29) 마삼락, "Samuel A. Moffett 박사의 선교일지,"「교회와 신학」 제7집(1975), 84.

우리는 시간을 내서 이런 종류의 일을 모두 할 수 있다. 우리는 우리 사역이 반대받지 않고 개방되었을 때 곧 수확을 거둘 준비를 할 것이다."[30)]

중심지 한 곳에서 선발된 인원을 집중적으로 훈련하는 방법으로 시작된 사경회는 곧 그 형태가 바뀌게 되었다. 1892년에 선교사들은 중심지 한 곳 대신에 여러 지역에 분리된 사경회를 열어, 선발된 인원만이 아닌 전 교인들의 훈련을 하기로 결정했다.[31)] 교인의 숫자가 증가하고 교인의 분포지역이 넓어지면서 본래의 정책은 자연히 변화될 수밖에 없었다. 그러면서 선교사의 역할이 제한되고 한국인 지도자들의 역할이 커지게 되었다.

로버츠(S. L. Roberts, 羅富悅)목사는 지방의 큰 중심지에서 열린 사경반에서 "대부분 한국인 목회자들과 조사들이 가르쳤고, 선교사들은 가능한 때에 지원했다"고 말한다.[32)] 여러 지역으로 흩어져서 반이 열릴 때에는 지도자들을 훈련하기 위한 반과 일반 교인들을 훈련하기 위한 반으로 나누었다.[33)] 또한 공부기간도 한 달에서 두 주나 한 주로 줄어들고, 선교회에서 비용을 충당하던 것도 자비량으로 바뀌었다.[34)] 선교정책은 선교현장에 따라 변화되었다. 이것은 아주 자연스러운 일이었는데, 사

30) *Ibid.*, 85.

31) C. A. Clark, *The Korea Church and the Nevius Methods*, 87. 1892년 사경회는 여느 때와 같이 개최 되었으나 다음 해부터는 중앙의 한 지역 대신 여러 지역에서 개별적인 사경회를 열기로 결정되었다. 이것은 네비우스 정책의 발전이었으며 전국 곳곳에 사경회를 개최하게 된 시발점이었다. 1936년의 경우 사경회는 2,344회가 개최되었으며 참석수는 총 17만 8,313명이었다고 한다.[C. A. Clark, *The Nevius Plan for Mission Work: Illustated in Korea*, 박용규 · 김춘섭 역, 『한국교회와 네비우스 선교정책』, 114].

32) S. L. Roberts, "Fifty Years of Christian Training in Korea," *The Fiftieth Anniversery Celebration of the Korean Mission of the Presbyterian Church in U.S.A.*(1934), 108.

33) *Ibid.*

34) C. A. Clark, *The Korea Church and the Nevius Methods*, 87.

경회의 형식은 일반교인들을 대상으로 하는 사경회, 한국인 지도자가 주도하는 사경회로 변해갔다. 사경회의 규모가 점점 더 커져감에 따라 남자와 여자반으로, 도시와 농촌반으로, 또는 평신도와 지도자반으로, 그리고 초신자와 세례교인 반으로 구분되었다. 선교지역의 중심도시에서 지방으로 확장되어가는 사경회는 교회의 생명이었으며 사경회 운영은 교회의 존립을 위하여 필요한 일이었다.[35)]

초기 사경회는 몇 가지 형태를 보이고 있다. 첫째는 각 지방의 지도자들을 서울에 모아서 가르치는 일종의 신학반이었고, 둘째는 권서인(勸書人)이나 친구를 통해서 믿고 선교사가 있는 곳으로 배우기 위하여 오는 것이었으며, 셋째는 사랑방에서 부정기적으로 모이는 것이었다.

첫째 형태는 전도인 혹은 지도자를 양성하기 위한 것이었다. 주로 서북지방의 지도자들을 서울로 모아서 약 1개월간 공부를 시켰다. 이 사경회의 비용은 선교회에서 전적으로 부담했다. 말과 글이 잘 통하지 않는 교사와 학생의 수업이었지만 그 효과만은 대단한 듯 하였다. 이 당시 참석한 사람들 다수가 후일 교회를 세우는데 중요한 일을 담당한 사람들이었다.

둘째 형태는 학생이 자발적으로 배우기 위해 모이는 경우였다. 평양의 선교사들은 예기치 않은 학생들로 인해 기쁜 비명을 지르곤 했다. 다른 일로 평양에 왔다가 예수를 믿게 된 사람이 고향에 돌아가서 전도하면, 그에게서 복음을 들은 사람들이 성경을 더 잘 배우려고 자기들이 먹을 양식을 짊어지고 떼를 지어 선교사에게 왔다.[36)] 자발적으로 모인 또 다른 예는 솔내의 경우인데, 마펫(S. Moffet) 목사는 이렇게 소개한다. “이곳은 하나님의 말씀을 공부하려고 모이는 15명의 세례받은 교인이

35) R. E. Shearer, 『한국교회성장사』, 154.
36) *Ibid.*, 154. 채필근, 『한석진 목사와 그 시대』, 82.

있는 곳이다."[37] 이처럼 누가 지시하거나 권하는 일 없이, 하나님의 말씀을 배우기 위하여 자율적으로 모여 공부하거나 선교사의 가르침을 찾아 나서는 형태이다.

셋째 형태는 역시 자발적인 형태인데 부정기적으로 선교사가 있는 사랑방을 찾는 형태이다. 선교사는 그의 어학선생 혹은 조사와 함께 어느 한 집의 사랑방을 빌린다. 그러면 소문을 들은 방문객이 계속 찾아오게 되는데, 그들은 그곳에 전시된 성경과 전도책자를 주의깊게 읽기도 하였고 복음에 대한 가르침을 받기도 했다. 조금 더 분위기가 무르익으면 본격적인 성경공부와 기도회가 이루어졌다. 때로는 저명한 인사의 집 사랑방으로 초청을 받아서 그곳에 모인 사람들에게 복음을 가르치고 성경공부를 하기도 했다.[38] 자주 드러나지는 않지만 위의 세 가지와는 또 다른 특이한 형태가 있다. 선교사가 사람을 데리고 가서 그곳 사람과 함께 사경회를 하는 경우이다.

초기 사경회는 선교지부가 적었기 때문에 참석하는 사람이 먼 거리를 왕래하여야 했다. 의주에서 서울, 강릉에서 서울간을 걸어서 왕래했는가 하면, 평양의 사경회에는 황해도와 평안도 전지역에서 모이기도 했다. 배우고자 하는 열심 때문에 먼 거리를 걸어서 참석했고, 자비량하여 참석했다. 그곳에서 교사들에게 성경을 배웠으며, 뜨거운 열정을 가지고 고향으로 돌아가 더 많은 전도를 했다. 이와 같이 초기 사경회의 모습 속에 열심으로 참석하며, 한국인 교사가 가르치고, 사경회에서 얻은 확신으로 전도하고 교회를 설립하는 등 한국교회의 열심있는 특징들이 드러났다. 그 후에도 사경회는 한국교회 성장에 중요한 역할을 담당하였다.

---

37) 마삼락, "Samuel A. Moffett 박사의 선교일지," 98.
38) *Ibid.*, 95. 채필근 편, 『한석진 목사와 그 시대』, 59-60. R. E. Shearer, 『한국교회성장사』, 51.

한국교회 초창기[39]는 1892년으로 종결된다. 그 당시에는 단 하나의 장로교 선교회(즉 미국 북장로교 선교회)만이 사역에 착수한 상태로 그 안에는 7명의 남자와 7명의 여자밖에 없었다. 세례교인 등록수는 127명이었고, 그리스도교인들의 정규적인 집회 처소는 다섯 군데에 불과하였다. 학교는 두 개 있었으며, 그 가운데 하나는 12명의 학생수를 가진 소년학교였다. 교회 조사들의 총수는 단 3명이었으며 헌금총액에 대해서는 기록이 없다. 확실히 이러한 상황은 대단히 미약한 것이었다.[40]

(3) 다양한 선교채널

선교 초기에서부터 기독교의 복음선교는 한국인에 의해 세워진 교회와 더불어 한국사회에 순수한 복음선교에 의한 교회 설립뿐 아니라, 그리고 의술에 의한 선교, 교육선교, 가난한 자들에 대한 구제선교 등을 통하여 이루어지고 있음을 알 수 있다.

(4) 수 난

기독교가 한국에서 본격적인 선교를 개시한 19세기 말은 우리 민족의 역사에서 근대화의 진통을 겪던 시기로서, 유교를 이념으로 한 봉건

---

39) C. A. Clark는 그의 책에서 한국교회의 시기를 다음과 같이 구분하였다. (1)초창기:1884~1892, (2)공의회 시대:1893~1901, (3)연합공의회 시기:1901~1906, (4)대한예수교장로회 독노회 시기:1907~1911, (5)총회 시기:1912~1921, (6)완전한 헌법의 채택시로부터 현재의 시기까지로 구분하고 있다. 1907년 9월은 전 한국 독노회가 설립되고 민족교회가 조직된 때이며, 1912년 9월은 그 조직체 산하에 여러 개의 노회를 둔 하나의 총회로 승격한 때이다. 또한 1922년 9월은 한국교회 자체가 작성한 완벽한 헌법을 채택했던 때이다(C. A. Clark, *The Nevius Method for Mission Work:Illustrated in Korea*).

40) *Ibid.*, 121.

전제주의 사회체제가 붕괴되고 대신 민권사상을 기본으로 한 근대 시민 사회가 형성되어 가는 과정이었다. 이 과정에서 수구, 봉건 세력과 진보, 개화 세력 사이의 갈등과 마찰은 불가피했다.

그러나 한편 우리 민족은 한반도를 둘러싼 동아시아의 침략세력과 경제적 이권을 얻으려는 서구 제국주의의 세력에 맞서 민족 자주 독립국가를 형성해야 하는 시대적 명제를 안고 있었다. 오랜 세월 종속적 외교관계를 맺어왔던 청국, 메이지 유신 이후 서구화된 신흥 일본 제국주의 세력, 부동항을 찾아 남하정책을 펴고 있는 러시아 제국주의 세력들이 한반도의 평화를 위협하는 세력들이었다. 이같은 외세의 침략에 대항하기에는 당시 조선 정부의 힘은 너무도 허약했다.[41)]

당시의 정부와 집권세력은 민중으로부터 근대화를 요구하는 내적인 압력을 받고 있었으나, 이를 창조적으로 수용하지 못하고 봉건주의적 권위를 내세우며 무력으로 탄압하여 그 한계를 스스로 나타내었다. 19세기 접어들면서 계속 일어나는 민란들이 그같은 사실을 증명하였고 1894년의 동학 농민혁명은 정부의 한계를 드러낸 결정적 사건이었다. 이와 함께 일본, 러시아, 청국 등 주변의 침략 세력들에 대해서도 효과적인 방어태세를 갖추지 못하고 오히려 한반도는 이들 침략 세력들의 전장이 되고 말았으니 1894~5년의 청일전쟁, 1904~5년의 노일전쟁으로 인한 피해가 그것이다. 이같은 전쟁으로 인해 우리 민족은 인명과 재산상의 막대한 피해를 입어야 했고 국토가 유린당하는 수난을 겪어야 했다.[42)] 그런데 기독교는 이같은 민족의 수난기에 급격한 성장을 이루었다.

위의 도표를 살펴 보면 역시 1896년과 1897년에 많은 교회들이 세워지고 있음을 볼 수 있다. 이같은 급격한 성장은 1905~6년 사이에 다시

---

41) 한국기독교사 연구회, 『한국기독교의 역사 I 』(서울: 기독교문사, 1991), 253.
42) *Ibid.*, 253-254.

나타나는데 1906년 이후 감리교는 1만 명 이상, 장로교는 5만 명 이상의 교인수를 보유하게 되었다. 이러한 현상은 평상 통계가 1년 전의 것임을 감안할 때 1894년과 1903~4년에 실질적인 교인 증가가 이루어졌다는 것을 암시해 준다. 즉 1894~5년의 청일전쟁과 1903~4년의 노일전쟁이 오히려 교인증가의 계기가 되었다는 풀이가 가능해진다.[43)]

을사조약 이후 한국교회의 성장과 성숙의 시기를 교회사가들은 1905년에서 1910년으로 잡고 있다. 이 시기에 한국교회는 성장과 성숙, 그리고 신앙의 심화와 조직의 주체성을 과시한 때라고 할 수 있다. 동시에 1905년의 을사보호조약이 가져온 국권상실이라는 민족적 위기와 노일전쟁으로 인한 사회적 혼란과 뒤이은 1910년의 한일합방은 우리 한민족에게 심각한 위기감을 불어넣게 되었다. 이러한 정치적, 사회적 여건과 한국교회 성장은 불가분의 관계에 놓여 있는 것으로 보인다.[44)]

스펜서 팔머(Spencer Palmer)는 정치, 사회적 위기와 교회 성장과의 관계에 대해 다음과 같이 기록하고 있다.

> 세기가 바뀌는 그 몇 해 동안 한국에는 비극적 사건들이 믿지 못할 만큼 연이어 찾아 들었다. 왕비가 암살되었다. 일본은 한국문제에 있어서 최고 통수권을 행사하겠다고 발표했다. 흔들리는 왕국에 대한 미국의 지지를 얻으려던 한국 왕의 필사적인 노력은 실패로 끝났다. 청일, 노일 두 전쟁을 치렀고 한국은 분쟁의 초점이었다. 한국내의 정치적 권력 다툼은 여전히 놀라운 열기를 띤 채였다. 기근과 전염병은 끊임없이 생명을 위협하고 있었다. 국민들은 절망과 몰락의

43) 한국기독교사연구회, 『한국기독교의 역사 I』, 254-255.
44) 한국 기독교사회문제연구원 편, 『한국교회 100년 종합조사연구』(1982년), 136.

> 정신에 사로잡혀 있었다…… 패배감과 수치감이 온 나라에 가득했다. 마침내 왕을 강제로 퇴위시키고 난 일본이 한국을 일본제국에 합병하는 1910년에 이르자 국민의 운명은 영원히 결정되는 것 같았다.
>
> 차례로 일어난 이 위기는 특정 위기와 신도증가 기간이 언제나 꼭 일치하는 것은 아니지만 기독교에 대한 한국민의 태도에 중대한 영향을 끼쳤다. 계속적인 사회적, 지적(知的) 압박의 결과도 역사적으로 장기간에 걸쳐 나타나고 있었다.
>
> …… 그 반응의 하나는 유토피아에의 추구와 메시아적 구원에 대한 갈망이었다. …… 한국인들은 기독교를 여러 가지 현세적 고통에 대한 심리적인 구원수단으로 보게 되었다.
>
> …… 한국에서 기독교의 대중적인 유인은 부분적으로는 심리적인 구원의 추구에 기인하고 있었다. 전통적 종교의 지도자들은 평판이 나빠져 있었다. 도덕적, 정신적 재생의 의지와 강도는 사라졌다. 지적 관심의 초점은 국가의 역할을 설명하는 역사와 사회이론이 아니라 개인의 영적 운명에 맞추어졌다.
>
> 교회에 다니는 한국인들은 대부분 이성으로 해결되지 않는 고통을 종교적 확신으로 해결할 수 있다는 결론에 도달했던 것이다. 그들은 고통으로부터 벗어나고 싶었다. 내적, 외적인 압박 모두로부터의 자유를 원했다. 사람들은 1907년과 그 이후에 전도사업으로 계속된 평양 대부흥회에서 메시아의 희망을 받아들이지 않을 수 없게 되었다.[45)]

(5) 대부흥운동

1903년에서 1907년에 걸쳐 한국에 있었던 대부흥운동은 한국 기독

---

45) Spencer J. Palmer, *Korea and Christianity*(Seoul: Hollym Corparation, 1967), 92-94를 *Ibid.*, 136-137에서 재인용.

교사(基督敎史)상 특필할만한 사건이다. 한국교회 부흥운동의 점화는 1903년 8월에 중국 주재 감리교 여선교사 화이트(M.C. White)의 인도로 일주일 동안 성경연구와 기도주간을 가지기 위해 모였던 남감리교 선교사들의 일단에 의해서였다. 그때 원산에 자리잡고 있던 하디(R.A. Hardie) 목사는 자기의 몇 해 동안의 선교사업이 실패하였음을 자인하고 전도 방법에 대하여 연구하기 시작했다. 그 결과 자신의 전도는 단지 자기가 배우고 익힌 지식적 신앙을 전달했음에 불과한 것임을 깨달았다.[46] 그는 누가복음 11장 13절의 말씀을 읽는 가운데 큰 감동을 받고 자신의 부족을 깊이 느끼면서 기도하는 중 성령의 큰 은혜를 받았으며, 거기 모였던 선교사들과 또한 한국인 신도들도 다같이 성령을 받아 큰 부흥의 불길이 일기 시작했다.[47]

위의 부흥운동의 배경에서도 살펴보았듯이 나라가 주권국가로서 체면을 상실하게 되어, 대다수의 사람들이 사라져가는 민족정신과 마음의 상처를 위로받을 돌파구를 찾아 교회로 모여들어 교회는 급속도로 부흥하였다. 당시 그레함(Grcham Lcc, 李吉咸)목사는 "전쟁은 한국 사람들에게 큰 충격을 주어 정신을 차리게 만들었고, 삶의 참 길이 무엇인지를 찾게 하였다. 한국에 복음을 전파할 수 있는 절호의 기회이다. 그러므로 선교부는 더 많은 선교사를 보내줘야 하겠다"고 본국에 연례보고서를 제출하였다.[48]

1895년부터 1907년 사이 교인수는 급속한 증가추세를 보이며, 1907년 평양에서는 인구의 약 3분의 1의 수(약14,000)가 교회예배에 참석했다고 한다.[49] 그 때 많은 사람들은 "지금 우리는 기독교의 하나님을 믿는

46) 김진환, 『한국교회의 부흥운동사』(서울: 크리스챤 비전사, 1976), 96.
47) 송흥국, "웨슬레와 부흥운동," 「기독교사상」(1978년 9월호), 52.
48) 김양선, 『한국기독교사연구』(서울: 기독교문사, 1971), 79-80.
49) 민경배, 『한국교회사』, 192.

길 외에는 달리 아무런 도리도 없는 처지에 놓여 있다"[50]고 한 말이 입교의 동기를 잘 나타내주고 있다.

대부흥운동이 전개되기 시작한 것은 1907년 정월 첫 주간이었다. 북한 전역에서 약 700명의 열렬한 기독교인들은 평양에 회집하여 특별한 수양회를 가지게 되었다. 그러나 별 의미 없는 한 주간이 지나가고 마지막날 정월 8일은 주일날이었다. 그 주일날 밤예배는 장대현 장로교회에 약 1,500명 신도가 운집했다. 천정은 놋으로 덮인듯 기도는 상달되어지질 못했다. 그 때 길선주 목사(당시 장로)가 일어서서 자기 죄를 자백할 때 회중이 모두 크게 놀랐다. 죄책감이 그 회중을 휩쓸었다. 그 주일밤 예배는 7시에 시작되었는데 다음날 새벽 2시까지도 끝나지 못했다. 그 동안 수다한 교인들이 일어선채로 울면서 자기 죄를 자백할 차례를 기다리고 있었다. 교인들은 눈물과 감격으로 밤새워 기도하기 시작하였고, 그 감동의 격류는 며칠간 계속되었다. 통성기도의 음성은 신비로운 조화와 여운을 가지고 있었으며 통회의 울음은 설움의 폭발이라기보다는 성령의 임재에 압도되는 넘치는 영혼의 찬양의 물결같았다.[51]

1907에 일어난 대부흥의 운동은 평양에서만 머물지 않았다. 그것은 전국 방방곡곡으로 영적인 큰 파문을 일으켰고 교회에 새로운 활기를 불어 넣기에 족했다. 1907년의 대부흥은 더나아가 평양의 숭실대학교, 장로회 신학교, 그리고 그밖의 많은 성경학교와 중학교에서도 대부흥이 일어나게 하였다.

이 해 봄에 길선주 목사가 서울에서 경기도 사경회를 열어 성령의 도리를 가르침으로써 성령의 감동을 받아 서울지방의 교회가 대부흥되었

50) 주재용, "한국교회 부흥운동의 사적비판," 「기독교사상」(1978년 9월), 67.
51) 민경배, 『한국교회사』, 153.

다.[52] 그리고 1906년 남감리교의 게르딘(J.S. Gerdine) 목사가 목포에서 사경회를 인도한 바가 있었는데 거기에 이미 성령의 위대한 강림이 교회에 내려졌었다.[53] 이어 1907년을 전후하여 대부흥운동으로 교세확장이 급속히 이루어졌다.

이 운동의 일차적인 성격은 사경회적이었다. 그것은 이 운동의 기원에 분명히 나타나 있다. 이 운동의 기원은 앞서 언급하였듯이 1903년 하디(R.A. Hardie) 선교사가 중심된 원산 부흥회였다. 또 하디는 1906년 평양선교사들의 성경모임에서 많은 감동을 끼쳤고, 죤슨(H.A. Johnson) 목사로부터 인도와 웨일즈 지방에서 일어났던 부흥의 애기를 듣고 외국선교사들 뿐만 아니라 국내의 많은 교인들도 은혜를 받기 원했다. 이 사경회가 한국교회의 신속한 성장과 부흥의 원인이 되었다.[54] 그리고 사경회를 통해서 부흥운동은 전국적으로 계속 번져 나갔다.

둘째로 이 부흥운동의 성격은 죄의 자복에 있다. 1907년 정월 초에 평양 장대현 교회에서 선교사들과 한국인들이 연합한 대사경회가 열렸다. 이 모임이 열흘간 계속되는 가운네 낮에는 싱경공부를 했고 밤에는 특별전도집회를 가졌다. 이 저녁집회에 남자의 수만도 1,500여 명이었다고 한다. 길선주 목사가 죄를 회개했을 때 누구나 죄를 자복하지 않을 수 없었으며 통회하지 않을 수 없었다는 것이다. 이 부흥운동의 외적 표적은 한국인과 미국인을 막론하고 기독교인들 사이에서 일어난 불가항력적인 죄의 자각과 공중 앞에서 죄를 자복하는 능력으로 나타났던 것이다.

셋째로 그 성격은 통성기도에 있다. 통성기도의 정황을 목격한 사람

52) 민경배, 『한국교회사』, 253.

53) *Ibid.*

54) 주재용, "한국교회 부흥운동의 사적 비판," 68.

들의 글에 의하면 어느날 집회가 끝난 다음 이길함(Graham Lee) 선교사의 인도로 기도회가 시작되었다. 여러 사람들이 기도하기를 원하므로 이 선교사가 다같이 통성으로 기도하자고 제의하자 일제히 소리를 내어 기도하는데, 그 기도에는 심령과 심령이 호응하는 화음이 서리었고 기도를 올리고 싶은 충정을 저항할 수 없던 마음과 마음이 사귀는 심고(心告)였다. 그날 밤에 받은 은혜는 말로 할 수 없었다는 것이다. 그처럼 모든 사람이 소리를 내어 기도하지만 조금도 소란한 기분이 없었고, 그 기도소리는 마치 폭포수 소리와 같아서 기도의 대해조(大海潮)가 하나님의 보좌로 밀어 올라가는듯 하였다.[55)]

헌트리(Martha Huntley)는 평소 예리한 지성으로 감정에 흐르지 않았던 베른 하이젤(Chales Bernheisel)도 이 통성기도 상황을 이렇게 적고 있다고 알려준다. "수백 명에 달하는 사람들이 자신들의 죄짐을 심각하게 느낀 나머지 무서운 번민에 싸여, 서서 자신들의 죄를 고백하고 옷을 길길이 쥐어 뜯고 마루에 엎드려 구르면서 죄의 용서와 하나님의 자비를 애원했다. 기도의 영이 모인 무리 전부에게 내렸고, 그 건물 안에 있던 모든 사람은 한꺼번에 기도했다. 교회를 이끄는 지도자들 가운데 나쁜 마음을 가진 사람들도 있었는데, 이들도 성령의 강권하심에 앞으로 나와서 자신들의 죄를 자복했다. 때때로 전 회중이 그저 10여 분 이상을 큰 소리로 울기만 했다…… 10계명에 언급된 모든 죄를 낱낱이 고백했다. 마지막 이틀 동안의 집회는 새벽 2시까지 계속되었다."[56)]

---

55) W. N. Blair, *The Korean Pentecost*, 403을 백낙준, 『한국개신교사』, 388에서 재인용. 이 부분에 대한 더 자세한 내용은 곽안전, 『한국교회사』(서울: 대한기독교서회, 1973), 122-129를 참고하기 바람.

56) Martha Huntley, *Caring, Growing, Changing: A History of The Protestant Mission in Korea*, 차종순 역, 『한국 개신교 초기의 선교와 교회성장』(서울: 목양출판사, 1985), 264. 그는 베른하이젤의 1907년 2월 25일자 편지의 내용을 여기서 소개하고 있다.

죄의 고백은 부흥회의 파장이요 통성기도는 부흥회의 영적 심고였다. 이와 같은 성격의 부흥회에 의해서 한국교회의 신앙 형태가 실질적으로 구성되었음은 그냥 지나쳐 버릴 수 없는 사실이라 하겠다. 그런데 이 말은 동시에 이 부흥운동이 경건주의적 부흥의 원형에서 출발했음을 의미하며 따라서 한국에 들어온 초기 프로테스탄트의 신앙유형 즉 경건주의적이며 복음주의적인 신앙형태가 뿌리깊게 내려졌다는 것을 의미한다.

마지막으로 이 부흥운동의 중요한 성격은 전도활동이었다. 가가호호를 심방하며 전도하는 활동이 활발하게 이루어졌다. 초대교회가 오순절 성령강림을 체험한 후에 뜨거운 전도열로써 사방에 복음을 전한 것처럼 한국교회도 성령의 뜨거운 은혜를 체험한 후에 그 기쁨과 감격을 더 많은 사람들에게 나누어 주는 운동으로 열매를 맺었던 것이다.

대부흥운동의 결과를 몇 가지로 간추려 본다면 다음과 같다. 첫째, 지난날 저지른 모든 죄를 깊이 회개하고 예수의 십자가 공로를 믿음으로써 사죄를 받은 사실을 확신하게 되고, 또 신자들 사이에 품었던 적대감정을 고백하고 서로 화해하게 되었다. 둘째, 한인들과 선교사들간의 이해가 증진되는 기회가 되었다.[57] 셋째, 한국교회를 비정치적인 피안(彼

57) 한국기독교사연구회, 『한국 기독교의 역사 1』(서울: 기독교문사, 1991), 273-274. 과거 선교사들은 한국인을 자신들과는 구별되는 열등한 인간으로 보려 한, 백인우월의식을 갖고 있었던 것이 사실이다. 따라서 한국인 신자 앞에 고자세로 군림하려는 경향이 없지 않았다. 한편 한국인들도 과거 서양인을 무조건적으로 추종하려고 하는 경향이 없지 않았다. 그러나 이 운동을 계기로 선교사와 한국인 신자 모두가 허물에 찬 죄인임을 함께 자복함으로써 그간 선교사와 한국인 신자 사이에 깔려 있던 위화의 앙금이 한층 정화된 것이다. 따라서 상호간의 이해와 신뢰가 한층 깊어지게 된 것이다(*Ibid.*). 부흥의 결과로 이때까지 어딘가 담이 막혔던 선교사들과 한국인 그리스도인들 사이에 보다 더 나은 이해를 가져왔다. 우월감과 경원시는 사라지는 대신 마음을 주고 받는 친교가 이루어졌던 것이다[이영헌, 『교회의 발자취』(서울: 대한예수교장로회 총회교육부, 1980), 216].

岸)의 신앙형태로 모습을 갖추게 했다. 현대 선교신학적인 말로 표현하게 된다면 사회정의보다 각자의 개인구원이 더 강조되었다고 할 수 있다. 넷째, 이 운동으로 당시 한국교회가 당면하고 있던 여러 가지 어려운 문제를 극복하여 나아가는 데 좋은 준비가 되었다고 할 수 있다.[58] 다섯째, 성경공부열을 특별히 고조시키는 결과를 가져왔다. 한국 백성들은 좋은 글을 숭상하는 전통을 이어왔고 또 수 백년 동안 그런 고전들을 가지고 살아왔기 때문에 성경이 주어지자 그들은 그것을 배울 수 있는 기회를 열렬히 환영하게 되었던 것이다.[59] 여섯째, 새벽 기도회의 특별한 전통을 마련하는 계기가 되었다. 길선주 목사로부터 시작된 새벽기도는 지금까지 계속되고 있으며 한국교회 성도들의 영적 성장에 지대한 영향을 끼치게 되었다.

그리고 마지막으로 이 무렵에 급증한 교세는 다음의 표와 같이 1905년에 비해서 1907년이 무려 267.84%라는 상상을 초월한 성장으로 기록되고 있다.[60]

[표-4] 급증한 교세(1905 ~ 1907)

연대	교회수	전도소	세례교인	학습교인	헌금
1905	321	470	9,761	30,136	1,352,867
1907	642	1045	18,964	99,300	5,351,785
증가율 %	200	222.3	194.2	329.5	393.2

58) 곽안전, 『한국교회사』, 129. 곽안전은 방위량 목사의 기사를 이렇게 옮겨 적고 있다. "이 신앙의 대부흥이 당시에 조선교회가 당면하고 있던 여러 가지 어려운 문제를 극복하여 나아가는데 좋은 준비가 되었을 뿐 아니라, 그 후에 조선 민족이 당했던 수난과 또한 여러 가지 시험과 시련에 있어서도 이를 잘 견디어 나갈 수 있는 준비가 되었었음은 의심할 여지도 없다."

59) R. E. Shearer, 『한국교회성장사』, 24.

60) 민경배, 『한국기독교회사』, 263.

1907년을 전후하여 급속히 이루어진 교세확장은 한국의 오순절이 일어났던 장로교의 중심지인 평양 주변에만 국한된 것이 아니었다. 감리교에서도 1907년을 전후하여 교인의 급격한 증가를 경험하였다.

그리고, 한일합방이 일어난 전후 10년간은 많은 어려움에도 불구하고 교회가 괄목할 성장을 이루었다고 할 수 있다.[61)]

4) 성장의 평가

이 시기는 개신교가 전파되지 오래지 않은 기간이므로 특별한 성장의 문제성을 말하기 어렵다. 그래도 몇 가지를 지적한다면 사회, 문화적 요

61) 1901년부터 1907년까지의 시기는 통계수치에서 볼 수 있듯이 복음전파에서 괄목할만한 성장을 이룩한 시기였다. 1901년에 세례교인이 8,921명이던 것이 1907년에 18,964명으로 증가함으로 세례교인수가 약 213%에 달하는 성장을 이룩하였다. 287개의 예배처소는 1,022개로 불어났다. 1907년의 신자총수는 거의 7만 5천명에 달하였다.[앞의 통계와 C. A. Clark, *The Nevius Plan for Mission Work: Illustated in Korea*, 박용규 · 김춘섭 역, 『한국교회와 네비우스 선교정책』(서울: 대한기독교서회, 1994), 178을 참고]. 1907년에는 전교인 등록 세례교인수가 1만 8,964명이었고, 1912년에는 5만 3,008명이었다. 이는 5년동안 거의 280퍼센트의 성장을 이룩한 것이다. 또한 1907년 총신자수는 7만 2,968명이었고, 1912년에는 12만 7,228명에 달하였다. 1912년 한 해에만 8,836명이 세례를 받았다.(*Ibid.*, 206). 1912년부터 1921년까지의 기간은 한국교회를 공고히 만든 기간이라 불리울만하다. 교회의 신앙적 기초가 튼튼하지 못할 경우 일본인들의 유입과 국가적 자주권의 상실은 교회를 파괴시키기에 충분하다. 사실 그로 인해 혹자들의 신앙은 파괴되었고, 반면에 어떤 혹자들의 신앙은 더욱 강화되었다. 1912년에 교회의 목회자수는 53명이었고, 1921년에는 208명에 달하였다. 1912년 세례교인수는 5만 3,008명이었으며, 1921년에는 그 수가 7만 2,138명이었다. 1912년 모든 교인을 합치면 총신자수는 12만 7,228명이었고, 1921년에는 17만 9,158명이었다. 1912년 교회의 헌금총액은 7만 8,388달러에 달하였으며 1921년에는 35만 5,356달러에 달했다. 그리고 일반학교의 학생수는 1만 4,721명에서 3만 1,867명으로 증가하였다.(*Ibid.*, 225).

인을 문제점으로 들 수 있을 것이다. 당시는 유교문화가 너무 강해서 특히 조상의 제사문제와 관련해 신자들이 가정과 사회에서 많은 비난을 받게 되므로 예수님을 믿고 교회에 나오는 일이 그리 수월치 않았다. 한편 뿌리깊은 유교사상에 젖어있던 당시에는 남녀 차별이 심하여 예배도 자유로이 함께 드리지 못하고 병풍을 치고서 드리는 등 신앙생활에 많은 제약이 따랐다.

그리고 서구 문물에 전혀 접해 보지 못한 상황에서 서양 선교사들의 기독교 전파는 문화적 충돌을 가져와 복음전도에 어려움을 주었다. 또 신앙생활을 한다고 해도 많은 핍박 가운데서 하게 되므로 적극적인 신앙활동을 하는 데는 많은 장애를 받을 수밖에 없었다. 또 한국에 개신교가 들어온지 얼마되지 않음으로 인해 소수의 훌륭한 지도자들을 제외하고 아직 이렇다할 한국인 지도자들을 가지지 못하고 선교사들에 의존되어 주체적인 성장의 모습을 보여주지 못하고 있었다. 따라서 비록 신앙의 열은 뜨거울지라도 신앙교육을 체계적으로 받지 못하였으므로 성도들은 성경이 말하는 기독교에 대한 깊은 이해를 갖기에는 어려움이 많았던 시기였다고 볼 수 있다.

2. 교회성장의 시련기(일제시대)

1) 성장의 현황

이 시기의 교인수의 통계를 주요 교단별로 살펴보면 [표-5]와 같다.[62]

---

62) 한국종교사회연구소 편, 『한국종교연감』 창간호(서울: 도서출판 한림원, 1993),

[표-5] 개신교교세 변천(1910 ~ 1945)

교파 / 연도	장로교	감리교	성결교	침례교	구세군	성공회
1910	140,470	37,722				
1911	144,261	37,035				
1912	127,228	30,674				
1913	144,261	30,234				
1914	121,108	30,338				
1915	145,616	29,321			3,326	
1916	146,413	29,109			3,916	
1917	149,526	28,448			3,825	5,455
1918	160,909	26,338			4,176	
1919	144,062	26,993			4,725	
1920	153,915	31,875			4,878	
1921	179,158	32,694			5,781	5,121
1922	187,271	34,215			5,718	5,993
1923	193,850	35,263			7,739	6,716
1924	191,887	34,145			7,808	7,051
1925	193,823	32,145	2,337		8,509	6,448
1926	194,408	29,185	2,926		8,379	5,890
1927	159,060	25,785	3,229			6,016
1928	174,416	25,295	4,267			5,516
1929	186,994	24,042	5,626			7,084
1930	194,678	46,492	8,219		8,046	8,279
1931	208,912	45,142	9,385		14,080	
1932	258,216	48,574	9,004		23,723	
1933	281,918	48,278	9,659		34,370	
1934	298,431	52,674	10,445		27,111	
1935	323,974	53,634			29,153	
1936	341,700	54,636			30,670	
1937	356,281				30,538	
1938	362,077				28,618	
1939	360,838				33,299	
1940	328,648				32,041	
1941	354,913				30,390	
1942	249,666				21,568	
1943					14,244	
1944					12,620	
1945					4,371	

아래의 그림을 보면 1941년 이후에 한국장로교회의 세례교인의 수가 급격히 줄어들고 있음을 볼 수 있다.[63]

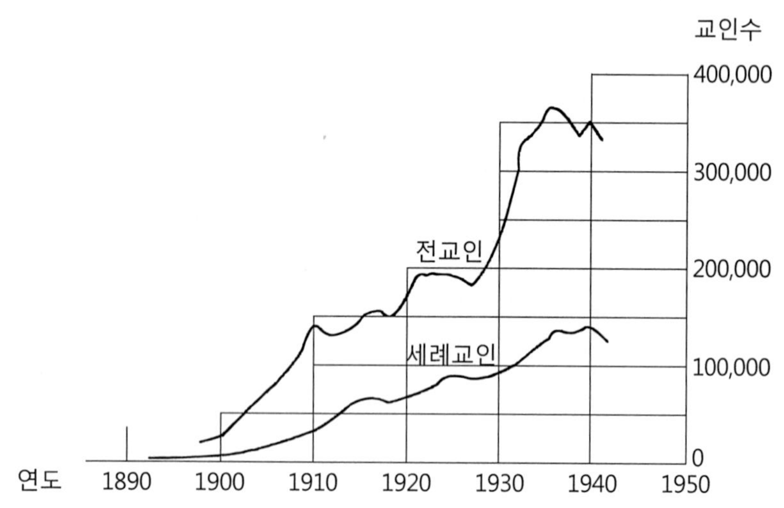

[그림-1] 한국 장로교회 교인과 세례교인수
(만주에 있는 한국 장로교회도 포함)

선교 50주년을 맞는 1934년도 장로교와 감리교의 교세를 통계로서 살펴보면 다음과 같다.[64]

190-191.

63) *Ibid.*, 52.

64) 전택부, 『한국교회발전사』, 238-239.

[표-6] 장로교와 감리교의 교세(1934년)

단체 / 종목	장로교	감리교	양교파 연합사업	합계
1. 교회수	2,731	767		3,498
2. 한국인 전도인수	488	970		1,458
3. 선교사수	216	119		335
4. 교인총수	298,431	68,798		367,220
원입교인수	108,392	18,675		127,067
세례아동수	24,320	8,782		33,102
학습인수	38,752	5,940		44,692
입교인수	126,989	26,303		153,292
5. 주일학교수	3,198	561		3,719
직원수	26,810	3,800		30,610
생도수	293,816	50,040		343,856
6. 학교수	1,557	85	2	1,644
직원수	2,108	531	123	2,762
생도수	49,104	17,649	525	67,278
7. 신학교수	1	1		2
생도수	159	67		226
8. 성경학생수	2,467	239		2,706
9. 유치원수	143	107		250
10. 병원수	13	6	1	20
의사수	68	29	27	124
간호원수	130	90	32	252
환자수	87,768	126,039	93,745	307,552
11. 기독교청년회수	23	*		23
회원수	5,350			5,350
12. 여기독교청년회수	25			25
회원수	3,134			3,134
연보액(한국인)	1,037,396.80원	294,822.00원		1,332,218.8원

* 위 통계는 조선기독교연합공의회 제11회 회의록 부록에 발표된 통계인데, 11번 기독청년회 난에는 감리교의 엡윗(Epworth)청년회 통계가 빠져 있다. 양주삼 감리사는 위 50주년 기념식 개회사에서 엡윗청년회는 모두 280, 회원수는 7,033명으로 집계되어 있음을 밝혔다.[65]

65) *Ibid.*, 239.

2) 성장의 요인

(1) 신앙적 각성과 사회참여

1910년에서 1945년까지의 한국 민족과 사회는 반기독교적인 일본의 통치로 수난을 겪은 시기이며 한국 기독교는 수난의 시대를 맞이하였다.

1920년, 1921년 경에 한국교회는 크게 성장하고 있음을 보여주는데, 이 시기의 성장이 1919년의 3.1 운동 및 그 이후의 정치적 사회적 환경과 가지는 밀접한 관계를 고찰해 볼 필요가 있다. "한국교회로서는 실로 1919년은 암담한 해로 굴러떨어지는 것 같이 보였다. 그러나 한 해가 지나가는 동안에 1919년은 암담한 해가 아니라 오히려 한국 역사에 있어서 빛나는 신기원을 이룩했다는 것이 분명해졌다. 기독교인들이 독립운동에 가담하는 것을 두려워할 거라는 생각은 전혀 근거없는 기우였음이 증명되었다. 대부분의 선교지부는 1920년에 다음과 같이 보고하고 있다. 즉 '아마도 1919년~1920년의 해처럼 그렇게 역경 속에서 일을 시작하여 그렇게 밝은 전망으로 끝맺은 해도 없었을 것이다. 1920년에는 신자 수가 69,025명으로 보고되었는데, 1921년의 보고에 의하면 신자 수가 72,138명으로 증가 되었다. 그 전 해인 1919년에는 오히려 약간의 손실을 기록했던 교회로서는 그 간에 4.5 퍼센트의 증가란 놀라운 것이었다.'"[66]

이러한 수적 증가는 민족의 상황과 교회의 형편에 대한 신앙적 각성과 동시에 일어났다. 3.1 운동 당시의 전도의 양상을 보면, "기독교인들은 옥중에서도 게으르지 않았다. 그들은 기독교인이 아닌 동료 죄수들에게 복음을 증거할 기회를 놓치지 않았다. 곤경 속에서 듣게 되는 복음의 증거는 이해하기에 그리 어렵지 않다. 옥고를 치르고 있던 사람들의

66) Roy E. Shearer, 『한국교회성장사』, 73.

복음에 대한 반응은 예상 외로 놀라운 것이었다. 1920년에 평양지부의 보고는 다음과 같이 진술하고 있다.

> 개종자들 가운데 많은 사람들은 그들의 마음 속에 주님의 기쁨을 가지고 감옥에서 나와 고향에 돌아가서 복음을 증거하게 되었다. 그들은 감옥에 있는 동안 받은 교리, 학습과 세례에 관해서 이야기 하였다. 감옥에서 집으로 돌아온 어떤 목사의 보고에 의하면 개종자들이 옥중 교회로부터 그들의 고향에 있는 교회로 교적을 이전해 줄 것을 요청하는 많은 서신을 받았다고 한다. 그 목사는 14개월의 옥고를 치르는 동안 이 곳, 저 곳의 감옥으로 일곱 번이나 옮겨 다녔는데, 그럴 때마다 그는 거기서 많은 동료들을 얻게 되었던 것이다. 그는 복음을 전하기 위하여 마음대로 한국의 이 곳, 저 곳을 여행할 수는 없었지만, 일본 정부가 그를 여러 다른 감옥으로 옮겨줌으로써 무의식중에 그에게 복음을 전도할 기회를 제공해 주었던 것이다. 가는 곳마다 죄수들은 그의 인도로 그리스도께 돌아오게 되었으며, 따라서 후에 그들에게 주어진 교적 이전 증명서에는 주소가 서울 서대문 감옥 장로교회라고 되어 있었다"[67]

이처럼 한국백성이 옥고를 치르는 상황 속에서 그리스도께 돌아오게 되었다는 사실은 복음에 대한 이 민족의 놀라운 반응을 우리에게 암시해 주는 것이며 또한 그 후 칠년 동안에 이루어질 급속한 교회성장의 실마리를 우리에게 제시해 주는 것이다. 한국 백성이 어째서 복음에 대하여 이와 같은 놀라운 반응을 나타내게 되었는가 하는 것은 독립운동에 있어서 다수를 차지했던 기독교인들이 그 실패의 책임을 마땅히 져야

---

67) *Ibid.*, 74.

했던 것을 생각할 때 이해하기가 쉽지 않다. 정치적으로 중립의 입장을 지켜야 된다는 선교사들의 주장도 애국적인 한국 백성들에게 좋은 인상을 주지는 못하였을 것이며 그들로 하여금 그리스도의 교회와 협동하게 하는 이유도 되지 못하였을 것이다. 그러나 선교사들이 전적으로 중립적 입장만을 취한 것은 아니었다. 투옥과 고문과 죽음 등의 인권유린에 직면하게 되었을 때, 그들은 '야만성에 대해서는 중립을 지킬 수 없다'는 정책을 채택하였으며 한국에서 벌어지고 있는 상황을 전 세계에 폭로하였다.[68]

3.1 운동 당시 피소피고인의 종교별 통계, 검찰에 송치된 자의 종교별 통계, 장감 교세표 등을 살펴보면 신자수에 비해 기독교가 적극적으로 이 운동에 가담하였음이 드러나고 있다.[69]

[표-7] 3.1운동 당시 피소피고인의 종교별 통계

종교 / 인원	불교	유교	천도교	기독교	기 타	무신교	미상	총계
남	72	11	1,154	1,451	3	2,643	948	6,282
여	-	-	2	110	-	16	7	135
계	72	11	1,156	1,561	3	2,659	955	6,417
%	1	0.1	18	24.3	0	41	15	100

[표-8] 3.1운동 당시 검찰에 송치된 자의 종교별 통계

불교	유교	천도교	시천교	천주교	감리교	장로교	회중교	타교파	무종교	계
222	346	2,268	14	54	518	2,254	7	286	9,225	15,224
1.4%	2.2%	14.8%	0.09%	0.3%	3.4%	14.8%	0.04%	1.87%	60%	100%

68) *Ibid.*, 74-75.

69) 민경배, 『한국기독교운동사』(서울: 대한기독교출판사, 1987), 141. 이들 도표 중 당시 장로·감리 교세표(1919)의 통계 중 감리교 교인수의 통계는 앞의 성장현황에서의 한국종교연감의 통계와 일치하지 않아 한국종교연감의 통계를 따랐음을 밝혀둔다.

[표-9] 당시 장로·감리 교세표(1919)

명목 / 교파	교회수	목사수	기독교계 학교학생수	교인수	헌금액
장로교	1,935	192	16,483	144,062	372,231원
감리교	689	83	7,442	26,993	112,932원
합계	2,642	275	23,925	170,995	485,163원

일본 정부의 압박, 투옥과 교회의 빈약한 지도력, 내적 분쟁과 부도덕, 홍수의 피해와 마적의 약탈, 기근과 궁핍 등 이러한 모든 곤경을 겪으면서도 1920년부터 1925년까지 사이에 교회들이 많이 성장하였던 것이 사실이다. 이 5년 동안의 성장률은 실로 30%에 달하였다. 세례교인이 69,000명으로부터 89,000명으로 증가되었다는 것은 '좋은 성장'이다.[70)]

(2) 부흥운동

1920년대에 들어오면서 3.1운동의 여파로 교회의 급성장 속도에 제동이 걸리기 시작했으며, 1930년대에 들어와서는 1907년의 부흥운동의 생명력을 잃어버리고 교회는 침체 상태에 빠지게 되었다. 교회의 부흥운동이 약화되고 성장이 둔화된 이유는 그 당시 교회가 안팎으로 무서운 시련과 여러 가지 도전을 받게 되었는데 그 도전은 경제적 공황, 사회주의의 도전, 일본 제국주의의 교회에 대한 계속적 억압, 반(反)선교사 감정 등을 들 수 있다.

그리하여 이 당시 교회는 겹치는 시련으로 현상유지도 힘든 상태였다. 1907년의 살아 움직이는 체험의 신앙 대신 당시의 교회는 형식주의와 교파주의에 빠져버려 빈사상태에 있는 교회 같이 보였다.

또한 3.1 운동 때 한국교회는 정치운동에 대거 가담하게 되었는데 그

70) Roy E. Shearer, 『한국교회성장사』, 78-79.

결과는 엄청난 고난과 희생을 초래하였다. 따라서 교회는 이 사건을 계기로 밖으로 향하던 관심이 안으로 쏠리게 되었고, 그 신앙도 외향적인 사회관심과 참여보다는 안으로 향하게 되고 타계지향적 관심으로 기울어져 현세에 충족될 수 없는 물질적 축복보다 내세의 정신적 축복을 갈구하게 되었다. 이런 내세적 신앙은 3.1 운동 후 감옥에서 계시록을 800번이나 읽어 이 책을 전부 외워버린 길선주 목사에 의해 주도되었다. 그는 개종과 함께 기도생활에 열중하게 되는데, 아침 5시 혹은 밤 10시 등 일정한 시간을 두고 기도했고, 정오기도, 그리고 철야기도를 처음으로 실시했다.[71] 길선주 목사는 40여 년간 1만 7천여 회 설교하였고, 380-500여 만 명에게 복음을 전했고, 3천여 명에게 세례를 베풀었다고 알려져 있다.[72] 길선주 목사는 자신의 삶의 여정에서 보여주는 바처럼 여러 영역에서 활동했지만 가장 대표적인 활동은 부흥운동이라고 할 수 있다. 그는 1907년 대부흥에서 주도적인 역할을 감당하였고, 1910년부터 전국을 순회하며 부흥회를 인도하는 등 부흥의 인물로 살았다. 그는 1920년대의 김익두, 1930년대의 이용도 등과 함께 해방 전 한국교회의 가장 대표적인 인물로 간주되고 있다.[73]

부흥운동의 설교내용도 죄의 회개, 믿음, 장차 올 심판 등이 주(主)가 되었다. 그리고 이런 내세적, 신비적 신앙전통이 1930년대 초에 이용도 목사에 의해 더 신비적으로 또 열정적으로 계승되어 당시에 침체된 한국교회에 새로운 성령의 바람을 불러 일으켰던 것이다.

한편 김익두 목사가 1920년대에서 1930년대에 걸쳐 일으킨 부흥운동은 대체로 성령의 병고치는 은사를 중심으로 일어났다. 이런 치병의 은

---

71) 길진경, 『영계 길선주』(서울: 종로서적, 1980), 123.
72) 이상규, 『한국교회 역사와 신학』(서울: 도서출판 생명의 양식, 2007), 273.
73) *Ibid.*, 274.

사는 그가 먼저 체험하고 일으킨 운동으로써 성령께서 절대적으로 하나님의 권능을 믿는 자에게 주시는 은사라고 강조하였다. 따라서 그의 집회는 항상 병으로 신음하는 환자들과 그들의 가족으로 꽉 찼고, 또 기적도 많이 일어났던 것이 사실이다. 1930년대 말부터 한국교회에 일제의 신사참배[74]가 우상숭배라고 믿고 이에 머리를 숙이는 것은 성신모독이라고 하는 항거운동이 일어났는데, 이들은 감옥에서 일제의 무서운 고문과 병에 시달릴 때마다 "죽도록 충성하라"를 애송하며 고난과 형극의 길을 걸었던 것이다. 그리하여 1930년대 이용도 목사의 신비주의는 비관주의적이었고 감정운동을 강조하였으며[75] 1945년 이전 부흥운동은 일제의 영향으로 타계주의와 재림사상에 중점을 두고 전개되었다.

---

74) 일본의 천황을 신으로 섬기라는 구실로 자기들의 미신을 섬기는 신사참배가 강요되었다. 일본제국주의자들은 이것을 구실로 기독교를 박해하기 시작하였다. 이것을 완강히 거부하자 많은 지도자들과 신자들 2천여명이 투옥되고 무수한 고문을 받았다. 주기철 목사, 최봉석 목사, 이기선 목사 등 50 여명이 순교를 당하였으며, 신학교를 비롯하여 5천여처 교회 중에서 1천 2백여 교회가 폐쇄되었다. [장성식, 『한국교회의 회고와 전망』(서울: 성광문화사, 1977), 41-42]. 1938년 9월 10일에 회집한 조선예수교장로회 제 27회 총회는 평양 서문밖 교회에서 회집하여 일본 경찰의 감시 아래 신사참배를 국가의식으로 자각하여 솔선이행할 것을 가결시켰다. 그 해 10월 8일에는 '皇國臣民의 誓詞'를 제정하여 국민에게 강요하였고, 이미 9월에는 광주의 崇一, 수피아, 목포의 정명, 영흥 4개교와 춘천의 梅山, 梅山女, 담양의 광덕학교가 신사참배로 폐교당하였다. 그런데 그 이전 1938년 2월 9일 평북노회는 최초로 신사참배를 가결한 바 있고, 3월 31일 평양의 숭실학교, 숭의학교가 폐교당한 바 있다[채기은, 『한국교회사』(서울: 예수교문서선교회, 1977), 98-99].

75) 감리교의 이용도 목사는 그의 나이 20세의 청년기에 3.1 운동으로 투옥되었던 경험이 있었다. 그는 감리교 협성신학교에서 신학 수업을 마치고 목회 활동 중 수차례의 신비체험을 통하여 한국교회 사상 특이한 신비주의자로 분류된 인물이었다. 그의 '고난받는 그리스도 신비주의'는 일제하 한민족의 고통과 아픔을 그리스도에의 신비에로 이끌려 했던 '민족과 그리스도'라고 하는 요소가 그의 사고의 두 축을 이루고 있었다. 박종현, 『일제하 한국교회의 신앙구조』(서울: 한들출판사, 2004), 270.

(3) 한국 신학자들의 등장

한국교회 선교 50주년을 전후하여 보수 대 자유의 신학논쟁이 시작되었다고 볼 수 있다. 이미 그 배경으로 한국신학은 1916년에 창간된 감리교의 〈신학세계〉, 1918년의 장로교의 신학 전문지 〈신학지남〉, 그리고 1923년에는 민간 평신도 단체인 조선 기독교 창문사의 〈신생명〉이 창간되어 신학계에 활기를 띠게 했다. 그리하여 30년대를 일컬어 한국신학의 정초기라 말하게 되었는데,[76] 그 이유를 유동식 교수는 (1)1933년을 전후하여 보수주의적 성경관과 진보주의적 성경관의 대두, (2)신학논쟁의 표면화, (3)한인 신학자들의 신학적 저서 출현[77] 등 세 가지 현상을 지적했다. 이와 같이 선교 50주년을 전후하여 한국 신학자들이 등장하게 되고 신학논쟁이 활발해진 것은 한국교회의 성장의 모습을 보여주는 것이라 할 수 있을 것이다.

일제 시대에 한국교회는 국권상실, 3.1운동, 신사참배 문제, 강제 징용 등의 각종 질고를 겪었으나 교회의 성장은 꾸준히 이루어졌다. 그것은 수적인 면에서 뿐만 아니라 한인 사역자들이 교회들을 주체적으로 돌보고 한국 신학자들이 등장하는 등 피선교국의 모습을 서서히 탈피해 가고 있음을 보여주었다.

---

76) 유동식, 『한국신학의 광맥』(서울: 전망사, 1982), 133.

77) 당시 대표적인 저서로 백낙준, *The History of Protestant Mission in Korea*, 1832-1910, (1929), 박형룡, 『기독교 근대신학난제선평』(1935), 정경옥, 『기독교 신학개론』(1939)을 대표적인 것으로 들 수 있다. 그리고 이 때의 대표적인 장로교의 신학자로서는 남궁혁, 백낙준, 박형룡, 이성휘, 송창근, 채필근, 김재준, 윤인구, 박윤선, 김관식 등이 드러났으며 감리교의 신학자로서는 변홍규, 한치진, 정경옥, 유형기, 김인영, 김창준, 김영의, 이환신, 정일형, 갈홍기 등이 드러났다.

3) 성장의 평가

(1) 백만구령운동의 실패

1910년에서 1945년까지의 한국 민족과 사회는 반기독교적인 일본의 통치로 수난을 겪은 시기이며 한국 기독교는 수난의 시대를 맞이한다.

1910년은 한일합방이 조인되고 '백만인 구령운동'이 시작된 해로 유명한데, 그러한 구령운동은 대부흥에 뒤따르는 교세확장을 위한 교회와 선교부와의 협동작전이었던 것이다.[78] 이 운동은 1911년 초까지 계속되었지만 목표로 한 백만명의 10분의 1에도 미치지 못할만큼 저조하였다. 대구의 경우 1천명의 회중을 모아 500명의 개종 결신자를 얻기도 하였으나 이후 완전한 교인으로 변화된 결실은 50명에 불과하였다.[79] 따라서 1907년의 부흥운동과는 달리 '백만구령운동'은 운동 추진의 본래 목적을 달성하는 데는 미치지 못했다. 그러나 이 운동이 끼친 영향을 간과할 수는 없다. 수많은 신자들이 개인 혹은 집단적으로 전도운동에 시간과 물질을 바쳐 참여하면서 그들의 기독인으로서의 자긍심과 공동체 의식이 보다 공고하게 된 것이다. 또한 백만구령운동이 각 교파간의 연합운동으로 진행되었기에 이 운동은 교인들에게 교파를 초월한 그리스도인으로서의 일체감을 고양시켜 주었다.[80]

(2) 신사참배의 강요와 총회의 굴복

1930년쯤부터 정부는 교회와 선교부에 대하여 신도에 복종할 것을

78) Roy E. Shearer, 『한국교회성장사』, 35.

79) H. A. Rhodes, *History of the Korean Mission Presbyterian Church, U.S.A. 1884-1934*, 287.

80) 한국기독교사연구회 편, 『한국기독교의 역사I』, 281.

요구하였다. 조선신사[81)]를 1925년 조선신궁으로 개칭하면서부터 한국 땅에는 일본 민족의 씨신인 아마데라스 오오미가미와 군국주의 천황신인 메이지덴노의 영이 자리 잡게 되었다. 이리하여 일본천황은 만세일계의 천황인 동시에 일본천황은 현인신이란 일본인들의 씨족 신앙이 한국 민족에게 강요되게 되었으며, 그 신앙고백의 장소가 조선신궁으로 굳어지게 되었다.[82)]

신사참배는 1930년대 일본에서 군국주의자들이 득세하게 되자, 소위 황국신민으로서의 국민정신 통일이라는 취지에서 강요하기 시작하였다. 즉 신사참배는 황민화정책과 더불어 전쟁정책 수행을 위한 소위 '국민정신 총동원' 운동의 일환이었다. 동시에 이 신사참배 강요를 통해 기독교회를 약화시키고 분열시킬 목적도 있었을 것이다. 그래서 신사의 수는 1923년부터 1933년까지 10년간 급증하였다.[83)]

---

81) 전택부, 『한국교회발전사』(서울: 대한기독교출판사, 1987), 258. 이는 한국민족에 대한 침략정책이 뚜렷이 드러난 결과로 세워졌는데, 한국 침략의 원흉 데라우찌(寺內正毅) 제1대 총독 때부터 구체화 되었다. 즉 "경신숭조(敬神崇祖)는 우리 나라 정교(政敎)의 기초가 되는 일대신사(一大神社)의 창건을 위하여…… 이미 제 1기 시대에 결정한 바 있었으며, 제2대 하세가와(長谷川) 총독 시대에는 구체적 계획을 수립하여 총공사비 예산 150만원으로 대정7년(1918)도 이후 8개년 계획으로 추진되었다"[『施政五十年史』, 朝鮮總督府, 昭和10년(1936), 474-475를 *Ibid.*에서 재인용]. 그리하여 일본정부는 1919년 3.1 독립운동 직후인 "7월 18일 내각고시(內閣告示)에 따라 신사를 창립하여 그 위치를 경성부(京城府) 남산(南山)에다 정하는 동시에 제신은 天照大神(아마데라스 오오미가미)과 明治天皇(메이지덴노)의 이좌(二座)로 하고 사격(社格)은 관폐대사(官幣大社)에 열(列)하기로 결정했던 것이다."[『施政五十年史』, 291을 *Ibid.*에서 재인용] 이것이 곧 조선신사(朝鮮神社)인데, "1925년 6월 27일 內閣告示 제6호에 의하여…… 이 조선신사를 조선신궁(朝鮮神宮)으로 개칭하기로 했다." 『施政五十年史』, 475를 *Ibid.*에서 재인용].

82) *Ibid.*

83) 이상규, 『한국교회 역사와 신학』, 241.

[표-10] 신사(神社, 神祠)의 수[84)]

연도 / 수	1923	1924	1925	1926	1927	1928	1929	1930	1931	1932	1933
신사(神社)수	40	41	42	43	43	47	49	49	51	51	51
신사(神祠)수	77	103	108	107	129	152	177	182	186	199	215

신사참배의 강요는 1931년 만주침략 이후부터 노골화 되었다. 내선일체, 내선동조론, 국체명징의 미명 아래, “신사참배는 애국적 국가의식”이니 “모든 국민이 지켜야 할 마땅한 생활 규범”이니 하면서 우선 학교 학생들에게 이를 강요했다. 신사참배의 문제의 발단은 1932년 9월 평양의 교회가 서기산(瑞氣山)에서 거행된 만주 출정 전몰 전사자 위령제에 기독교 학생들의 참가를 요청한 데서부터 일어났다.[85)]

그러나 본격적인 강요의 마수가 뻗친 것은 1935년 11월 평양 숭실전문학교 교장 매큔(G. S. McCune, 尹山溫) 박사와 숭의 여학교 교장 스누크(V. L. Snook) 여사가 신사에 참배할 것을 요청받은 데시었다.[86)]

기독교 학교들을 포함한 모든 한국인 학교의 학생들과 교직원들은 신사참배를 강요당하였다. 신도는 종교적인 것과 국가적인 것의 두 개의 별개의 조직으로 구분되었기 때문에, 일본인 지배자들은 국가의 종묘

84) 『조선총독부요람』(1925), 195와 『통계연보』(1934), 294를 이상규, 『한국교회 역사와 신학』, 195에서 재인용. 특히 총독부가 추진한 일면일신사주의(一面一神社主義)에 의해 전국의 신사(神社, 神祠)의 수는 급증하였다. 1936년에는 524개 처, 1939년에는 530개 처, 1943년에는 895개 처, 1945년 6월까지는 1,062개 처에 신사가 건립되었다. 그 후 신사에 대한 참배만이 아니라 천황이 있는 동쪽을 향해 절하도록 요구하는 동방요배(東方腰拜), 일본국기 게양, 황국신민서사 제창 등을 요구하기에 이른 것이다.(이상규, 『한국교회 역사와 신학』, 196).

85) 민경배, 『한국기독교회사』(서울: 대한기독교출판사, 1993), 426.

86) 전택부, 『한국교회발전사』, 259.

에 참배하는 것이 종교적 행위가 아니라고 선전하였다. 그러나 많은 한국의 기독교 신자들과 서양인 선교사들은 신도를 종교적인 것과 국가적인 것으로 구분해 볼 수가 없었다. 그들은 종묘참배의 의식에서 애국적 행위 이상의 것을 보았기 때문이다. 종묘 참배의 의식에서도 종교적 요소를 발견하였기 때문에 혼란과 논쟁이 일어나게 되었다. 일본 사람들이 고인의 혼령을 위령한다고 주장한 신사 참배는 종교적 행위였다. 그리하여 지나간 50년 동안 유일신 신앙을 전파하고 실천해 오면서 끈덕진 조상숭배의 유혹마저도 거부해 온 한국교회는 이제 또 하나의 다른 신에게 굴복하든지 그렇지 않으면 그것을 거부하고 그 결과를 감수하든지 하는 문제에 직면하게 되었다. 그러나 당시 장로교 학교들은 그러한 굴복을 거부하였다. 북장로교 주한 선교부는 그러한 종교와 타협하기보다는 차라리 그들의 학교를 폐쇄하기로 결정하였다. 남장로교 선교부는 북장로교 선교부에 이어 1937년에 학교들을 폐쇄하기로 결정한다.[87)]

일본 경찰은 교회 전체를 박멸하기 위하여 여러 가지 방법을 써서 활동하기 시작하였다. 그들은 개개의 교회로부터 시작하여 다음에는 노회에 대하여 그리고 마지막에는 총회에 압력을 가하였다. 1938년 9월 10일에 열렸던 총회는 한국교회의 세력을 빼앗아 버리려는 이러한 조직적인 계획에 의해서 마지막 타격을 받았다. 이 총회가 열리기 전 여름에 경찰은 벌써 대의원 한 사람 한 사람에게 손을 뻗쳐 접촉하였다. 그들은 전에 노회 대의원들을 위협했던 것과 똑같이, 이제는 총회 대의원들에게 신사참배에 지지하는 결의안에 찬동할 것을 강요하였다. 그리하여 신사참배를 반대하는 사람들은 투옥되었고 총회에 참석하지도 못하였다. 신사참배에 대한 찬반의 결의안이 표결에 붙여졌을 때 사회자는 '찬성'편만을 묻고 '반대'편은 묻지도 않았다. 그리하여 한 선교사가 이에 항의하

87) Roy E. Shearer, 『한국교회성장사』, 80-83.

려고 일어섰으나 그 때 대의원의 수만큼이나 많이 잠입해 있던 경찰에 의해서 제지되고 말았다. 마침내 몇 사람의 선교사들이 발언권을 얻어 말을 해보았지만 아무 소용이 없었다. 경찰은 이제 강력한 무기를 그들의 손아귀에 넣게 되었으며 교회의 사기는 꺾이고 말았다.[88]

1939년까지는 대부분의 선교사들이 여러 교회 회의의 의장직으로부터 사퇴하거나 해임되었다. 그들은 무더기로 신사참배에 굴복해 버린 교회 안에서 편안한 마음으로 성만찬을 집행할 수 없었다. 주기철 목사를 비롯한 많은 교회 지도자들은 신사참배 문제[89]로 일본 정부에 항거했다는 이유로 투옥되었다. 교회에 대한 일본의 지배가 가져온 결과는 교회 분열의 씨가 되었다. 1938년에 일본 정부의 압력에 굴복하지 않았던 사람들은 그 후 1948년에 이르러 그 때 일본 정부에 항복했던 자들을 비난하게 되었던 것이다.

154쪽의 꺾은선 그래프를 보면 1941년 이후에 한국장로교회의 세례교인의 수가 급격히 줄어들고 있음을 볼 수 있다.

이것은 교회가 막대한 손실을 입고 있는 동안에 이루어진 유일한 예이다. 다른 해에 있어서는 대개 교회에 들어온 사람들은 그들의 구주

---

88) *Ibid.*, 83-85.

89) 신사참배 문제가 정치적이냐 종교적이냐 하는 논쟁은 일제의 독특한 체제에서 기원한다고 볼 수 있다. 일본천황제가 명치유신 이후 제정일치를 추구했던 국가신도와 군국주의의 결합체로서 내부적으로 이 두 가지 요소를 분리하기 어려운 매우 독특한 체제로 구성되었기 때문에 이 체제에 대한 저항이 정치적인가 종교적인가 하는 논쟁이 발생하고 있다. 그러나 신사참배 거부는 철저하게 종교적인 요소에 대한 저항의 성격을 띠고 있었다. 일례로 주기철은 행정명령으로 내려진 창씨개명을 행하여 신천기철(新川基撤)로 이름을 바꾸기도 하였다. 그럼에도 불구하고 그는 신사참배에는 저항을 하였는데, 그 이유는 창씨개명은 신앙의 정절과는 아무 관련이 없었으나 신사참배는 바로 신앙의 핵심 문제였기 때문이었다. 박종현, 『일제하 한국교회의 신앙구조』(서울: 한들출판사, 2004), 247-248.

를 알았고 자기들이 왜 교회에 왔는지를 알았으며 많은 시간을 교회에 머물고 이웃 사람들을 그리스도께 인도하였던 것이다. 그러나 1941년의 손실은 일본의 억압 때문이었다고 생각된다. 이것은 결코 한국의 기독교인들이 그들의 신앙을 저버렸다는 것을 의미하지는 않는다. 1938년 총회 이후부터 한국교회는 일본의 엄격한 지배 하에 있게 되었으며 1942년 총회 회의록은 일본말로 기록되기에 이르렀다. 그러는 동안 교회는 폐쇄되었으며 계속적인 억압은 기독교인들을 지하조직으로 몰아넣었다.

(3) 행사위주

이러한 억압을 받는 가운데서도 1934년에는 한국 개신교 선교 50주년의 기념행사가 열리게 된다. 이 기념준비는 1933년부터 서둘러졌다. 장로교는 1933년 9월 8일에 모인 제 22회 총회에서 50주년 기념식을 "감리교와 교섭하여 성대히 거행하기로 하고 실행방법은 진흥부에 위임하기로 가결"했으며, 감리교는 1933년 9월 7일에 모인 전국연합 감리사회의에서 계획안을 작성하여, 1934년 1월 27일 총리원 이사회에서, "1934~35년 2년간 감리교회가 조선에 들어온지 50주년 된 것을 기념한다"는 등의 10개항의 실천내용을 결의함으로 추진되었다.[90]

선교 개시의 기점은 양교파의 최초의 선교사들의 입국년도를 기준으로 한 것인데, 감리교는 1884년 6월 24일 매클레이(R. S. McLay) 목사 내외가 입국한 것을 기준으로 삼았고, 장로교는 1884년 9월 20일 알렌(H. N. Allen) 의사가 입국한 것을 기준으로 삼았다고 한다. 그리하여 장로교 선교사들은 1934년 6월 30일부터 7월 3일까지 4일간 서울에서, 감리교는 그 해 6월 19일부터 20일까지 2일간 서울에서 기념행사를 각각 가졌

---

90) 전택부, 『한국교회발전사』, 37.

다. 장로교회 총회는 1934년 9월 8일(제 23회 총회) 평양 숭실학교 운동장에서 2만여명 교인이 모인 중에 기념예배를 거행한 것을 비롯하여 기념 강연회, 음악회, 축하회 등 다채로운 기념행사를 가졌다. 그러나 이러한 행사위주의 장로교의 기념행사는 장로교 선교사들이 17명의 개척 선교사, 역사가들의 강연 및 연구 발표와 진지한 토론 내용을 한 권의 책으로 펴낸 것과는 대조적이었다. 감리교 선교사들도 역시 이와 비슷한 서적을 펴냈다.[91] 이런 점들을 보면 아직도 한국교회는 더 성숙을 필요로 하고 있는 교회임이 드러난다.

(4) 경제적 수탈

경제적으로 보면 한일합방 후 일제의 농촌수탈에 의한 조선농민의 궁핍화 과정은 질고(疾苦) 바로 그것이었다. 이는 총독부의 정책과 동양척산의 수탈에 의해 격화되었다.[92] 3.1 운동 이후에는 심각한 농민생활 궁핍과 재정 압박으로 교회의 성장이 둔화되었다고 볼 수 있을 것이다.[93]

---

91) *Ibid.*, 237-238.

92) 민경배, 『한국기독교회사』(서울: 대한기독교출판사, 1993), 335. 같은 면에 조선 농민의 궁핍화 과정이 도표로 제시되어 있다.

조선농민의 궁핍화 과정 <호수단위: 천>

구분 연대	자작농		자작겸 소작농		소작농	
	호수	%	호수	%	호수	%
1913 - 1917	555	21.7	991	38.8	1,008	39.5
1918 - 1922	529	20.4	1,015	39.0	1,098	40.6
1923 - 1927	529	20.2	920	35.1	1,172	44.7
1928 - 1943	497	18.4	853	31.4	1,360	50.2

93) 이 시기의 성장둔화 현상은 교세가 비교적 컸던 장로교의 경우 다음과 같이 나타난다. 1923년과 1926-1929년의 타격이 쉽게 눈에 띤다. [민경배, 『한국기독교사회운동사(1885-1945)』(서울: 대한기독교출판사, 1990), 217].

3. 교회성장의 새로운 출발(해방~1962.5.16)

1) 성장의 현황

이 시기의 교인수의 통계를 주요 교단별로 살펴보면 [표-11]과 같다.[94)]

2) 성장의 요인

(1) 재건운동

광복 후 불행하게도 한국에는 38선의 장벽이 생기게 되었다. 교회는 어쩔 수 없이 두 지역에서 각기 주어진 정치적 환경에서 교회재건과 부흥의 문제를 다루지 않으면 안되었다. 1945년 이후의 부흥운동은 회개운동과 더불어 신사참배에 참여한 자들을 정죄하고 비판하는 운동으로

장로교회 교세추세표 *단위: 원

항 / 연도	목사수	교회수	교인수	결산액*
1922	246	1,941	187,271	1,065,235
1923	234	2,097	93,850	998,009
1924	252	2,171	191,887	901,245
1925	315	2,232	193,823	1,000,779
1926	315	2,277	194,408	963,280
1927	330	2,265	159,060	883,453
1928	359	2,192	177,416	948,888
1929	404	2,451	186,994	905,214
1930	404	2,751	194,678	1,310,066
1931	429	2,612	208,912	1,117,703

94) 한국종교사회연구소 편, 『한국종교연감』 창간호(서울: 도서출판 고려한림원, 1993), 191.

[표-11] 개신교 교세변천(1946~1961)

교파 연도	장로교	감리교	성결교	침례교	구세군	성공회
1946			23,717		6,578	
1947			26,773		7,401	
1948					8,276	
1949			14,461		11,353	
1950				24,900	11,055	
1951		45,716		45,524	11,714	
1952		63,236	36,242	22,306	14,914	17,516
1953		84,327	27,098	26,528	21,279	
1954		97,213		35,908	36,196	
1955		113,902	41,228	20,283	34,753	
1956		123,760	75,853	23,981	39,158	
1957		117,815	91,463	24,669	42,215	
1958		268,165		14,162	43,944	
1959		261,702	107,265	13,677	50,470	6,500
1960		300,088	118,029	18,419	44,682	
1961		279,282		21,639	45,008	

나타났다. 신사참배의 강요에 결사반대 하다가 투옥된 70여명의 교직자 중 주기철 목사 이하 약 50명은 옥중에서 순교하였고 남은 20여명은 해방과 함께 출옥하였다. 그들은 출옥 후 그들이 그리던 교회나 가정으로 돌아가지 않고 옥중에서 순교한 주기철 목사가 시무하던 평양 산정현 교회로 모여 그곳에 약 2개월 동안 체류하며 한국교회 재건에 관한 제(諸) 문제를 토의하였다.[95]

95) 김양선, 『한국기독교해방 10년사』(서울: 총회종교교육부, 1956), 45. 해방되던 해 9월 그들이 발표한 한국교회 재건의 기본원칙은 다음과 같은 것이었다. (1)교회의 지도자들은 모두 신사에 참배하였으니 권징의 길을 취하여 통회 정화한 후 교역에 나갈 것, (2)권징은 자책 혹은 자숙의 방법으로 하되 목사는 최소한 2개월간 휴직하고 통회자복할 것, (3)목사와 장로의 휴직 중에는 집사나 혹은 평신도가 예배를 인도할 것, (4)교회재건의 기본원칙을 전한 각 노회 또는 지교회에 전달하여 일제히 이것을 시행할 것, (5)교역자 양성을 위한 신

한국교회재건의 기본원칙은 1945년 11월 4일 평북노회 주최로 선천(宣川)의 월곡교회에서 열린 퇴수회에서 제의되었으나 다수를 점하는 지도자들의 반대에 부딪혔다. 옥중에서 고생한 사람이나 교회를 지키기 위하여 고생한 사람이나 그 고생은 마찬가지였다고 하며, 교회를 버리고 해외로 도피생활을 했거나 혹은 은퇴생활을 한 사람의 수고보다는 교회를 등에 지고 일제의 강제에 할 수 없이 굴한 사람의 수고가 더 높이 평가되어야 한다고 하며, 신사참배에 대한 회개와 책벌은 하나님과의 직접관계에서 해결될 것이라는 주장이 있었다.[96] 1938년 장로교총회에서 신사참배를 주도했던 홍택기의 발언이었다. 신사참배에 굴종한 대다수의 지도자들은 이 발언에 동조하였으므로 신사참배를 회개하자는 제안은 무효화되었다. 그래서 대다수의 교회에서는 죄책에 대한 회개도 없었고 고백도 없었다.

북한에서는 1946년 1월 20일 5개 도(道)의 16개 노회의 대표들로 구성된 오도연합회는 '출옥성도'들의 교회재건 원칙을 받아들였다.[97] 그러나 남한에서는 월곡퇴수회의 분위기가 그대로 이어졌다. 1946년 9월 12일에서 15일까지의 기간에 '남부총회'라는 이름으로 서울 승동교회에서 모임 장로교총회는 1938년의 제27회 총회가 신사참배하기로 한 결정은 합법적으로 가결된 것이 아니므로 무효로 한다는 결의를 하였다. 총회는 이러한 결의를 1947년 과 1954년에 거듭 반복하였다. 말하자면, 총회는 과거의 과오를 형식상의 과오, 즉 회의 절차상의 과오로 인정할 뿐 하나의 실제적인 역사적인 과오로 인정하지 않는다는 결의를 하였다. 그리하여 교회의 회개운동은 부분적으로 옥고를 치룬 성도들이 주도한

학교를 복구재건할 것.

96) 김양선, 『한국기독교해방10년사』(서울: 대한예수교장로회 종교교육부, 1956), 46.

97) *Ibid.*, 45.

'고려파' 교회 내에서 추진되었다. 그리고 그 일로 인하여 교회분열이 야기되었다.[98)]

출옥성도들이 중심이 되어 회개를 주창하는 원칙을 내놓기 이전에, 경남노회원들이 1945년 9월 18일 재건노회를 조직하고 현 교직자들의 자숙을 제안하는 안을 내놓았다. 첫째, 목사, 전도사, 장로는 일제히 자숙에 들어가며 현재 시무하는 교회를 일단 사면할 것. 둘째, 자숙 기간이 지나면 교회는 교직자에 대하여 시무투표를 시행하여 그 진퇴를 결정한다.[99)]

그러나 이러한 자숙원칙을 스스로 제안하고 찬동한 많은 목사들이 이를 제대로 지키지 못함으로 말미암아 자숙안은 무효가 되었다. 노회가 교회재건의 명분을 내세운다고 하였으나 영적인 쇄신을 추진하지는 못한 것이다. 그런데 자숙안 이전에 내놓은 성명서를 보면 그 이유를 알만하다. 성명문은 경남노회원 20명[100)]이 1942년 9월 2일에 모여 신앙부흥운동준비위원회를 조직하고 작성한 것이다.

> 과거 장구한 시일에 가혹한 위력 하에 교회는 정로를 잃고 복음은 악마의 유린을 당하고 신도는 가련한 곤경에 들어 있었다. 이를 저항 구호하기 위하여 일선에 선 우리 하나님의 성군들은 순교의 제물이 되기도 하고, 혹은 옥중에서 최후까지 결사적 충의를 다하였던 것이

98) 김영재, "한국교회 죄책 고백과 독일교회 사례," 「신학지평」 제18집(2005), 261.

99) 김양선, 『한국기독교해방10년사』, 149.

100) 심군식, 『세상끝날까지: 한국교회 산 증인 한상동 목사의 생애』(서울: 총회출판국, 1997), 241. 이날 모인 대표 목사와 장로는 다음과 같다. 권남선(權南善) 김길창(金吉昌) 한익동(韓翼東) 최재화(崔載華) 김만일(金萬一) 김상순(金相順) 강성갑(姜成甲) 윤인구(尹仁駒) 노진현(盧震鉉) 김두만(金斗滿) 심문태(沈文泰) 한정교(韓正教) 양성봉(梁聖奉) 우덕준(禹德俊) 서명준(徐明俊) 김기현(金基懸) 구영기(具永基) 백낙철(白樂喆) 김은선(金恩善) 주영문(朱永文) 등이다.

> 다. 어시호 세계대전은 종국을 고하고 하나님의 성지(聖旨)가 우주에 나타나며, 암흑의 위력은 물러가고 정의의 은광이 오인(吾人)을 맞이하자 어찌 이 기쁨을 말할 수 있으랴. 오늘까지 노예의 속박 하에 끌려오던 모든 제도 일체는 자연 해소의 운명에 이르고 말았다. 우리는 과거의 모든 불순한 요소를 청산 배제하고 순복음적 입장에서 교회의 근본 사명을 봉행하려는 의도에서 좌기에 의하여 조선예수교장로회 경남노회를 재건하려는 것이다.[101]

많은 사람들이 위의 선언문을 과거사 청산을 언급하는 고백으로 간주하나 그것은 잘못된 이해이다. 이 성명에는 과거의 죄책에 대한 언급이나 참회하는 말을 일체 찾아볼 수 없다.[102]

감리교에서는 1946년 1월14일 동대문 교회에서 동, 서, 중 연합연회를 개최하여 교회의 재건을 결정했고, 성결교도 1945년 11월 9일 서울에서 총회를 열어 폐쇄되었던 교회가 재건되었고, 구세군, 안식교도 재건되었으며 침례교도 재건되었다. 그런 와중에 1950년 이북의 남침으로 나라와 민족이 심한 도탄에 빠지고 대부분의 교회가 폐쇄되고 교역자들은 검속되어 심한 고문과 옥사 또는 총살되고 교인들도 온갖 핍박을 당했다. 1952년 1월 14일 한국기독교 연합회 주도 하에 각 파를 망라한 재건연구 위원회가 결성되어 교회와 주일학교 교육과 문화, 사회와 후생, 농촌경제, 산업 등 여러 부분에 걸쳐 광범위한 재건사업을 선교부의 협조를 얻어 계획을 추진하였던 것이다.[103]

101) *Ibid.*, 241-242.

102) 김영재, 『한국교회사』 개정3판(서울: 합신대학원출판부, 2009), 290.

103) *Ibid.*, 27-28.

(2) 신앙부흥운동

이와 때를 같이 하여 신앙부흥 운동도 추진되었는데 장로회 총회는 1952년도를 '전도의 해'로 정하고 총동원하여 1~3월은 자체의 신앙부흥, 4~5월은 개인전도, 그 다음은 집단전도, 마지막에는 교회의 지도 등 4단계로 나누어 발전을 도모했다. 성결교회에서도 3월에 대부흥운동을 전개했고, 감리교에서는 1953년 웨슬레 250주년 기념 대부흥운동을 전개했으며, 1954년 장로교에서는 선교 70주년 기념사업으로 5개년 계획을 세워 전국 500 무교회 면에 교회세우기 운동을, 감리교에서는 100교회운동을 전개했다.[104)]

동족상잔 이후 민족적 위기의식을 체험한 백성들은 자연히 하나님을 의지하고자 교회로 모여들었고 부흥운동을 통해서 교회는 대오각성하여 교회의 본래적 사명을 다해 보려는 의욕이 충만하였다. 1955년 피어스(B.Pierce) 박사의 전국적 규모의 집회를 시점으로 이 땅에 각종 초대형 집회들이 열리게 되었던 것이다.

(3) 사회적 불안

한국교회는 해방 이후 1948년경부터 새로운 성장기를 맞이한다. 그리고 이 성장의 절정은 6.25 전쟁과 그 직후였다. 당시 교회성장은 남장로교 선교구역만 봐도 1948년 세례교인이 14,818명이었던 것에서 1958년에는 40,781명으로 증가되어 10년 동안 거의 3배의 증가를 보이고 있다.[105)]

이 시기에 교회가 성장한 이유는 여러 가지로 들 수 있으나 6.25전쟁 때문에 국민이 당한 참화와 고난이 중요한 요인 중의 하나라 할 수 있다.

104) 이영헌, 『교회의 발자취』(서울: 총회교육부, 1969), 225.
105) Roy E. Shearer, 『한국교회성장사』, 265.

전화로 인하여 많은 사람들이 고향과 친척을 떠나 뿌리없이 되고 가난과 고통을 겪게 되었으며, 특히 전쟁은 한국 전통의 뿌리를 그나마 남아있던 것까지 흔들어 놓아 극심한 사회적 불안을 초래하였다.[106)]

전쟁과 이에 따른 혼란으로 국민들은 사회적 불안과 문화적, 정신적 소외현상을 경험하게 되었다. 따라서 국민들이 정신적 불안의 해소, 새로운 가치관의 모색, 현세적 고난의 망각과 내세적 구원에 대한 욕구, 현실생활에서 기대되는 행운 등의 이유로 교회에 모이게 되었다고 할 수 있다.

한국전쟁 중 전화(戰禍)로 시달린 많은 피난민들이 기독교를 통해 배급된 구호물자 때문에 기독교인이 되었다는 주장도 있으며 실제로 이런 물질적 원조도 하나의 원인이 될 수 있었을 것이다. 그러나 이보다 중요한 요인으로 해방 이후, 특히 미군정 시기부터 정치적 지도자 중 기독교인들이 많았고 한국전쟁 당시 한국을 공산주의로부터 구출하여 준 것이 기독교 국가인 미국이었으며, 많은 유력한 기독교 지도자들이 북한에서 공산주의에 쫓겨 피난해 온 열렬한 반공주의자들이었으므로 피난민을 비롯한 많은 국민들이 교회로 몰려 들었다고 분석하는 것도 가능하다.[107)]

(4) 월남인구

과거 서울에는 소수의 교회밖에 없었으나 이제는 북쪽으로부터 밀려내려온 피난민들이 교회를 세워서 동양의 어느 도시보다도 교회의 수가 많아졌다. 공포를 피하여 남하한 북한의 피난민들은 남한의 전지역에 퍼졌으며 곧 남한에 있는 여러 도시와 읍에 자리잡고 정착하기 시작하였다. 가장 중요한 것은 그들이 많은 교회를 세우기 시작한 점이다. 이

106) 한국기독교사회문제연구원, 『한국교회 100년 종합조사 연구』, 139.
107) *Ibid.*, 139-140.

재건의 시기에 있어 교회는 이와 같은 피난민의 쇄도로 성장하게 되었다. 또한 전체교회의 각성으로 인해서도 성장하게 되었다.[108)]

3) 성장의 평가

(1) 남북분단

제2차 세계대전의 종결은 한국교회에 겨우 일시적인 해방 밖에는 가져다 주지못했다. 38선 이북의 땅을 소련 지배하에 두게 만든 결정은 교회에 불행한 사태를 가져왔다. 당시 한국교회에 있어서 세례교인 대다수가 이북에 있었다. 제2차 세계대전이 끝나고 겨우 몇 달이 지나고 나서부터 공산주의자들은 38선 이남에의 여행과 통신을 곤란하게 만들었기 때문에 장로교의 총회나 감리교의 연회는 개최할 수 없게 되었다.

(2) 공산정권의 핍박

장로교회는 남한의 한국 연합교회로부터 분리되어 북쪽에서 별도로 모이게 되었다. 남한에서는 일본 정부가 한국 기독교인들에게 강요했던 장로교와 감리교의 연합체를 계속 유지하려고 하였으나 이 연합체는 마침내 이전의 각 교파별로 분리되고 말았다. 1946년 6월 12일에는 남한의 장로교회 총회가 모이게 되었으며 그 후 이 모임은 매년 계속되었다.[109)]

북한에 있어서 장로교회의 지도자들은 대개 조국 광복을 위하여 헌신했던 사람들이었는데, 그들은 해방 후 여러 정치 단체를 조직해서 김일성의 괴뢰 정권에 대해 정신적 영향력을 행사하였다. 주일날에 선거하

108) Roy E. Shearer, 『한국교회성장사』, 264-265.
109) *Ibid.*, 262-263.

는 것을 거부한 문제로 교회는 공산주의자들의 반대에 부딪히게 되었으며 마침내는 많은 사람들이 체포되었다.

간접적인 수단으로 교회를 약화시키기 위하여 공산주의 정권을 지지하는 사람들은 기독교 연맹을 형성하였다. 1949년에 이르러 이 연맹은 북한의 모든 교회와 노회를 장악하고 장로교회와 감리교회의 신학교들을 지배하게 되었다. 이동안 많은 기독교인 지도자들은 앞으로 닥쳐올 환난의 징조를 깨달아 남한으로 피신하였다.

북한에서나 남한에서나 모두 1946년부터 1950년까지는 장로교회와 감리교회는 물론 그 밖의 여러 교회에 있어서도 교회의 성장을 크게 이루지 못한 혼란의 시기였다.[110] 장로교의 경우 1943년에서부터 1953년까지, 감리교의 경우 1937년에서 1950년까지 각종 연감에서 교인수의 통계가 부분적으로 밖에 나타나고 있지 않은 것으로 미루어 보아 이 시기는 한국교회가 매우 어려움을 겪었던 시기인 것은 분명한 것으로 보인다.

4. 교회성장의 도약기(1962.5.16~1984)

1) 성장의 현황

이 시기 교인수의 통계를 주요 교단별로 살펴보면 [표-12]와 같다.[111]

110) *Ibid.*, 263.

111) 한국종교사회연구소 편, 『한국종교연감』 창간호, 191.

[표-12] 개신교 교세변천(1962 ~ 1979)

교파 / 연도	장로교	감리교	성결교	침례교	구세군	성공회
1962		338,145	90,674	20,950	46,101	
1963		355,091	82,406	26,874	43,157	
1964		381,800	93,348	26,811	46,901	6,387
1965		377,108		27,313	48,176	
1966		419,948		24,514	40,209	
1967		268,165	126,150	29,275	47,952	
1968		261,264		47,329	55,463	7,937
1969		300,088	144,360	55,840	57,697	9,826
1970		289,024	127,304	65,959	62,805	9,926
1971		301,810	150,064	57,264	68,314	10,214
1972		314,143	155,499	71,768	71,161	
1973		338,145	182,479	65,964	53,140	25,389
1974		374,710	182,864	82,216	72,854	30,000
1975		377,108	201,623	86,902	73,810	42,102
1976		419,948	231,148	87,262	74,008	30,000
1977		580,110	256,415	110,586	83,009	43,110
1978		597,691	293,410	155,700	90,382	43,110
1979		590,488	314,962	186,450	94,426	

2) 성장의 요인

(1) 복음화 운동

1965년 '3천만을 그리스도에게로'라는 슬로건을 내걸고 각 교파, 전국 교회들이 합심단결하여 추진한 전국복음화 운동은 한국교회의 전통적인 선교사명의 발로로서도 중요하지만 교회연합 정신의 실현에서도 높이 평가할만한 큰 행사였다. 1970년대는 한 마디로 부흥사들의 춘추전국시대라고 볼 수 있다. 수많은 부흥집회가 부흥사들에 의해 날마다,

주간마다 거행되었다. 1973년도에 빌리그래함 전도대회가 '오천만을 그리스도에게로'라는 표어 아래 여의도 광장에서 열려 약 115만 명이나 되는 사람들이 운집하였고 기독교사상 그 유례를 찾아 볼 수 없었던 가장 위대한 집회가 되었다.

1974년 엑스플로 74(Explo 74) 대회가 국제대학생선교회(총재: 빌 브라이트)의 후원 아래 한국대학생선교회에 의하여 역시 같은 장소에서 '예수혁명, 성령폭발'이라는 슬로건을 내걸고 폭발적인 성령의 역사를 기대하면서 개최되어 성황을 이루었다.[112)]

1977년에는 '민족복음화 성회'가 '민족복음화를 위하여! 한국인에 의해서! 오직 성령으로!'라는 주제로 개최되었는데 동원 연인원이 733만 명이었고 약 7만명의 결신자가 나왔다.[113)]

1980년에는 '80 세계복음화 성회'가 '오늘의 민족복음화 내일의 세계복음화'라는 주제와 '나는 찾았네 새 생명 예수'라는 슬로건을 내걸고 예수 한국 총력전도대회를 개최하여 연인원 1700만명이 모였고 결신자 70만명과 10만명의 세계선교 지망생들을 얻었다.[114)]

1984년에는 '한국 기독교 백주년 선교대회'가 열려 연 350만명이 참석하여 미흡했던 신앙실천과 과오를 자복하는 모습을 보였다. 회개와 화해를 강조하여 교회갱신과 교회일치를 다짐하는 모임이 되었다.[115)] 그

---

112) 이 대회는 1974년 8월 13일부터 18일까지 열렸는데, 대회의 종합 통계를 보면 연인원 650만 명(제일 많이 모인 날 밤 인원수는 158만 명)이 모였고 결신자는 국내 28만 명, 외국인 1,192명이고 교역자는 초교파적으로 참가한 수가 15,920명이고 동원된 성가대는 연인원 9만 명이었으며 지방 등록자 30만 명을 상대로 임시천막 8천 동을 가설했고 교실 3천 개에 분산 수용했고 매일 밤 60~70만 명의 철야기도회 인파로 성령충만한 성회였다[김진환, 『한국 기독교부흥운동사』(서울: 크리스챤비젼사, 1976), 260-262].

113) 교회연합신보 1977년 8월 7일자.

114) 크리스챤라이프(1980년 8월 9일), 32-33.

115) 조선일보 1984년 8월 21일자 10면.

[표-13] 성경반포통계(1958~1969)

구분 / 연도	성경전서	신약전서	단권	점자	발췌본	계
1958	28,436	143,695	634,336	1,122		907,629
1959	28,342	158,631	523,165	2,583		712,721
1960	35,615	151,002	903,132	874		1,090,623
1961	32,902	156,023	848,976	215		1,038,116
1962	46,853	169,194	919,580	565	3,055	1,139,247
1963	60,003	198,133	995,062	1,762	91,547	1,346,507
1964	49,562	167,189	1,029,781	1,621	372,291	1,620,444
1965	51,175	195,710	1,437,706	1,031	269,687	1,955,309
1966	60,003	203,517	1,380,004	376	433,502	2,087,499
1967	87,842	360,976	1,371,945	635	687,710	2,509,108
1968	81,543	628,631	1,452,901		865,400	2,978,484
1969	133,498	553,978	1,522,199		1,445,199	3,654,874

이후에도 이와 같은 대형집회들이 자주 열렸다.

(2) 성경의 반포

1960년대 이후 한국교회의 양적 성장은 놀랄만한 것이었다. 1950년대 말에서 1960년대에 나타난 성경반포 통계를 보아도 이러한 급속한 성장을 알 수 있다.[116]

(3) 사회적 요인

그리고 매 10년마다 한국 기독교인의 수는 거의 2배로 증가되었다. 이같은 급격한 교회성장의 사회적 요인으로 다음과 같은 세 가지 요인을 지적할 수 있을 것이다.[117]

116) 한국종교사회연구소 편, 『한국종교연감』 창간호, 173.

117) 한국기독교사회문제연구원, 『한국교회 100년 종합조사 연구』, 140-141.

첫째, 한국 기독교의 사회적 공신력이다.

1960년 4.19의 충격을 받은 한국교회는 이승만 정권 하에서 특권을 누리며 한국 민족의 역사적 갈망에 무딘 감각을 가지고 있었다는 점을 자각하게 되고 사회와 기독교 내부에서 일어나는 기독교 비판에 자극을 받게 되었다. 따라서 1960년대에 제기된 한일 국교정상화, 3선개헌 등의 문제와 1970년대에 본격적으로 대두되기 시작한 인권문제와 사회 저변에서부터 제기된 비인간화 문제 등에 깊은 관심을 표명하고 행동화하게 되었다. 이러한 사회적 실천을 통하여 한국 기독교는 사회적 공신력을 회복할 수 있는 계기를 갖게 되었다.

둘째, 급격한 사회변동으로 인한 사회불안의 팽배이다.

1960년대 중반에서부터 시작하여 한국 사회는 커다란 변혁을 겪기 시작했다. 이것은 정부 주도의 고도 경제성장 정책에 따른 급격한 산업화와 도시화, 과학 기술화에 따른 결과였다. 한국의 기존 경제구조, 사회구조, 문화적 가치체계의 변화와 전통적인 공동체적 인간관계의 변화가 일어나기 시작하였으나 이에 대처할 새로운 인간 공동체가 아직 확고히 형성되지 않은 상황에 있었다. 따라서 한국 사회에는 극도의 비인간화와 가치관의 혼란, 불안한 사회심리가 팽배하게 되었다. 이러한 사회 환경 때문에 신흥종교가 왕성하게 되고 종교적 혼란이 가중되었다. 동시에 기성 교회의 교세도 급속한 수량적 증가를 보여왔다.

셋째, 한국 기독교회의 성장 위주의 주체적 노력이다.

한국교회는 전통적으로 '전도훈련'을 조직적으로 해 온 교회이다. 네비우스 방법에 의하여 개별교회를 중심으로 한 자력전도(self-propagation)는 유명한 전도전략이었다. 한국교회의 목사, 전도사, 장로 심지어는 평신도까지 전도에 철저한 신학적, 방법론적 무장이 되어 있으며 전도훈련이 교회구조를 통해서 조직적으로 전개되고 있다. 초창기에 비하면

훈련의 강도나 방법에 여러 가지 문제가 있으나 전도를 우선으로 하는 정책은 기독교가 한국에서 물량적으로 급속히 성장하는 것에 기여한 바가 컸다.

3) 성장의 평가

(1) 물량주의적 가치관

1962년 5.16 혁명이 일어나서 혁명정부가 조국 근대화의 기치를 높이 들면서 이 사회의 급속한 산업화를 계기로 물질적인 부의 축적에 박차를 가하게 되었고 또 국민들의 생활 수준도 전에 비하여 크게 향상되기 시작했다. 이런 상황 속에서 한국교회는 노오만 빈센트 피일(N.V. Peale)의 '긍정적 사고'(Positive Thinking)를 불러 일으키는 운동이 일어 났으며 목회의 성공기준도 큰 교회, 큰 건물, 그 교회의 헌금액수, 교인수 등을 보고 목회자를 평가하게 되었다. "피일은 인간의 문제를 해결하기 위하여 회개를 요청하기보다는 적극적 사고방식을 가짐으로 해결할 수 있음을 강조한다. 이러한 입장은 심리적인 반복과 암시적 최면효과 등으로 인간의 정서적 문제를 해결하고자 하는 인본주의에 그 뿌리를 두고 있다."[118]

(2) 역사의식, 참여의식의 결여

이 시기의 한국 강단의 메시지는 주로 개인의 성공과 축복에 관한 것이었으며, 기독교인의 사회적 책임에 관한 교회의 관심이 미약했다. 특히 이러한 메시지는 특히 부흥사들에게서 나타났다. 선교 100주년의 해인 1984년에 발표된 하해룡 목사의 논문 중 당시 활동 중인 부흥사 20

118) 오병세, 『교회, 교육, 신학』(서울: 개혁주의 신행협회, 1989), 119.

명에 대한 면담과 설문분석에 따르면, "현역 부흥사들의 메시지에서 그들의 사회의식은 어떠합니까?"라는 질문에 대해 18명이 적극적인 반응을 보이고 있는데, 그 반응은 두 가지로 나타나고 있다. 우선 13명의 반응은 현역 부흥사들의 사회인식이 부족하다는 적극적인 반응을 보이면서 그 이유를 (1)현재 신앙인의 정신상태가 개인적이요, 이기적이기 때문이며, (2)상식과 신학의 결핍으로 교회와 사회의 이질감을 가지고 전하기 때문이며, (3)축복과 신유, 성령만 강조하니 교회 밖의 사회 일을 다룰 의식이 없으며, (4)교회의 관심이 비사회적이기 때문에 부흥사들의 메시지도 사회적 관심이 결여되며, (5)교회 내에도 여당과 야당이 있으니 차라리 말 안하는 것이 낫다는 것이다. 다른 5명의 반응은 "관심이 없는 것이 아니고 깊이 다루지 않는 것 뿐이다. 왜냐하면 개인 개인이 거듭나면 사회가 정화되고 사회구원이 저절로 이루어질 것이므로 개인 영혼구원에 강조점을 두어야 한다"고 하는 입장을 드러냈다고 한다.[119)]

일제의 탄압 아래서 직선적인 메시지를 회피하고 탈역사적인 복음의 내용만 강조하였던 한국교회의 목회자들과 부흥사들의 메시지 선포 방법이 오늘 현재에도 계속되고 있는 실정이다. 문제는 한계상황을 지니고 있는 현실 속에서 어떻게 사회를 구원할 선지자적인 메시지를 선포할 수 있을까 하는 것이 목회자들의 과제이며 한국교회의 과제이다. 역사의식, 참여의식이 결여될 때 진정한 회개와 구원의 선포가 가능치 못할 것이며 온전한 복음선포가 가능치 못할 것이기 때문이다.

---

119) 하해룡, "한국 기독교 부흥사 신학에 관한 한 연구," 『박창환 주선애 회갑기념논문집』(서울: 양서각, 1984), 550. 위의 내용은 그가 한국 기독교 부흥사협회에 등록된 회원 중 부흥사 경력 10년 이상 된 자 20명을 선택하여 2차에 걸쳐 면담과 설문지 응답을 받아 분석한 것임.

5. 한국교회 성장의 현재(1985~2015)

1) 성장의 현황

한국교회의 주요 교단이 발표한 94년말 교세현황에 의하면, 성도수는 93년 말에 비해 전반적으로 1% 이하 성장을 보여 사실상 급격한 하락세로 접어들고 있음을 나타냈다(예장총회 114명 증가 0.005%, 예장통합 371명 증가 0.01%, 예장고신 25,373 명 증가 6%, 기장 6,117명 감소 -1.8%, 기감 15,159명 증가 1.2%, 기성 95,651명 증가 14%). 교회성장 학자들은 이들 교세통계가 대부분 각 교단 자체보고를 근거로 하고 있어 신뢰도에 문제가 있으며, 특히 성도수에 있어서는 허수가 많다고 지적하고 있다. 따라서 성도수에서 5% 이하의 증가는 교인의 이동률, 개교회 통계의 부정확성 등을 감안할 때 사실상 감소로 보아야 하며, 1% 이하라면 심각한 하락이라는데 학자들의 의견이 일치하고 있다. 이같은 성도의 감소추세는 교회와 목사의 수에서 3~4%의 성장이 계속되고 있음을 고려할 때 더욱 충격을 더해 주고 있다. 예장총회 94년말 교세를 보면, 교회는 235개처, 목사는 182명 증가했지만 성도는 교단 역사상 최저인 114명 증가에 그쳤다. 기장의 경우, 교단 역사상 최초로 성도수가 감소했다. 이는 93년말 성도수에서 22,772명 감소로 나타난 후 주요 교단으로서는 두 번째이다. 한국교회 성도수는 60년대에 연평균 증가율이 41.2%에 달했으나 70년대 12.5%, 80년대 4.4%로 감소됐으며 90년대 초에는 3%까지 낮아졌다가, 급기야 1% 이하로까지 떨어진 것이다. 각 교단 통계위원들은 성도수 감소추세의 원인으로 중, 고교, 대학생과 청년 등 젊은 층의 교회이탈을 첫번째로 꼽았다. 또 이탈 이유로는 한국교회의 심각한 교파분열, 개교회주의, 교권다툼, 물질주의 침투, 사회봉사와 구제에 대한 인색

[표-14] 주요교단 교세 현황

		성 도	교 회	목 사
예장總會	90	2,100,164	4,869	5,197
	91	2,105,156	5,160	5,609
	92	2,147,642	5,365	5,780
	93	2,158,794	5,447	6,069
	94	2,158,908	5,683	6,251
	95	2,171,856	5,892	6,843
예장統合	90	1,867,388	4,797	4,797
	91	1,989,965	5,045	5,265
	92	2,049,117	5,210	5,642
	93	2,093,967	5,330	6,174
	94	2,094,338	5,584	6,713
	95	2,105,004	5,744	7,088
예장高神	90	334,529	1,232	1,061
	91	368,227	1,266	1,095
	92	379,815	1,270	1,187
	93	388,542	1,302	1,319
	94	413,915	1,360	1,364
	95	650,499	1,378	(2,896)
基長	90	310,195	1,261	1,232
	91	329,458	1,303	1,357
	92	334,048	1,352	1,460
	93	340,590	1,379	1,573
	94	334,473	1,380	1,639
	95	334,685	1,420	1,629
基監	90	1,052,742	3,475	3,567
	91	1,129,975	3,817	4,020
	92	1,187,745	3,945	4,312
	93	1,223,713	4,156	4,772
	94	1,238,872	4,361	5,112
	95	1,314,680	4,463	6,158
基聖	90	630,260	1,697	1,398
	91	650,816	1,764	1,515
	92	662,999	1,820	1,609
	93	640,227	1,870	1,828
	94	735,878	2,492	2,101
	95	742,369	2,535	2,209

등으로 분석했다. 이 신문은 '한국교회 성도수 하락세 뚜렷'이란 머리기사로 이를 보도하고 있다.[120] 한편 다른 교계 신문에서도 예장합동 교세가 사실상 감소되었다고 보도하고 있다.[121]

갤럽에서 조사한 '종교별 인구추이'를 보면 기독교가 계속 '90년대 중반까지는 늘어나고 있는 모습을 보여주지만, 그 이후 인구 및 주택 센서스 집계를 통해 '종교별 교세현황'을 보면 대표적인 타종교에 비해 1995년 이후 개신교 교세가 줄어들고 있음을 볼 수 있다.

[표-15] 종교별 인구추이(%)[122]

종교 \ 연도	1984	1989	1997
불교	18.8	20.9	18.3
개신교	17.2	19.2	20.3
천주교	5.7	7.0	7.4
기타종교	2.6	1.9	0.9
비종교인	55.8	51.0	53.1

[표-16] 종교별 교세현황(신도수, 인구 및 주택센서스 집계)[123]

연도	1985.11.1		1995.11.1		2005.11.1	
인구 및 비율	인구	비율(%)	인구	비율(%)	인구	비율(%)
불교	8,059,624	19.9	10,321,012	23.2	10,726,463	22.9
개신교	6,489,282	16.1	8,760,336	19.7	8,616,438	18.3
천주교	1,865,397	4.6	2,950,730	6.6	5,416,147	11.0
기타	788,993	2.0	565,746	1.3	481,718	1.0
전체종교인수	17,203,296	42.6	22,597,824	50.7	24,970,766	53.3
전체인구수			44,553,710		47,041,434	

120) 기독신보 1995년 10월 14일자 1면.
121) 교회연합신문 1995년 10월 8일자 10면.
122) 한국갤럽 편, 『한국인의 종교와 종교의식: '84년, '89년, '97년 조사결과와 비교한 종교연구서』(서울: 한국갤럽, 1998), 53-57.
123) 문화체육관광부, 『한국의 종교현황』(서울: 새 성균기획, 2012), 9.

"2005인구주택조사 전수집계결과를 두고 교계에서 놀라움과 탄식이 쏟아지고 있다. 타종교가 성장할 때 유독 기독교 인구만 감소한 것으로 조사됐다. 1995년 876만 명(19.7%)이었던 기독교인은 10년 새 14만 4000여 명(1.4%)이나 감소했다."[124] 2006년 6월 통계청이 2005인구주택 총조사 결과를 발표한 후, 기독신문에 실린 기사내용이다.

KWMA에서 내놓은 2004년 이후 해외파송 선교사의 통계를 보아도 높아진 선교열에 비해 2010년 이후로 파송선교사의 숫자의 성장속도가 둔화되고 있음을 볼 수 있다.

2015년 한국교회 파송선교사가 전년도에 비해 528명 증가했다는 한국세계선교협의회(KWMA)의 통계조사는 한국교회가 여러 가지 위기의식 속에서도 지속적인 선교노력을 계속한 결과로 해석할 수 있다. 그럼에도 불구하고 매년선교사 증가 수치가 1000명대를 유지하다, 2014년에 처음으로 세 자리 숫자인 932명으로 줄어들고, 2015년에 500명대로 더 떨어졌다는 점은 한국선교계에 적잖은 과제를 던져주고 있다.

[표-17] 2004-2012 해외파송 선교사[125]

(단위/명)

구분	2004	2005	2006	2007	2008	2009	2010	2011	2012
전체 파송선교사	12,159	14,086	16,625	18,625	20,503	22,130	22,685	24,001	25,665
이중소속		1,536	1,984	1,856	2,180	2,579	1,341	1,341	1,847
실제 파송선교사	12,159	12,318	14,896	17,697	19,413	20,840	22,014	23,331	24,742

124) 기독신문 2015년 11월 11일자 2면.

125) 한국세계선교협의회(KWMA 연구개발실, 2012) 자료.

126) *Ibid.*

[표-18] 연도별 선교사 증가수[126)]

연도	2006	2007	2008	2009	2010	2011	2012	2013	2014	2015
증가수(명)	1,578	2,801	1,716	1,427	1,174	1,137	1,411	1,003	932	528

KWMA 통계에 따르면 한국교회 파송선교사는 2006년1,576명이던 파송 인원은 2007년 2,801명으로 큰 폭으로 증가했다가 2008년과 2009년 다시 큰 폭으로 감소했으며, 2010년-2012년 1,411명까지 반등했지만 2013년 1,003명 이후 천명 미만으로 폭이 줄어들었다. 이는 유명무실한 선교사들을 정리하면서 허수를 빼고 양적 선교에서 질적 선교로 변화를 시도하는 과정도 있지만 더욱 선교에의 분발이 요구되고 있다.[127)]

2) 성장의 요인

(1) 대교회의 출현

대교회가 신자의 수적 성장 측면에서만 볼 때에 교회성장의 한 요인이 되었음을 부정할 수는 없다. 대교회의 각종 시설과 여건은 경제적으로 부요한 현대인에게 매력을 갖게 하였다고 볼 수 있다. 대교회들이 많이 생기게 된 것은 이 시기에 한국의 괄목한 경제적 성장과 카리스마적 지도자들의 출현 등으로 볼 수 있을 것이다. 대교회에 대한 많은 비난의 요소가 있는 것도 사실이나 보편적으로 대교회로 성장시킨 목회자들이 여러 면에서는 더 많은 노력을 한 사람들이라는 사실을 인정치 않을 수 없다. 물론 교회성장이 하나님의 은혜로 된 것이라는 점은 더 말할 필

127) 기독신문 2016년 1월 13일자 20면; 기독연합신문 2016년 1월 17일자 1면.

요도 없는 일이겠지만 한국 목회자들의 헌신적인 노력을 높이 평가해야 할 것이다. 그리고 만족할 수는 없지만 한국교회가 해야 할 많은 일들을 이 교회들이 실제적으로 담당하고 있다. 그러나 대교회들은 더욱 소형교회를 돕는 일과 대사회적인 교회사명을 감당하는데 힘써야 할 것이다.

(2) 문화적 이유

현대인들이 교회에 나오는 이유 중 하나는 문화적인 이유로 볼 수 있다. 실상 인간에게는 종교성이 있어서 어떤 종교나 가지고 있기 마련이다. 그런데 뚜렷한 자기 종교를 가지고 있지 않은 현대인들은 자기 생활 실제와는 달리 사회적으로 널리 인식되고 있는 고등종교 중 하나를 택하게 된다. 그럴 경우 아무래도 현대 감각에 맞는 기독교를 택하게 되는 경우가 많다. 그리고 소속감과 사회적 지명도를 높이기 위한 수단으로 교회를 찾는 경우가 많다. 현재 기독교인들이 우리 나라 인구 사분의 일에 채 미치지 못하는 것에 비해 국회의원 중 다수도 기독교인이고 예술인 중 다수도 기독교인인 것을 보면 보면 교회는 문화적인 면에서 많은 이점을 가지고 있다고 본다. 문화적인 이유로 교회에 나오는 자들에 대해 우리는 '그들이 기독교를 문화의 악세사리로 생각하는 것이 아니냐?'고 비판하기 보다는 선교적 차원에서 유리한 점으로 생각하고 그들을 하나님의 말씀으로 잘 교육할 수 있어야 한다.

(3) 높은 선교열

이 시기는 선교 2세기를 맞이한 한국교회가 이제까지 받는 교회에서 주는 교회로 전환해야 한다는 자각이 크게 일게 되고 이에 따라 선교에 대한 관심이 크게 고조되었다. 한국교회가 선교에 대해 관심을 더욱 갖게 되었다는 사실 자체가 교회의 질적 성장을 의미하는 것이다. 문제는 그런 관심에 부응하는 교회의 선교정책과 교육이 뒷받침되는 일이다.

3) 성장의 평가

(1) 계속적인 성장의 하락세

통계적으로 보면 1960년 이후 한국교회의 성장은 점차 둔화되고 있다. 즉 교회 수에 있어서는 1960년대에는 연평균 증가율이 15.7%였으나 그 비율이 70년대에는 6.5%로 줄어 들었다. 비록 80년대에는 증가율이 6.9%로 높아지기는 했으나 1990년 이후로는 다시 5% 이하로 떨어지고 있다. 교인수에 있어서는 성장률의 감소가 더욱 두드러지고 있다. 즉 1960년대의 연평균 증가율이 41.2%에 달했으나, 그 비율이 70년대에는 12.5%로, 다시 80년대에는 4.4%로 크게 감소되었던 것이다. 그 비율이 90년대에 와서는 3% 선으로 낮아지고 있다.[128)]

한국교회의 성장률은 94년에 이어 95년에도 계속 하락하고 있는 것으로 나타나고 있다. 각 장로교단이 총회에 보고하는 교세현황[129)]을 보면 대부분의 교단이 교회수에서 1~3%, 교인수에서 1~2%의 성장을 기록한 것으로 나타나 있다.

"각 교단의 교세 통계는 그러나 교인들의 평행이동이 중복계산되는 등 부정확한 통계를 근거로 한 개교회의 보고를 기초로 하고 있어 교회성장학자들은 5% 이하의 증가는 감소로 보아야 한다고 지적하고 있다. 이러한 학자들의 의견을 고려할 때 한국교회의 전체적인 성장률은 지난

128) 이원규, "한국교회에 영향을 미친 교회성장론에 대한 임상적 평가," 「목회와 신학」(1993년 7월호), 50-51.

129) [표-14]의 내용 중 95년도 현황 참조.

해에 이어 꾸준한 감소세를 계속하고 있는 것"[130]이다. 앞서 '성장의 현황'에서도 살펴 보았듯이 개신교의 교세는 2000년대 이후 현격하게 줄어들고 있다.[131]

(2) 개교회주의 및 목회자에 대한 부정적 이미지

교회성장에 대한 개교회의 관심은 정상적인 상황을 넘어서고 있다. 잘 알려진 몇몇 교회는 교회개척을 도와주면서 교회의 이름을 자신들의 교회 이름으로 붙이게 하고 자기의 지교회로 크게 광고하고 있다. 심지어 모교회는 각 지역권에 교회를 세우고 녹화영상으로 예배하기도 한다. 그 교회의 담임목사는 목회자라기보다는 대기업의 회장같은 느낌을 준다. 이와 같은 방식의 교회세력 확장은 자본주의의 경쟁체제의 모습을 그대로 보여주고 있다. 이것은 대기업이 계열회사를 거느리는 모습 같기도 하고 조금 더 작은 기업이 체인점을 연 것 같기도 하다. 더욱 문제가 되는 것은 많은 목회자들이 의식없이 그런 교회들을 동경하고 부러워하고 있는 점이다. 시간이 갈수록 이와 같은 현상이 보편화되고 있는 모습은 개교회주의의 극단적인 모습을 보여준다. 이러한 개교회주의가 교회성장의 불균형을 초래하며 교회의 연합과 통일에 방해가 되고 사회적 비판의 대상이 되고 있음에도 불구하고, 오늘날 한국교회가 이와 같은 교회들을 성장한 교회의 모델로 부각시키고 있는 점은 크게 부끄러워 해야 할 일인 것이다.

개신교를 부정적으로 인식하게 만든 요건 가운데 '목회자에 대한 부정적인 이미지'가 많이 언급되고 있는 현실이다. 매우 어려운 일이기는 하지만 이 문제를 해소하기 위한 방안으로 질적 수준이 떨어지는 목회

130) 기독신보 1996년 9월 21일자 3면.

131) 앞부분의 **5-1) 성장의 현황** 참조

자 양산을 멈춰야 한다. 또한 목회자 추문을 막기 위해 제도적 장치와 영성 강화가 필요하다. 위기감은 높아졌는데, 행동으로 옮길 정도로 위기의식을 갖지 못하고 있다. 여전히 자신의 출석 교회는 큰 문제가 없다는 이유로 손을 놓고 있다. 각 교단의 총회 이슈를 보면 정치적 문제와 기득권 유지에 대한 안건들이 대부분이다. 아직 한국교회는 절실한 위기의식이 없다. 교파를 초월해 교회신뢰성을 높이는 기구를 설립하고 실천에 옮길 수 있는 대안들을 발굴하는데 초점을 맞춰야 한다.[132]

지금 한국교회목회자들은 자신의 부끄러운 현실을 철저히 회개하여야 한다. 그런데 우리들의 관심은 회개를 운운할 때조차 회개에 무게 중심을 두기보다는 새로운 부흥에 무게 중심을 두고 있다. 회개를 통해서 새로운 부흥을 가져올 수 있다는 논리이다. 그러나 한국교회 목회자들은 진실한 회개 자체에 관심을 가져야 한다. 우리가 회개를 수단으로 교회의 외적 성장을 목적으로 한다면, 이는 또다시 하나님과 세상을 우롱하는 것이다. 교회성장을 위한 회개는 자기 욕망의 표현이고, 하나님과의 흥정으로 전락하는 셈이기 때문이나. 그러므로 우리 한국교회 목회자들은 진정한 회개 자체에만 몰두해야 하고, 회개만이 시급한 일임을 알아야 한다. 그리고 이후에 새로운 부흥이 있게 된다면, 그 부흥은 우리가 회개한 결과라기보다는 어디까지나 하나님께서 베풀어주신 은혜의 선물일 것이다.[133]

(3) 물질주의의 침투와 경제적 안정

물질주의가 교회에 침투하게 되므로 교회가 본연의 의무에 충실하기

132) 기독신문 2015년 11월 11일자 2면.
133) 허호익외 3인, 『위기의 한국교회, 진단과 대안』(서울: 도서출판 동연, 2010), 51-52.

보다는 교회의 팽창에 주력해왔다. 교회를 짓고, 교육관을 짓고, 그 다음에는 기도원을 짓고, 또 그 다음에는 공원묘지를 만든다. 그런 과정에 물론 교회당도 확장내지 재건축한다. 경우에 따라서는 지은지도 얼마되지 않고 아무런 하자도 없는 멀쩡한 건물을 헐고 다시 건축하는 경우도 자주 보게 된다. 이런 일들은 한편으로는 교회의 성장의 일면을 보여주는 것이라고 할 수도 있겠지만, 이런 일들이 이루어져가는 과정 중에 헌금을 작정하게 하는 등 많은 무리가 따르게 되고 그 결과 교인들은 경제적으로 여유가 없게 되어 일상생활에서 구제와 봉사적인 활동은 아예 힘들게 되고 '예수 믿는 사람들은 인색하다'는 덕스럽지 못한 평판까지도 듣게 되는 것이다.

또한 한국교회가 물질주의에 빠지게 되면서 많은 이들이 경제적 풍요로 인해 새로운 의식을 심어주지 못하는 교회에 더 이상 출석해야 하는 의미를 잃어버리게 되었다. 그래서 요즈음의 많은 신자들은 특히 젊은 층들이 많이 교회를 떠나거나, 혹 남아있더라도 주일 이른 시간에 잠시 교회에 들렀다가 레저를 즐기기 위해 교회를 빠져나가고 있다.

우리는 위기에 선제 대응하는 것이 필요하다. 미래학자 최윤식은 우리가 당면할 미래의 현상에 대해 "기술은 더욱 고도화되고 가상공간에서의 생활이 증가할 것이다. 윤리와 가치문제는 점점 더 부각될 것이다. 이럴수록 사람들은 '하이터치'(high touch)를 갈망하게 된다. 미래는 종교의 부흥기가 될 가능성이 크다."[134] 라고 예측하고 있다. 말 그대로 한국교회는 위기와 기회가 복잡하게 공존하는 미래를 직면하고 있는 중이다.

---

134) 최윤식, 『2020-2040 한국교회 미래지도』(서울: 생명의 말씀사, 2013), 62-63.

제 2장
한국교회 성장에 나타난 문제성

1. 목회관의 문제

한국교회 성장에 있어 가장 혼선을 빚고 있는 심각한 문제는 교회 성장 개념의 혼란이라고 생각한다. 우리는 먼저 교회성장이란 무엇을 의미하는지를 되짚어 보아야 한다.

한국교회의 목회자들은 대체로 '교회성장'이란 말을 바로 개교회의 수적인 증가를 중심으로 한 교세확장을 뜻하는 것으로 이해하고 있다. 물론 우리는 교회의 성장을 어떤 의미에서 개교회적으로 믿는 자의 수가 늘어나고 교회에 속하는 자산이 늘어가는 것을 가리키는 것으로 이해할 수도 있다. 그러나 그것이 전부가 되어서는 안된다. '교회성장'이란 물량적인 것과 더불어 그리스도 교회의 성숙한 모습, 교회에 속한 그리스도인들의 신앙적인 삶의 성숙한 태도일 뿐만 아니라 이웃과 세상과의 관계에서 말씀의 기준을 따라 신실하게 살아가는 개인의 신앙적인 모습이면서, 동시에 교회 공동체의 모습이라고 할 것이다. 그러므로 이미 언급한 바와 같이 교회성장이라는 말 보다는 오히려 교회의 성숙이라는 말이 더 교회론에 적합하다고 할 것이다. 수에 치우친 성장 이해로 성장이념의 혼돈되어 있는 모습이 한국교회의 목회자들의 목회관에서 나타나고 있는데, 이는 올바른 목회와 교회 성장에 역행하는 모습을 보여 주는 것이다.

수적 성장을 전제한 성장이념은 이제 새롭게 시작하는 교회나, 어느 정도 수적인 근거를 실제로 필요로 하는 작은 교회들의 상황에서는 이해될 수 있다. 그러나 문제는 어느 정도 성장된 교회로 보이는데도 여전히 교회의 수적인 성장을 위하여 수단과 방법을 가리지 않는 것은 목회자의 관리 한계를 인식하지 못하고 또 공동체의 의미도 잘 이해하지 못한데서 기인하고 있다고 할 것이다. 웨스터호프(John Westerhoff Ⅲ)는 신앙공동체는 그 구성원들이 의미와 목적을 지닌 상호작용(interaction)[135]을 할 수 있을 정도로 소규모적이어야 한다고 하면서 그 이유는 300명이 넘는 교회는 신앙의 유지, 전달, 전개를 하는데 본질적 상호 연관작용을 매우 쉽게 결손, 탈락시킬 위험성이 있기 때문이라고 말하기도 하였다.[136] 물론 공동목회의 개념에서는 이러한 문제를 어느 정도 해결할 수 있을 것으로 본다. 그러나 한국교회의 특성상 이 공동목회가 쉬운 일은 아닐 것으로 여겨지지만, 공동목회는 이 문제에 대한 하나의 대안이 될

---

135) 상호작용(interaction)은 인간 개체들이 상호 주체적으로 작용하여 영향을 주고 받는 상호 연관관계이다. 상호작용은 현대 교육에서 중요하게 인식되기 시작한 학습방법의 요소이다. 인간이란 개인적 성찰이나 탐구를 통해서 보다는 나-너-우리의 상호관계 속에서 서로를 나눔으로써(sharing) 보다 잘 배우고 성장할 수 있다는 주장이다. 사회학적 표현을 빌린다면 일정한 사회관계 속에서 인간 상호간에 이루어지는 사회적 행위라고 할 수 있다. 이 경우 서로 주고 받는 내용은 각자의 느낌, 생각, 의견, 관습, 태도, 가치관, 행동 등이다. 웨스터호프(Westerhoff Ⅲ)는 신앙공동체로서의 교회가 지녀야 할 특징으로서 이 상호작용을 제시하면서, 교회생활의 전 국면에 있어서의 상호작용을 기독교교육의 준거(準據)의 틀 곧 구조로 이해, 활용하고 있다(John H. Westerhoff Ⅲ, *Will Our Children have Faith?*, 221, 223).

136) *Ibid.*, 103.

수 있을 것이다.

오늘날 교회는 기업경영적 가치관이 지배하고 있으며, 자본주의 사회의 실적주의, 물량주의, 실용주의적 가치관이 지배하고 있음을 보게 될 때, 이를 극복하는 문제는 매우 현실적인 문제로 대두되었다.

교인수를 증가시키기 위하여 가장 많이 적용하는 방법론이 총동원 주일이다. 총동원 주일이란 하나의 전도운동으로서 개교회의 모든 회원들이 각기 전도대상을 몇 명씩 정하게 하여 교회의 주일 예배에 초대하는 교회 데려오기 운동이다. 그런데 총동원 주일에 대한 평가는 역시 지금까지 시행한 예들에서 많은 문제점이 지적되고 있다. 이러한 총동원 주일 이름의 전도가 새로운 그리스도인을 만들기보다는 오히려 기존 신자들을 빼어오는 문제로까지 나타나고 있다는 것이다. 대부분의 교회들이 선교의 선한 뜻으로 개척교회를 세우거나 새로운 교회를 설립하고 있으나 상당수의 교회들의 설립은 기존교회 안에서 여러 가지 갈등의 극복이 교회의 난립으로 나타난 것도 사실이다. 실제로 이러한 상황을 자세히 들여다 보면 새로운 그리스도인의 증가는 적고 기성 교인들의 이동 현상을 경험하고 있는 것일 뿐이다.

물질주의가 교회로 흘러들어 오면서 목회의 성공여부는 물량적으로 평가되고 있다. 평신도 사이에서 큰 교회는 좋은 교회라는 엄청난 오해와 착각을 만들고 있으며, 목회자들에게는 교인수와 연보의 액수를 높인 교회와 목회자는 성공한 교회요 성공한 목회자라는 인식을 만들어 내고 있다. 이러한 가치관 때문에 작은 수의 교인을 가지고 있는 목회자들은 심한 영적 열등감에 사로잡혀 있다. 그리고 교회를 빨리 부흥시키기 위하여 '이상과 현실은 항상 다르다'는 고백과 함께 비인간적이며 비도덕적인 방법들이 동원되고 있다.

어느 전도자가 지적하였듯이 한국교회의 커다란 문제는 눈앞에 보이는 교회세력의 확장만 생각하였다는 점이다.[137] 교회는 거룩하신 예수 그리스도와 같은 몸으로서 성스러운 공동체로 수많은 무리가 모인 사람의 집단과는 다르다. 그리스도인은 예수 그리스도와 함께 살고 있는 하나님의 거룩한 백성이요 그리스도의 지체로서 그 인격이 그리스도와 더불어 성장할 때에 교회는 영광된 주님의 모습을 나타내면서 주어진 사명을 완수할 수 있다.

그러나 큰 교회들은 자기 교인을 다른 교회에 빼앗기지 않아야 한다는 자기 교인 관리의 책임을 발휘하여 가까운 지역교회로 나가야 할 사람들을 대형버스로 자기 교회로 데려오는 교인쟁탈의 경쟁시대를 만들어 냈다.

물량적인 증가가 성장이라는 논리로 무장한 결과는 극도의 개교회 이기주의를 가져오게 되었다. 모든 교회가 양적인 성장을 추구하다보니 다른 교회는 경쟁상대로 인식되고, 한 지역에 난립된 수많은 교회 중에서 내 교회가 양적으로 팽창하면 그것을 자랑으로 여기고 성공으로 인식하기에 이르렀다. 그러나 커지고 높아가는 교회의 그늘에는 그리스도의 몸된 교회들이 수없이 사라져가는 비극도 나타나고 있다.

또한 사람들이 더 많이 모이게 하기 위하여 새롭게 개발된 방법으로 최근에 치유목회란 이름으로 감정적인 흥분과 병고치는 기적 행함이 교회성장법으로 이용되고 있기까지 한 것을 볼 수 있다. 복음의 온상으로서의 한국문화의 풍토는 기복신앙이 주축을 이루고 있다. 긍정적으로는 바로 이런 문화, 종교적 풍토 때문에 교회가 짧은 기간 안에 그렇게 성장할 수 있었다고 생각되나, 이런 기복신앙을 장려하는 목회풍토는 부정적인 면이 너무 많아 앞으로는 이런 부정적인 면을 극복 갱신하지 않으면 안된다. 현세의 축복과 병나음이 복음의 전체인 양 강조하는 신앙

137) 차윤순, 『교회성장은 크리스챤이 방해한다』(서울: 예찬사, 1992), 19.

의 저질화가 그 일면이고, 사이비종교와 결탁한 사이비 교회의 출현이 그 다른 한 면의 부정적인 현실이다. 현재 교회들의 커다란 문제는 이미 지적한 바와 같이 성별(聖別)의식을 자각하지 않고 당장 눈 앞에 보이는 교회세력의 확장만 조급히 생각하는 것이다. 진정한 교회성장의 개념을 이해하고 질적인 교회성장과 성숙을 도모하는 방향에로 목회관의 수정이 요구되는 상황이다.

2. 교회의 본질적 과제 간과

우리는 교회를 이해함에 있어서 그리스도의 몸과 지체의 관계에서 교회의 본질을 이해해야 한다. 교회가 존재하는 것은 교회 자체를 위한 것이 아니라, 하나님과 이웃을 위한 것이어야 한다는 계명의 요구에서 보면 더욱 그러하다.

예배와 관련하여 생각하면, 교회가 행하여야 할 본질적인 과제는 더욱 섬김과 봉사에 있다는 것을 부정하지 못한다. 예배는 하나님을 섬기는 일이다. 하나님을 위하여 자신을 내어놓는 일이다. 이것이 그리스도의 몸인 지체들이 해야 할 일들이다. 하나님을 섬기는 봉사의 일은 두 가지로 주어진다. 그것은 바로 하나님을 사랑하는 일이요, 또한 이웃을 자기 몸과 같이 사랑하는 일이다. 여기 사랑한다는 것은 물론 섬기고 봉사하는 것을 말한다.

분명히 복음은 심령을 변화시키고, 인격을 변화시키고, 삶을 변화시키는 능력이 있다. 그럼에도 불구하고 교회가 증가함과 동시에 사회의 부패가 더욱 심화된 것은 결국 교회성장의 올바른 인식의 부재, 특히 교회의 사회를 향한 책임에 대한 가르침과 훈련의 부족에서 온 것이라고 할 수 있을 것이다.

그리스도와 성령을 통하여 구원받은 백성들은 하나님을 섬기기 위하여 하나님과의 교통으로서 예배하며, 성도간에 서로 교제하고 교육하면서 그리스도의 몸을 세워가며, 동시에 세상 사람들이 언제나 교회를 통하여 그리스도의 사랑을 배우고 느끼며 경험하도록 복음을 증거하고 사회적인 관심을 가지고 살아가야 한다. 교회는 치열하게 경쟁하는 사회적인 삶에서 소외되거나 지친 자들의 안식처로 그리스도의 말씀과 용서의 은혜를 통하여 하나님의 위로를 나눌 수 있는 곳이 되도록 해야 한다. 그리고 교회는 세상의 가치보다 더 나은 하나님 나라의 이상과 진리와 가치를 통하여 새로운 삶의 용기와 희망을 가지게 해 주어야 한다.

그런데 오늘날 한국교회는 기독교적 가치로 세상을 변화시키기보다는 세속적인 문화가치가 교회를 세속화시키는 기현상이 일어나고 있다. 세상을 돕는 기능으로서의 교회의 역할과 그 기대가 상실되어 가고 있다. 교회 자체가 세속화되고 물질주의와 물량주의에 지배를 당하여 더 나은 가치들에 대한 희망과 신뢰를 주지 못하게 되었다.

교회마다 물질의 풍요와 여유를 갈구하고 마침내 그것이 유일한 '축복'으로 여기는 열렬한 신앙이 넘쳐나고, 모든 것을 물량의 잣대로 재는 것을 당연시하는 의식의 세계를 고착화시키기에 이르렀다. 이른바 목회의 성공이라는 것도 양과 수치로 가름하고 교회의 권위마저도 수량의 크기로 판단케 되었다. 소용돌이치는 경제성장의 물결에 한국교회가 여지없이 휩쓸려 들었다. 물질의 풍요를 일차의 관심과 가치로 삼는 '경제주의' 세력에 교회가 '식민화'되어 버렸다. 모든 것을 물질의 획득과 물질의 향유의 맥락에서 평가하고자 하는 '경제주의'가 합류하여 좁다란 교회 조직체의 물량화를 더욱 부채질하여 교회의 부흥과 성공이 바로

개교회의 수량화와 그 크기로 이해하고자 하는 천한 수준으로 떨어지고 만 것이다.[138)]

한국교회는 외형적 성장 일변도의 정책을 추구한 나머지 많은 부분에 있어서 복음의 변질을 초래했다. 이것은 다른 어떤 것보다도 심각한 문제이다. 여기서 먼저 생각해 보아야 할 사실은 하나님께서 아브라함을 부르시고 그에게 축복하시는 내용(창12:1-3)을 고려할 때, 축복 그 자체는 긍정적 이미지로 받아들여야 할 것이다. 그런데 '축복'을 긍정으로 받아들이면서 동시에 축복에 수반되는 요구조건을 생각해 볼 수 있다. 하나님께서 아브라함을 축복하시면서 그에게 기존의 누리던 모든 것을 포기하고 떠날 것을 명하신다. 이러한 내용을 고려해 볼 때, 축복이란 하나님께 대한 순종과 불가분의 관계에 놓여 있음을 알 수 있다.

그런데 외형적 성장 일변도의 정책과 더불어 나타난 '축복의 신학'에는 상대적으로 하나님의 말씀에 대한 순종은 결여된 채, 단지 신앙한 것만큼 물질로 돌아온다는 식으로 진리를 왜곡시켰고, 이러한 복음의 변질은 다시 기독교의 윤리성을 잃어버리는 근 요인이 되었다.[139)]

교회성장은 하나님 나라의 확장을 의미한다. 그러므로 진정한 의미의 교회성장은 각 지체간 혹은 각 교회간의 전인적인 성장을 추구함과 동시에 양적 증가를 추구하고 이것은 다시 사회성의 성격을 띠고 세상으로까지 확대되어, 온 우주가 하나님의 주권과 통치 아래 놓이게 해야 한다.

교회성장의 궁극적 목표가 교회 자체이어서는 안된다. 교회성장의 목표는 하나님 나라가 되어야 한다. 만일 교회의 성장 자체가 목적이 된다

138) 박영신 · 정재영, 『현대 한국사회와 기독교』(서울: 한들출판사, 2007), 343-344.

139) C. Peter Wagner, *Church Growth and Whole Gospel*(New York: Harper & Row Publishing Co., 1981), 81. 및 전호진, "교회성장론," 『한국교회 성장과 그 원인』(서울: 엠마오, 1983), 263-264.

면 일반 기업과 다를 바 없을 것이고 경쟁의식과 폐쇄성과 제도주의의 함정에 빠질 것이다. 찰스 반 엥겐(Charles Van Engen)은 교회와 하나님 나라를 비교하여 그 관계성을 고찰하였다. 그에 의하면 교회는 왕으로서의 삼위 하나님의 다스림을 받는 성도의 공동체요, 왕의 통치의 가장 중심적인 장소요, 왕의 통치의 예견되는 표적이며, 교회의 사명은 왕의 통치에 대한 지식을 확산시키는 일이다.[140]

지금까지 한국교회는 한국 근대사의 상황으로 인해 성(聖)과 속(俗)을 구분해서 보는 이원론적 성향이 강했다. 이러한 성향은 자연히 개인구원을 강조하게 되었고 이것은 다시 교회의 사회적 책임을 간과하는 결과를 초래했다. 그러나 성경은 우주를 이원론적으로 말하지 않는다. 오히려 성경은 온 우주를 하나의 교회로 보고 있다. 따라서 이 세상은 우리가 회피해야 할 곳이 아니라 그 속에 들어가 파괴된 하나님의 나라를 복음으로 회복해야 할 곳이다. 그런 의미에서 하나님 나라의 확대로서의 교회성장은 우리에게 세상에 대한 도전을 준다고 하겠다. 한국교회 성도들이 교회 안에서는 신앙이 좋지만 세상에 나가서는 늘 세상과 타협하거나 아니면 구조악에 무릎을 꿇고 만것은 이러한 이해의 부족과 그에 따른 교육과 훈련의 부재에서 온 것이라고 볼 수 있다.

한국교회는 실제로 자기 교회 교인만들기에 심혈을 기울이며 조직된 교회운영의 협력자들은 찾으면서도 이웃을 도우며 세상을 섬기는 봉사하는 교회의 모습은 좀체로 보이지 않는다. 특히 교회가 거두어들인 헌금을 어떻게 사용하는지에 대한 질문에서 강력하게 한국교회가 비판받고 있는 것이다.

재정사용과 관련된 대부분의 조사에서 한국교회의 사회봉사 및 구

140) Charles E. Van Engen, *The Growth of the True Church*(Amsterdam: Rodopi, 1981), 281-290.

제 활동에 대한 지출은 전체 예산에 10%에도 훨씬 미치지 못한다. 대개의 경우 5% 수준에 불과하다.[141] 이는 20년 전의 형편과 별로 다르지 않다.[142] 무엇보다도 봉사활동을 위한 사업의 개념이나 부서의 조직이 분명하지 않으며, 이를 교회의 주요과제로 생각하고 추진하는 교회는 아주 소수에 불과한 형편이다. 이러한 점은 교회의 본질적인 모습을 잃어가는 또 하나의 증거이며 책임져야 할 중요한 과제를 잊고 있는 증거이다. 이것 역시 교회가 사회로부터 외면당하는 또 하나의 이유이다.

2007년에 펴낸 「기독교사회복지총람」에서는 한국기독교총연합회와 한국기독교교회협의회에 가입된 13개 교단 9,500명의 목회자와 전도사 등 교역자에게 사회봉사활동과 교회 재정에 관하여 설문조사를 실시하였는데, 그 결과 '교회가 사회봉사를 적극 실천해야 한다'는 응답이 88%에 달하였다. 현재 담임하고 있는 교회를 포함하여 전체 한국교회가 사회봉사 활동을 활발하게 시행하고 있지는 않지만, 교회는 사회봉사 활동을 적극 실천해야 한다고 응답하였다.[143] 또한 이상적인 사회봉사 및 구제비는 교회전제 예산의 10-20% 정도 집행되어야 한다는 응답이 38.3%로 가장 많았다. 다음으로 20-30% 정도로 집행해야 한다는 응답도 33.6%에 달했고, 30% 이상을 희망하는 교회는 24.5%로 나타났다.[144] 이는 바람직한 생각이다. 그러므로 생각으로만 아니라 실제로 어느 정도 안정된 교회라면 최소한 10% 이상의 사회봉사 및 구제비를 사용하도록 노력해야 한다.

---

141) 정재영, 『한국교회의 종교사회학적 이해』(서울: 열린출판사, 2012), 237.

142) 박창빈, "한국교회의 봉사실태와 전망," 「기독교사상」(1993년 10월호), 18. 그는 한국교회 헌금 사용에 있어서 대체로 일년 전체 예산 중 사회를 위하여서는 4.5%에서 시작하여 7% 미만을 사용한다는 연구결과를 제시했다.

143) 이만식, "한국기독교사회복지의 실태," 『기독교사회복지총람』(서울: 보이스사, 2007), 801.

144) *Ibid.*, 816.

특히 한국교회가 젊은 지성인들로 부터 외면당해 온 이유는 여러 가지로 지적할 수 있을 것이다.[145] 우선 교회 내의 지도자의 빈곤이 문제가 된다고 본다. 틀에 얽매인 지도자의 의식구조와 방법과 스타일이 문제이다. 급속도로 변천해 가는 이 시대에 적응능력이 강한 복음적 지도자의 결여 때문에 교회가 많은 젊은이들을 수용할 수 없었다고 보아야 할 것이다. 구태의연한 사고방식과 패턴은 젊은이들의 가슴을 더욱 답답하게 했기 때문일 것이다.

오늘의 한국교회는 목회와 신앙생활의 바탕을 이루는 신학적 패러다임의 한계에 직면하고 있다.[146] 과거의 낡은 마인드와 패러다임으로는 새로운 세대를 이끌 수 없다. 권위를 내세우는 근대적인 기성세대의 마인드는 수와 양을 중시하고 결과지향적인 성향을 보인다. 희생하고 헌신하는데 익숙하지만 그들이 지향하는 바는 젊은 세대가 공감하기 어려운 것들이다. 주어진 권위에 대한 순종, 위에서 아래 곧 한 방향으로만 흐르는 일방적 커뮤니케이션은 젊은 세대들에게 다른 세계의 이야기처럼 들린다. 따라서 미래 세대와의 접촉점을 찾기 위해서는 목회마인드와 패러다임을 바꿔야 한다.[147]

교회의 중직들이 젊은이들을 이해해 주고 포용력 있는 태도로써 그들을 신앙으로 유도해 갈만한 능력이 없고, 자기들의 경험만을 고집하고

145) 이 문제에 대해선 한경철, 『한국교회 이대로 좋은가』(서울: 한국문서선교회, 1981), 32-34를 참고하기 바람.

146) 이학준, 『한국교회, 패러다임을 바꿔야 산다』(서울: 새물결플러스, 2011), 20.

147) 최동규 · 전석재 · 박관희, 『미래세대의 전도와 목회』(서울: 대한기독교서회, 2015), 186. 최동규는 이 패러다임의 변화에 대하여 다음과 같이 제시하였다. '교회학교에서 교회로', '지식위주의 교육에서 전인교육으로', '수동적인 학습자에서 능동적인 참여자로', '교회에 맡기는 교육에서 가정과 교회가 함께 하는 교육으로', '구경하는 예배에서 체험하는 예배로', '이벤트 위주에서 지정한 제자훈련으로', '개인주의 신앙에서 공동체 형성으로', '거쳐가는 사역자에서 전문사역자로', '획일성에서 다양성으로'. *Ibid.*, 194-208.

자기들 스타일의 신앙 내지는 교회봉사를 요구했기 때문이라고 본다. 관습과 제도에 대한 지나친 고집과 잘못된 보수 주장은 문제를 낳으며, 틀에 박힌 변화없는 교회의 관습, 제도, 의식구조가 젊은이들을 포용할 수 없기 때문이라고 본다. 젊은이들이 자기네들처럼 신앙을 갖지 않는다고 정죄하고 도외시하는 경향도 있었다. 그러나 교회 밖의 운동에 관여하는 젊은이들에게 교회 어른들처럼 신앙생활 하기를 강요하고, 내용이 없는 젊은이들의 모임을 만들어 놓고도 잘 되지 않는다고 개탄하는 것은 교회의 실책이지 젊은이들만이 지탄받을 문제는 결코 아니라고 생각한다. 신앙을 강요하지 말고 유도해서 이끌어가야 할 책임을 통감하고 보다 나은 방법의 개발에 박차를 가해야 할 것이다.

교회가 프로그램의 내용과 제도상의 문제, 그리고 적용상의 문제를 알고 현대인들의 의식구조를 알아 복음을 그들의 생활에 적용시켜야 한다. 성경공부가 지식위주에 그쳐서는 안된다. 교회밖의 운동의 특성은 성경을 개인에게 잘 적용시켜 주고, 단계적으로 잘 적용하고 있다는 점이다. 또 이끌어 가는 내용이 신선하고 다양하다는 점이다. 이런 부분에서 교회가 뒤떨어지지 않도록 노력해야 한다.

또한 교회가 너무 기업화되어 가는 것을 느끼게 되고 순수한 복음적 진지성을 잃을 경우, 젊은이들이 교회에 붙어 있을 수 없다. 교회가 안일에 빠져 방향을 제시하지 못하고 더구나 젊은이들이 관심을 가질만한 방향제시가 없으면 젊은이들을 수용할 수가 없다.

요즈음 한국교회에서 교회에 출석하지 않으면서 개인적으로 신앙생활을 하는 기독교인을 가리키는 말이 있는데, 바로 '가나안성도'이다. 한국기독교목회자협의회가 2013년 1월에 발표한 설문조사결과에 의하면 자신을 그리스도인이라고 밝힌 사람들 가운데 10% 정도가 교회에 출석하고 있지 않다고 답했다. 이를 그대로 적용해서 한목협은 '교회에 나

가지 않는 그리스도인' 수를 100만 명가량으로 추정할 수 있다고 보았다.[148] 가나안 성도의 본격적 등장 시점은 한국교회의 성장곡선과 궤를 같이 한다. 고속성장을 거듭한 한국교회는 2000년대 들어 위기의 문턱에 섰다. 위기의 원인은 교회의 물신화, 대형화, 목회자 윤리문제, 교회 재정문제, 교회분쟁, 목회자와 성도 간의 불통 등 교회와 목회자의 문제점이 주류를 이뤘다. 같은 이유로 기성교회에 실망한 성도들이 가나안 성도의 길을 걷게 되었다. 더구나 최근 들어 그 수가 증가하고 있는 상태다. 한국교회가 눈여겨봐야 할 대목은 이들이 무교회주의자가 아니라 기성교회에 염증을 느껴서 떠났다면 다시 교회로 돌아올 수 있다는 점이다. 물론 교회 갱신이 전제다. 한국교회의 갱신여부에 따라 가나안성도는 고전을 면치 못하는 목회현장에 대안이 될 수 있다.[149]

한 조사에 따르면 가나안성도들은 대부분 '선데이 크리스천'이 아니고 오랫동안 신앙생활을 한 사람들이며, 교회출석 기간도 평균 14년이 넘고 90%가 교회직분을 맡았던 성도들이다. 또 3분의 2는 한 교회를 떠나본 적이 없다. 그는 "착실하게 신앙생활을 했던 이들이 교회를 떠났다는 것은 한국교회에 큰 문제가 있음을 보여주는 것"이라고 주장했다. 설문조사에서 가나안 성도들은 '자유로운 신앙생활(30.3%)', '목회자에 대한 불만(24.3%)' 등의 이유로 교회를 떠났지만 대다수(82.1%)가 '구원의 확신이 있다'고 답했으며 3명 중 2명은 '다시 교회에 나가고 싶다(67.1%)'는 입장을 밝혔다. 하지만 이들 중 91.8%는 어떠한 신앙모임에도 '참석하고 있지 않다'고 응답했다.[150] 2013년 〈한국기독교분석리포

---

148) 양희송, 『가나안성도 교회밖 신앙』(서울: 포이에마, 2014), 35. 한국기독교목회자협의회가 실시한 "2013 한국인의 종교생활과 의식조사"는 『한국기독교분석리포트』(서울: 도서출판 URD, 2013)로 출판되었다.

149) 기독신문 2015년 11월 18일자 17면.

150) 한국크리스천신문 2015년 11월 19일자 1면. 정재영 교수는 2013년 316명

트>에 따르면 "기독교인이면서 현재 교회에 다니시지 않는 이유는 무엇입니까?"라는 질문에 가장 많은 사람(19.6%)이 '목회자들에 대해 좋지 않은 이미지가 있어서'라고 답했으며, 그 다음으로 많은 사람(17.7%)이 '교인들이 배타적이고 이기적이어서'라고 답함으로써 결국 목회자와 신자들 모두가 문제의 요인 제공자로 드러났다.[151] 교회와 목회자들은 가나안 성도들을 향한 온갖 불평과 비난을 거두고 이 현상을 꿰뚫어 볼 안목을 가져야 한다.[152] 작은 교회운동, 교회분립운동, 교회공동체운동 등 교회다움을 찾고 실천하는 운동들이 계속 일어나야 한다. 참으로 한국교회가 위기의식을 갖고 성경대로 교회가 개혁되도록 철저히 노력해야 한다.

오늘날 교회를 되살릴 수 있는 길은 교회의 본질과 사명을 되새기고 교회 본연의 모습을 회복하도록 하는 길밖에 없으며 교회가 이러한 사명을 감당하도록 신자를 양육하는 일에 목회자들은 최선을 다해야 한다.

3. 교회의 구조의 문제성

1) 개교회주의 사상

한국교회가 안고 있는 또 하나의 문제는 개교회주의 사상의 팽배에 있다고 할 것이다. 선교초기의 네비우스의 선교정책과 한국사회 특유의

을 대상으로 한 온라인 설문조사와 2010-2012년 56명을 대상으로 실시한 설문조사내용을 정리하였다.

151) 『한국기독교분석리포트』(서울: 도서출판 URD, 2013), 71.

152) 양희송, 『가나안성도 교회 밖 신앙』, 187.

개인주의 사고가 결탁된 현상으로 이런 교회의 풍토는 우리 교회의 고질병이 되어가고 있다. 물론 개교회주의는 개신교의 특성이기도 하나 우리 교회는 이런 건전한 개교회주의의 정도를 넘어서 타락한 모습으로 전락되어 가고 있다. 이런 풍토에 있어서 교인쟁탈은 아무런 거리낌이 없는 상식이 되어 있다. 시류를 거슬러서 분열로 치닫는 한국교회의 병적인 현상은 모두 이런 지나친 개교회 만능주의에서 기인한 것으로 볼 수 있다.[153)]

개교회주의란 "교회가 그 목표를 설정하고 활동을 전개하며 교회 내의 인적, 물질적 자원을 사용하는 데 있어서 개별교회의 내부의 문제 특히 개별교회의 유지와 확장에 최우선권을 부여하는 태도 또는 방침"[154)]을 말한다. 또한 "한 교회의 영향력이나 사역과 성장을 그리스도 교회 전체의 영향력이나 사역과 성장보다 더 중요시하고, 같은 그리스도를 전하고 섬기는 다른 교회와 경쟁적인 관계에 서는 경향"[155)]을 뜻한다고 정리해 볼 수 있다. 이러한 개교회주의가 한국교회에 만연되어 있다는 것을 현대사회연구소의 조사보고서는 다음과 같이 밝혔다. "한국 개신교는 교회지상주의적인 태도를 지니고 있다. 신앙생활은 교회생활을 지향하고 있고, 교회생활은 다시 초월지향성으로 수렴되고 있다. 동시에 이러한 교회주의적인 태도는 개교회 중심적인 태도를 지님으로써 기독교 또는 개신교 전체의 유기적인 통전성(integrity)을 이루지 못하게 하고 있다."[156)]

---

153) 박근원, "목회신학의 과제," 『한국교회 100주년과 교회발전: 제1회 연신원목회자 세미나 강의집』(연세대학교 신과대학 유니온학술자료원, 1989), 156.

154) 노치준, "한국교회의 개교회주의," 『한국교회와 사회』 이원규 편저 (서울: 나단출판사, 1989), 40.

155) 손봉호, "한국교회와 개교회주의, 그 문제와 대책," 「목회와 신학」(1995년 3월호), 87.

156) 김중기 · 정진홍 · 정학섭, 『한국교회성장과 신앙양태에 관한 조사연구』(서

개교회주의 교회는 아무런 상회의 제재를 받지 않고 그 자체가 최종 권위를 갖는다. 그리고 그 교회의 목회자는 대체로 카리스마적 지도자로 추앙을 받는데, 그럴 경우 그는 작은 교황이 될 수 있다. 조직을 갖춘 교황청의 교황과는 달리 얼마든지 독재할 수 있고, 부패할 수 있으며, 잘못된 길로 갈 수 있는 소지를 안게 된다. 개교회주의 교회들이 많으면 교회는 무정부 상태에 빠지게 된다. 노회는 지역교회에 분쟁이 있어도 조정하는 역할을 제대로 하지 못하게 된다.[157)]

그러면 한국교회 성원들의 어떠한 요구나 태도가 한국교회로 하여금 개교회주의적 성격을 띠게 하였는지를 살펴보면 다음과 같다.[158)]

첫째, 한국교인들의 의식 속에는 앞서 살펴 본 교회지향적 전통이 현재에도 강하게 남아 있다.

둘째, 한국교회의 믿음체계(信仰類型)가 개교회주의 형성에 작용했다고 말할 수 있다. 한국교회의 신앙은 흔히 보수적, 경건주의적, 개인주의적, 말세주의적, 타계적, 기복적 신앙을 가짐에 따라 폐쇄적인 성격이 강하게 나타난다고 할 수 있다. 이러한 믿음체계의 공통적 특징은 외부세계를 부정하거나 단절하고 교회를 하나의 도피성 또는 구원을 얻기 위한 노아의 방주처럼 여기는 성향이 강하게 나타난다는 점이다.

셋째, 아직도 남아있는 전통적인 유교문화의 영향이라 할 수 있는 가족주의적 태도는 한국교회가 개교회주의를 간직하는데 한 몫을 담당했다. 가족주의란 사회의 기본단위를 집으로 생각하고, 집 안에서의 인간관계 방식이 외부사회에까지 확대되는 조직형태를 말한다.[159)] 가족주의는 일차적인 인간관계를 제공한다는 긍정적인 측면이 있지만 권위주의

울: 현대사회연구소, 1982), 185.

157) 김영재, 『한국교회사』 개정3판, 419.

158) 노치준, "한국교회의 개교회주의," 46-49.

159) 최재석, 『한국인의 사회적 성격』(서울: 개문사, 1976), 23.

적 인간관계, 외부집단에 대한 폐쇄성 등이 부정적 측면으로 나타난다.

이처럼 한국교회는 오늘의 우리사회의 흐름을 고스란히 반영하고 있다. 전래하는 좁다란 가족주의 또는 유사가족주의의 틀 안에 갇혀 교회도 좀처럼 그 너머 이웃 일반에 대한 넓은 관심을 갖지 못하고 좁은 이익만 추구하려는 행동 지향성을 떨쳐내지 못하고 있다. 교회는 자체의 좁은 울타리 너머로 나아가지 못하고 그 안에 머물러 있다.[160] 가족주의적인 전통을 가지고 있는 한국교회 신도들은 자신이 속한 개교회를 쉽사리 하나의 가족단위처럼 이해함에 따라 한국 가족주의의 폐쇄적인 전통의 영향을 받아 타교회에 대하여 무관심하거나 심한 경우 배타적인 태도를 나타낼 수 있다.

넷째, 한국교회의 지도자들이나 신도들의 공명심이 개교회주의 형성의 추진력이 되기도 했다. 교회가 양적으로 급성장함에 따라 한국교회는 하나의 지위집단(status group)으로서의 성격을 띠게 되었다. 신도가 많은 큰 교회의 교역자는 교단 내에서의 지위와 권력이 증대될 뿐 아니라 사회에서도 상당한 영예를 누리게 된다. 또한 교회 내에서도 많은 존경을 받고 상당히 큰 물질적인 대우를 받게 된다. 따라서 교역자는 큰 교회의 목사가 되고자 하는 강력한 동기를 간직하기 마련이다. 이러한 동기가 대형교회 형성의 요인 중의 하나가 되며, 큰 교회를 만들기 위해서는 물질적, 인적 자원을 개교회 내에 우선적으로 사용할 수밖에 없게 되어 개교회주의가 나타날 가능성이 높아지는 것이다. 이러한 태도는 교역자에게만 있는 것이 아니라 각 교회의 장로, 권사 등과 같은 주요 평신도 지도자들에게도 나타날 수 있다. 이들은 오랫 동안 같은 교회를 지켜옴에 따라 자신이 소속된 교회를 '내 교회'라고 강하게 의식하면서 교회 자체의 유지와 확대에 모든 힘을 쏟게 된다. 때로 교역자가 개교회주의

160) 박영신 · 정재영, 『현대 한국사회와 기독교』, 343.

로부터 벗어나는 프로그램을 제시할 때 이들 평신도 지도자들이 그것을 강하게 거부하는 경우도 나타난다.

한국교회에 나타나고 있는 개교회주의가 교회와 사회의 관계에 있어서 어떤 결과들을 가져올 수 있는지 그 문제점에 대한 다음의 네 가지 지적을 받아들일 수밖에 없다.[161)]

첫째, 교회가 개교회주의에 빠지면 사회로부터 불신과 반발을 가져온다. 교회는 이 세상에 속하지 않았지만 이 세상으로부터 벗어나 있는 것은 아니다. 이 세상에 대하여 책임져야 하며 사랑해야 한다는 요구가 교회에는 항상 주어지고 있다. 예를 들어 교회가 소유하고 있는 물질적 자원은 교회 자체 내에서 생산한 것이 아니라 교회 밖의 사회에서 들어온 것이다. 따라서 이러한 물질들은 교회에서 필요로 하는 최소한의 것을 제외하고는 다시 사회로 되돌려져 필요한 일에 사용되어야 한다. 이러한 사실은 이익추구를 목적으로 설립된 기업에까지도 요구되는데 하물며 사랑과 구원을 모토로 삼는 교회에 대해서 이러한 요구가 더욱 강하게 나타나는 것은 오히려 당연한 일이며 더 나아가 자랑스러운 일이다. 이러한 사회 밖으로의 환원은 사회를 위해서 뿐만 아니라 교회 자체를 위해서도 꼭 필요하다. 한국교회가 계속 성장해 왔음에도 불구하고 개교회주의에 빠져 사회를 향한 나누어줌이 제대로 이루어지지 못하였으므로 교회의 규모가 커지고 그 수가 많아질수록 교회에 대한 사회의 비판이 높아지게 되었다.

둘째, 개교회주의는 사회에 대한 건전한 가치관의 근원지로서의 교회의 역할을 제대로 수행하지 못하도록 만든다. 자본주의 사회에서 나타나는 부정적인 측면으로 흔히 이기적 개인주의, 물질주의, 지나친 경쟁, 분배의 불균형 등의 문제를 이야기 한다. 개교회주의적 성격의 한국교

161) 노치준, "한국교회의 개교회주의," 64-67.

회에는 이러한 부정적 요소가 그대로 나타나고 있다. 우선 교회끼리 경쟁하고 있는 모습이 매우 추하게 나타나고 있다. 그런 면에서 교회의 위신과 복음의 영광을 많이 손상시키고 전도에 커다란 지장을 초래하고 있다. 개교회주의는 교회로 하여금 집단 이기주의에 빠지도록 하며 끝없는 교회 자체의 확장을 추구하는 가운데 경쟁의 원리에 몰두하게 한다. 또한 개교회주의는 물질을 밖으로 나누어 주는데 인색함으로써 물질주의에 빠지기 쉽다. 그 결과 사회를 향한 분배의 평등은 고사하고 교회간의 분배의 평등조차 제대로 이루지 못하고 있다. 개교회주의에 빠진 교회는 자본주의를 채택한 한국사회의 부정적인 측면을 극복할 수 있는 새로운 가치관과 윤리의식을 제공하는 것이 아니라 오히려 자본주의의 그릇된 물결에 굴복하고 있음을 부인할 수 없다.

셋째, 개교회주의는 교회를 개별교회 내부지향적으로 만들기 때문에 교회의 사회에 대한 관심을 약화시키는 결과를 가져온다. 교회가 사회에서 일어나는 여러 문제에 대한 관심이 부족해지며, 따라서 문제의 본질에 대한 이해도 약해진다. 설사 관심을 가진다 해도 적극적이고 실질적인 문제해결 방법의 모색보다는 '교회라는 성곽으로 도피해 오라'는 식의 해결책을 내세우거나 아니면 '전국민이 기독교인이 되면 모든 사회문제는 해결될 수 있다'는 식의 피상적인 생각에 빠지기 쉽다. 이와 같이 사회에 대한 관심이 약화되면 종교의 중요한 사명 가운데 하나인 예언자적인 사명을 상실하게 될 위험이 커진다. 교회는 이 세상의 생활윤리보다 더 높은 차원의 윤리를 가져야 한다. 그리고 그것을 하나님의 이름으로 선포하고 그러한 윤리에서 벗어나는 행동을 하는 사회의 여러 집단과 개인들을 비판할 수 있어야 한다. 그러나 개교회주의에 빠진 교회들은 모든 관심을 개별교회 내부에만 쏟게 되어 이러한 예언자적 사명을 제대로 감당하지 못하게 된다.

넷째, 개교회주의에 빠진 교회들은 교회간의 연합과 단결이 제대로 되지 않아 사회를 향한 뭉쳐진 힘으로서의 역할을 수행하기가 어렵다. 한국교회는 외형적으로 보아서는 엄청나게 큰 힘을 발휘할 수 있는 가능성을 가지고 있지만 그 힘이 교파별로 분산되어 있고 분산된 이 힘은 또 다시 개교회별로 분산되어 실질적으로 나타나는 힘은 그 가능성에 비하여 현저하게 저조한 실정이다. 이렇게 개교회별로 분산되어 서로 연결되지 못하는 교회는 정치집단이나 매스콤과 같은 외부세력과 마찰이 생길 경우 거기에 효과적으로 대처하지 못하게 된다.

이 연합의 결여는 기독교회 안의 경제적, 인적 자원의 엄청난 낭비를 초래하고 있으며, 또 연합하면 이룰 수 있는 정치, 문화, 교육, 사회의 도덕적 가치, 교회의 선교적 영향력 등의 대외적 사역들을 연합하지 못하기 때문에 전혀 하지 못하고 있는 것이다.

2) 교회의 불균형

이러한 개교회주의 사상은 오늘날 한국교회의 성장을 기현상의 구조로 만들어 놓았다고 생각한다. 개교회주의적 원리에 따른 경쟁에서 어느 교회가 성공하여 대형화되면 상대적으로 낙후된 교회가 생겨날 수밖에 없다. 더우기 대형교회의 늘어나는 신자가 비기독교도에 대한 전도에 의해서 만들어진 것이 아니라 타교회 신자들을 끌여들여서 된 것일 경우 교회간의 격차는 더욱 커지게 된다. 사실상 도시교회와 농촌교회의 격차는 도시교회가 도시화라는 매개체를 통해 농촌교회 신도들을 끌어들임으로써 생겨난 결과라고 할 수 있다. 이와 같은 교회간의 불균형은 교역자의 임금격차, 분배윤리의 부재 등 여러 가지 문제를 낳는다. 더우기 낙후된 교회의 경우 교회 자체의 유지조차 어려움을 느끼게 되어 헌금의 지나친 강요나 샤머니즘적 목회방식 등 기독교 윤리의 기준에서 벗어나는 편법이 생길 가능성도 커진다.[162)]

사도행전에서 누가가 교회성장에 상당한 관심을 가지고 있는 것은 사실이지만, 그보다 더 우선된 관심은 복음전파에 있음을 알아야 한다. 사도행전 전체의 초점은 유대인들이 예수님을 나무에 달아 죽였으나 부활하셔서 온 세상의 심판주가 되신 그리스도의 복음을 전하는 것이다(행 11:34-43). 따라서 사도행전 전체의 주제는 1장 8절에 있는 바와 같이 "오직 성령이 너희에게 임하시면 너희가 권능을 받고 예루살렘과 온 유대와 사마리아와 땅끝까지 이르러 내 증인이 되리라"고 하신 말씀에 있다. 즉 부활하신 예수 그리스도를 어떻게 온 세상에 전파하여 나아가는가 하는 것이 사도행전의, 그리고 누가의 가장 중요한 주제요 관심이다.[163)]

뿐만 아니라 누가가 관심을 가지는 교회성장이란 한 개교회만의 성장이 아니라 그 당시 예루살렘을 중심으로 퍼져 나가고 있는 전체 교회의 성장이었다. 따라서 한 지역에서 핍박이 일어나 흩어지더라도(즉 일시적 교회 마이너스 성장) 다른 지역에서 복음이 전파되면 전체 교회로서는 유익이고 손해가 없는 것이다. 이러한 관점에서 스데반의 순교 후에 예루살렘 교회에 큰 핍박이 일어나서 사도들 외에는 다 흩어졌지만, 누가는 이것을 실패나 문제상황으로 보지 않았다(행8:1-4). 왜냐하면 이로 말미암아 흩어진 사람들이 온 유대와 사마라아에서 복음을 전파하였기 때문에 주님께서 명령한 복음전파가 이루어지며 또한 전체 교회 측면에서 교회성장에 손실이 없기 때문이다. 오히려 이로 말미암아 사마리아가 하나님의 말씀을 받게 되고 전체적으로 교회성장에 크게 기여되었다

162) 노치준, "한국교회의 개교회주의," 61-62.
163) 변종길, "무엇이 성경적 교회성장인가," 「목회와 신학」(1993년 7월호), 35.

(행8:4-25; 9:31).[164] 개교회의 성장도 물론 중요한 것이나 우리는 늘 전체 교회의 성장의 관점에서 교회성장을 생각하고 균형있는 교회성장을 추구해 나가야 할 것이다.

우리는 목회에는 오직 하나의 목회, 그리스도의 목회가 있으며 모든 지역교회는 전체적 목회를 위하여 부름받았음을 확신한다. 교회를 그리스도의 몸에 비유한 바울의 그림은 다양하고 융통성 있으며 생동적인 모습을 보여준다. 회중은 많은 기능들과 지체들을 가진 살아 있고, 성장하며, 일하는 유기체이다. 전체로서의 회중은 신체와 같이 통일성과 목적을 지닌다. 그러나 전체 안에 상이한 전문화의 지체들이 있어서 상호의존적인 방법으로 전체 몸이 서도록 도우며 회중의 목표를 수행해 간다. 교육과 교육의 다양한 기능들은 유기적인 전체 내에서 전문화인 것이다.[165] 교회를 하나의 전체로서 보는 일은 교회론에 있어 기초적인 내용이라 할 수 있지만 그것은 실제로 매우 중요한 교리이며 가르침이다.

지난 기간 동안 도시교회의 급성장도 교회의 노력을 완전 배제할 수는 없겠지만 사회학적으로 볼 때 구대화 과정과 발맞추어 이루어졌는데, 그 과정은 급격한 도시화 과정, 경제적 불균형, 정치부재의 요인들로 인한 의미부여, 소속감의 제공, 위로와 도움, 그리고 안정과 복지 제공과 같은 기능을 교회가 수행하면서 이루어졌다. 즉 도시교회는 급격한 도시화 과정을 통해 도시에 이동한 많은 사람들에게 공동체 의식을 불어넣어주고 정체성을 마련해 주면서, 경제발전의 그늘 아래서 상대적 약탈감을 심하게 느끼는 이들에게 보상을 약속하면서, 그리고 불안한 정치적 상황에서 복지와 안정을 제공하면서 성장해 왔다. 그렇다면 도시화가 다소 둔화되고 경제적인 분배정의나 도덕적인 경제철학이 확립되

164) *Ibid.*, 36.
165) *Workbook: Developing Your Educational Ministry*, 50-51.

며, 정치적 민주화와 안정이 이루어지게 된다면 한국 도시교회들의 성장도 약화될 것으로 전망할 수 있을 것이다.[166)]

그런데 농촌의 경우 농촌 인구의 감소, 젊은 노동력의 감소, 부양인구의 증가, 영농의 영세성, 증가되는 부채부담, 낮은 사회적 · 경제적 지위 등의 문제들에서 비롯된 농촌사회 자체가 어려움을 겪고 있는 사회적 · 경제적 배경이 결정적인 요인으로써 농촌교회의 쇠퇴에 영향을 미쳤다. 교인수로 보나 교회 규모로 보나 재정적인 형편으로 보나 도시교회와 농촌교회의 격차는 현저하여 심각한 상태이다. 즉 한국교회가 급성장하는 전체적인 추세를 보며 도시교회가 자족해 할 때, 농촌교회는 날이 갈수록 침체되고 퇴락해 가고 있다. 이것은 농촌인구의 사회적, 경제적 배경의 열악화와 동시적인 현상이라 하겠지만, 교단적인 차원에서 농촌교회의 문제가 고려되지 않는다면, 그리고 풍요한 도시교회가 빈곤한 농촌교회를 돌보지 않는다면, 농촌교회는 영구적인 영양실조 증세에서 회생될 수 없는 지경으로 악화되어 갈 것이다.[167)] 이런 일은 비단 도시교회와 농촌교회 사이의 문제에 국한되지 않고 도시교회 내에서도 대교회와 군소교회 사이에서도 역시 마찬가지이다.

그러나 교회는 본래 우리를 향하신 하나님의 뜻을 찾고 실천하는 일에 자신의 삶 전체를 바치려는 사람들이 모인 '삶의 공동체'이다. 이것이 바로 기독교인들을 세상 사람들과 구분시켜 주는 특이한 삶의 방식인 것이다. 하나님의 교회가 성장한다는 말은 바로 삶의 공동체로서 자신의 삶을 전적으로 헌신하는 사람들이 늘어나 우리들의 삶이 하나님이 보시기에 점점 아름답고 온전한 모습으로 변해 간다는 것을 의미한다. 교회와 기독교교육은 줄곧 기독교인 각자가 분별력과 믿음과 사랑을 지

166) 이원규, "도시교회와 농촌교회," 『한국교회와 사회』, 143.
167) *Ibid.*, 150-151.

니도록 요청하고 가르쳐 왔지만, 기독교인의 삶의 공동체인 교회가 과연 올바른 분별력과 믿음과 사랑을 지니고 있는가에 대해서 따져보고 검토하는 것은 몹시 꺼려왔다. 하지만 우리가 참다운 기독교인이 되기 위해서는 교회의 온전성, 교회의 공동체성이야말로 기독교인 각자의 온전성 이상으로 중요한 것이라는 점을 명심해야 한다.

개혁주의 교회론에서 교회를 '보이는 교회'와 '보이지 않는 교회'로 나누어 생각하는 교회관에 대한 반성이 있어야 한다. 루터나 칼빈은 '보이지 않는 교회'를 추구한 것이 아니고 '보이는 교회'에 충실하면서도 '보이지 않는 교회'가 있음을 전제해야 한다고 하는 긴장관계에서 교회를 이해하였다.[168] 칼빈은 말하기를 '보이지 않는 교회'는 하나님만이 아시는 택자들로만 구성되는 교회를 의미하는 것이므로 막상 우리가 논할 수 있는 교회는 '보이는 교회'라고 하였다. 그는 보이는 교회에 역점을 두었으므로 교회의 일치를 무엇보다 강조하였다.[169] 개교회주의와 교회 분열이라는 공해 속에 살고 있는 우리는 이제 '보이는 교회'에 역점을 두고 교회의 연합과 일치를 위해 노력해야 한다.

---

168) 김영재, "교회연합을 위한 방안을 제시한다," 「목회와 신학」(1995년 3월호), 95.

169) Inst. IV.1.7-22. 칼빈(Calvin)은 "교회 밖에는 많은 양이 있고, 안에는 많은 이리가 있다"(Augustine, John's Gospel xlv.12 (MPL35.1725; tr. NPNF VII.253f)는 어거스틴의 말을 인용하면서 참교회를 알아볼 수 있도록 교회의 표지를 주셨다고 말한다(8항). 그러나 "이러한 표지를 가진 교회가 다소 불완전하다 하더라도 분열의 죄는 용서될 수 없으며(10-16항 서언), ……교회가 다소 거룩하지 못한 점이 있다고 하여 분열이 정당화될 수는 없고, 그런 점은 다만 교회에서 사죄의 행위를 연습할 수 있는 기회일 뿐이다 (17-22항 서언)"고 하였다. 칼빈은 IV권 1장의 제목을 "우리는 모든 성도의 어머니로서의 참된 교회와의 일치(연합)를 유지해야 한다"고 기술함으로써 교회의 일치와 연합을 교회론 처음부터 강조하고 있다.

3) 네비우스 정책의 문제성

한국교회의 교회강조 정책은 1893년 제 1회 선교사공의회에서 결정된 10개조 선교정책으로 구체화되면서 개교회주의적 성격 형성의 바탕이 되었다. 유명한 네비우스 선교정책[170]을 근간으로 하여 만든 선교정책 10개 조항 가운데 7번째의 자급자치의 교회를 만든다는 조항이 가장 중요한 것이었다.[171] 당시의 어려운 경제적 상황에서 교회가 자급하기

---

170) 미국의 장로교와 감리교를 비롯해서 카나다, 호주, 영국 등으로부터 온 선교사들이 협력하며 한국선교의 효율성을 위한 정책수립의 필요성을 느끼고 1890년 중국 지후에서 선교활동을 하던 네비우스(John Nevius) 목사 부부를 초청하여 한국주재 선교사들이 선교해 나갈 선교방법의 원칙들에 대해 조언을 받았는데, 그 원칙은 다음과 같은 것들이었다. (1)선교사들 개개인의 복음전도와 광범위한 순회전도, (2)자립선교, 곧 신자 한 사람 한 사람이 다른 사람에게 성경교사가 됨, (3)자립정치, 모든 신자들은 그들이 선택한 봉급을 받지 않는 지도자 아래에서 전도하고 교회를 경영함, (4)자립보급, 모든 교회 건물은 그 교회의 교인들만에 의해서 장만되고, 교회가 조직되자마자 전도인의 봉급을 지급함, (5)체계적인 성경연구와 모든 활동에서 성경의 중심성을 관철, (6)성경의 교훈에 따라서 엄격한 생활훈련과 치리를 함, (7)다른 교회나 기관과 협력 및 일치의 노력을 계속하며, 최소한도 다른 기관과는 지역을 피차 뜻에 맞게 분할하여 전도, (8)지역과 프로그램의 분할 이후에는 피차 절대 간섭하지 않음, (9)그러나 경제나 그 외의 문제에 있어서는 항상 피차 돕는 정신을 가짐[C. A. Clark, *The Korean Church and the Nevius Methods*(New York: Fleming H. Revell, 1930), 34-35].

171) 김양선, 『한국 기독교사 연구』(서울: 기독교문사, 1971), 73. 공의회에서는 네비우스의 방법을 근간으로 해서 몇 가지 핵심적인 원칙을 첨가 확대하여 한국에서의 선교정책을 정식으로 채택하게되는데 그 열 가지 정책들은 다음과 같은 것들이다[김득황, 『한국종교사』(서울: 해문사, 1963), 396-397]. (1)상류 계급보다는 근로 계급을 상대로 해서 전도하는 것이 좋다. (2)부녀자에게 전도하고 크리스천 소녀들을 교육하는데 특별히 힘을 쓴다. 가정 주부들, 곧 여성들이 후대의 교육에 중요한 영향을 끼치기 때문이다. (3)기독교교육은 시골에서 초등 정도의 학교를 경영함으로써 크게 효력을 낼 수 있다. 그러므로 이런 학교에서 젊은이들을 훈련하여 장차 교사로 보내도록 한다. (4)장차 한국인 교역자도 결국 이런 곳에서 배출될 것이다. 이 점을 유의

위해서는 교회내의 모든 자원을 개별 교회의 유지를 위해 사용할 수밖에 없었을 것이다.

또한 한국교회의 초기 형성기에 우리나라가 일제의 치하로 들어간 것이 교회지향적인 신앙형성의 토양이 되었다. 교회가 사회적인 관심을 많이 가지게 되면 정치 권력과 충돌이 일어나기 쉬웠으므로 교회확장과 신도확보에 주로 관심을 쏟던 선교사들은 1901년 장로회 공의회에서 '교회와 정부 사이에 교제할 몇 가지 조건'이라는 결의문을 채택하여 교회의 비정치화를 추진한 후 일제 하에서도 계속 그러한 태도를 취하였다. 그리고 1907년의 대부흥회, 3.1운동을 통한 정치적 독립 계획의 실패, 농촌사업의 한계 인식 등은 직접, 간접적으로 한국교인들의 성격을 교회지향적으로 만드는데 기여했다.[172)]

이러한 교회지향적인 신념체계는 개교회주의를 낳을 가능성을 높여준다. 만일 교회라는 관념에 있어서 보편적 교회, 사회와 연결되어 있는 교회라는 생각을 가지지 않고 자기 자신이 속해 있는 고립된 개교회라는 생각을 가지게 되면 쉽게 교회지향적 태도는 개교회주의로 전환될 수 있는 것이다.

하고 있어야 한다. (5)사람의 힘만이 사람을 개종시키는 것이 아니다. 하나님의 말씀이 하신다. 따라서 될수록 빨리 안전하고도 명료한 성경을 이들에게 주도록 해야 한다. (6)모든 종교 서적은 외국말을 조금도 쓰지 않고 순 한국말로 쓰여지도록 해야 한다. (7)진취적인 교회는 자급하는 교회가 되어야 한다. 선교사의 도움을 받는 사람은 될수록 곧 줄이고, 자급하여 세상에 공헌하는 그러한 개인을 늘여야 한다. (8)한국의 대중들은 동족의 전도에 의해서 신앙하게 되어야 한다. 따라서 전도를 우리 자신 나서서 하는 것 보다는 전도자의 교육에 전력하여야 한다. (9)의료 선교사들은 환자들과 오래 친숙하게 지냄으로써 가르칠 기회를 찾게 되고, 또 깊은 마음의 문제에 골몰하는 모범을 보여주어야 한다. 시약만 가지고서는 별 효과를 낼 수 없다. (10)병원에서 치료를 받은 사람은 고향의 마을에 자주 왕래하게 해서 의료선교사들의 인애에 넘치는 간호의 경험을 본받아 전도의 문을 열도록 해야 한다.

172) 노치준, "한국교회의 개교회주의," 45.

물론 개교회의 사역과 성장과 영향력이 전체 교회의 그것들에 도움이 되는 결과를 가져오는 경우도 없지 않다. 개교회주의는 한국 교회의 양적 팽창에 크게 기여하였다. 개교회주의는 원리적으로 팽창주의적 속성을 가지고 있다. 인적, 물적 사용에 있어서 교회 내부의 문제에 최우선권을 부여하기 때문에 집단 자체의 힘이 강화되며 이 강화된 힘은 전도라는 기독교 최고의 사명과 결부되면서 신도의 증가에 크게 기여했다.[173] 1970년대 교회 성장을 교파별로 비교해 볼 때 장로교 합동측의 경우 1970년 530,600명에서 1979년 1,090,309명으로 약 105%가 증가한데 비해 기독교 장로회는 같은 기간 194,794명에서 212,044명으로 약 9%의 증가에 그치고 있다.[174] 이 두 교단의 신도 증가율의 현저한 차이에 대해서는 여러 설명이 가능하지만 전자는 보수주의적 신념 체계와 개교회주의적 성격이 강한 교단이었으며 후자는 자유주의적 신념 체계와 사회참여적 성격이 강한 교단이었다는 것이 그러한 차이가 생겨난 원인 중에 하나가 될 것이다.

다음으로 개교회주의는 교회가 신도들에게 의미있는 공동체가 되는데 크게 기여하였다. 개교회주의는 일차적으로 신도들의 의미있는 공동체에 대한 요구에 부응하여 나타난 것이다. 교회의 모든 자원과 관심을 개교회 내부의 문제, 주로 신도들의 개인적인 문제에 기울이게 되면 신도들이 거기에서 공동체 의식을 느끼는 것은 당연하다. 개교회주의는 비록 교회 안이라는 한정된 범위에 국한되기는 하지만 신도들로 하여금 자신이 속한 교회 속에서 강한 공동체적인 느낌이 생기도록 한다.[175] 개교회주의의 기본적인 방향은 조직의 유지와 확대이다. 주어진 상황에

173) 노치준, 『한국의 교회조직』(서울: 민영사, 1995), 50.
174) 한국기독교사회문제연구원, 『한국교회 100년 종합조사연구』, 147, 149.
175) 노치준, 『한국의 교회조직』, 52.

잘 적응한 교회들은 굉장히 빠른 속도로 확장되면서 대형교회로 성장하게 된다. 물론 대형교회가 형성되는 데에는 지도자의 카리스마적 능력, 개신교의 교구의식 약화, 대형교회가 주는 익명성 등 여러 가지 요인이 작용하였겠지만 한국교회의 개교회주의적 성격도 크게 작용하였다. 교회가 커지게 되면 상당히 많은 여력이 생기게 되고 이러한 여력을 잘 통제되는 교회 기구를 이용하여 효율적으로 의미있는 사업에 쓸 수 있는 가능성이 있다. 또한 교회를 기술적인 측면에서 합리적으로 운영할 수 있고 작은 교회에서는 할 수 없는 수준 높은 프로그램을 진행할 수 있다.[176]

그러나 이런 현상이 보다 부정적인 경향을 가져올 수 있고, 무엇보다 지금 우리의 상황에서는 긍정적인 결과보다 부정적인 결과가 더 심각하기 때문에 이를 문제삼지 않을 수 없다. 자기가 속해 있는 교회를 사랑하고 그 교회의 긍정적인 영향력이 커지며 하나님의 나라를 위하여 더 많은 사역을 할 수 있도록 노력하는 것은 장려해야 할 태도일 것이다. 그렇지만, 개교회가 존재하고 발전하는 것은 궁극적으로 그리스도가 영광을 받고 그리스도의 복음이 올바로 전파되기 위함이지 개교회 자체의 영광을 위함이 되어서는 안된다. 같은 목적을 위해서 사역하는 다른 교회와 경쟁관계에 선다는 것은 교회가 존재하는 궁극적 목적을 망각하고 부차적인 것을 궁극적 위치에 세우는 잘못을 저질렀음을 뜻하는 것이다.

교회의 확장에 여념이 없는 교회들은 수단이어야 할 교회조직 그 자체가 목적이 되어버려 예산의 확대, 시설의 확장 등에 주로 관심을 기울이고 본래의 목적인 복음선포, 교회 성원들을 성숙한 신자로 만드는 일, 사회적 책임까지 포함하는 넓은 의미의 하나님 나라 건설 등에 무관심

---

176) *Ibid.*, 52-53.

하거나 관심이 있어도 제대로 손을 쓰지 못하고 있다.[177] 물론 이러한 지적에 있어 네비우스 정책 자체에 문제성이 있다는 뜻은 아니다. 네비우스 정책의 전체적인 내용은 매우 바람직한 정책이다.

4. 목회방법상에 나타난 문제들

1) 기복주의적 설교의 문제성

교회 안에 나타나는 철저히 현세적이고 물질적인 기복사상은 샤머니즘적인 요소이다. 정신적인 복의 개념이 희박한 상태에 있다. 물론 기독교에서도 현실생활, 혹은 육신생활에 필요한 것을 얻는 것을 복으로 보지 않는다는 말은 아니다. 그러나 산상보훈 같은 신약사상에는 영적이고 정신적인 축복이 더욱 강하게 나타난다. 그럼에도 불구하고 한국교회의 복 사상은 현세적이고 물질적인 복 사상으로 더 기울고 있다. 이러한 현상은 설교에서 두드러지게 나타나고 있다.

특히 부흥회를 인도하는 부흥사의 설교가 물질주의를 부채질하는데, 예수를 믿으면 죽어서 천국에 가는 것은 말할 것도 없거니와 이 땅에서 복을 받아 누리고 잘 살게 된다는 것이다. 사업하는 사람은 사업이 성공하고, 소원이 성취되고, 만사불통이 만사형통으로 바뀌고 각종 질병들이 씻은 듯 물러가고 장수무병 건강하고, 들어와도 복을 받고 나가도 복을 받는다는 부흥사의 설교는 비싼 대가를 요구하는데, 예수 믿고 복 받으려면 복 받기 전에 내가 먼저 복 받을 준비가 있어야 한다는 것이다.

177) *Ibid.*, 55.

현찰이 아니면 약속도 좋고, 금은 패물이라도 바쳐야 그에 상응하는 보상이 뒤따른다는 것이다.

예수를 믿으면 복을 받는다는 것과 이에 해당하는 헌금을 요구하는 것에 주목하는 사람이 곧 교회의 지도자들이다. 교회건축을 해야 한다든지 교회수리를 해야 할 때 그 재정을 염출하는 방법으로 부흥회를 열게 된다. 그리고 교인들의 입장에서도 좀 무리인 줄 알면서도 헌금을 하게 되는 것은 부흥사가 약속하는 축복을 받게 된다면 그만한 돈쯤이야 괜찮다는 계산이 나오기 때문에 헌금을 하고 또 약속을 했다가 나중에 후회하고 시험에 드는 예도 허다하다.

예수 믿으면 복을 받는다는 목회자들의 설교, 복을 받으려고 무리하게 헌금하는 교인들, 이러한 양자의 이해관계가 영합하는데서 교회는 물질주의로 전락하고 말았다. 축복을 팔고 사는 집회를 통해 기독교적 옷을 입은 한국적 악성자본주의가 한국교회 도처에 산재해 있는 것이다.

기복신앙은 종교학적으로 즉 자기소원의 성취를 이루는 것이다. 지금까지 어떻게 살아왔든 복을 빌기만 하면 누구나 복을 받을 수 있다고 생각하는 것이다. 그것이 윤리적이든 비윤리적이든, 노력을 하든 노력을 하지 않든 무조건적으로 자기의 소원을 아뢰면 소원이 이루어지는 것이다. 그런 복이 바로 기복신앙에서 주장하는 복이다. 그러나 성경에서 주장하는 복은 하나님께 속한 것이고, 하나님께서 복을 주시는 것이다. 따라서 복은 내 소원을 성취하는 것이 아니라 하나님의 뜻을 이루는 것이 성경이 주장하는 복의 핵심이다.[178]

그리고 기복사상과 함께 나타나는 또 하나의 큰 문제는 한국 교인들의 종교적 이기주의이다. 나와 내 가정이 복을 받고 살면 그만이라는 신앙의식이 팽배해 있다. 이러한 종교적 이기주의는 오늘의 한국사회에

178) 조엘 박, 『맞아죽을 각오로 쓴 한국교회 비판』(서울: 박스북스, 2008), 229.

만연한 물질적 이기주의의 결과이기도 하고 또 그것을 부채질 하는 요인이기도 하다. 오늘날 많은 교회들에 있어서는, 교회성장이 지상목표가 된 나머지 목표가 좋으면 수단과 방법은 어떤 것이 되어도 좋다는 사고방식이 팽배해져서 비성경적인 방법으로 윤리성을 잃어버리고 대단히 비정상적으로 교회의 양적 팽창만을 추구하고 있는 현상이 나타나고 있다.

또한 기복적 설교와 더불어 헌금문제에 있어서도 헌금을 이해시키고 자발적으로 하도록 유도하는 것이 아니라 강제적으로 헌금하게 한다. 특히 부흥회에서 개인을 일으켜 세우면서 헌금액을 작정하게 하는 일 등은 비윤리적인 처사이며 이것은 복채를 강요하는 식이다. 부흥회의 메시지가 회개에 있는 것이 아니고 물질적인 축복에 있으며, 또 부흥회의 회개의 목적이 회개운동에 있는 것이 아니라 교회건축 등 다른 목적에 이용되고 있는 것은 무속적 심성을 이용한 잘못된 교회의 정책이며 시정되어야 할 목회방법론이라고 할 수 있다.

한국교회는 아직도 짧은 역사에서 부흥회, 십일조 헌금, 교회당 건축, 교역자 확보, 교인배가 운동 등 일련의 경제적 자립과 외적인 성장이 곧 교회성장을 의미하는 것으로 여겨왔고, 교회의 내적 성장이나 교인들의 올바른 신앙확립에는 사실상 초점을 두어오지 않은 경향이 있다.[179] "한국교회는 교인 개개인을 바른 진리로 이끄는 일과 역사를 제도하는 근본 바탕은 방치한 채 교회운영과 확장, 예배당 건축과 교회 재산 늘리기에 급급해 있다. 그래서 거기에 소요되는 예산확보를 위해 수단 방법을 가리지 않고 헌금을 모은다. 헌금의 목표액에 도달하기 위해 기복 신앙을 팔고, 최면술을 동원하여 '천 만원 없습니까? 오백 만원 없습니까?' 하고 마치 입찰을 붙이듯이 하여 헌금을 긁어 모은다. 그리하여 예수 그

179) 정용섭, 『교회갱신의 신학』(서울: 대한기독교출판사, 1979), 269.

리스도의 교회, 진리의 공동체는 자신도 모르는 사이에 장사터로 타락해 가고 있는 것이다."[180] 이런 물량주의적 목회방법은 중세 로마 가톨릭 교회의 그것에 비견될 수 있을 것이다.

교회에서 하나님의 은혜에 감사하여 바칠 헌금을 복받기 위하여 바치는 제물처럼 생각해서 많이 바치는 그만큼 많은 복을 받는다고 가르친다. 교회출석이나 교역자 대접, 교회의 여러 가지 봉사가 다 하나님께 받은 바 영적, 내적 은혜에 대한 감사와 감격의 표시라기보다는 하나님으로부터 더 얻기 위한 파종으로, 보상의 수단으로 드리며 그렇게 가르치고 있다.[181]

예배에서 헌금을 바친 사람을 광고하거나 그를 위하여 복을 빌며 기도하는 일은 한국교회에서만 볼 수 있는 기이한 광경이다. 1950년대 이전에는 볼 수 없던 풍습이다. 그것은 물질적 복을 갈구하는 대중의 기복적인 종교심을 만족시켜 준다는 목회적 배려에서 생긴 관행인데, 전능하신 창조주 하나님께 영광과 감사와 찬양을 돌리는 예배에는 전혀 맞지 않을뿐너러 회중들이 하나님을 은밀한 중에 보시는 하나님으로, 장차 영원한 나라에서 상급을 주시는 하나님으로 이해하는 것을 가로막고, 물질을 바치는데 따라 복을 내리는 저급한 샤먼의 신 이해에 머물게 한다.[182]

흔히들 말라기 3장 10절의 "너희 온전한 십일조를 창고에 들여 나의 집에 양식이 있게 하고 그것으로 나를 시험하여 내가 하늘 문을 열고 너희에게 복 쌓을 곳이 없도록 붓지 아니하나 보라"는 구절을 인용하여 복을 받기 위한 십일조의 정당성을 주장한다. 그러나 이 부분만을 이용하

180) 김진홍, "역사를 만드는 교회," 『한국교회의 현실과 전망』 총신대학부설 한국교회문제연구소 편(서울: 도서출판 풍만, 1989), 40.

181) 이장식, 『한국교회의 어제와 오늘』(서울: 기독교서회, 1977), 109.

182) 김영재, 『한국교회사』 개정3판, 423.

여 인과법칙적 적용을 하려할 때 그대로 이루어지지 않는 경우 신앙에 혼란이 오게 됨은 당연한 일이다.

말라기의 십일조 교훈은 "…… 품군의 삯에 대하여 억울하게 하며 고아와 과부를 압제하며 나그네를 억울케 하며 나(여호와)를 경외치 아니하는"(말2:7) 타락한 이스라엘이 회개하고 나아오기를 권면하는 교훈 다음에 주어진 부수적인 교훈으로, 하나님의 것인 십일조를 도적질하는 것을 회개하고 돌아오면 하나님이 복을 주신다는 약속이 있다.[183)]

여기에서 강조점은 이스라엘이 불의에 대한 잘못을 뉘우치고 그 표로서 십일조를 바치라는 것이다. 그러므로 지난 날의 잘못을 뉘우치고 회개하며 하나님의 소유권을 인정하는 신앙을 확립하지 않은 상태에서의 어떠한 십일조 헌금도 무의미한 것이며 그런 십일조 헌금자에게 하나님은 하늘 문을 열고 쌓을 곳이 없도록 복을 부어주시지를 않는다. 그러므로 물질축복을 받으려면 십일조를 바쳐야 한다는 실리적 사고방식은 기복신앙이라고 할 수밖에 없다.

기독교의 축복사상은 현세적·요행적·주술적 축복사상이 아니라 윤리적·계약적(契約的)·신앙적 축복사상임을 기억해야 한다. 나 하나 예수 잘 믿고 천국 가겠다는 생각과 나 하나 헌금 많이 내고 그 대가로 더 큰 물질의 축복을 받고자 하는 생각이 '내 교회주의'를 낳고 급기야는 분

---

183) 백성의 합법적 십일조와 예물을 드리지 않음을 책망하는 내용(말3:7-12) 직전에는 언약의 사자가 심판하기 위해 오시나 이스라엘을 완전히 멸절하지 않는다는 내용(2:17-3:16)이 나온다.[J. D. Lange 편저, 『랑게주석 학개, 스가랴, 말라기』 배영철 역, (서울: 백합출판사, 1984), 362-375과 박윤선, 『성경주석 소선지서』(서울: 영음사, 1989), 505-509 참조]. 그리고 "…… 그들이 의로운 제물을 나 여호와께 드릴 것이라 그 때에 유다와 예루살렘의 헌물이 옛날과 고대와 같이 나 여호와께 기쁨이 되려니와"(말3:3-4)라고 의로운 제물이 여호와 하나님께 기쁨이 되는 것임을 말해준다. 물론 제물(십일조)을 드려야 함을 강조하는 것이지만 더 큰 강조점은 의로운 제물(십일조)에 있다.

파주의의 원인이 되기도 한다. 그들에게 있어 축복은 내세가 아니라 현세에 초점이 있으며 물질적이요 감각적이다.

그러나 현세적인 것 뿐 아니라 내세적인 것을 구하더라도 기복신앙을 벗어나지 못하는 경우가 허다하다. 사람들은 흔히 내세에 대하여 확신을 가지면 참 좋은 믿음을 가진 것으로 생각한다. 구원을 찾으면 믿음이 있는 것으로 보아준다. 그러나 그러한 신앙은 대개의 모든 종교에서 공통적으로 볼 수 있는 것이다. 내세에 대한 신앙이나 구원에 대한 신앙도 자기를 중심할 때, 그것은 아직 기복신앙일 뿐이다.[184)]

많은 재물을 가지고 그것을 팔아 가난한 자들에게 나누어 주라는 주님의 말씀에 순종하지 못하면서도 구원을 얻으려던 부자 청년은 천국을 말하고 구원을 희구했지만 자기 중심적인 기복신앙을 벗어나지 못했던 것이다. 예수님의 제자 야고보와 요한은 주님이 영광을 얻으실 때에 자기들을 주님의 좌우에 앉게 해 달라고 간청했다.[185)]

"주님이 영광을 얻으실 때"를 현세적인 영광을 얻을 때로 의미했다면, 그들이 이를 기복신앙에서 간구했음은 말할 것도 없거니와 내세적인 것을 의미했더라도 그들의 현세적인 욕구를 영광의 세계로 연장하는 기복신앙을 노출시킨 것이라고 할 수밖에 없다.[186)]

요즈음도 곳곳에서 열리는 축복성회가 물질, 건강, 출세, 만사형통 등에서 크게 벗어나고 있지 못하는 것을 보게 되는데, 예수께서 가르치신 팔복의 내용[187)]은 결코 수복(壽福)이나 재복(財福)이 아니었다. 그것은 소유가 많고 적은데 있는 것이 아니라 인격적 문제이며, 또한 동시에 하

---

184) 김영재, 『기독교신앙과 생활』(서울: 성광문화사, 1990), 49.
185) 마가복음 10장 35-45절 참조.
186) 김영재, 『기독교 신앙과 생활』, 49-50.
187) 마태복음 5장 3-10절.

나님과 인간 사이의 관계, 곧 영적이며 종교적인 문제이다.[188] 진정 복된 사람은 먼저 인간의 영혼을 타락시키고 방향감각을 흐리게 하는 인생의 근본적인 죄를 무서워하며 미워한다.[189] 하나님께서 약속하신 은혜, 보호, 그리고 구원을 믿지 못하고 오히려 재물이 제공할 수 있는 안전보장과 쾌락을 믿고 바란다면 그것은 곧 우상숭배를 하는 것으로[190] 극히 잘못된 일이다.

한국교회가 이와 같이 된 데에는 목회자들이 기독교의 본질과 교회의 사명에 대해 교육하는 교육목회의 방법을 뒤로 하고 '예수 믿으면 복 받는다'는 슬로건을 내걸고 그렇게 설교하면서 교회 배가에만 주력하는 목회방법을 사용해 왔기 때문이다.

2) 예배의 문제성

교회란 예수 그리스도를 구주로 고백하는 사람들이 모여서 신령과 진정으로 예배하며,[191] 하나님 나라의 확장을 위해 말씀을 배우고 전하며 주 안에서 지체된 성도들 간에 교제를 나누며 주를 위해 봉사하는 곳이다. 예배는 질서있고 합당하게 드려져야 한다.

예배의식에서 상당수의 일반 신자들이 말씀과 복음 중심의 예배에 만족을 느끼지 못하고 큰 소리로 울고 통성 기도하며 열광적인 분위기를 유도하는 집회에서만 만족을 느끼고 은혜를 받았다고 생각하는 경향이 있다. 말씀과 복음 중심의 예배는 어쩐지 답답하고 이해하기도 힘든데 반해 열광적인 집회에 참석하고 나면 비로소 가슴이 후련하고 새로운

188) 민병소, "한국 기독교와 샤마니즘 이해," 「풀빛목회」(1982년 3월호), 38.
189) 정진경, "한국인의 복개념," 「기독교사상」(1977년 1월호), 42.
190) 손봉호, "한국교회의 배금사상," 153.
191) 요한복음 4장 24절 참조.

힘이 나는 것 같다고 생각한다.

이것은 말씀의 변화시키는 능력에서 오는 만족과 희열을 느끼는 것이 아니고 열광과 엑스타시와 소음과 격정적인 분위기 속에서 일종의 카타르시스를 기대하기 때문이라고 볼 수 있다. 이것은 일종의 현실도피적 신비주의적 신앙이라고 할 수도 있다. 그리스도의 계시는 역사 안에서 구체적인 사건으로 나타났다. 이 사건은 새로운 자기이해와 역사이해를 가져다 준다. 그런데 신비주의는 역사에 대해 눈을 감고 현실을 외면하고 짓밟는다. 이러한 역사와 현실에 대한 외면이 교회를 휩쓸고 있는 한, 기독교적 역사 창조는 불가능하다.

종교개혁자들은 먼저 신앙고백서를 작성하고 이어서 신앙고백에 맞는 예배의식을 갖기 위하여 예전을 편찬하였다.[192] 인간들 자신을 위한 감정의 정화를 목적하는 예배는 진정한 예배가 아님을 기억해야 한다.[193] 그것은 하나님께 예배드리고 하나님만을 높이는 예배정신에 맞지 않는 일이다.

많은 목회자들은 예배를 바르게 인도하고 또 지도해야 함에도 불구하고 오히려 교인들의 취향과 비위에 맞추어 그들의 환심을 사려 하고 있다. 이러한 예배의 방식으로 성도들을 더 끌어 모을 수만 있다면 예배의 질서는 뒷전으로 밀려나고 마는 것이다. 이러한 예배의 모습은 예배의 집례자들인 목사들의 목회방법의 문제성을 그대로 보여주는 단면이다. 뿐만 아니라 짧은 예배시간 중 일일이 헌금자들을 호명하고서는 정작 예배순서에 있는 찬송가는 첫 절과 마지막 절, 혹은 한 절만 부르는 경우도 허다하다. 이는 예배의 질서에서 볼 때 크게 잘못 되었다.

지난 날 큰 잇슈로 떠올랐던 빈야드 교회의 예배의식도 결국은 예배

192) 김영재, 『기독교 신앙과 생활』, 134.

193) 김득룡, "예배, 그 올바른 이해를 위하여," 「빛과 소금」(1986년 1월호), 37.

질서에 관한 문제였다. 불건전한 성령운동과 신비체험의 가장 큰 위험성들은 정서주의와 주관주의, 맹목성과 광신성, 그리고 신앙의 개인주의와 심령주의에 있다. 또한 이러한 신앙은 성경의 구절들을 그 전체적인 정신에 따라 해석하거나 이해하지 않고 자신의 관점과 목적에 맞는 구절들만 강조하고 이것을 성경 전체의 가장 중심적인 메시지로 간주하는 위험을 가지고 있다. 예배는 성도들의 카타르시스를 위해 있는 것도 그러한 카타르시스를 제공함으로 교인의 배가를 위한 수단을 위해 있는 것도 아니다.

예배의 문제에 있어 꼭 지적해야 할 또 한 가지는 예배의 불균형 문제이다. 종교개혁은 로마 가톨릭에서 말씀이 약화되고 의식과 상징주의에 치우친 예배를 드리는 잘못을 지적하고 말씀을 중심한 예배를 강조하였다. 그러나 오늘날은 오히려 예배가 말씀 중심으로만 일방적으로 치우쳐 성례와 균형이 맞지 않고 있다. 세례와 성찬은 예배에 있어 매우 중요한 부분이다. 현재 한국교회 예배의 실제에 있어서는 성찬이 교회에 따라 일년에 자주 시행하는 교회는 4회, 적게 시행하는 교회는 1~2회에 그치고 있다. 이는 성례의 의미를 생각할 때 매우 잘못된 것이다.

3) 은사중심 목회의 문제성

신비주의적 목회자들을 통해 행해지고 있는 예언기도는 역사와 세계를 예언하는 것이 아니라 한 개인의 재수를 점쳐주는 것으로 무당의 점복, 신탁의 행각과 유사한 모습으로 나타나고 있다. 제물(祭物)이 많을수록 많은 복을 받을 것을 기도함도 무당의 기능과 흡사하다.

예언이라 함은 성령의 감동을 받아 하나님의 뜻, 구원에 관한 하나님의 경륜을 사람들에게 말하는 것이다. 예언자는 하나님의 말씀의 대언

자였지 그들의 마음대로 말하는 자가 아니었다. 예언자의 사명은 신수를 봐주거나 개개인의 운명을 미리 말해주는 것이 아니었다. 간혹 어느 특정인의 미래 운명은 예고한 적이 있으나 그런 경우에는 이스라엘에 대한 하나님의 섭리에 결부되어 있었다. 그러므로 예언자는 하나님의 뜻과 계획을 선포하고 그 명령을 전달하는 자였다.

이상한 예언이니 방언이니 하면서 일 만 마디의 헛된 말을 하지 말고, 하나님의 말씀인 성경말씀을 깨달은 마음으로 다섯 마디 하는 것이 훨씬 유익한 것이다.[194] 성경의 원리는 구원받은 성도가 하루 하루 주님의 뜻대로 살되 자신의 선택과 결단으로 책임지며 사는 것이다. 그래서 신자는 자기가 기도하는 가운데 하나님이 기뻐하실 방향이 무엇인지 정하고 그 댓가는 자신이 책임져야 한다.

그리고 이와 더불어 한국교회에 드러나고 있는 큰 문제 가운데 하나는 신유에 대한 부적절한 이해이다. 기독교 주변의 치병자들이 가지고 있는 질병관은 범죄론, 마귀 혹은 귀신론, 저주론으로 대별되지만 그 주축은 귀신론이다.[195] 이들은 한결같이 초자연적 원인에 의하여 질병이 생긴다고 믿는 공통점을 가지고 있다. 범죄론은 병의 원인이 죄의 결과로 인한 것이라는 입장이다. 따라서 죄와 병과의 관계를 일률적으로 필연적인 것으로 취급함은 이 입장에선 당연한 것이다. 그러나 이런 태도는 크게 잘못된 것이다. 욥의 경우는 그가 죄를 짓지 않고 의롭게 살았기 때문에 믿음의 시련으로 병이 주어졌다.[196] 그리고 날 때부터 소경되었다가 예수님에 의해 치료함을 받은 자도 그 부모나 그 사람이 죄를 범했기 때문에 소경된 것이 아니라 그에게서 하나님이 하시는 일을 나타내

194) 고린도전서 14장 19절 참조.
195) 김광일, “기독교 주변의 치병현황,” 「풀빛목회」(1982년 10월호), 64.
196) 욥기 1장 5-19절.

고자 하셨기 때문에 그리 된 것이다.[197]

또한 저주론은 범죄한 사람이 하나님의 법을 어기고 타락했기 때문에 하나님의 저주를 받게 되어 마귀에게 병으로 억압받도록 내버림을 당했다는 주장이다. 따라서 병에서 해방되는 길은 속죄하고 하나님의 은사로써 마귀를 쫓아냄으로써만 가능한데 약으로는 병을 고칠 수 없다는[198] 잘못에 빠지고 있다.

귀신론을 주장하는 이들은 모든 병의 원인을 무조건 잡귀신의 소행이라면서 이런 원귀들을 몰아내야만 병을 고친다고 한다. 곧 질병은 귀신이 사람의 몸에 들어와 행패를 부리는 결과로 생겼다고 보는 것이다. 그들은 제 명대로 살지 못한 사람들의 영혼이 하늘나라에 들어가지 못하고 사람들을 괴롭힌다고 하는데 그런 생각은 샤머니즘의 그것과 일맥상통함을 알 수 있다.[199]

드물게 축복론을 주장하는 이들도 있는데, 이들은 병을 신유로 고침받고 하나님의 사람이 되기 위해 하나님이 미리 선택된 사람에게 병을 준다는 말인데 이는 샤머니즘 사회의 신병개념과 동일하다.[200]

불행히도 많은 목회자들이 이 잘못된 견해들에 연루되어 있으며 이러한 치병행위를 통해 교회를 성장시켜 보려는 유혹에서 벗어나지 못하고 있다.

이들 치병집단의 안수기도 혹은 안찰기도의 형태를 보면 "쉿" 소리를 내면서 머리를 손으로 누르며 기도를 해준다. 이 때 몸이 떨리거나 가슴이 뜨겁게 느껴지거나 숨이 급격하게 가빠지거나 몸 어느 부위에 이상감각을 느낌으로써 치료되었다는 증거로 삼는다. 더우기 문제가 되는

197) 요한복음 9장 1-3절.
198) 김광일, "기독교 주변의 치병현황," 65.
199) 원형갑, "기독교와 샤마니즘," 「기독교사상」(1974년 4월호), 85.
200) 김광일, "기독교 주변의 치병현황," 65.

것은 병의 치유를 위해서 여러 가지 비열하고 누추한 방법을 쓰는 점이다. 구타법(毆打法), 봉박법(封縛法), 공물법(供物法), 화기법(火氣法), 경압법(驚壓法)등은 모두 비윤리적인 마술적 수법이다.[201]

이러한 행동은 영적 무지의 결과에서 비롯된 것이며 한국교계의 풍조가 아직도 무속신앙에서 벗어나고 있지 못함을 보여주는 것이다. 그들은 열왕기하 13장 16절에서 근거를 잡고 잠언 20장 30절에서 확신을 갖고 있으나 두 성구가 모두 합당치 않게 인용되었다.[202]

예수님은 질병을 고치거나 귀신을 내어쫓을 때 말씀으로 하셨지 때리지 않으셨다.[203] 혹 안수하여 고치신 적은 있어도[204] 때려서 무슨 기적을 보인 적은 없었다. 그것은 사도들도 마찬가지였다.

안수는 공직에 공적으로 임명된 자들의 성령충만과 치료, 그리고 사명자를 위한 것으로 아무에게나 경솔히 안수하지 말라고 하셨다.[205] 더우기 그릇된 안찰 행위는 성경 어디에서도 발견되지 않는다. 또한 그런 암시도 없다. 이것은 주무르거나 육체에 자극을 주어서 고칠 수 있는 경우와 안마와 물리치료의 원리에서 혹시 두드리고 주물러 줄 수는 있겠지만, 그 외에는 용납될 수 없고 금지해야 할 잘못된 행위이다.

그런데 신유가 상품화 되고 교회사역의 전부인 것처럼 착각되고 있다. 부흥회의 광고를 보면 신유를 앞세우고 있는 것을 볼 수 있다.[206] 그리

---

201) 장병일, "유형학적 입장에서 본 기독교와 샤마니즘," 「기독교사상」(1961년 6월호), 58.

202) 전자는 히브리 성경에 의하면 단지 '손을 놓다' 또는 '손을 대었다'는 뜻이고, 후자는 '때려서 가르치면 좋은 교육 효과가 있다'는 뜻이다.

203) 마태복음 8장 16절 참조.

204) 마가복음 6장 5절, 8장 25절; 누가복음 13장 12-13절 참조.

205) 디모데전서 5장 22절 참조.

206) 필자에게 얼마 전 신문의 속지로 전달된 어느 광고지에는 아예 집회 인도자의 이름이 '선신유', '이예언'이었다. 아예 이름까지 바꾸어서 성령은사 중심으로 치우친 모습을 보여주고 있다.

고 대부분의 부흥사들이 그들의 부흥집회의 새벽기도 시간이나 철야기도 시간에 신유를 위한 특별기도 시간을 갖기도 한다. 부흥사들은 자기가 이 신유의 능력을 받았다는 것을 어떻게 해서라도 과시하려는 것이다.[207] 그러한 점은 많은 목회자들에게서도 나타나고 있다. 그 능력을 받았다는 것을 입증하기 위해 경혈과 최면술을 익혀서 기도시 안수나 안찰을 통해 최면상태에 이르게도 한다. 또한 안찰의 부도덕성으로 정신병자에게 귀신이 들었다고 하면서 능력을 받았다는 손으로 안찰하므로 병자가 죽는 경우도 가끔 있다. 분명 하나님의 성령의 은사인 신유가 상품화 되고 있는 실정이다. 신유은사 예배를 강조하는 목회자는 병굿을 하는 무당과 유사하며 신령한 목회자를 강조하는 성도들은 신이 내린 무당을 좋아하는 구경꾼과 같다.[208] 예수님께서도 이적으로 많은 병자들을 고치셨으나 예수님에게서는 신유 자체가 목적이나 상품이 아니었던 것을 알 수 있다. 중풍병자를 고치실 때, "네 죄사함을 받았느니라"(막 2:5) 하신 말씀을 통해서도 예수님의 관심은 죄사함과 영혼의 구원이 우선되는 목적이지 이 목적이 배제된 상품화된 신유는 예수님에게서 찾아볼 수 없다.[209]

한국교회 안에서 일어나는 성령의 은사운동이 한국교회와 사회에 많은 부정적인 영향을 미치고 있다. 초기 한국교회가 경험한 대부흥은 성

207) 김원식, 『한국기독교 100년의 허와 실』(서울: 도서출판 들소리, 1982), 25.

208) 민병소, "한국 기독교와 샤마니즘 이해," 32-33.

209) 이런 점은 성경에 분명히 나타난다. 또 다른 예로, 예수님은 "70인이 기뻐 돌아와 주여 주의 이름으로 귀신들도 우리에게 항복하더이다"(눅10:17)라고 이야기 했을 때, "그러나 귀신들이 너희에게 항복하는 것으로 기뻐하지 말고 너희 이름이 하늘에 기록된 것으로 기뻐하라"(20절)고 하시면서 병고침에 따른 영적 교만보다는 개인의 구원이 중요함을 강조하고 있다. 신유가 중요한 것은 사실이라 해도 더욱 중요한 구원의 문제에 우선적 관심이 주어져야 한다는 점이 강조되어야 한다.

도들이 성경말씀을 열심히 공부하고 힘쓰는 가운데 성령의 충만함을 부음 받아 일어난 불가항력적인 회개운동이었다. 많은 사람들이 회개하고 예수 그리스도를 주님으로 영접하여 확신하는 믿음을 가지며, 도덕적으로 정결한 생활을 힘쓰게 만드는 운동이었다. 한국교회사상 부흥사 가운데 병 고치는 기적을 행한 이들이 더러 있었다. 초기 한국교회의 대 부흥 때 활동한 길선주 목사, 1920년대와 30년대에 부흥사로 활동한 김익두 목사, 그리고 해방 후에 활약한 박재봉 목사가 그런 대표적인 인물이다. 그러나 그들은 사람들에게 병 고치는 일에 관심을 두기보다는 복음의 말씀을 듣고 영원한 생명으로 구원을 얻는 일에 관심을 기울이도록 강조하며 배려하였다. 병 고치는 일을 과시하는 일도 없었다. 그들은 집회의 목적을 항상 말씀선포에 두었다.[210] 이에 반하여 은사 운동을 주도하는 대부분의 사람들은 회중들이 영원한 생명의 구원에 이르게 하는 복음의 말씀보다는 방언과 병의 치유 등 감각적인 경험과 현세적인 안녕과 복지에 더 관심을 갖게 한다. 동조자를 얻어 조직을 형성하고, 많은 사람을 동원하기 위하여 광고 매체를 동하어 신진하며, 대형집회를 열어 병 고치는 일을 주요 행사로 삼고 이를 과시한다. 이러한 은사운동은 초자연적인 세계와 기적에 대한 대중의 호기심을 유발하거나 자기중심적이고 이기적인 기복신앙을 부추긴다. 반면에, 하나님께서 우리에게 요구하시는 올바른 예배와 윤리적인 삶에는 무관심하게 만든다.[211]

이러한 행위들이 흔하게 나타나는 것은 눈에 보이는 외적 증거들을 통해 쉽게 교인들을 모으고 신령한 목사로 대접을 받아보려는 저급한 신앙에서 나오는 목회방법들이다. 참다운 목회는 하나님의 말씀을 체계적으로 가르치고 모든 삶의 장면에서 구체적으로 성도들이 어떻게 살아

210) 김영재, 『한국교회사』 개정3판, 424.
211) *Ibid.*, 424-425.

가야 하는지를 지도하는 교육적인 목회방법론을 활용할 때 이루어진다.

4) 목회자와 평신도의 관계 문제

한국교회의 많은 목회자들이 카리스마적이고 다혈적인 모습과 권위를 가지고 교회의 모든 일에 절대적인 주장과 독재를 행하고 있다.[212] 섬기는 종의 모습이 아니라 군림하고 다스리는 독선의 신적 권위자로 자처하는 모습들을 많이 보는데, 이러한 목회자들이 사역하는 교회의 성도들은 목사가 마치 영험있는 무당인 양 생각하고 재난을 추방하고 복을 빌어 주기를 원한다.

원래 카리스마의 권위(Charismatic Authority)란 신으로부터 특별한 명령을 받았거나 계시를 받았을 때 갖는 권위이며, 따라서 절대적인 권위를 의미하는 말이다. 그런데 내용적인 권위 없이 외형적으로만 그러한 권위를 행사하려 할 때 문제가 생기게 된다.

목회자가 마땅히 갖추어야 할 자격과 지식 그리고 성품들을 가져서 교인들로부터 존경을 받아가지고 어떤 말씀을 했을 때 평신도들이 다 그것에 순종하면, 그 권위는 아주 훌륭한 권위가 된다. 그러나 단순히 목사란 이름, 안수를 받았다는 사실 그 자체가 어떤 권위를 갖는다고 생각할 때, 즉 목사의 자격이나 인품은 갖추어지지 않고 모범도 보이지 않으면서 단순히 목사 안수를 받았다는 사실 자체로 어떤 권리를 행사하려고 한다면 그것은 권위주의이다.

대부분의 한국교회는 마치 파쇼 체제하의 사회처럼 일방적인 복종을 강요하고 획일적인 추종을 강조한다. 우리가 알아야 할 것은 교회가 비민주적인 구조에 젖어있으면 그만큼 비영적인 공동체로 머물러 있게 된

212) 고환규, "교계신문국장들의 좌담," 「현대종교」(1982년 8월호), 184.

다는 사실이다. 주님은 민주적인 방법으로 우리를 대하신다. 우리 각자의 자발적인 동의와 참여를 통하여 주님의 일을 이루어 나가신다. 그런데도 대부분의 한국교회는 무조건적인 복종을, 무비판적인 아멘을 요구하고 있다.[213] 하나님은 우리에게 대화하자고 요구하신다. 대화하면 기적이 일어나고 그 기적으로 우리의 죄가 주홍 같을지라도 눈과 같이 된다고 약속하신다(사1:18). 그러나 교회에는 대화가 없고 인격 대 인격의 만남과 나눔이 없다. 따라서 대화를 통하여 일어나는 역사가 없다.[214]

무속신앙의 배경에서 벗어난지가 오래지 않은 신자들은 목사를 제사장으로 이해하고 의례히 축복하는 사람으로 안다. 그리고 많은 목사들에게서 신학적인 성찰이나 사고없이 교인들의 종교심에서 나오는 욕구를 충족시켜 주려고 노력하고 있는 모습을 볼 수 있다. '토착화'라는 말은 배격하면서도 한국적인 상황에의 적응이란 말로 백성들의 종교심에 부응하는 것을 변명하고 정당화 한다. 더 나아가 많은 목사들이 저주권도 가졌음을 간접적으로 시사하며, 교인들은 심지어 목사의 이런 면을 두려워한다. 이러한 저주권이나 축복권은 자연종교의 샤먼이나 제주(magician)의 기능에 속하는 것이며 그러한 자들에게 어울리는 것이다.[215]

설교자들의 모습 속에서도 권위주의적이고 위압적이며, 또한 자기 방식대로의 풍유적(allegorical) 설교에서 벗어나고 있지 못한 모습을 보게 된다. 또한 카리스마적 목회자의 권위는 심방을 통해서도 나타난다. 양떼들을 잘 돌아보기 위하여 적절히 심방을 하고 상담을 하는 일은 성경적이요 바람직한 일이다. 그런데 목회자의 내적 발전을 위한 시간을 갖지 못한 채 샤머니즘적이고 카리스마적인 태도로 교회의 일들을 처리하

---

213) 김진홍, "역사를 만드는 교회," 41.

214) *Ibid.*, 41-42.

215) 김영재, 『기독교 신앙과 생활』, 134.

며 심방하는 것은 교회의 참다운 발전과 성장을 가져오는데 저해요인이 되고 만다.

5. 그리스도인의 신앙양태와 의식의 문제성

한국교회 성장이 정체된 이유는 목회자와 그리스도인, 즉 한국교회의 도덕성 결여에 있다는 사실을 솔직히 인정해야 한다. 그리스도의 교회가 가르치는 진리는 복음의 가치요 하나님의 나라의 가치인 그리스도의 사랑, 용서와 화해, 평화와 정의, 영생에로의 구원 등이 중심적이다. 그러나 한국교회와 그리스도인들이 그것들을 익히 알고 말하면서도 실제로는 그 가치를 삶에서 실현하거나 본을 보이지 못하는 것이 문제이다. 그러한 영적이며 정신적인 가치는 삶에서 실천되어야 한다.

원래 한국교회의 목사들은 자기 자신을 부정(否定)하는 일에 훌륭한 모범을 보여왔다. 경제적인 부를 추구하지 않았으며 잡다한 세속적 요구에 응하려 하지 않았다. 성경적 요구와 실생활의 일치를 위해 노력해왔으며 선비적인 강직성을 통하여 세상과 타협하는 일에 부정적이었다. 다른 목회지로 아무 때나 떠날 준비를 하고 있었으며 때로는 가정 식구들이 자신 때문에 희생당하는 일조차 주저하지 않았었다. 모리아산 꼭대기의 준비된 제단 위로 자신의 세속적 소유를 올려놓고 칼로 자르고 불로 태우는 일에 주저하지 않았었다.[216]

그런데 지금 한국교회는 도덕성에 있어서 심각한 불신을 받고 있다. 한국교회의 성장은 역사적으로 볼 때 교회의 지도자들과 그리스도인들

216) 이요한, “새롭게 본 한국교회 성장요인 분석,” 56.

의 신앙 모습과 도덕성에 직결되어 있었다고 할 것이다. 예를 들면 초창기 교회의 신앙적인 인물들은 대부분이 사회적으로 존경을 받는 자들이었다. 그리고 애국적인 정신과 민족을 사랑하는 그들의 인격성과 신앙심은 한국교회와 기독교가 존경받는 근거가 되었던 것이다. 그러나 지금 한국의 현실에 있어 교회에 대한 반응은 전혀 다르다. 윤리문제에 있어서는 '믿는 사람과 믿지 않는 사람의 구별이 없다'는 것이다. 일반 그리스도인의 비윤리성 뿐만 아니라 특히 목회자들의 비윤리적인 일도 비일비재하다.

한국교회에 신앙과 윤리를 접목시키는 교육적 차원의 목회 프로그램이 없었다는 데서 그 이유를 찾을 수 있다. 신앙과 윤리는 뗄래야 뗄 수 없는 것임에도 이제까지 예수 믿고 구원만 받으면 된다는 것을 지나치게 강조하다 보니 정작 교인들이 사회에서 신앙인으로 어떻게 살아야 하는가의 문제를 등한히 했다. 또 한 가지는 한국교회가 교인들에게 '복받는다'는 말은 강조하면서 고난의 의미는 이야기해 주지 않는다는 점이다. 앞서 지적했듯이 우리의 신앙선배들은 고난을 받으면서도 윤리적인 삶을 실천하려 애썼고, 또 그것이 기독교의 부흥과 발전을 이룩한 원동력이 된 것인데, 요즘 목회자들은 이같은 고난의 교훈을 설교에서 빼버리고 '잘 되고 범사에 복받는' 이야기만 하는 경향이다.[217]

문제의 근원은 한국교회의 목회자들에게 윤리의식이 희박하거나 결여되어 있다는 사실에 있다. 대부분의 한국목회자들에게 있어 목회자의 윤리의식이란 기껏해야 '목회 윤리'를 말하는 것 정도로 이해되고 있는 듯하다. 결국 한국교회 내 목회자들 간의 목회윤리는 '상업 윤리'의 수준

217) 기독교신문취재팀 편, "정담시리즈:한국교회 2천년대를 진단한다 - 일치와 갱신," 『한국교회의 허와 실』(서울: 쿰란출판사, 1992), 313-314 참고.

보다 나을 게 없는 것이 사실이고, 이것이 큰 문제이다.[218] 또 많은 한국의 기독교인은 기독교의 윤리를 개인주의적인 것으로만 이해하는 경향이 지배적이다. 그런 나머지 기독교인의 공적인 삶, 즉 정치, 경제, 사회 일반에 대한 관계에서 어떻게 사는 것이 기독교인으로서 옳고 바르게 사는 것인지의 문제를 기독교 윤리의 문제로 생각하지 않고, 오히려 멀리 하거나 무관심해야 할 세속적인 일로 생각하는 경향까지 있다.[219]

한국 국민들은 한국 교인들을 진실한 사람들이라고 인정하지 않는다. 그들은 교인들을 정직하고 경우가 있는 사람이라고 인식하고 있지는 않다.[220]

과거 한국교회를 살펴보면, 70년대와 80년대 고도 경제성장을 이룩하면서 산업화 과정이 일어났다. 그런 과정에서 세속화 현상이 일어나며 부도덕한 소비성 향락문화 속에서 빈부의 격차가 심화되었다. 그리고 교회도 덩달아 같은 맥락에서 움직인 것도 사실이다. 교회는 물량주의에 편승해서 대교회 지향주의가 나타났고, 부도덕한 사회현실과 정의의 문제를 외면하고 은사운동과 기복신앙에만 관심을 가졌다. 따라서 교회는 산업사회의 변화에 나타난 가치관의 변화에 대해서 예민하지 못했던 것이 사실이다. 교회는 그동안 회개와 십자가보다는 영광과 축복으로 일관된 긍정적 사고로 현실타협적이 되었다. 다시 말하자면 고뇌하는 기독교보다 즐기고 누리는 기독교만이 찬양되어졌다.[221]

기독교 윤리는 사람과 사람의 관계를 사람과 하나님의 관계로 푸는 것이다. 하나님과 관계하는 사람은 하나님을 모르는 세상 사람들의 인간관계와 다른 무엇이 있어야 한다. 그것은 곧 가치관의 차이를 말한다.

218) 홍근수, "목회자의 윤리의식과 목회적 책임," 「기독교사상」(1995년 1월호), 11.
219) *Ibid.*
220) 김진홍, "역사를 만드는 교회," 39.
221) 정성구, "변화하는 시대의 목회," 「신학지남」(1993년 여름), 164.

우리의 사회는 재물과 사회적 지위가 중요한 가치로 자리잡고 있다. 성공으로 그 사람의 삶과 행위가 정당화되고, 성공의 과정이 나빠도 사회적으로 단죄되는 분위기가 없다. 그것이 정말 진리와 복음에 합당한 것인지를 묻지 않는다. 그렇게 해서 세상 풍조는 성공의 이데올로기에 충성하게 한다. 기독교도 예외가 아니다. 성공한 교인들을 하나님의 축복으로 여긴다. 성공한 사람에 대한 경탄과 축복 속에는 성공을 정당화하고 의롭게 여기는 행위가 들어 있다.[222] 종교가 타락하면 훨씬 무섭다. 타락한 신앙 양심은 세속적인 양심보다 훨씬 무감각하다. 세상 사람들은 불의를 저지를 때 양심의 가책을 받는다. 그러나 신앙 양심은 양심 위에 있다고 믿기 때문에 그 신앙양심이 타락하면 양심의 가책도 받지 않고 불의를 저지른다.[223] 기독교가 한국사회에서 개혁의 주과녁으로 부각된 지금 교회 지도자들은 뼈를 깍는 각성과 회개를 하여야 한다.

그동안의 한국교회의 성장은 초대교회 신앙 선배들의 훌륭한 신앙의 본보기적인 정신과 삶의 태도, 그리고 높은 도덕성에서 맺어진 유산의 열매를 누리는 것인데, 지금 한국교회는 다시 후대에 그러한 유산을 남겨줄 정신적인 유산을 만들지 못하고 다 허비하고 있다. 그러나 이러한 도덕성을 회복하는 길이 한국교회가 새롭게 성장하는 길이다.[224] 한국교회의 도덕성 부재도 심각한 문제이다. "이제는 그리스도인이 비그리스도인들보다 더 믿을만 하고 도덕적으로 우수하다는 인상은 사라지고 있을 뿐 아니라 한국의 사기꾼들은 교회에 다 모여 있다는 말이 별로 이상하게 들리지 않을 정도가 되고 말았다. 만약에 한국교회가 근본적으로

222) 양명수, "교인의 윤리의식과 사회적 책임," 「기독교사상」(1995년 1월호), 28, 30.

223) *Ibid.*, 34.

224) 손봉호, "교회의 도덕성 결여가 교회성장을 가로막는다," 「월간고신」(1992년 8월호), 29.

갱신되지 않고 교회에 대한 이런 부정적인 인상이 고쳐지지 못하면, 앞으로 도덕적인 의식이 있는 사람들은 자신이나 자녀들이 교회에 출석하는 것을 부끄럽게 생각할 것이고 그리스도인은 취업이나 결혼에서 차별대우를 받을지 모른다. 그때는 교회성장이 멈출 뿐 아니라 오히려 교인수가 급격히 줄어들 것이다."[225]

이러한 지적은 한국교회의 성장이 과연 무엇을 목표해야 하며, 먼저 그리스도인이 된 우리 스스로가 어떤 태도를 취해야 할 것인지를 밝혀주고 있다. 한국교회는 개혁주의 신앙을 회복해야 하며, 기독교 가치관 정립과 기독교 문화를 확산시키고, 교회의 내실화를 추구해야 한다.[226]

따라서 이러한 성장 도상에 나타난 문제들, 곧 질적인 성숙을 저해하고 있는 문제들을 극복하고 한국교회의 성장을 지속적으로 도모하기 위한 목회의 새로운 방법론이 절실하게 요청되고 있다.

6. 교회교육 실제의 분석과 문제

1) 주일학교 교육의 실제

주일학교의 형태는 초창기 청소년 중심 교육에서 점차 확대되어 영아부를 비롯해 유치부, 유년부, 초등부, 중등부, 고등부, 대학부, 청년부, 장년부에 이르기까지 연령별로 망라되어 있으며 교육과정은 대개 각 교단

---

225) *Ibid.*

226) 안명준외 9인, 『한국교회의 문제점과 극복방안』(서울: 이컴비즈넷, 2005), 264-265.

의 교육국에서 제작한 공과와 학습자료에 의해 운용된다.

주일학교의 조직은 주일학교 교장 아래 각 부장, 교사 등으로 짜여져 있으며 수업은 일주일에 약 30분에서 1시간 가량[227]하는 것이 일반적이다. 이처럼 주일학교 조직이나 교과과정이 비교적 잘 짜여져 있어 교육목적을 이뤄내는데 내실을 기할 수 있을 것으로 보여지나 작금의 주일학교 현실은 이와 크게 다르다. 성경교육도 주당 2시간 정도의 교육 시간을 마련하도록 각 교회에서는 노력해야 할 것이다.

형식적으로 운영되는 주일학교가 대부분이며 구체적인 문제점으로, 실제적인 영향력을 행사하는 담임목회자들의 인식 결여, 재정부족, 전문 교육사역자의 부족, 체계적이지 못한 교육과정들이 주일학교 교육의 부실을 초래하고 있다. 그러면 주일학교의 문제점들은 무엇인가?

그 첫째는 여러 차례 지적된 문제로 담임목회자의 인식결여이다. 양적인 교회성장론자들의 영향권 아래 있는 대부분의 목회자들은 지속적인 투자를 해야 하며 가시적인 성장목표를 이뤄내지 못하는 주일학교 운영에는 그다지 매력을 느끼지 못한다. 주일학교에 투입되는 재원을 차라리 교인수를 배가하는 전도나 외부에 성장을 과시할 수 있는 선교에 치중하는 것이 보다 효율적인 지출이라고 믿고 있어, 예산 편성에서부터 주일학교 예산은 현상유지나 축소되기 일쑤이다.

둘째로 가정의 부모들의 신앙교육에 대한 의식의 문제이다. 박상진의 조사에 따르면 교회교육의 위기에 대한 설문에서 부모요인이 가장 많다는 응답결과가 나왔다. 설문에서는 위기요인을 교사, 교육내용, 교회, 교단, 부모, 문화 등 10가지로 선정하고 37개 문항에 대해 답변을 받았다.

227) 우리의 주일학교 교육을 시간적인 면에서 볼 때, 매주 한 시간 정도 모이지만 실제 공부는 30분이니 연간 25시간 정도밖에 되지 않는다. 이것은 로마가톨릭의 연간 300시간과 유대교의 305시간과 차이가 너무 심하게 난다(오병세, 『교회, 교육, 선교』, 121).

문항 가운데 '가정의 신앙교육 부재가 문제다', '부모들의 세속적 자녀교육관이 문제다', '부모의 신앙 저하가 문제다'가 1위, 2위, 3위로 나타났다. 부모요인들이 수위를 차지한 결과다. 또 교회교육의 위기의 책임을 구체적으로 묻는 질문에서도 1위는 부모, 2위는 담임목사, 3위 교육담당 교역자, 4위 교회학교 순이었다.[228] 이를 통해 볼 때 교회의 가정에 대한, 특히 부모에 대한 신앙교육의 중요성을 다시 한 번 생각하게 된다. 자녀들의 신앙교육과 부모들에 대한 신앙교육은 따로 떼어서 다룰 문제가 아니라는 점을 확인하게 된다.

셋째로 세례자 교육이 부재하다는 점이다. 유아 세례를 받은 자들을 위한 교육과정을 마련하고 철저히 교육하여 그들을 분명한 자기 신앙고백에 근거하여 입교시키는 일에 미흡했다. 더우기 성인들에 대해서도 철저한 세례자 교육없이 쉽게 교회의 회원으로 받아들이고 있는 문제점들을 지적할 수 있다. 따라서 많은 신자들이 기본적인 신앙문답 교육을 받지못한 상태에서 설교를 듣는 것만으로 신앙생활을 하고 있으므로 교회의 질적 성숙을 기대하기 어렵다.

넷째로 주일학교 운영의 비전문성을 들 수 있다. 주일학교의 주체인 교사는 그 자질을 구태여 설명할 필요도 없이 비전문가 일색이다. 영아부에서 대학부는 교회 청년이나 교육전도사들이 담당하고 있으며 그밖에 청장년부는 교회의 장로들이 담당하고 있는 것이 대부분이다. 이같은 비전문가들에게서 교육목적을 여실히 이뤄내기를 기대한다는 것은 처음부터 잘못된 발상이다. 물론 평신도들도 교육에 참여하여 교육이 더욱 활성화 될 수 있도록 해야할 것이다. 그러나 평신도들이 주일학교 교육에 참여하는 것이 문제라기보다 이들을 위한 교사교육과 훈련이 체

---

228) 기독교연합신문 2015년 12월 20일자 6면. 전국 분포노회 212개 교회의 담임목사, 부교역자, 교회학교 교사 350명 응답 결과 분석에 관한 내용.

계적으로 이루어지고 있지 못함으로 인한 교육의 비효율성 내지 부실화를 초래하고 있는 점이 문제점으로 지적되지 않을 수 없다.

다섯째로 교회현장에서 이뤄지고 있는 교육방법이나 교과과정이 피교육자들의 기대치를 전혀 따라가지 못하고 있다. 요즘 젊은이들은 최첨단 IT 기기를 다루지 못하면 대화에 조차 낄 수 없을 정도의 정보화로 지칭되는 신문화(新文化)가 형성되어 있는데 반해 주일학교 교육이 배가전도니 성령폭발성회니 하는 식의 구태한 교육과정을 반복하고 있어 매력을 잃어가고 있다.

여섯째로 지적되는 것은 교회 내에 만연되어 있는 공동체 의식의 결여이다. 이는 교회가 물량주의와 대형화에만 치달아 진정한 기독교 예배와 신앙교육에 소홀했던 탓이기도 하다. 진정한 공동체의식은 함께 예배하고 신앙교육을 동일한 내용으로 충실히 배우게 될 때 이루어질 수 있다.

또한 우리가 주목해야 할 점은 교회교육은 연령에 구애됨이 없이 누구에게나 시행되어야 한다는 것이다. 대개 교육이라면 유년교육을 대상으로 생각하나 성인교육도 그 이상으로 중요하다.

현재 주일학교의 교육은 유년, 청소년만을 대상으로 하는 것으로 국한되어 있는 경우가 많이 드러나 문제성을 보이고 있다. 주일학교 교육이 대학부, 청년부, 장년부, 노년부에 이르도록 연계성을 가지고 교육이 이루어지지 못하고 있다. 특히 현대는 노령화 문제로 노인교육의 중요성이 더욱 강조되고 있다.

2) 평신도 교육과 훈련의 문제

한국교회의 성장과 발전의 역사에는 평신도들의 공헌이 컸다고 말할 수 있다. 성도의 대부분이 평신도이므로 교회의 성장과 발전을 논함에 있어 평신도의 역할의 중요성을 말하는 것은 당연하다. 그럼에도 이 평신도들에 대한 체계적인 교육과 훈련에 대해서는 한국교회가 많이 소홀했다는 점을 부인할 수 없다.

그간 한국교회는 평신도들을 교육하고 훈련시켜 교회와 사회를 위해 적극적으로 사역을 감당하는 사역자들로 양육하는 일에 소홀하였으며, 교회의 지침과 지시에 따라 수동적이고 소극적으로 반응하는 이른바 '동결된 자산'으로 묶어두었다는 점을 부인할 수 없다. 80년대에 이르러 제자훈련의 붐이 일어나고 평신도들의 교육에 대한 각성이 일어난 것이 사실이지만 근래에 다시 주춤하고 있다. 더우기 지금까지의 평신도 훈련들의 문제는 이러한 평신도 훈련이 개인의 신앙과 경건훈련과 함께 개교회적인 봉사자들을 양육하는 일에 집중하였고 세상과 삶에서의 복음의 가치실현과 복음의 사회적 책임에 대한 통찰과 의식을 일깨우지 못했던 것에 있었다. 그러므로 목회자들을 평신도의 교육과 훈련에 대해 새로운 의식을 가지고 그들을 일깨워 '예수믿고 복받는' 것을 기대하는 평신도에서 '예수믿고 자질을 갖추어 교회내적인 요구와 또한 사회적인 요구에 부응하여 헌신하는' 것을 기쁨으로 여기는 평신도로 양육해야 할 것이다.

3) 성경공부 방법의 문제

목회 실제에 있어 나타나는 문제는 설교와 성경교육의 부조화이다. 한국교회의 예배와 모든 집회의 중심에는 설교가 항상 그 중심적 위치를 차지하고 있다. 물론 앞에서 언급하였듯이 설교가 목회에 있어서 차지하는 비중은 매우 높은 것이라 할 수 있지만, 그 비중이 너무 지나치게 될 때는 오히려 목회의 안정을 찾지 못하는 요인 중의 하나가 될 수도 있다.

개혁주의적 관점에서 보는 신앙교육의 중요성은 언제나 하나님의 말씀인 성경교육에 있다. 성경을 해석하고 이해하는 능력을 길러 주어야 한다. 성경교육의 방식은 본문 중심이든 주제 중심이든 간에 가르치는 자가 배우는 자에게 일방적으로 전달해 주는 학습 방법이 아니라 함께 이해한다는 전제 속에서 이루어지는 진정한 대화의 방식, 공동학습의 방식 속에서 성경과의 대화의 장이 마련될 수 있도록 해야 한다.[229] 특히 청소년 이상 성인들에게 이러한 방식은 절대적인 것이라고 할 수 있다. 지금까지 우리 교육의 실제적 환경을 지배하고 있던 유일한 방법론은 주입식이었다고 말할 수 있다. 학습자의 이해에 대한 평가도 언제나 머리좋은 아이들만이 대답할 수 있는 객관식 위주의 문답형이나 단답형의 평가를 넘어서지 못했다. 이러한 문제를 전제할 때 우리의 교회교육은 다양한 방법론 활용의 필요성을 인식해야 할 것이다.

근래에 널리 시도되고 있는 소그룹 성경공부나 시청각 교재들의 활용, 귀납적 성경해석의 방법들이 이미 이러한 전환을 이루고 있다. 한편 기독교 신앙을 가르치는 교육으로서 우리는 주로 인지적 방법론의 차원의 교육만을 논의하는 경향이 있어 왔는데 그와 아울러 경험적인 방법도 실제적인 방법론으로 요구된다.[230] 그러나 성경공부에 있어 어떤 특정한 방법론만을 고집하는 것은 바람직하지 않고 구성원과 상황을 따라

229) 정일웅, 『한국교회의 기독교 신앙교육』, 115-116.

230) 번(H. W. Byrne)박사도 교육은 신체적, 정신적, 사회적, 영적인 인간의 모든 환경에서의 전인적인 인간을 포함하고 있기 때문에 포괄적이라고 말하면서, 교육(Education)은 인지적인 교육(infomation)과 생활훈련적인 교육(training)을 다 포함하는 것이라고 밝히고 있다[Herbert W. Byrne, *A Christian Approach to Education*(Milford, MI: Mott Media, 1981), 56].

조절할 수 있어야 한다. 새로운 교육 방법론의 적용에 있어 주된 관심은 학습자의 올바른 이해를 돕기 위한 노력에 있다.

성경을 교육하는 것은 성경이 말하고 있는 표현에 대해 공동적인, 혹은 개별적인 연구를 통해 성경 본문에 대한 이해의 능력을 향상시키는데 그 기본적인 목표를 두어야 한다. 현재 한국교회의 성경교육은 어떤 권위자의 해석 소리를 듣고 성경 본문의 의미를 이해하는 정도로 머물고 있다고 보는 것이 솔직한 인식이라 여겨진다.

이제 선교 2세기에 처한 한국교회의 성경교육은 남이 이미 해석해 놓은 그 내용을 답습하고 외우면서 만족하던 입장에서, 스스로 성경의 본문을 해석하고 이해하여 스스로 판단하는 단계로 나아가며 성경의 말씀에 자발적인 믿음으로 응답할 수 있는 성숙한 신앙의 차원으로 이끌어 주어야 할 과제를 안고 있다.

4) 선교와 관련된 교육에 있어서의 교회주의

지나간 시대를 돌아볼 때 한국교회가 교회와 사회를 이원적인 것으로 구분하고 거룩한 교회와 타락한 사회로 나누어 교회의 선교를 마치 죄악에 가득찬 사회를 떠남으로써 구원을 받게 하는 행위로 생각하게 된 배경에는 기독교 신학이 오랫동안 지녀온 이분법적인 사상에 있었다고 볼 수 있다.[231] 이러한 이원론적 사상은 극복되어야 한다. 즉 하나님은 교회 안에서만 필요한 분쯤으로 알고 우리 삶의 전 영역에는 무관한 듯이 생각하는 이원론이 극복되어야만 오는 시대의 목회를 감당하리라고 본다.[232]

---

231) 이삼열, “사회선교의 이론적 근거와 실천방법,” 『한국사회와 기독교』, 한국기독교문화연구소 편 (서울: 숭전대학교출판부, 1984), 173-174.

실제에 있어서 영과 육의 분리는 불가능한 것이며, 교회와 속세의 구별도 엄밀하게는 불가능하다. 그리고 그리스도의 선교도 원래 이를 구별해서 영혼만 구제한다든가 교회 안에 모이는 사람들만 거룩하게 보는 그런 것이 아니었다. 그런데 병들고 썩은 육체에 어떻게 깨끗하고 온전한 영혼이 거할 수 있으며 타락하고 부패한 사회와 세상에 어떻게 교회만이 거룩하고 선한 안전지대로 보존될 수 있는지, 그리고 현세의 구체적 역사에서 하나님의 뜻이 실현되지 않는데 어떻게 내세에서 하나님의 나라가 올 수 있는지 이를 연결시켜 설명해내지 못했다.

한국교회는 오랜 세월 새벽기도, 성경공부, 예배출석, 교회봉사, 전도, 그리고 심방에는 익숙해 있으면서도, 역사적인 물음과 씨름하는 신학적 사고와 선교훈련에는 크게 취약한 것으로 드러나 있다. 나름대로의 '영성'은 키웠으나, 역사를 치유하고 변혁해야 하는 '선교'의 전문성은 오랜 세월 외면하여 왔기 때문이다. 한국교회 역사가들의 공통적인 해석 한 가지는 초기 개신교회의 생명력은 복음과 소외계층의 만남, 신자 공동체의 창출, 그리고 복음에 의한 사회변혁에 있었다는 사실이다. 민족이 어려웠던 시기에 이 땅에 들어와 민족의식을 일깨우고 3.1운동에 참여하고, 뿐만 아니라 한글을 고수하고 보급한 것도 바로 기독교인들이었다. 특히 교육과 인재 양성에서 기독교가 끼친 공로는 대단하였다.[233] 그러나 한국교회가 점차 기복신앙, 개인구원, 개교회주의로 신앙의 초점을 옮기면서 한국교회는 신자들의 신앙적 열정과 헌신을, 많은 경우 '교회성장', '교세확장', '제도확충과 유지'라는 교회주의(Churchism)로 전환시키기에 이르렀다.[234]

232) 정성구, 『개혁주의 설교학』(서울: 총신대학출판부, 1991), 711-712.

233) 기독교신문취재팀 편, "정담시리즈: 한국교회 2천년대를 진단한다 - 교역과 봉사," 『한국교회의 허와 실』(서울: 쿰란출판사, 1992), 301.

234) 은준관, "변화된 상황에서 교회는 무엇을 가르칠 것인가," 「기독교사상」

기독교적 사회윤리를 논하고 문화와 정치, 사회에의 참여를 주창해 온 사람들이 주로 자유주의 신학자들이었으므로, 보수적인 교회지도자들은 그러한 주제 역시 자유주의 신학자들이나 관심을 가지고 다루어야 할 것이라고 생각한다. 그러나 보수적인 교회의 지도자들이 자유주의 신학은 배격하더라도 그들이 다루는 주제까지 외면하면서 영혼구원에만 관심을 두는 비개혁주의적인 편협한 세계관 속으로 움츠릴 이유는 없다.[235)]

요한복음 17장에서 예수님은 "세상 안에 있는"(11절), 그러나 "세상에 속하지 않은"(16절) 교회를 위해 기도하셨다. 이 교회는 그에 의하여 "세상에 보내어졌고"(18절), 그리하여 세상은 "믿고"(21절), "알고"(23절), "영원한 생명"(2, 3절)을 얻게 되는 것이다. 그런데 그러한 과정 중에는 마태복음 25장 31~46절에서 예수께서 가르쳐 주셨듯이, 의인의 선교는 실제적인 방법으로 "이 지극히 작은 자"의 여러 가지 요구들을 위해 봉사하는 일이 있어야 함을 알아야 한다.[236)]

우리가 일반적으로 "세상"에 관하여 이야기하는 한, 선교란 막연하고 추상적일 수밖에 없다. 그러므로 조만간에 우리는 이 부르심을 진지하게 다루어야 그 특별한 요점들－시간, 장소, 사람들, 상황들－즉 하나님께서 우리로 세상적 일에 가담하도록 부르시는 곳들에 대하여 공감할 수 있어야 한다.[237)]

하나님께서는 이 세상을 지극히 사랑하셔서 그의 독생자 예수까지 세상에 보내셨다(요3:16). 예수님도 회당이나 교회당에 머무신 것이 아니라 농촌이나 어촌으로, 시장으로, 잔치집으로 사회 구석 구석을 다니시

(1993년 11월호), 13.

235) 김영재, 『한국교회사』 개정3판, 428.

236) *Workbook:Developing Your Educational Ministry*, 29-30.

237) *Ibid.*

면서 죄인들과 창녀들, 바리새인들을 만나 그들을 회개시키며 구원하셨다. 그런데 우리 한국의 교회들은 교회당에는 열심히 모여, 새벽부터 밤, 철야까지 하며 교회를 가득가득 채우면서도 세상일에나 사회일에는 멀리 하거거나 별 관심을 안 가진다. 세상을 사랑하지 않고 미워하거나 도피하는 경향이 있다. 죄악으로 가득찬 세상을 가급적 멀리하고 하나님의 집인 교회 안에 들어가서 그 안에서 천국 잔치를 열려고 한다. 한 주일 내내 사는 사회와 주일만 가는 교회가 별개의 것으로 되어 있다.[238)]

그러나 교회는 사회 속에 존재하고 사회를 위해서 존재할 때, 있어야 할 이유를 갖게 되는 것이다. 오늘날 많은 교회들이 예배당을 거대하고 화려하게 짓고, 훌륭한 성가대와 올갠으로 예배를 드리며 참으로 안식일을 규례대로 거룩히 지키는데 교회당 밖에는 생활고와 질병으로 시달리고 지친 사람들이 살고 있는 사회가 있다는 것을 잊어버리며, 이런 사회보다 교회 자체를 더 중하게 생각하는 것이 많은 교회의 현실이다.

사회참여자로서의 선교개념은 19세기의 복음주의 선교에서는 거의 생각해 보지 않았던 논지이다. 어쩌면 이것은 자유주의 선교신학에서 준 자극을 통해 발견한 값있는 성경의 진리일 것이다. 그러나 이 개념은 '복음화'로서의 선교개념과 비교하여 볼 필요가 있다. 즉 우선권내지는 우위성 여부를 확정지을 필요가 있다. 로잔대회의 선언서는 이것에 대한 논의가 없이 다음과 같이 밝히고 있다.

> …… 우리는 인간사회 어디서나 정의와 화해를 구현하시고 인간을 모든 종류의 압박에서 해방시키려는 하나님의 권념에 참여해야 한다. …… 이 점을 우리는 등한시하여 왔고 또는 종종 전도와 사회참여가 서로 상반되는 것으로 잘못 생각한 데 대하여 참회한다. ……

238) 이삼열, "사회선교의 이론적 근거와 실천방법," 175.

> 사회행동이 곧 전도는 아니며 정치적 해방이 곧 구원이 아닐지라도 전도와 사회, 정치적 참여는 우리 그리스도인의 의무의 두 가지 부분이라는 것을 우리는 인정한다.[239)]

위의 로잔 선언문의 5문단 내용은 복음전도와 사회참여(봉사)를 양면적인, 즉 동등한 강조점으로 이해하고 있다. 이를 기초하고 해설한 스탓트(John R. Stott)도 이것에 대해 별 문제를 느끼지 못했던 것 같다. 복음전도와 사회참여를 우위성 결정없이 강조한다면, 그것은 '복음전도'만을 강조하는 오류나 '사회참여'만을 선교로 강조하는 오류와 마찬가지로 양분적인 오류를 범하게 될 것이다. 그러므로 사회참여로서의 선교 개념은 복음화로서의 개념을 우선 전제하고, 그것에 충실할 때에 의미가 있는 것이다. 피터 바이엘하우스(Peter Beyerhaus)는 이러한 관점에서 선교의 개념을 다음과 같이 잘 정리 해주고 있다.

> 선교의 궁극적 목적은 그리스도가 재림하실 때, 그의 가견적 왕국에서 새 하늘과 새 땅을 창조하심으로 성취된다. 선교는 무엇보다도 구속적 사역과 예수 그리스도의 주되심을 선포하는 데서 일어난다. 선교란 교회라는 공동체 안에서 성령 안의 새로운 삶을 충실히 실현함으로 수행되며, 신자들의 생활 속에 성령의 변화시키는 능력(transforming power)을 부여하고 나아가서 사회구조의 개량을 위한 충실한 노력을 낳게 한다. 선교는 오고 있는 하나님의 나라를 기다리는 데서 그 진면목이 나타난다. …… 선교사명의 핵심은 그리스도와 교제(communication)하는데 있다. 이 교제는 교회에 책임있게 참여하게 하고 성례를 실현하게 한다. 이 세상에서 그리스도인의 몸된 교회를

239) The Laussanne Covenant, Statement 5.

설립하고 성장시키는 일이 선교의 우선된 목적이다. 이 세상구조들의 변혁은 봉사할 준비가 되어 있는 성도들이 이룩한 결과인 것이다.[240)]

교육목회는 모든 사람을 위해 하나님에 의해 의도된 목회이다. 은혜와 믿음의 좋은 소식은 모든 인간들에 의해 절실히 요구되고 있다. 교회는 복음이 "세상 끝까지" 전파된다는 사실을 가르치도록 부름을 받았다. 그러나 우리는 종종 교회당에 얼굴을 내보이는 자들에게만, 또는 이웃 사람들에게만, 또는 우리를 좋아하는 자들에게만 목회의 숨결을 제한해 왔다. 교육목회를 통해 표명된 교육의 목적은 모든 사람이 하나님에 대해 올바로 알고 이해하며 그 가운데서 자라는 것이다.[241)]

선교 2세기를 맞은지도 30여 년이 지난 오늘, 지나간 시절을 회고할 때 한국교회는 전체적으로 보아 비약적인 발전을 해왔다고 말할 수 있다. 그러나 그 성장의 이면에는 더불어 많은 문제점이 있어 왔고, 그 누적된 문제들의 결과로 현재의 한국교회는 감소하는 위기를 경험하고 있다. 이러한 문제들의 저변에 깔려 있는 근본 문제는 다름아닌 교회의 교육이 부실하였던 점으로 집약된다. 그러므로 한국교회를 되살리고 질적, 양적 성장을 추구할 수 있는 새로운 대안은 결국 교육목회라는 결론에 도달하게 되었다. 그러면 다음 제Ⅲ부에서는 교육목회의 신학적 근거를 살펴보고, 교육목회를 위해서 목회구조를 어떻게 전환해야 할 것인지를 구체적으로 살펴보기로 하자.

---

240) Peter Beyerhaus, *Mission: Which Way? 'Humanization or Redemption'* (Grand Rapids, Mich.: Zondervan Publishing Co., 1971), 67-69.

241) *Workbook: Developing Your Educational Ministry*, 48.

제3부
교육목회의 신학적 근거와 적용

제1장 교회목회의 신학적 근거

제2장 목회 구조의 전환과 목사의 역할

제3장 예전의 회복

제4장 성경교육의 강화

제5장 신앙문답교육의 회복

제6장 상담의 극대화

제7장 가정교육의 지원

제8장 평신도 훈련의 강화

제9장 교육과 선교의 관계

제10장 교회 교육행정의 개선

제11장 주일학교 운영의 강화

제 1장
교육목회의 신학적 근거

1. 하나님의 교육

기독교교육을 논함에 있어 하나님의 사역을 우선적으로 말하지 않을 수 없다. 교사가 최선으로 일을 한다는 것은 정원사의 경우와 너무나 흡사하다.[1] 정원사 자신이 할 수 있는 모든 노력을 경주한다고 하더라도 씨앗이나 식물을 자라나게는 할 수 없나. 오직 하나님 이외에 어느 누구도 한 톨의 씨앗도 자라나게 하지 못한다. 바울이 고린도 교인들에게 "나는 심었고 아볼로는 물을 주었으되 오직 하나님은 자라나게 하셨나니 그런즉 심는 이나 물주는 이는 아무 것도 아니로되 오직 자라나게 하시는 하나님 뿐이니라"(고전3:6-7)고 썼듯이 목회자는 하나님과 함께 일하는 자이다. 목회자가 할 수 있는 일이란 하나님께서 홀로 행하실 수 있는 그 일을 이루실 수 있도록 하나님이 쓰시는 도구가 되는 일이다. 심는 자로서의 바울과 물주는 자로서의 아볼로는 그들을 통하여 하나님께서

1) R. S. Smith, *New Trails for the Christian Teacher*(Philadelphia: The Westminster Press, 1934), 236을 C. B. Eavey, *Principles of Teaching for Christian Teachers*, 11에서 재인용.

교육하시는 일의 도구로 쓰임받는 자에 불과하다.

하나님은 계시를 통하여 자신을 알리셨다. 사실 목회와 교육은 하나님의 계시(啓示)에 기초한다. 우주를 창조하신 하나님께서는 모든 진리와 실재의 근원이시다. 그러므로 진정한 교육은 하나님의 진리가 무엇인지 알리고 배우는 과정이다. 반틸(Van Til)은 창조자이신 하나님은 자신의 뜻을 알리시려고 하셨으며, 그 뜻은 그리스도를 통해서, 또한 해석의 유일한 근원이신 성령을 통하여 알려지셨다는 것이다. 그리고 성경은 그 해석의 창고가 되며, 따라서 우리의 최종적인 권위가 된다고 하였다.[2)]

성경은 교육에 있어서 기본이 된다. 성경은 인간의 마음과 지성에 영적 계몽(spiritual enlightenment)을 가져다 준다.[3)] 이 점에 있어 성경은 인간 본성의 깊은 요구를 만족시킨다. 성경은 구속적이지만, 또한 교육적인 분야도 가지고 있다. 성경은 인간으로 하여금 만족스런 삶을 위해 요청되는 생활훈련으로 인도한다.

성경은 인간들의, 그리고 그리스도인들의 대표적인 경험에 대한 역사적인 기록을 제공해 준다. 성경이 인간들의 행동에 있어서 의로움과 불의의 모든 차이점들을 지적함으로써 이 범주에 있어서의 가능성들을 잘 보여주고 있다. 성경은 인간의 기원에서 시작하여 죄에로의 타락을 거쳐 하나님의 구속계획을 통한 인간의 회복에 걸친 인간의 경험을 상세히 말해주고 있다. 성경은 인간의 개인적이고 사회적인 관계에 있어 인간에 대한 자료의 방대한 개요이다. 개인적이고 사회적인 경험에 대한 이러한 강조가 오늘날의 교육을 위해 직접적으로 관련된다.

하나님의 계시 자체에 있어서도 성경이 기본이 되는 이유는 성경이

2) Cornelius Van Til, "The Education of Man-A Divineley Ordained Need," *Fundamentals in Christian Education,* ed. by Cornelius Jaarsma(Grand Rapids, Mich.: Wm. B. Eerdmans Pubiishing Co., 1953), 40.

3) Herbert W. Byrne, *A Christian Approach to Education*, 241.

통합(integration)과 상호관계(correlation)를 교육과정에 제공하는 점에서 발견할 수 있다. 통합은 모든 부분을 하나의 전체로 가져감으로써 통일성을 제공하며, 상호관계는 서로의 관계들에 대한 관련사항들을 보여준다.[4)]

성경이 기독교교육에 있어 왜 근본적인 것이냐 하는 데 대한 최종적인 한 가지 이유는 성경은 인간과 사회를 거듭나게 하는 고유한 능력(inherent capacity)을 가진 진리를 함유하고 있다는 점이다. 그러므로 "모든 성경은 하나님의 감동으로 된 것으로 교훈과 책망과 바르게 함과 의로 교육하기에 유익한"(딤후3:16) 책이다. 성령으로 더불어 성경의 진리는 진리를 수납하고 그것을 믿는 자의 심령에 선한 영향을 미친다. 모든 목회자들이 결실을 위한 기회가 있다는 확신 가운데 그의 과업을 시도할 수 있는 것은 바로 이 말씀에 대한 신뢰와 더불어서 가능한 것이다.

교육자로서의 하나님은 우주와 만물과 그 가운데 인간을 창조하셨다. 하나님은 엿새 동안 천지만물을 창조하시고 마지막에 하나님의 형상으로 인간을 창조하셨다. 교육학자 페레(Nels Ferré)는 "창조의 전체 목적은 학습이다. 하나님은 그의 생명과 사랑을 나누어 주기를 원하셨으므로 창조하셨다"[5)]고 말한다. 결국 창조는 하나님의 계시의 또 다른 면으로, 창조의 세계를 통하여 하나님은 그 백성을 가르치시고 훈련시키신다는 점을 생각해 볼 수 있다.

창조주 하나님에 대한 지식은 두 가지의 근거에 의한다. 창조 그 자체와 성경이다.[6)] 하나님은 창조와 말씀을 기초로 성령을 통해 우리를 가르쳐 주신다. 성경에는 하나님을 교사로서 생각하는 개념이 있다. 욥도 묻

4) *Ibid.*, 285.
5) Nels F. S. Ferré, *A Theology for Christian Education*, 이정기 역, 『기독교교육신학』(서울: 보이스사, 1987), 168.
6) 황성철, 『칼빈의 교육목회』(서울: 도서출판 이레서원, 2002), 113.

기를 "하나님은 그 권능으로 큰 일을 행하시나니 누가 그같이 교훈을 베풀겠느냐"(욥36:22)고 하였다. 이와 같이 성경의 기자들이 하나님을 교사로 생각한 것은 저들이 하나님께로부터 배웠기 때문이다.

2. 예수 그리스도의 교육

예수 그리스도는 왜 친히 인간의 모습으로까지 오셔서 인간을 가르치셨는가? 칼빈은 분명하게 최초의 인간 시조가 타락한 이후 중보자를 떠난 하나님에 대한 지식은 구원에 하등 도움이 되지 못한 것이었다고 분명히 말한다(롬1:16, 고전1:24). 그 이유는 "영생은 곧 유일하신 참 하나님과 그의 보내신 자 예수를 아는 것"(요17:3)이기 때문이라고 한다.[7] 다시 말해 신앙은 하나님께 의지하고 있지만 그리스도가 중보자가 되어 그것을 아주 견고하게 붙들어 주지 않는 한 점차적으로 꺼져 없어질 것이란 뜻이다. 즉 하나님께서 그리스도 안에서 우리에게 나타나시지 않는다면 우리가 하나님을 아는 지식만으로는 구원을 받을 수가 없다는 것이다.[8] 이처럼 칼빈은 하나님의 성육신에 대해 하나님과 완전히 격리된 인간을 위해서 오직 하나님의 위엄이 인간에게 강림하지 않는 한 인간은 버려진 상태에 있을 수밖에 없으므로 성자가 임마누엘하심 즉 하나님이 우리와 함께 계심이 필요했다고 한다.[9]

기독교의 신앙은 그리스도로서의 예수님에 대한 이해와 용납을 중심으로 한다. 즉 예수님의 생애와 교훈에서 우리는 하나님이 어떠한 분이

---

7) *Inst*. Ⅱ.6.1.
8) *Inst*. Ⅱ.6.4.
9) *Inst*. Ⅱ.12.1.

시며 또 무엇을 원하시는가 하는 것을 본다.[10] 예수님의 생애와 교훈에서 하나님 아버지는 그들의 공로와 관계없이 모든 사람을 사랑하셨으며 그 아버지의 뜻을 행한 모든 사람은 예수 그리스도 자신의 형제요 자매였다.[11]

그렇다면 그리스도가 인간의 육체를 입은 후 중보자의 직무를 어떻게 성취하셨으며, 그 직무에서 교육과 어떤 관계를 가지는가를 물어야 한다.

칼빈은 인간이 믿음으로 그리스도 안에서 구원을 얻기 위한 확고한 근거를 찾기 위해서는 하나님께서 그리스도께 부여해 주신 직분, 즉 선지자, 왕, 제사장 직분이 부여되어 있다는 것을 확립해 놓아야 한다고 한다.[12] 그 중에 특별히 교육과 관계있는 직분은 선지자의 직분이다. 이미 칼빈이 구약의 선지자의 직분이 그 당시의 교사의 직분과 비슷하다고 했듯이[13] 그는 그리스도가 선지자로서 기름부음을 받음은 교사의 직분을 다하고 자신을 위한 것뿐만 아니라 교회 전체를 위해서였다고 한다. 다시 말해 성령의 권능이 복음을 계속 전파해 나가는 데 함께 하도록 하기 위함이었다는 것이었다. 이런 직무를 통해 그리스도는 인간 가운데 계시면서 조금씩 조금씩 인간을 하나님과 굳건한 연합에로 인도하신다고 한다.[14] 이러한 구속을 위한 성육신은 곧 초대교회에서 선포와 가르침의 중심내용으로 화하고 있다.[15] 칼빈은 이 사실을 적절하게 표현하였다. "그리스도를 떠나서는 우리가 하나님에 관한 한 진정한 지식을 가질 수 없다. 하나님께서 그리스도의 광채로 우리에게 비추어주지 않았다면

10) Nels F. S. Ferré, *A Theology For Christian Education*, 151-152.
11) *Ibid.*, 153.
12) *Inst*. Ⅱ.15.1.
13) *Inst*. Ⅳ.3.5.
14) *Inst*. Ⅱ.15.5.
15) 사도행전 4장 12절; 빌립보서 2장 5-11절 등.

멀리 감추인 채 계셨을 것이기 때문이다."[16]

달리 말하면, 인간이 그리스도를 통하여 이룩된 화목으로 말미암아 하나님이 인간의 자비로우신 아버지가 되신다는 사실을 알 때 구원을 얻는 것이요(고후5:18, 19), 또한 하나님께서 인간을 위하여 그리스도를 의와 성결과 생명으로 주신 것이라는 점을 알 때 구속을 얻는 것(고전1:30)이다.[17]

이러한 그리스도가 교사되심과 또 그 자신이 가르침의 중심내용이 되신 것에 대해서 칼빈은 그의 공관복음 주석에서 좀 더 분명히 집약적으로 표현하고 있다. 그는 마태복음 17장 5절을 주석하면서 하나님께서 제자들에게 그리스도의 말을 들으라고 말한 것은 그리스도께 권세를 주셔서 그를 교회 안에 가장 높고 특이한 선생으로 그분만을 참 교사로 세우셨다는 점과, 또 교회가 그리스도의 가르침에만 의존하도록 하신 것이라고 한다. 그러면서도 그는 이러한 복음을 전하고 가르치는 예수님, 그리고 복음의 중심 내용인 예수께서 이미 구약 가운데서도 빛나고 있었다고 한다. 그렇기 때문에 히브리서 기자는 "옛적에 선지자들로 여러 부분과 여러 모양으로 우리 조상들에게 말씀하신 하나님이 이 모든 날 마지막에 아들로 우리에게 말씀하셨으니"(히1:1, 2)라고 기록했다고 한다.[18]

아울러 이 주석에서 그는 교회의 교사직에 대한 근거와 자격에 대해 다음과 같이 제시한다. 곧 주님께서 오늘날 교사들을 파송하고 계신다는 점이다. 그들의 일은 신실하고 훌륭한 신앙 안에서 주님께로부터 배운 것만을 제시하는 일이라고 한다. 간단히 말해서 복음을 위한 신실한 교사는 우선 자기 자신이 그리스도의 제자이어야 하며 그리스도로부터

16) *Inst.* Ⅲ.2.1.; Ⅳ.8.5.

17) *Inst.* Ⅲ.2.2.

18) John Calvin, *Calvin's New Testament Commentaries: Matthew, Mark and Luke*, Vol.Ⅱ, tr. by T. H. L. Parker (Grand Rapids, Michigan: Wm. B. Eerdmans Publishing Company, 1972), 201.

배울 수 있도록 타인을 그에게로 이끌어 오는 자라고 한다.[19)]

예수님은 하나님의 모범자(God's Exampler) 즉 그로 말미암아 모든 사람이 존재의 의미와 하나님의 자녀로서의 참된 운명을 이해할 수 있게 되는 살아 있는 증거가 되었다.[20)]

칼빈은 구속론적 입장에서 그리스도를 모범자로 이해했다. 즉 하나님의 공의를 만족케 하시는 모범자로서의 그리스도를 묘사한 것이다. 이 모범자는 구속(redemption), 대속물(ransom), 화해(reconciliation)를 위해서 십자가를 지시는 본을 보이셨다.[21)]

어떤 교육자들은 그들이 가지는 방법의 우수성에 의존하나 청중에 미치는 그들의 인품의 영향에 관하여는 거의 주의를 기울이지 않는다. 그러나 예수님의 경우에는 관계를 정립하고 과목을 전달하는 작업이 완전히 연결되어 있다. 예수님은 말씀하실 때에 권위를 가지고 말씀하셨다. 그의 말씀의 타당성이나 중요성에 대하여 마음 속에 전혀 의문이 없었다. 그는 그의 적수들까지라도 감명을 받도록 확실히 말씀하셨다.[22)]

예수님의 독특하심은 그의 가르침과 밀접하게 관련되어 있다. 어떤 다른 사람이 같은 가르침을 전달하였다면 그 말은 권위가 없었을 것이다. 더우기 예수님은 높은 교육적 이상을 세워놓고 완전하게 그것을 성취하였던 유일한 선생이시다. 그는 사람들이 원수를 사랑해야 한다(마 5:44)는 외형적으로 불가능하게 보이는 명령을 주시고 가르치신 경우에 있어서도 그를 십자가에 못박고 있던 사람들의 잘못에 대해 용서를 구

---

19) John Calvin, Calvin's New Testament Commentaries: Matthew, Mark and Luke, Vol.II, 202.

20) Nels F. S. Ferré, *A Theology for Christian Education*, 207.

21) 황성철, "기독교 강요에 나타난 칼빈의 교육신학 연구," 49.(cf. *Inst.* Ⅱ.16.6).

22) Elmer L. Towns ed. *A History of Religious Educators*, 임영금 역, 『인물중심의 종교교육사』(서울: 대한예수교장로회 총회교육부, 1984), 32.

함으로써 그것을 실천하는 방법을 보여주셨다.[23)]

예수님은 가르침을 그의 사역 성취에 있어 주된 방법으로 사용하셨다. 그 가르침은 사람이 하나님에게 나아가는 길을 보여주시며, 하나님의 뜻에 합당한 태도와 이상과 행동을 형성시키는 것이었다. 가르침은 그의 주된 사역이셨다. 그는 종종 치유자이셨으며 때로는 이적을 베푸시는 자이셨고 자주 설교자이셨지만, 그는 항상 교사이셨다.[24)]

예수님은 그의 메시지에 대한 교육만 하신 것이 아니라 또한 소그룹의 제자들을 가르치고 훈련시키는데 그 사역의 많은 부분을 헌신하셨다. 그리고 그의 제자들로 하여금 다른 사람들을 가르치도록 보내셨으며, 이와 같은 일은 그가 오신 목적이 최종적으로 실현되기까지 계속하셨다.

예수님은 그의 공생애를 가르침이나 복음의 선포로 시작하셨지만 얼마간의 따르는 자들이 생기게 되면 그는 선포의 방법에서 교육의 방법으로 사역의 방법을 전환하셨다. 예수님의 사역 기간 중 중기와 말기는 설교보다도 주로 가르치는 일에 더 많은 부분을 할애하셨다. 그의 가르침의 대부분은 하나님의 나라의 성격, 그 나라의 법, 그리고 그 나라와 자신과의 관계를 가르치셨다.

예수님께서도 자신을 교사로 간주하셨다. 그가 자신을 그렇게 말씀하셨고 다른 사람들이 자신을 그렇게 칭하는 것을 허용하셨으며, 일반적으로 사람들에게 교사로서 인식되셨다.[25)]

---

23) *Ibid.*, 32-33.

24) C. B. Eavey, *History of Christian Education*(Chicago: Moody Press, 1964), 78.

25) 복음서에는 예수님과 관련하여 '선생님'이란 칭호가 42회 나오는데, 공관복음에 35회, 요한복음에 7회 나온다. 이 42회 중 31회는 그를 직접적으로 교사로 언급하고 있다(마태복음에 6회, 마가복음에 10회, 누가복음에 12회, 그리고 요한복음에 3회). 예수님 자신이 스스로 교사로 언급한 것은 5회 나타난다. 또 교사와 유사한 다른 용어로는 랍비(Rabbi)가 12회, 랍오니(Rabboni)가 2회

예수님의 제자들도 종종 그를 선생으로 불렀다. 예수님은 제자들에게 보다 일반인들에 의하여 더욱 교사로 인식되셨다. 니고데모도 예수님을 교사로 인식하여 "랍비여 우리가 당신은 하나님께로서 오신 선생인 줄 아나이다"(요3:2)라고 하였다. 심지어 바리새인, 사두개인, 헤롯당, 그리고 그외 다른 무리들 중에서 그를 대적하는 이들도 그를 '선생'으로 불렀다. 더우기 복음서 전반에서 보여주고 있는 바는 예수님은 어느 곳에 계시든지 교육적 사역과 깊은 관련을 가지고 계시다는 점이다.[26] 더우기 예수님의 가르침은 당대의 사람들 뿐만 아니라 그의 지혜의 말씀을 듣기 위하여 나아오는 모든 시대의 사람들의 요구에 맞는 메시지였다.[27]

예수님은 몸소 제자들의 생활 현장 한 복판에 찾아가셔서 그곳에서 대화하셨고 부르셨고 가르치셨다. 즉 예수님은 인간 생활 전반적인 것에서 가르침의 사건을 만드셨다. 루이스 쉐릴(Lewis Sherill)은 예수님의 가르치심을 들었던 세 부류의 사람들의 태도를 잘 이야기해 주고 있다.

그 중 첫번째는 바리새인들과 서기관들이었다. 그들의 태도는 비평적이고 적대적이었다. 그들에 대한 예수님의 가르침은 논쟁적이셨다. 두 번째는 대중들이었다. 그들은 호기심이 많았으나 그들의 관심은 영혼의 질병이나 건강보다는 육신의 치유에 더 치우쳤다. 만약 그들에게 주로 이적을 통해서 호소했더라면 그들이 예수님을 지도자로 따랐을 것이다. 그들은 그의 주위에 몰려들었지만 그와 깊이 접촉하지 못하고 곧 떠나가버렸다. 예수님은 이들에게 전형적으로 비유로 말씀하시고 내적 보물의 부요함을 강조하셨다. 그 다음 부류는 제자들이었다. 예수님은 그

나타나고 있어 교사 혹은 이와 유사한 용어가 복음서에서 61회 나타나고 있다. [Lewis J. Sherill, *The Rise of Christian Education*(New York: Macmillan Company, 1944), 91-92.

26) *Ibid.*

27) Elmer L. Towns, *A History of Religious Educators*, 33.

들에게는 잘 이해하도록 직접적으로 가르치셨다. 이들에게는 비유를 통해서 가르치실 뿐 아니라 수행해야 할 하나님의 나라 사역의 도제(徒弟)들로 삼으셨다. 사실상 '제자'(disciple)란 말은 도제를 의미하는 아람어의 헬라어 역이다. 특히 그 말은 유대학교에 있어서 학생이 아니라 "위대한 목수"(The Carpenter)의 친구들이요 동역자들이요 그와 함께하는 학습자들에게 적합한 명칭일 것이다. 그들은 그의 말씀의 가르침을 통해서 배웠을 뿐 아니라 또한 그의 지도로 행동함을 통해서도 배웠는데 그 대부분은 그와의 긴밀한 교제를 통해서 배운 것이었다. 이 위대한 교사(The Teacher)는 그들을 하나님의 나라로 인도하셨을 뿐 아니라 세상을 이기는 믿음으로 인도하셨다.[28)]

예수님의 교수방법은 사람들의 생활경험을 토대로 출발하여 그 삶에 도움을 주고 그 삶을 이해하도록 하기 위해 성경에로 관점을 돌리셨다. 그는 이차적이고 부수적인 문제가 아니라 영적인 삶에 스며있는 핵심적인 문제들을 다루셨다. 그는 먼저 이 세상과 관련된 생을 보여주시고 그 후에는 삶의 경험 가운데서 하나님의 진리를 적용시키셨다. 그에게 있어 이는 단순히 진리를 아는 것보다 더 중요하였다. 일상생활의 모든 국면에서 진리를 체험하고 이 진리를 삶 속에서 실천하는 일이 중요함을 보이셨다. 한 때 예수님은 그에게 가르침을 받는 자에게 그와 관련된 진리를 보여주시고 "가서 너도 이와 같이 하라"고 말씀하셨다.[29)]

예수님은 그의 지상사역을 완성하신 후 승천 직전에 그의 제자들에게 교육의 사명을 주셨다. "그러므로 너희는 가서 모든 족속으로 제자를 삼아 아버지와 아들과 성령의 이름으로 세례를 주고 내가 너희에게 분부한 모든 것을 가르쳐 지키게 하라 내가 세상 끝날까지 너희와 항상 함께

28) Lewis J. Sherill, *The Rise of Christian Education* , 91-92.
29) C. B. Eavey, *History of Christian Education*, 80.

있으리라"(마28:19-20). 이처럼 그는 이중적 교육과제를 주셨다. 즉 사람들로 하여금 하나님과 교제하도록 하기 위해 가르칠 것과 또한 그 교제에 이르는 하나님의 방법들을 가르칠 것을 사명으로 주신 것이다. 이러한 과업은 세 가지를 의미하는데, 그것은 하나님 나라 건설에 필수적인 요소로서의 교육에 대한 인식, 그리스도인의 품성 형성에 있어서의 교육의 필요성, 그리고 가르치라는 명령을 순종하는 자에게 내주하시는 성령으로 말미암아 함께 하시는 그리스도에 대한 확신 등이다.[30]

3. 성령의 사역

예수께서 하나님의 가르침의 사역(God's work of teaching)을 교회에게 맡기셨을 때에 "보라 내가 세상 끝날까지 너희와 항상 함께 있으리라"고 하셨다. 예수님은 승천하시기 전에 그의 제자들에게 자신이 성령을 보내실 것과 자신이 보내는 성령의 사역이 어떤 것이 될 것인가를 말씀하셨다(요16:7-15).

성령은 그리스도가 아버지께로서 보내주신 분이다. "너희는 저를 아나니 저는 너희와 함께 거하심이요, 또 너희 속에 계시겠음이라"(요14:17). 예수님은 성령을 교사로 우리에게 소개하신다. "보혜사 곧 아버지께서 내 이름으로 보내실 성령 그가 너희에게 모든 것을 가르치고 내가 너희에게 말한 모든 것을 생각나게 하리라"(요14:26). 성령께서는 예수님이 세상에 계셨을 때 하신 사역을 확장하셨다. 성령께서는 시공간에 제한을 받지 않으시기 때문에 동시에 여러 장소에서 역사하실 수 있

30) *Ibid.*, 81.

는 능력이 있다.[31] 그분은 그리스도에 대하여 증거하시고, 그리스도가 말한 모든 것을 기억나게 하여 그리스도의 영광을 나타나게 한다. 그분은 우리들에게 모든 것을 가르치시고, 우리들을 모든 진리로 인도하며 그리스도의 것을 받아서 우리들에게 알리고, 또 되어질 일들에 대하여 우리에게 알린다. 그분은 죄에 대하여, 의에 대하여, 심판에 대하여 세상을 책망하실 것이다.

성령의 조명 사역은 성경의 진리를 분명하게 인식시키고 그것을 적용시키는 일을 의미한다. 그리스도인이 진리를 구별하고 그 진리에 의해 성장할 수 있기 위해서는 성령의 조명이 필요하다(고전2:15; 고후3:18).[32]

인간의 마음을 지배하며, 또한 그 인간을 위하여 스스로 살아나가는 방법으로 하나님은 오늘도 우리들 속에서 작용하고 계신다. 우리들의 가장 깊은 곳에 하나님은 그 지고한 권위를 확립해서 인간의 의지를 제어하고 그것을 인간을 위해서 사용하려고 하신다. 의식보다도 깊은 인격에 성령은 작용하신다. 성령은 우리들의 동기와 소망을 엄밀히 찾아서 도와주시는 하나님이시다. 앤드류 머레이(Andrew Murray)는 이렇게 말한다.

> 성령과 그리스도의 말은 이해를 위한 것 뿐만 아니라 생명 전체에 중요한 의미를 가지고 있다. 우리들은 그리스도의 영과 그리스도의 말씀을 생각하고 있으므로 자연히 교육에 관련시키고 그런 것을 지

---

31) Gary Newton, "The Holy Spirit in the Educational Process," *Introducing Christian Education: Foundations for the Twenty-first Century*, ed. Michael J. Anthony(Grand Rapids, Mich.: Baker Academic, 2001), 125.

32) C. Fred Dickason, "The Holy Spirit in Teaching," *Introduction to Biblical Christian Education*, ed. by Werner C. Graendorf(Chicago: Mooy Press, 1993), 116.

> 적 사항과 결부하여 버린다. 그러나 그것들은 사고나 감정보다 더욱 깊은 생명을 위해서도 중요한 의미를 가지고 있다. …… 성령은 지성 속에서가 아니고 생명 속에 계신다. 성령이 그 역사를 하시는 것은 우리들의 지식 속에서가 아니고 있는 그대로의 우리들의 존재 전체 속에서이다. 여러 가지 하나님의 진리에 대한 명확한 이해와 새로운 통찰을 성령을 떠나서 구하거나 기대하지 않도록 하자. …… 성령의 가르침은 말과 사고에 의한 것이 아니고 능력에 의해서 시작된다.[33)]

머레이는 하나님의 말씀이 지성과 감정과 의지만으로 받아들여지는 것이 아니라 그런 것들을 통해서 생명 전체가 받아들이는 것으로 보고 있다. 이 생명의 중심은 인간의 영적 본성과 그 본성의 외침으로서의 양심이며, 여기서 말씀의 권위가 승인되지 않으면 안된다는 것이다. 그러나 그것으로 충분하지 않다. 그 이유는 인간의 마음 속에 있는 양심은 마음대로 할 수 없는 여러 가지 힘에 눌려서 움직일 수가 없기 때문이라는 것이다. 중요한 것은 하나님으로부터 오신 성령이다. 그리스도가 보내 주신 성령은 우리들의 생명이 되어서 하나님의 말씀을 받아 그것을 생활 속에 들어가게 하며, 말씀을 우리들 속에서 진리와 힘이 있는 것으로 하는 것이다.[34)]

칼빈(Calvin)도 마찬가지로 말씀과 성령을 통해서만 신앙이 확립될 수 있다는 것을 강조하면서, 성령의 도움없이 말씀만으로는 우리의 신앙이 일어나지 못한다고 말한다.

33) Andrew Murray, *The Spirit of Christ: Thoughts on the Indwelling of the Holy Spirit in the Believer and the Church*(New York: A. D. F. Randolph and Co., 1888), 101-102.

34) *Ibid.*, 44.

> 하나님 말씀의 노골적이고 외적인 증거는 우리들의 맹목과 완악함 때문에 방해가 되지 않는 한 우리에게 신앙을 일으켜 주는 데 충분하다. 그러나 우리의 정신은 매우 허망으로 기울어져 있으므로 절대로 하나님의 진리를 굳게 붙잡을 수가 없으며 또 아주 둔감하기 때문에 하나님의 진리의 뜻에 대하여 언제나 맹목인 것이다. 따라서 성령의 비취심이 없이는 말씀은 아무 유익을 줄 수 없다.[35]

그러므로 성령은 가정교사로서 사람을 지혜롭게 하시고 총명과 재능과 모략과 지식 및 주님에 대한 경외심을 베푸시며 진리를 전해서 적용시키시고 모든 학습환경 중에서 도와 주시며, 영적 지혜를 공급해 주시며, 하나님에 관한 지식을 나타내 보이시는 분이다.[36]

바울은 다음과 같이 말하였다. "…… 내가 모든 사도보다 더 많이 수고하였으나 내가 아니요, 오직 나와 함께 하신 하나님의 은혜로라"(고전 15:10). "이를 위하여 나도 내 속에서 능력으로 역사하시는 이의 역사를 따라 힘을 다하여 수고하노라"(골1:29). 바울의 고백대로 중요한 것은 우리들을 통해서 일하시는 성령의 역사이다. 성령의 능력을 떠나 있다면, 목회자들은 하나님 앞에 무릎을 꿇고 기도하며 자진해서 성령에 복종하고 자기 중심적인 생활에서 떠나 성령의 인도와 능력을 받아들이는 마음의 준비를 하는 일이 우선되어야 한다. "기독교교육이란 거룩하신 교사이신 하나님의 성령이 어떻게 역사하시는가를 발견하고 하나님과 함께 역사하는 일이다."[37]

교육에 있어서의 성령의 임재는 기독교교육이 단순한 계획수립, 방법

35) *Inst.* Ⅲ.2.33.
36) *Inst.*Ⅲ.1.4. 참고.
37) Lois E. Lebar, *Focus on People in Christian Education*, 28.

론 및 기술 이상의 것임을 보여준다.[38] 교육목회자로서의 목사는 성령을 의지하고 성령에 굴복하면 하는 만큼 효력을 본다. 기독교교육이 하나님의 일이지만 이것은 역시 인간과 관련된 하나의 과정, 즉 목회자들이 하나님을 거역해서 일하는 것이 아니라 하나님과 함께 하는 하나의 과정이다.[39]

그러므로 목회자들은 성령이 자신을 인도하고 자신을 통하여 역사하셔서 인간들에게 하나님의 진리를 가르치는 데 있어서 더욱 더 완전하게 만들어 주실 것을 신뢰하여야 한다.

4. 목회의 대상으로서의 인간

목회는 목양의 관점에서 목회자와 교회가 하는 모든 교역을 말한다.[40] 이 목회는 예수님의 십자가에 의한 구속을 감사하게 하고, 주님의 모범과 가르침을 따라 살아가게 하며 성령 안에서 계속적으로 임재하시는 주님에 의해 인도되는 삶을 살아가도록 하는 것을 중심적인 과제로 삼는다. 그러므로 인간에 대한 올바른 이해를 갖지 않고서는 진정한 목회사역을 수행할 수 없게 된다.

인간은 하나님의 모든 피조물 중에 참된 의미로서 유일한 교육의 대상자이다. 사람은 어릴 때뿐만 아니라 평생을 통해서, 곧 그의 전생애가

---

38) Roy B. Zuck, *Spiritual Power in Your Teaching*, 권성수 역, 『성령과 교육』(서울: 지혜문화사, 1982), 182.

39) *Ibid.*, 183.

40) 오성춘, "교역갱신을 위한 영적 은사의 필요성," 「목회와 신학」(1995년 6월호), 46.

교육을 받는 과정이다. 물론 동물이나 초식물도 어느 정도 훈련과정을 통해서 약간의 발전이나 개선이 있을 수 있으나 교육의 대상자라고는 할 수 없다. 목회자가 목회의 대상인 인간에 대해 가져야 할 지식은 다음의 몇 가지다.

첫째, 인간은 하나님으로부터 지음받은 존재이다. 성경은 인간이 하나님으로부터 그의 형상으로 지음받은 창조된 인간임을 가르친다. 사람은 하나님께서 창조하신 피조물 가운데 최고의 존재이다. 사람은 하나님의 형상으로 지음을 받았다. 사람은 하나님의 형상으로 지음을 받았다는 점에서 소망이 있고 가능성을 지닌 존재이다. 성경은 사람이 동물과 다른 점을-사람은 지적이고 감정이 풍부하고 의지적인 데 있다고 말하지 않고, 또는 일반 사회학이나 윤리학에서 말하는 바 이성을 가지고 있으며 도구를 사용하는 점에 있다고도 말하지 않고-종교적으로 즉 하나님과의 관계에서 설명한다. "하나님께서는 사람을 짐승과 다름없이 흙으로 만드셨으나 하나님의 형상(image)대로, 하나님의 모양(likeness)을 따라 지으시고(창1:26, 27), 생기를 코에 불어넣으셨다고 말씀하신다."[41] 바빙크(Bavinck)에 의하면, 사람은 하늘의 자녀(children of heaven)이며 본질적으로 초자연적인 존재이다.[42] 그의 이성과 양심, 사고와 의지, 그의 필요성과 성벽들은 비물질적인 본질, 즉 영원성에 근거한다.[43] 그러므로 사람은 하나님과 사귀며 하나님을 닮은 자로, 하나님의 대리자로서 하나님의 문화적 명령을 수행하는 삶을 영위할 때 동물과는 다른, 사람의 삶을 살게 되는 것이다.

41) 김영재, 『기독교 신앙과 생활』(서울: 성광문화사, 1990), 18.

42) Cornelius Jaarsma, *The Educational Philosopy of Herman Bavinck*, 정정숙 역, 『헤르만 바빙크의 기독교교육철학』(서울: 총신대학출판부, 1983), 171.

43) *Ibid.*

성경은 인간이 하나님의 형상임을 강조한다. 인간은 하나님의 형상으로 창조되었으며 이 '하나님의 형상'이란 용어는 아담이 부여받았던 고결성을 나타낸다. 그 때에 그의 지능은 명백하였고 그의 감정과 감각들은 이성에 종속하였다. 그리고 신적 형상의 기초적인 좌소가 정신과 마음 또는 영혼과 그 능력들에 있었지만 신체에 영광의 어떤 광채가 비취지 않는 부분은 없었다.[44] '하나님의 형상과 모습'은 하나님이 인간에게 부여하신 두 가지 속성을 가리킨다. 그것은 인간과 신이 공통적으로 지닌 공유적 속성과 영성, 또한 하나님이 만물을 다스리듯이 지상에 피조된 모든 것을 다스리는 인간 사역의 속성이다.[45] 하나님은 인간을 전 존재에서 하나님의 형상으로 지으셨다. 원시 상태에서 인간은 피조 형태로 하나님의 완전한 형상이며 하나님의 인격과 그분의 능력을 반사한다. 하나님의 형상은 인격에 인각(印刻)되어 있으며 그 광채는 육체에까지 미친다.[46] 하나님의 형상은 일반적으로 참된 지식,[47] 의와 거룩[48]을 포함한다.

둘째, 하나님의 피조물인 사람이 불순종하여 범죄함으로 타락하였다는 사실이다. 이 타락으로 사람은 자신이 가지고 있던 하나님의 형상으로서의 참지식과 의와 거룩을 잃어버렸다. 그 결과 부패하여, 하나님을 두려워 하는 마음은 없어지고, 악한 자리에 빠져 비참한 인생이 되어 버렸으며, 영원한 저주와 멸망을 받게 되었다. 그런데 유감스럽게도 "인간은 선천적으로 선하다는 사실을 강조하는 것이 오늘날 종교교육의 일반

44) *Inst*. I.15.3.

45) 유재원, 『원어번역 주석성경: 오경편』(서울: 도서출판 양문, 1991), 12.

46) 서철원, 『인간론』(총신대학신학대학원 강의안, 1995), 10-11.

47) 골로새서 3장 10절. "이는 자기를 창조하신 자의 형상을 좇아 지식에까지 새롭게 하심을 받는 자니라."

48) 에베소서 4장 24절. "하나님을 따라 의와 진리의 거룩함으로 지으심을 받은 새 사람을 입으라."

적인 추세이다."[49] 그러나 인간은 하나님에게서 떠나버린 타락한 존재임을 알아야 한다. 따라서 교육이 아무리 내용과 방법에 있어서 완전하다 할지라도 그것 자체만으로는 인간 본성에 자리잡고 있는 악을 근절시킬 수 없다. 따라서 인간은 구원이 필요한 존재이다.

그러나 하나님의 형상은 죄로 말미암아 상실된 본래적 지식이나 의, 거룩에 제한되지 않으며 역시 사람의 자연적인 구성에 속한 요소들을 포함한다. 즉 지적 능력이나 자연적인 감정들, 도덕적 자유 등이다. 하나님의 형상대로 창조된 사람은 이성적이고 도덕적인 성질들을 가지고 있는데 이것들은 죄로 말미암아 잃어버리지 않았다. 하나님 형상으로서의 이 부분은 실제로 죄에 의해 타락되었지만 죄에로의 타락 이후에도 사람 안에 남아 있다.[50] 그러므로 타락 이후에도 사람은 그의 영적인 상태와 관계없이 여전히 하나님의 형상으로 표현되어 있다(창9:6; 고전11:7; 약3:9).[51] 성경은 이처럼 타락한 후에도 인간은 여전히 하나님의 형상이지만 더 이상 하나님을 올바로 반영하지 못한다는 사실을 말한다(롬3:10-12). 이는 협의(狹義)의 신형상이 상실될 때 남아 있는 부분에 치명적인 영향을 미쳤으며 설령 광의(廣義)의 신형상이 남아 있다고 할지라도 전적으로 죄에 오염되고 말았다는 것을 뜻한다. 이로써 타락 후에도

49) C. B. Eavey, *Principles of Teaching for Christian Teachers*, 13.

50) 이 광의의 하나님의 형상으로는 영적인 선이나 공로를 쌓을 수 없고 영적인 진리를 전혀 분별할 수 없다(고전1:20; 2:13-15; 롬3:10-18; 시14:1-3).

51) Louis Berkhof, *Systematic Theology*, New Combined Edition(Grand Rapids, Michigan: Wm. B. Eerdmans Publishing Co., 1996), 204. 살인자의 범죄(창9:6)는 그 극악성이 하나님의 형상에 대한 공격이라는 사실에 기인하고 있다. 살인자에 대한 처벌 이유는 살해된 자가 바로 하나님의 형상이기 때문이다. 그리고 인간에 대한 저주(약3:9)도 하나님의 형상으로 지음 받은 사람에 대한 저주이므로 죄악이다. 비록 타락으로 인하여 하나님의 형상에 대한 막대한 영향이 미쳤다고 할지라도 그로 인해 신형상이 전적으로 제거된 것은 아니라는 사실이다.

인간은 여전히 하나님의 형상이라는 교훈과 전적 부패 교리가 동시에 견지된다고 할 수 있다.[52)]

셋째, 이 비참한 인생에게 하나님께서는 그의 자비하심으로써 보여주신 것들을 배워 알 수 있도록 지적 요소를 남겨 주셨다. 자신이 버림받은 상태에서도 스스로의 구원을 제외하고서 다소의 가능성을 바라고 나갈 수 있도록 하나님께서 작정하셨다.[53)] 더우기 이 비참한 인생에게 하나님께서 독생자를 보내셔서 희생제물이 되게 하심으로 사람이 예수 그리스도 안에서 의롭다 하심을 얻게 되는 것이다. 사람에게는 근본적으로 선이 없고 또한 선을 행할 수도 없으나 예수 그리스도 안에서 의롭다 하심을 얻는 길이 생겨졌으며, 하나님의 양자로서 영광스런 소망을 지니게 되었다.

인간이 믿음으로 말미암아 새 사람을 입게 될 때 그는 하나님의 뜻을 따라 참된 의와 거룩으로 창조되고(엡4:24) 그를 창조하신 자의 형상을 좇아 지식에까지 새롭게 된다(골3:10). 이리하여 다시 하나님의 성품에 참여하는 자가 된다(벧후1:4).[54)]

이 구원론적 근거가 모든 궁극적인 해답이라는 점이 중요하다. 그리스도를 통한 새로운 존재에로의 회복의 길, 즉 구원의 길을 열어 주신 것이다. 인간 존재의 온전함과 회복은 그리스도 안에서만 가능한 것이다. 사람은 이런 지식을 얻을 가능성을 받았기 때문에 지식의 습득과 인격의 변화를 위한 교육이 필요하다. 그러므로 기독교적 인간 이해는 창조와 타락과 구속의 전망에서 이해해야 한다.

52) 최홍석, 『사람이 무엇이관대』(서울: 총신대학출판부, 1994), 31-32.
53) 오병세, 『교회, 교육, 신학』(서울: 한국개혁주의 신행협회, 1989), 81.
54) 최홍석, 『사람이 무엇이관대』, 31.

제 2장 목회구조의 전환과 목사의 역할

1. 교육목회를 위한 목회구조의 전환

교육목회가 실현되게 하기 위해서는 먼저 교회의 교육제도에 새로운 변화를 시도하여 교육과 목회가 어린이에서부터 성인에 이르기까지 연결되도록 해야 한다. 교육목회라는 말은 교육이 목회에 있어서 한 부분을 차지하는 것이 아니라, 교육적인 관섬에서 목회의 모든 일을 해야 한다는 의미이다. 즉 예배, 심방, 성경공부, 전도, 교제 등 이 모든 목회의 활동이 교육적인 성격을 지녀야 한다는 것이다.[55] 현유광은 에베소서 4:11-16에 근거하여 담임목사가 교회와 관련된 모든 활동을 교육목회적 입장에서 할 때에 세 가지 방향성을 갖게 된다고 한다. 그것은 첫째로, 교인들의 잘못을 바로 잡아 온전한 사람으로 세우는 것이며, 둘째로, 교회의 일들에 성도들이 참여하여 봉사하도록 가르치는 것이며, 셋째로, 성도들이 유기적인 관계 속에서 온전한 모습으로 세상에 나타날 수 있도록 교육하는 것이라고 밝힌다. 이러한 방향성을 가지고 담임목사가

55) 현유광, 『교회교육길라잡이』, 213.

모든 목회활동에 임할 때에 교회는 열매가 풍성하게 된다는 것이다.[56)]

더욱 중요한 일은 교회의 모든 활동을 교육목회의 차원에서 통합하고 해석하는 일이다. 목회자는 교회의 모든 사역들 나름의 특징을 인지하는 동시에 또한 기능적으로 관련된 전체로서 각각을 바라볼 수 있는 전망을 제공해 주는 교육목회라는 차원에서 보아야 한다. 그것을 도식으로 나타내면 다음과 같다.

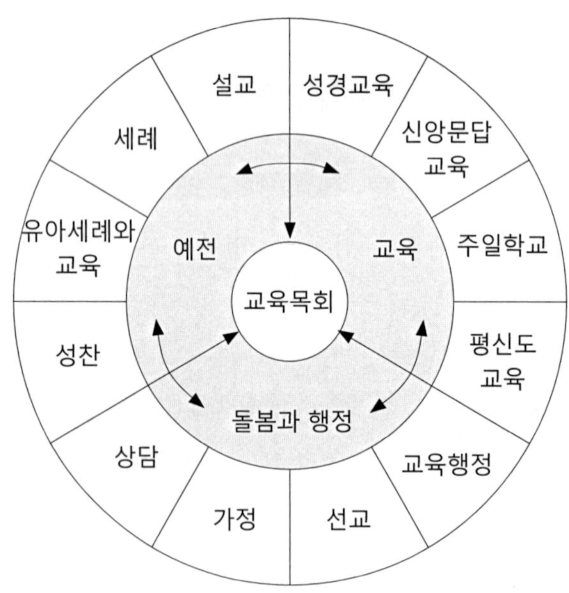

[그림-2] 교육목회를 위한 목회구조

위의 도식에서 보여주듯이 교육목회는 교회에서 이루어지는 모든 목회적 활동을 교육적 차원에서 이해하고 통합하는 모형을 보여주고 있다. 각 활동 분야의 형식은 다를지라도 그 활동과 사역은 교육목회의 차

56) *Ibid.*

원에서 고려되어야 한다. 따라서 각 분야는 서로 별개의 분야라고 하기보다는 서로 밀접한 유기적인 관련을 맺고 교육목회에 지향되어 있다. 그리고 각 분야의 목회활동은 교육목회를 통해 신자의 성숙, 교회의 성숙을 도모하고 궁극적으로 하나님께 영광 돌리는 것을 목표한다.

2. 교육목회와 목사의 역할

교회가 커지면서 교회가 하는 일도 다양해지고 풍부해졌다. 교인의 양적 증가와 함께 교역자는 교인들의 다양한 삶의 문제들을 폭넓고 바르게 목회하여 나가야만 하는 과제 앞에 직면하였다. 이러한 과제는 성도들을 온전케 하는 교육을 필요로 한다.

칼빈(Calvin)은 교회를 통한 교육의 가치와 의무에 대해 말하면서 하나님은 사역자들을 통한 교육의 방식으로 우리에게 말씀하신다는 점을 이렇게 말하고 있다.

> 이 주제에 관련된 것으로, 바울은 그리스도에 대해 이렇게 쓰고 있다. "[그는 …… 만물을 충만케 하시려고], 혹은 사도로 혹은 선지자로 혹은 복음 전하는 자로 혹은 목사와 교사로 주셨으니 이는 성도를 온전케 하여 봉사의 일을 하게 하며 그리스도의 몸을 세우게 하려 하심이라. 우리가 다 하나님의 아들을 믿는 것과 아는 일에 하나가 되어 온전한 사람을 이루어 그리스도의 장성한 분량이 충만한 데까지 이르리니"(엡4:10–13). 하나님께서 한 순간에 그의 백성들을 완전에 이르게 하시는 능력을 가지셨음에도 불구하고, 다만 교회의 교육 아

> 래서 성인으로 자라나기를 원하셨음을 알 수 있다. 그렇다면 위와 같은 하나님의 의도가 어떻게 시행되는지를 알아보자. 천국의 교리를 설교하는 직분이 목사들에게 주어졌다. 또한 모든 사람은 전부 다 온유한, 또 순진한 정신을 가지고 이 목적을 위하여 세워진 교사들의 지도를 받도록 자신을 맡긴다고 하는 동일한 질서에 얽매어져 있음을 알 수 있다.
>
> 하나님이 구약 시대에 백성들의 지도를 천사들에게 직접 맡기지 않으시고 천사적인 직무를 다할 수 있는 사람들을 교사로 땅 위에 세우셨듯이 오늘날에도 그와 같이 우리에게 인간을 매개로 하여 가르치시기를 원하신다. 또한 하나님께서는 옛날에 다만 율법을 주시는 것만으로 그치지 않고 제사장들을 그 해설자로 세워 그들의 입을 통하여 백성들이 율법의 참뜻을 알아듣도록 하셨다(말2:7 참조). 이는 오늘날에도 마찬가지이다. 즉 우리가 성경을 접하는 방법에 있어 개별적으로도 읽도록 하지만 또한 우리들에게 지도자를 보내어 도와주고자 하신다. 이 일은 두 가지 잇점이 있다. 하나는 하나님 자신이 말씀하시는 것처럼 하나님의 종의 말을 우리가 들을 때 하나님은 우리의 복종을 시험하신다. 또 하나는, 하나님은 우리가 연약하다는 것을 잘 아시므로 인간미가 있는 방법으로 해설자를 통하여 자신의 의도를 드러내시고자 하신다. 이와 같은 친절한 교육방법이 우리에게는 얼마나 적절한가를 모든 경건한 사람들은 체험으로 알고 있는 것이다.[57)]

바울도 그의 젊은 동역자인 디모데에게 보내는 편지를 통하여 자기가 배운 내용을 남에게도 가르칠 수 있는 신실하고 경건한 사람에게 복음

57) *Inst*. Ⅳ.1.5.

을 전파할 것을 권고하고 있다. 목사의 기본적인 세 가지 의무는 "읽는 것과 권하는 것과 가르치는 것"(딤전4:13)이다. 즉, 대중 앞에서 하나님의 말씀을 읽고 선포하며 권고의 형식을 통하여 사람들의 마음에 호소하며 성경을 가르치는 일을 의미한다.

비록 현대의 목회사역이 평신도 지도자를 포함한 교회의 모든 지도자들이 함께 참여하여 수행하는 공동사역이어야 한다는데는 동의하지만, 그렇다고 하여 그 지역교회의 책임자인 목사의 역할이 덜 중요하다든가 영향이 줄었다는 뜻은 결코 아니다. 특히 교회교육은 전통적으로 보나 현실적으로 보나 평신도들의 관여도가 넓어서 자칫하면 목사는 그들에게 아예 떠맡겨 버리는 경향이 있는데 이것은 잘못된 것이다. 로이스 르바(Lois E. LeBar)는 "목사는 그리스도 밑에서 일하는 목자로서 교회 안에 일체의 일을 감독할 책임이 있다. 목사의 활동의 50~75%는 설교가 아니라 교인과 장래의 교인 양성을 감독하는 일이다"[58]라고 목사의 교육목회적 사명을 잘 지적해 주고 있다. 목사는 하나님의 말씀을 선포하고 증거하는 설교자임과 아울러 그 말씀을 상황에 따라 적절히게 잘 가르쳐야 하는 교사이기 때문에 기독교교육에 관한 깊은 이해가 있어야 한다. 윌리암즈(Sherman Williams)는 교회 사역의 교육적 특성을 말하면서 목회는 목사의 교육적 자질과 태도에 달려 있다는 점을 강조한다.

> 목사는 지역교회의 기독교교육 프로그램을 실시하는 데 있어서 그 성패의 열쇠를 쥐고 있는 사람이다. 교회의 여러 사역자들 중에서도 전문적인 훈련을 받은 이라고는 오로지 목사밖에 없는 경우도 있다. 기독교교육을 받은 경험이 있는 사람들을 사역자로 두고 있는 교회라고 해도 일단은 목사가 기독교교육의 특성을 이해하고 있는 상황

58) Lois E. LeBar, *Focus on People in Church Education*, 29.

> 이어야 한다. 모든 교회들의 기본 목표는 사람들에게 그리스도를 아는 지식을 제공해 주고 그들을 영적으로 성숙할 수 있도록 이끌어 주는 것이기 때문에 일단 교회는 기본적으로 교육기관으로서의 기능을 갖추고 있어야 하며 목회자는 교육자의 역할까지도 감당할 수 있어야 한다. 그렇게 보았을 때 교회의 프로그램과 방법은 교육적인 색채를 띠고 있으며 교회는 그리스도인으로서의 삶을 배우는 학교 역할을 하게 된다. 그렇기 때문에 지역교회를 맡고 있는 목사는 설교자와 교사의 기능을 담당해야 할 뿐만 아니라 교육적인 지도자의 역할까지도 완수해 낼 수 있어야 한다.[59)]

담임목사는 지도자들과 팀웍을 이루어 일해야 하지만 그의 목회를 교육적 차원에서 총괄해야 한다. "목사는 평신도를 교회교육의 지도자로 개발하여 전교인을 기독교교육 사역에 참여시키고, 또한 모든 기독교교육의 형식과 내용을 감독하는 중대한 책임을 진다. 전체 공동체가 교회의 교육적 사명에 참여하는 것은 사실이나 지교회의 기독교교육의 권위와 신뢰성과 깊이를 보장하기 위한 책임은 바로 목사에게 부여된다."[60)] 지교회의 목사가 교육에 관여하는 방식에는 몇 가지가 있다.[61)]

첫째, 목사의 전체 직무를 통하여 교육에 참여하게 된다. 설교, 예배, 상담, 전도 등의 사명을 수행할 때에 교육이 부차적으로 수행되므로 비록 의도적은 아니지만 목사는 교육에 참여하게 되는 것이다.

---

59) Sherman Williams, "The Pastor and Christian Education," *Introduction to Biblical Christian Education*, ed. by Werner C. Graendorf(Chicago: Mooy Press, 1993), 234.

60) Thomas C. Oden, *Pastoral Theology: Essentials of Ministry*, 오성춘 역, 『목회신학』(서울: 대한예수교장로회 총회교육부, 1987), 283.

61) 오인탁 외 편저, 『기독교교육론』(서울: 대한기독교교육협회, 1990), 431.

둘째, 목사가 직접 교사가 되는 일이다. 유년부나 중고등부 혹은 장년부의 교사가 되어 학습자들과 대면하여 교육에 참여하는 일이다.

셋째, 교육이 가능해 지도록 행정적인 뒷바라지를 하는 일이다.

넷째, 교육의 자원으로서의 역할이다. 목사는 교육이념의 제공자이며 교과서(공과)를 선택해 주거나 직접 쓰는 일을 통하여 교육자원의 제공자가 되는 일이다.

그런데 이 교육의 일이 막중하므로 목사는 혼자서 이 일을 다 감당하기 어려운 경우 교육전문인의 협조를 얻어 이 일을 더욱 원활하게 수행해 나갈 수 있을 것이다. 이에 대한 하나의 대안으로 우리 한국교회에도 교육사(Director of Christian Education) 제도를 마련하는 방안을 고려해 보는 것도 유익할 것으로 생각된다.

목사는 그의 태도와 행동을 통해서 자기 교회에서 실시되는 기독교교육의 전체적인 사역에 대한 깊은 관심을 분명하게 표명해야 한다. 또한 그는 설교를 통해서 때로는 개인적인 언급을 통해서 교회의 일이란 그 교회에 소속된 사람들이 각자 지니고 있는 재능이나 은사를 지혜롭게 활용하고 필요한 경우에는 그러한 능력들을 한 군데 모았을 때 어떠한 일을 이룰 수 있음을 강조해야 한다.

토마스 오든(Thomas Oden)이 지적한대로 "만일 목사가 교회의 폭넓은 교육 교역을 높은 수준으로 유지하기 위하여 부지런히 노력하지 않는다면 다른 사람에게도 높은 수준을 유지하기 위하여 준비하라고 요구할 수 없을 것"[62]이며, 그 목회자의 교육목회의 이념도 시들해지고 말 것이다. 오든은 계속하여 교육목회적 사역이 기초되지 않을 때 목회는 장애에 부딪히게 될 것을 다음과 같이 말하고 있다.

62) Thomas C. Oden, 『목회신학』, 283.

> 목사의 교육적 책임은 가족과 예배하는 공동체와 교회학교와 신앙 문답 교육과 같은 다양한 영역들에 미친다. 이러한 모든 노력들의 효과는 전체 양무리의 목자로서 목회적 지도자인 목사가 얼마나 직접적으로 참여하고 있는지에 따라서 심각하게 좌우된다. 이러한 참여에는 예전과 선포와 목회와 그리고 보다 구체적으로 다양한 수준의 교회학교와 성경연구 그룹들과 여름 교회수양회와 평신도 신학 아카데미 등에서 직접적으로 가르칠 때에 나타난다.
>
> 교인들이 가정에서, 교회에서, 교회학교에서 그리고 심지어는 훌륭한 수준의 기독교 대학과 또는 캠퍼스 교역을 통하여 이러한 형태의 기독교교육의 일부 또는 전부를 의미있게 경험할 때에 목사는 그러한 교인들이 설교와 성례전을 통하여 하나님의 말씀을 받아들이고 교회의 사명을 이행하는 데 훨씬 적극적으로 되어가고 있음을 발견할 것이다. 교인들이 이러한 교육의 기회들을 일부 또는 전부 경험하지 못할 때 목사는 말씀과 성례전과 목회의 교역을 하는 과정에서 부담스러운 장애들을 발견하게 될 것이다.[63]

이처럼 목사는 교인들에게 기독교교육이란 단지 교회에서 실시되어야 할 분야일 뿐만 아니라 교회와 그 사역에 대하여 실질적인 근거와 토대를 마련해 준다는 사실을 반드시 주지시켜야 한다.[64] 언급한 바와 같이 교회의 전체적인 기독교교육사역은 목회자의 영적 관심과 지침 아래 존재해야 한다. 목사는 성도들로 하여금 교회를 위하여 사역과 봉사를 하고 그리스도의 몸을 세울 수 있도록 그들을 준비시켜 주는 역할을 수행해야 한다(엡4:12). 물론 교회의 교육사역에는 많은 사람들이 헌신하

63) *Ibid.*, 283-284.

64) Sherman Williams, "The Pastor and Christian Education," 234.

고 있기는 하지만 목사야말로 가장 중요한 교사의 위치를 차지하고 있다. 목사는 자기가 가르친 사람들이 그와 마찬가지로 남을 가르치도록 교육하고 훈련할 수 있어야 한다.

제 3장
예전의 회복

1. 예배의 교육적 의미

신앙을 가진 개인들은 그들의 인생 여정에서 신앙공동체에 참여한다. 그리고 신앙공동체의 예배와 관습은 그들의 여정과 상호작용을 한다. 그러므로 예배, 학습 및 삶은 신앙의 뿌리들과 밀접히 관련되어 있다. 예배, 학습 및 삶의 이러한 상호관련성은 신구약 성경 전체를 통해 드러나고 있다.[65)]

사도행전에 나오는 초대교회의 모습에서 보면 날마다 모여서 예배하는 장면이 나오는데 말씀을 듣고 떡을 떼고 만찬을 나누었다고 되어있다. 그런데 고고학에 의하면 초대교회의 예배는 기도, 시편 읽기-놀랍게도 찬송가가 있었다는 이야기다-그리고 사도의 편지를 읽었고 다음에는 구약의 성경을 읽었고 그 다음에서야 사도의 말씀의 선언(오늘의 설교에 해당)이 있었다는 것이다. 그런데 사도의 선언의 말씀이 있고난 다음에는 반드시, 또 그 때에 전문직을 맡은 디다스칼로스(διδάσκαλος)라

65) Donald E. Miller, *Story and Context: An Introduction to Christian Education*, 251.

는 교사가 있어서, 바로 설교 이후에 성경을 풀이하고 가르치는 디다케(διδαχή), 가르치는 교육행위가 예배시간에 꼭 개입되었다는 것이다. 그래서 초대교회는 말씀을 가르치는 것이나 말씀을 선포하는 것이 예배시간에 쌍벽을 이루고 있었다.[66]

제임스 스마트(J. Smart)는 그의 책 *The Teaching Ministry of the Church* 에서 "기독교교육은 교회가 예배를 통하여 하나님과 함께 하는 생활로 사람들을 한 걸음씩 이끌어가는 교육이어야 한다. 교회에 들어가게 하는 교육은 예배하는 단체로 들어가게 하는 교육이다. 교회는 무엇을 행하고 말하기 전에 먼저 교회답지 아니하면 안된다. 교회는 예배하는 중에 존재하는 것이다. 예배는 말씀으로 교회를 불러 일으키신 하나님께 대하여 감사하는 겸허한 응답이다. 교회의 활동과 발언은 모두 교회가 존재한다는 것의 표현인데, 그 배후에는 하나님과 교회 사이의 교제가 보이지 않는 원천이 되어 있다. 이 교제는 하나님께서 쉬지 않고 그 백성의 생활에 들어오시고 백성들은 감사와 사랑과 순종으로 그에게 응답하는 데서 이루어진다."[67]라고 고백한다. 교회의 교육목회적 사명은 "신앙공동체가 의식을 중심으로 한 생활의 의미를 이해하고, 현재의 예전을 평가하며, 필요한 새로운 표현을 탐구하고, 의미깊은 참가를 가능하게 하기 위해서 적절한 준비를 하도록 조력할 책임을 질 필요가 있다."[68] 그것은 교회생활의 예전적, 의식적 국면이 기독교교육의 핵심에 위치하도록 하기 위해서이다. 그렇게 해야 하는 이유는 공동체적인 예전에 있어서 말씀의 내용과 활동이 융합되어 있기 때문이다. "우리는 예배에 있어서 신성한 전승과 생활을 함께 가지며 일상적인 생존의 의미와 동기를

66) 은준관, "교회교육의 새로운 이해," 234-235.
67) James D. Smart, *The Teaching Ministry of the Church*, 161-162.
68) John H. Westerhoff Ⅲ, *Will Our Children have Faith?*, 107.

준비해 주는 상징적 방법으로서 상기하고 활동한다."[69]

기독교 가정은 가족 구성원들의 예배생활과 기독교교육에 있어서 중요한 역할을 한다.[70] 그것은 바로 기독교교육자들이 "가급적이면 가족 단위로 교회에 가는 것이 이상적인 것"[71]이라고 제안하는 이유이기도 하다. 예배의 행위를 통하여 서로 다른 가족들은 하나의 가족, 곧 하나님의 가족으로 교회에 나온다. "교회의 활동에 있어서 공중예배(public worship)만큼 그렇게 용이하게 모든 연령층이 참여할 수 있는 활동은 없다. 또한 그 어떤 것도 공중예배만큼 전체 교회 가족으로 하여금 그렇게 일체감을 부여해 주는 것도 없다."[72] 일체감 및 한 가족에의 소속감은 예배의 완전한 참여에 좌우된다. 하지만 우리의 예배의 대부분은 그 모든 성원들의 욕구에 부응하려고 노력하지 않고 있다. 일반적으로 가족은 다양한 연령층의 사람들로 구성된다. 가족들이 예배에 참여하기를 기대하는 교회는 이러한 현실에 유의하여야 한다. 비록 어려운 과업이기는 하지만 교회는 전체 가족에 있어서 각각 다른 연령집단의 욕구들에 민감해야 할 필요가 있다.

전통적으로 예배는 교육적인 것으로 의도되어 왔다. 우리는 색유리, 조각품, 그림들이 교회의 이야기를 말해주는 데 어떻게 기여하였는가를 보기 위해 중세시대의 성당들을 볼 필요가 있다. 성당에 들어서면 우리는 시각적인 상징으로 표현된 교회의 이야기에 둘러 쌓이게 된다. 그러나 중세의 이런 상징위주의 방법은 교육적으로 실패하였다고 본다.

---

69) *Ibid.*, 113.
70) Paul H. Vieth ed., *The Church and Christian Education*(St. Louis: The Bethany Press, 1960), 77.
71) John G. Williams, *Worship and the Modern Child*(London: S.P.C.K., 1962), 110.
72) Paul H. Vieth ed., *The Church and Christian Education*, 92.

16세기의 종교개혁은 예배에서 교훈적인 요소를 회복하였다. 루터(Luther)는 설교의 목적은 하나님의 은혜를 선포할 뿐 아니라 하나님의 말씀을 올바르게 해석하는 데 있다고 보았다. 찬송가들은 복음의 메시지를 담고 있어야만 했다. 교육이 없는 예배는 예배를 어떻게 하는지 알지 못하는 단지 하나의 청중이 되게 하는 결과를 초래한다.[73] 교인들이 우상숭배에 빠지지 않으려면 올바른 교육을 받아야 한다. 그와 마찬가지로 칼빈(Calvin)은 목사를 가르치는 장로로 이해했다. 목사는 교인들을 올바르게 교육시킬 수 있도록 올바른 교리를 배워야만 했다. 종교개혁은 설교와 가르침을 엄격히 구분하지 않았다. 이는 예수님의 사역에 있어서도 이 두 가지가 엄격히 구분되지 않았던 것과 일맥상통한다.[74]

---

73) 김형태,"목회적 교육의 관점에서 본 한국 기독교교육의 평가,"「기독교교육논총」제 3 집(2006), 27.

74) C. H. Dodd는 사도적 설교(κήρυγμα)와 가르침(διδαχή)을 구분하였다. 그에게 있어 케리그마는 불신자들에게 선포하는 구속의 메시지인 반면, 가르침은 대부분 신자들에 대한 윤리적 교훈이다[C. H. Dodd, *The Apostolic Preaching and Its Developments*(London:Hodder and Stoughton Ltd., 1944), 7.] 가르침과 선포는 그 내용과 대상이 다르므로, 다드가 볼 때에는 구별되어야 했던 것이다. 이렇게 가르침과 설교의 구별이 있다는 것을 다드는 성경적 근거를 들어 말했다. 대개 선포라고 옮겨지는 말(60회 이상 사용된 κηρύσσειν, 선포하다)과 대개 가르침이라고 옮겨진 말(거의 90회 사용된 διδάσκειν)은 그 어근에 있어서 의미가 다른 것이고, 서로 다른 방식으로 사용되는 것이다. 그러나 다드의 엄격한 구분은 몇 가지 점에서 문제가 된다. 무엇보다도 먼저, 우리는 성경의 내용에 기초해서'κήρυγμα'(구원의 선포)와 'διδαχή'(윤리적 가르침)를 구분하여 설교와 가르침을 나눌 명확한 경계선을 찾아낼 수 없다. 성경은 하나로 통일되어 있기 때문이다. 복음의 선포가 윤리적 함의 없이 있지 않으며, 윤리적 교훈은 항상 하나님의 구속경륜을 전개하는 문맥에서 다루어 지고 있는 것이다. 그러므로 복음의 선포는 가르침의 요소를 포함하며, 구원의 복음에 대한 감격은 언제나 하나님 말씀의 가르침을 동반하는 것이다. 하나님의 말씀의 통일성은 그리스도의 공생애에서 명백하게 나타난다. 그의 가르침과 선포의 주제는 모두 하나님의 나라였다[Norman E. Harper, *Making Disciples: The Challenge of Christian Education at the End of the 20th Century*, 91-92]. 그러나 Dodd가 성경 시대에 교육이 주로

경건주의와 주일학교 운동은 현대의 프로테스탄트 교회에서 예배와 교육을 분리시키려는 경향이 있었다. 경건주의는 예배 이외의 다른 시간에 성경을 공부할 수 있는 집회를 가졌다. 존 웨슬리는 경건주의 영향을 받아 평신도들의 소집단 성경공부 모임을 격려하였다.[75] 주일학교 운동은 예배를 목사에게 맡기고 교육만을 전담하는 평신도 교사집단을 형성시켰다. 따라서 예배와 교육은 분리되는 경향이 있었다. 그러나 20세기에 들어와서 예배와 교육을 재결합시키려는 노력이 이루어졌다. 교회학교의 공부는 예배를 뒷받침하도록 계획되었다.

기독교 전통에 있어서 예배는 항상 중요하고 의미있는 위치를 차지해 왔다. 예배는 교회의 생명과 사역이 그 힘과 영감을 그것으로부터 이끌어 내어 순환하도록 하는 중추적인 역할을 한다. 그리하여 "예배는 교육되는, 그리고 또한 기독교의 가르침을 위한 기본적인 방향을 제공하는 신앙의 생생한 표현이다."[76] 따라서 그리스도인 개인의 생활에 있어 그토록 의미가 있고 또한 교회에 있어 그렇게 중요한 예배가 기독교교육에 관련하고 있는 자들의 진지한 관심이 된다는 것은 아주 자연스러운 일이다.[77]

윤리적 교훈에 국한 되었다고 주장하였기 때문에 현대 교회교육이 가지고 있는 병통의 하나를 오히려 정당한 것이라고 인정한 셈이 된다. 즉, 교육은 시종일관하게 윤리적이었고 케리그마의 깊이와 힘을 가지고 있지 않는 것이다. Dodd는 교육사역을 케리그마와의 필연적 관계에서 분리시켜 놓은 것이나 다름없다. Dodd는 이 점에서 성경의 모든 전통에서 이탈했다. 이렇게 설교와 교육을 구별하여 놓은 Dodd의 방식은 구약성경에 있어서도, 신약성경에 있어서도 용납받을 수 없는 자기 독단의 방식이다[James D. Smart, *The Teaching Ministry of the Church*, 26].

75) Donald E. Miller, *Story and Context: An Introduction to Christian Education*, 260.

76) Paul H. Vieth, *Worship in Christian Education*(Philadelpia: United Church Press, 1965), 13.

77) *Ibid.*, 20.

기독교의 예배는 구원계시와 말씀의 언약에 기초하여 하나님의 영광과 은혜를 가시적으로 묘사하는 신앙적 사건이요, 상징적 관계에서 의식을 통한 계시의 실체를 경험케 하는 사건이요, 하나님의 계시에 믿음으로 반응하는 신앙적 삶의 총체적 표현이다.[78] 또한 종교개혁 시대에 크게 발전되었던 신앙교육서는 예배의 교육적 기능을 잘 드러내고 있는데, 바로 예배에서 이 신앙교육서가 예식서로도 사용되었기 때문이다.

그리고 예배 전체를 통하여 신앙이 연약한 자들에게 신앙적인 감화와 깨달음을 주고자 한 예배의 교화적 성격은 바로 교육적 기능을 대변하는 것으로 경건주의 시대의 예배적 이해는 바로 예배 참여자들의 교화에 그 목적을 두었다.[79]

사람의 제일 큰 목적이 하나님을 영화롭게 하고 영원토록 그를 즐거워하는 것이라고 고백하는 사람들의 모임인 교회는 본질적으로 예배하는 공동체이다. 하나님을 영화롭게 하고 그를 즐거워함으로 참된 그리스도인의 삶을 살 수 있고,[80] 그 공동체가 바로 교회가 된다고 할 때, 교회는 예배에 의해서 참된 교회가 된다고 말할 수 있다. 교회는 예배를 통하여 자기의 본래적 기능을 수행할 수 있으며 예배를 통해서 자신을 자각하고 자기실현의 능력을 함양하게 된다. 폰 알멘(Von Allmen)은 예배의 교육적(pedagogic) 유용성에 대해 여러 가지로 사려 깊은 통찰을 제시하였다.

> 사실상 예배는 교회교육의 기본 배경이다. 예배에서 우리는 크리스천이 되고 하나님과 세상과 이웃을 만나는 방법을 배우게 된다. 우

78) 정일웅, 『기독교예배학개론』, 124.
79) *Ibid.*, 132.
80) 웨스트민스터 신앙고백 제1조.

리는 믿음, 희망, 사랑을 배운다. 예배야말로 독특한 그리스도의 학교이다.

예배에서 우리는 믿음을 배운다. 말씀은 곧 믿음이다(Lex orandi lex credendi). 기도로써 우리는 기독교 신앙을 배운다. 기도가 우리의 신앙의 대상인 하나님께 접근하게 만들고 또 기도로써 표현할 수 없는 것은 옳지 못한 신학이기 때문이다.

예배에서 우리는 또한 희망을 배운다. 남을 위한 기도(intercession)는 우리로 하여금 세상과 인간에 대해서 실망하지 않게 만든다. 그것은 또한 세상과 인간을 그리스도인의 자유와 용기를 가지고 만나게 해준다. 그리고 예배의 기쁨은 모든 사물과 피조물에 대해서도 실망하지 않게 해준다. 왜냐하면 예배에서 이미 피조물은 그 궁극적인 운명을 제공받기 때문이다. 그것은 곧 하나님께만 영광을 돌리라(soli Deo gloria)는 사실이다.

예배에서 우리는 사랑을 배운다. 예배에서 형제들과 같이 있고 그들이 향하는 일을 존중하며 그들과 더불어 떡을 떼는 이 모든 것이 한 몸으로서의 교회의 성격을 살아 움직이게 한다. 뿐만 아니라 이런 경험은 우리를 독존의 교만에 빠지지 않게 해주고 신비스런 모양으로 우리 이웃 안에서 그리스도를 닮아서 살면서 그의 몸의 지체를 발견할 수 있도록 가르쳐 준다.[81)]

예배의 다양한 장면들을 통하여 기독교교육은 청년, 성인을 포함한 모든 개인들이 그리스도는 주님이시며, 각 사람에 대해 주권적인 권리를 가지고 계신다는 기본적인 그리스도인의 확신의 의미를 개인의 의식

81) J. J. von Allmen, *Worship: Its Theology and Practice*, 정용섭 외 3인 역, 『예배학원론』(서울: 대한기독교출판사, 1988), 120.

가운데서 인지할 수 있도록 시도한다. 이러한 주권적 권리는 그리스도를 삶의 모든 장면에 관련시킨다. 샤클리(Grant Shockley)는 예배에 있어 그리스도의 주되심이 중심이 되어야 한다는 것을 인식하는데 도움을 줄 수 있는 몇 가지 더 진전된 목적을 제시하였다.

> 그들이 자신들의 주님으로 받아들인 그리스도 안에서 하나님을 경배하며 섬기는 능력의 실현을 개인적으로 발전시키는 것
>
> 그의 사랑과 교제를 주고 받는 것을 허락하실 그리스도와 인격적인 교제를 시작하고 깊이를 더하며(cultivating) 유지시키는 일에 개인들을 도와주는 것
>
> 경외와 선교와 직업을 통하여 하나님이 "최상의 가치를 돌려드려야 할 분이심(worth-ship)"을 항상 계속하여 세상에 공표하는 것
>
> 개인들로 하여금 그들의 지속적인 필요를 채워주시는 하나님의 모든 자원의 효용성을 인식하도록 하는 것
>
> 그리스도인들로서 각 개인들의 성숙, 경험, 활동하는 기회를 고려하여 그들을 순종의 태도로 응답하도록 인도하는 것[82]

웨스터호프(Westerhoff Ⅲ)는 주일학교를 교회 속에 통합시키려는 노력을 훨씬 더 철저하게 시도하였다. 즉 그는 예배의 교육적 기능을 회복하도록 요구하고 있다.[83] 예배 자체가 교육의 일차적인 형태가 되어야

82) Grant S. Shockley, "Worship in Christian Education," *Introduction to Christian Education*, ed. by Marvin J. Tayler(Chicago: Moody Press, 1966), 243.

83) 웨스터호프(John Westerhoff Ⅲ)는 의식 이상으로 중요한 공동생활의 국면은 없다고 말하면서 예배는 교회생활의 중심이라고 한다. 교회생활의 예전적, 의식적 국면이야말로 기독교교육의 중요한 차원이 될 필요가 있다는 것을 거듭 말하면서 의식은 항상 기독교교육의 핵심에 위치하여야 한다고 한다. 그 이유

하며, 다른 모든 교육은 이차적이다. 공식적인 수업시간에 연구되는 것은 직접적으로 예배 속에 받아들여져야 한다. 예배를 계획하고 인도하는 사람들은 예배의 일부로서 무엇을 배우고 있는가를 고려해야 한다.

기독교교육의 기초는 신학에 대한 교육이다. 그러나 분명히 이것은 기독교교육이 근본적으로 교리에 대한 엄격한 훈련으로만 형성된다는 것을 의미하지 않는다. 그것은 신앙 공동체의 생활에의 참여를 의미한다. 그것은 기독교회의 건전한 전통을 받아들이고 예배에 참여하며 신앙의 관점과 능력으로 생활 중의 문제에 대응하는 것을 의미한다.[84)]

예배는 종교문화를 구성하는 동시에 경험하는 시간이다. 이 예배에서 우리는 우리가 속해 있는 공동체(People)가 어떠한지, 그리고 이 공동체가 이 세상에서 어떤 특수한 존재방식을 가지고 있는지를 배운다. 우리는 예배를 통해 그 의미체계와 소중한 존재방식에 대한 총괄적인 학습에 참여한다.[85)] 신앙공동체 그 자체가 기독교교육의 주요한 자료이다. 젊은이는 오늘날의 예배의식, 삶의 스타일, 사고나 행동의 한계 등의 신

는 공동체적 예전에 있어서 이야기와 활동이 융합되어 있기 때문이라는 것이다. 그러므로 그는 예전이 기독교교육의 중요한 국면이 될 필요가 있으며, 이것이 가능하게 되기 전에 예배의식과 제의의 특성과 역할이 바르게 이해되어야 한다고 주장한다. 그리고 교회의 교육적 사명은 신앙공동체가 의식을 중심으로 한, 생활의 의미를 이해하고, 현재의 예전을 평가하고, 필요한 새로운 표현을 탐구하고, 의미깊은 참여를 가능하게 하기위해서 적절한 준비를 하도록 조력하는 책임을 질 필요가 있다고 지적하면서, 학습과 예배를 통일함으로써 기독교교육은 더욱 강화될 것이라고 주장하고 있다.[John H. Westerhoff Ⅲ, *Will Our Children have Faith?*, 정웅섭 역, 『교회의 신앙교육』(서울: 대한기독교교육협회, 1990), 105-113].

84) Roger L. Shinn, *The Educational Mission of Our Church*, 이정기 역, 『교회와 교육』(서울: 보이스사, 1979), 83-84.

85) Ross Snyder, "Worship as Celebration and Nurture," ed. Marvin J. Taylor, *Foundations for Christian Education in an Era of Change*(Nashville, Tennessee: Abingdon Press, 1981), 180.

앙공동체 전체의 삶에 흐르고 있는 양식들을 통하여 전통을 배운다. 이런 것들은 대부분 은연중에 배워지는 것으로서 교회생활 주변에서 얻어지는 산물이다. 예배의식은 특히 성경과 전통의 영향을 강하게 받는다. 회중이 협동하여 예배함으로써 이 위대한 사건들과 유산의 의미가 재현되고 상기된다. 여기에 교회력에 따라서 반복되는 행사들 자체에 의미를 부여하는 것이다. 그러므로 기독교교육은 예배의식의 경험과 자료를 중요하게 다루어야 한다. 사람들은 다른 사람들의 경험을 모방함과 자기의 경험을 반사하는 그 두 가지 형태로 많은 것을 배운다. 그 두 가지 형태는 예배의식과 중요한 연결점을 지닌다.[86] 협동적인 종교적 축하는 모든 예술 가운데서 뛰어난 예술의 형태이고, 가치있는 양육(nurture)의 방식이며 또한 교육의 필요불가결한 국면이다.[87] 더우기 예배드리는 공동체가 하나의 성격과 특성을 지닌 구조임을 생각할 때 예배가 갖는 신앙교육적 기능은 매우 크고 중요하다는 점을 우리는 깨닫게 된다.

예배는 신앙교육의 의도적인 프로그램은 아니나 비의도적인 프로그램으로서 이루어진다. 특히 예배는 오늘날 교육의 학습이론에 중요하게 취급되는 과정으로서 학습의 포괄적이며 그룹적인 성격을 소유한 것으로 본다. 즉 예배는 그 자체가 그리스도인에게 있어서 신앙을 배우는 포괄적인 과정이 되는 것이다.[88]

교회를 통하여 하나님의 백성은 하나님의 언약과 그 언약의 성취 안에서 복음으로 나타난 모든 하나님의 축복된 사건들을 기억한다. 그리고 그 사건들에 대한 신뢰를 불러 일으키는 하나님의 말씀에서 자신의

---

86) Edward A. Powers, "균형의 유지," ed. John H. Westerhoff Ⅲ, *A Colloquy on Christian Education*, 김재은 역, 『기독교교육논총』(서울: 대한기독교출판사, 1978), 66.

87) *Ibid.*, 181.

88) 정일웅, 『교육목회학』, 244.

현재적인 위치를 점검할 뿐 아니라 하나님과의 관계를 새롭게 하며 견고히 하며 믿음에 굳게 세움을 받는 자신이 되게 한다. 그런 관계에서 매 주일의 예배는 하나님의 백성들을 깨닫게 하고 가르치는 교육적 역할을 하며 또한 하나님의 백성들은 학습자의 자리에 있게 된다. 이러한 교육적 기능은 말씀의 가르침에만 나타나는 것이 아니라 예배를 형성하는 모든 순서들에서 관련을 갖는다고 보아야 할 것이다.[89)]

예배가 우선적으로 전형적인 교육의 방식으로 의도되고 계획된 것이라 보지 않는다 하더라도, 우리의 목회와 교육이 신앙교육에 관련하는 만큼 예배의 신앙 교육적 관련성은 아무리 강조해도 지나치지 않을 것이다. 예배의 모든 요소들은 어느 요소와 어느 부분을 막론하고 우리의 신앙교육과 밀접히 관련되어 있음은 명약관화한 사실이다.

2. 말씀중심 예배의 이해

말씀중심의 예배는 예배에 있어 설교를 강조한다. 설교가 교회를 존재케 한다는 말에는 의미가 있다. 설교를 통해서 초대교회의 사도들은 교회를 세웠다. 초대교회가 성장하는 그 모퉁이 돌은 바로 설교였다. 설교는 공동체로 침투하는 선봉자로서 공동체 주민들을 모아들이는 수단이 되었다. 또 현실에 있어서도 목회하면 설교를 연상할만큼 설교의 중요성은 너무나 크다. 이 설교는 바로 교회부흥과 성장의 결정적 요소가 되기 때문이다.

그래서 포사이드(Forsyth)는 그리스도의 교회가 설교에 의해 존립할

89) *Ibid.*, 244-245.

수도 있고 무너질 수도 있다고 말한 것이다.[90] 교회가 성장하지 않는 이유 중의 하나는 설교의 쇠퇴에 있다. 그 원인은 청중들에 있다기 보다는 설교자에게 있다.[91] 설교자가 하나님의 말씀을 성실하고 진지하게 증거하지 않을 때 거기서 교회성장을 기대할 수 없다.[92]

설교없이는 예배일 수 없다고 할 정도로 설교의 기능은 복음전파와 신앙의 가르침에 그 중요성을 갖는다. 하나님의 말씀의 선포로서의 설교가 예배의 중심이다. 칼빈의 예배의 최대 강조점은 말씀전파에 있었는데, 이는 칼빈에게서 뿐만 아니라 모든 개혁자들이 가장 강조하던 내용이다.[93]

특히 교회교육의 총체적인 관심은 개체 그리스도인의 교화에서 시작하여 그리스도의 몸으로서 교회를 세움에 있으며(엡4:11-12), 그 때문에 바울의 고린도 교회의 덕을 세움에 대한 경고(고전14:26) 등은 중요한 교육적 의미를 갖는 것이다. 교육을 중심으로 한 목회의 사역이 진지하게 잘 이루어질 때 설교는 더욱 효과적으로 전달될 수 있다.[94]

어느 시대인들 설교의 중요성이 무시된 때가 있을까마는 특히 현대 프로테스탄트 목회에 있어서는 설교의 비중은 막중하다. 프로테스탄트 예배에 있어서는 설교가 예배 전체의 핵(core)이 되므로 예배의식이나 찬송가의 선택까지도 설교의 중심 메시지에 맞추도록 되어 있다. 중

---

90) P. T. Forsyth, *Positive Preaching and the Modern Mind*(Grand Rapids: Wm. B. Eerdmans Publishing Co., 1972), 13.

91) Hollis Green, *Why Church die?*(Mineapolis: Bethany Fellowship, 1972), 55.

92) L. M. Perry, *Biblical Preaching for Today's World*(Chicago: Moody Press, 1970), 81.

93) John H. Bratt ed., *The Heritage of John Calvin*(Grand Rapids: Eerdmans Publishing Co, 1973), 88.

94) W. T. Purkiser, *The New Testment Image of the Ministry*(Cansas City: Beacon Hill, 1969), 107.

세 로마 가톨릭 교회 예배에 비하여 프로테스탄트 예배에서는 '예언자적 요소'가 확대되어 있으므로 설교준비를 위한 목회자의 심리적 부담은 크다.

하나님의 말씀을 선포하는 설교자들은 항상 스스로에게 다음과 같은 질문을 제기해야 한다. '나의 해석은 과연 옳은 것인가?' 매력적이며 칭송을 받는 설교들 중에는 무책임한 해석에 입각한 설교들도 많다. 하나님의 말씀을 어떻게 하면 책임있게 다룰 수 있는지에 관해서는 성경주석의 왕자라고 할 수 있는 칼빈(John Calvin)이 하나의 모범을 보여주었는데, 이 모범은 모든 설교자들이 따를만 한 것이다. 그는 이렇게 말했다. "내가 아는 한, 나는 단 한 구절이라도 견강부회(牽强附會)한 적이 없다. 난해한 구절을 연구하다 보면 무리하게라도 어떤 의미를 이끌어 내려는 마음이 생길 수 있는데, 이 때마다 나는 이러한 유혹을 발로 밟아 버린다."[95]

라이드(Clyde Reid)는 최근에 나타난 설교 비평을 종합해서 문제점들을 일곱 가지 범주로 구분하여 제시하고 있는데 이는 설교의 교육목회적 측면에서 짚고 넘어가야 할 내용들이다.

문제점 1 – 보통 사람들이 이해하기 힘든 복잡한 말이나 고어를 사용하는 경향이 설교자들에게 있다. 이것은 오늘의 설교에 대한 불평 중 가장 일반적인 것이다. 목사가 '신인동형론적인 하나님'(anthropomorphic God) 혹은 '구속의 영광'(glory of redemption) 등의 말을 사용할 때, 그 목사는 그 말 속에 굉장한 의미를 부여하고 있는 것이 사

95) Geogia Harkness, *John Calvin : The Man and His Ethics*(New York, 1931), 259를 Frank E. Gaebelein, *The Pattern of God's Truth: The Integration of Faith and Learning*, 이창국 역, 『신본주의교육』(서울: 기독교문서선교회, 1991), 59에서 재인용.

실이다. 그러나 만약 이 설교를 듣고 있는 청중이 목사가 그 말에 농축시킨 의미를 알아차리지 못한다면 결국 상호 의사전달은 실패한 셈이며, 어려운 단어만 쓸데없이 되풀이 하는 격이 되고 만다.

문제점 2 – 오늘날의 설교는 대개 싫증이 나고, 지루하며, 재미가 없다는 것이다.

문제점 3 – 오늘의 설교는 대부분 듣는 사람의 형편과 무관하다는 것이다(irrelevant). 오늘날의 설교는 현대인이 필요로 하는 것에 도달하고 있지 못하다는 말을 가끔 듣는다. 현대인들은 목사의 말씀과 그들 자신이 부단히 어떤 결단을 내리면서 살아가야 하는 매일 매일의 삶의 현장을 연결하는데 큰 어려움을 겪고 있다. 그들은 분명히 말씀과 삶을 연결지어야 한다는 것을 다 깨닫고 있지만, 그러나 메시지가 그들이 연결지으려고 하는 방법으로 전달되지 못하고 있다.

퍼거슨(Earl H. Furgeson)은 삶과 말씀이 연결되지 못하는 문제에 대해 이런 이야기를 한 적이 있다. "설교를 하고 있는데 교인들이 잠을 자면 이는 커뮤니케이션이 이루어지지 않고 있는 징후이다. 이것은 듣는 사람에게도 문제가 있지만 설교자에게도 동일한 문제가 있다는 말이다. 말씀의 의미가 흐려지기 시작하면 듣는 자의 주의력도 약화되기 시작한다. 마치 운전기사가 단조롭게 뻗어 있는 도로에 싫증이 나서 졸기 시작하는 것과 같다. 가장 중요한 의미를 충분히 전달하지 못하는 것, 또는 상관관계를 이룩하지 못한 것이 하나의 근본 요인이다."[96]

문제점 4 – 요즈음 설교는 과감한 설교가 못된다는 것이다. 이 문제점은 오늘의 설교가 삶의 현장과 별로 관련이 없다는 문제점을 확

96) Earl H. Furgeson, "Abstractions in Preaching," *Pastoral Psychology*(October, 1963), 8을 Clyde Reid의 본문에서 재인용.

대한 것같이 생각될 수도 있다. 급변하는 오늘의 세상에 적용되는 메시지를 주려면 그 메시지가 때로는 고무적이고 위로의 성격을 띠기도 해야 되겠지만, 때로는 도전적이고 심령을 뒤집어 엎는 설교를 해야 될 때도 있어야 한다. 항상 도전적인 설교만 하거나 늘 위로의 설교만 하면 이것은 복음을 왜곡시키는 셈이 된다. 그런데 편안한 사람의 마음을 뒤집는 설교를 하기보다는 상처받은 사람의 마음을 감싸려는 설교를 더 많이 하게 되는 것이 보통이며 이것이 하나의 유혹이 될 수 있다. 이 문제점의 원인은 바로 목사가 담력이 있는 삶을 살고 있지 못하는데 있다. 위험한 일에 자신을 내던지기는 커녕 오히려 몸을 도사리기 때문에 설교에 과감성이 있기란 지극히 어려운 것이다. 목사들이 평범한 인상을 지니고 있더라도 그 이면에는 반드시 있어야 할 용기와 신념을 가지고 말씀을 과감하게 선포해야 한다.

문제점 5 – 오늘의 설교는 상호전달이 안 된다. 설교가 복음의 내용을 적절하게 전달하지 못하고 있다는 빗발치는 공격에 우리는 귀를 기울일 필요가 있다.

문제점 6 – 오늘날의 설교는 사람들을 변화시키지 못하고 있다.

문제점 7 – 이제까지 설교가 너무 강조되어 왔다는 점이다. 요즈음 복음을 전하는 데 있어서 아주 신선하고 새로운 방법을 제시하는 사람들이 많이 있는데, 그들의 말에 의하면 이제 더 이상 설교에 너무 의존하지 말아야 한다는 것이다.[97]

이러한 그의 도전적인 제기는 설교에 있어 상황이 고려된 교육적 전달이 제대로 이루어지지 못하고 있는 것을 지적하면서 설교의 방향 전

97) Clyde Reid, *The Empty Pulpit: A Study in Preaching as Communication*, 정장복 역, 『설교의 위기』(서울: 대한기독교출판사, 1985), 20-28.

환을 시사하는 것으로 보인다. 목회자는 설교를 생명과 구원을 베푸시는 하나님의 말씀으로 이해되고 깨달아지도록 전달해야 한다. 라이드 자신도 다음 장에서 설교를 변호하면서 "설교는 전통적으로 예수 그리스도 안에 나타난 하나님의 복음, 즉 생명을 주시는 하나님의 말씀의 선포로서 프로테스탄티즘의 한 중요한 분절로 간주되어 왔으며, 비록 사람이 전하기는 하지만 그 때의 말은 단순한 인간의 발언 이상의 것, 즉 설교 속에 성육화되는 하나님의 구속사업이 되는 것"[98] 이라고 했다.

많은 설교가 효과를 거두지 못하고 있는 한 가지 이유는 사람들에게 선(goodness)을 보여 주어서 그들이 거기에 매혹되게 하기보다는 자꾸 선하게 되라고만 성가시게 굴었고, 그들이 올바른 인간이 될 바(what they are)를 가르치기보다 행동해야 할 바(what to do)만을 가르쳐 왔다는 지적들이 있다.[99] 곧 설교가 교육적 차원에 합당하지 못했음을 보여 주는 것이다. 특히 어린이들만 따로 예배를 드리는 어린이의 예배의 경우 잘 훈련되지 못한 평신도들이 주일학교에서 설교하도록 하는 경우에는 그러한 현상이 더욱 심해진다. 르바(Lois E. Lebar)는 설교자들에게 경고의 말을 전한다.

> 목사가 설교할 무렵에는 청중은 마음 속으로 이미 집으로 돌아갈 준비를 하고 있어서 가만히 앉아서 목사의 설교를 들으려 하지 않는다. 교회에서 자란 많은 어른들은 유감의 뜻으로 다음과 같이 말하고 있다. 〈긴 이야기를 하는 동안 청중은 가만히 앉아 있기를 요구받아 왔다. 그 때문에 청중은 인내력을 다 써버려서 이젠 이야기를 듣고 싶다고 생각하더라도 이야기가 시작되면 자동적으로 마음이 딴곳

98) *Ibid.*, 34.
99) *Ibid.*, 37.

에 쏠리게 되어 버렸다.〉[100)]

설교는 흔히 '행위에로의 부름'이나 삶을 변혁시키는 노력으로 생각된다. 오늘날 설교를 커뮤니케이션의 관점으로 보면서 말씀의 커뮤니케이션으로 이해하려는 경향이 많은데 이는 효과적인 말씀전달에 초점을 맞춘 것이라 보여진다. 이 커뮤니케이션의 문제는 교육목회와도 밀접한 관련이 있다. 플라톤(Platon)은 언어란 감각적인 대상을 표현하는 상징으로 참 세계에 대한 희미한 반사에 지나지 않는다고 하였다. 그는 언어의 불투명함을 지적하였다. 즉 말이라는 것은 종종 듣는 자에 따라 다르게 전달될 수 있음을 말한다.[101)] 설교에서 커뮤니케이션을 강조하는 것은 효율적인 설교를 통하여 말씀을 명료하게 신자들에게 전달하여 이해시키고 그들의 삶 가운데서 구체적으로 생활화하도록 하는 교육목회의 의도와도 상통하는 것이라고 볼 수 있다. 라이드(Clyde Reid)는 이 커뮤니케이션의 과정을 일곱 단계로 집약하고 있는데 목회자들이 교육적인 설교를 위해 이해하고 있어야 할 내용으로 여겨진다.

(1) 전달(Transmission)은 전달자가 자기 메시지를 전할 때(또는 자기 설교를 행할 때) 일어난다. 이것은 첫 단계요, 필연적인 것이다. 그러나 라디오 아나운서가 자기의 보도를 전할 때 아무도 그 방송국에 채널을 돌리지 않는다고 하면 커뮤니케에션은 일어나지 않는다. 자주 우리는 방송을 하거나 메시지를 전하기만 하면 커뮤니케이션이 이루어 진다고 가정해 왔다. 우리는 이것이 우직한 가정임을 깨닫지

100) Lois E. LeBar, *Education That is Christian*, 정정숙 역, 『기독교교육의 기초』 (서울: 세종문화사, 1980), 28.

101) David J. Hesselgrave, *Communicating Christ*(Grand Rapids, Mich.: Zondervan Publishing House, 1978), 39.

못한다. 사람들이 설교하고 있는 사람을 쳐다보고 있는 주일 예배에 있어서까지도 그들은 귀를 기울이고 있지 않을 수도 있으며, 그들의 주의는 다른 곳에 가 있을 수도 있는 것이다.

(2) 접촉(Contact)은 듣는 사람이 그 메시지를 들었을 때 드디어 발생된다. 우리가 귀를 기울이는 것도 여러 단계가 있음은 역시 사실이다. 우리는 피상적으로 귀를 기울이고 있으면서 마음은 좀더 중요한 다른 일에 쏟고 있을 수도 있으며, 깊이 빠져들어서 귀를 기울일 수도 있는 것이다. 그러나 어느 단계에서나 접촉없이 커뮤니케이션은 성립되지 않는다.

(3) 피드백(Feedback)은 듣는 사람이 처음 전달자에게 정보를 반영해 보이는 것에 따라 되돌아 오는 과정이다. 커뮤니케이션이 접촉 단계를 넘어서 완전히 이루어지기 위해서 더 깊은 단계로 나아가려고 한다면 이것은 거의 언제나 요구되는 과정이다.

(4) 이해(Comprehension)는 전달자가 전하는 메시지로써 의미하는 바를 듣는 사람 편에서 정말 잘 이해할 때 이루어진다. 실질적으로 많은 사람들이 매주일마다 이해도 하지 못하는 설교를 듣는다. 그들은 메시지의 의미를 분명히 하기 위하여 피드백을 행할 기회가 없다. 그래서 그들은 이해하지 못할 때에도 마치 이해하는 것처럼 행동하면서 떠나간다. 그들은 목사의 말을 이해할 능력이 없다는 것을 나타내 보이고 싶어하지 않는 것이다.

(5) 받아들임(Acceptance): 어떤 사람들은 전달자가 의도하는 메시지를 듣고 이해하기는 하였지만 그것을 완전히 거부해버릴 수도 있다. 일단 그 메시지를 완전히 이해했다면, 그것을 받아들이거나 무시하거나 거부해버리는 세 가지 입장이 있을 수 있다. 일방적 커뮤니케이션의 형태가 겪는 어려움들 가운데 하나는 듣는 사람이 그 메시지

를 거부해 버렸을 때에도 전달자는 그것을 모른다는 사실이다. 또한 그 거부의 근거를 알기만 한다면 대답을 해줄 수 있을지도 모르지만 그는 그 거부의 근거를 알지 못한다.

(6) 내면화(Internalization): 비록 귀를 기울이고 들은 사람이 그 메시지를 받아들였다고 하더라도 그것은 피상적인 수준에 머물러 있을 수 있다. 그렇다면 그것은 그의 행동양식에 영향을 미치지는 못할 것이다.

(7) 행위(Action): 요즈음의 연구가들은 전달자와 듣는 사람이 공통된 이해를 가지고 이 이해를 바탕으로 '행동하는' 데까지 도달하지 않는 한, 커뮤니케이션은 불완전한 것이라고 생각하는 경향이 있다. '행위에 영향을 미쳐야 의미의 전달이 이루어진다' 는 것이다.[102)]

설교의 커뮤니케이션이 효율적이기 위해서는 회중을 분석하는 일이 중요하다. 목회자는 회중을 분석하고 그에게 알맞게 설교하는 법을 꼭 알아야 한다. 이를 위해서 아담스(Jay E. Adams)는 회중을 분석할 수 있는 세 가지 주요한 방법으로 비공식석 접촉, 상담을 위한 접촉, 공식적 접촉을 이야기 하고 있다.[103)]

비공식적인 접촉은 회중을 분석할 수 있는 근본적이고도 기본적인 정보 원천이다. 이런 식의 접촉은 교인들과 서로 어깨를 부딪혀가며 교회 일을 하는 동안 할 수도 있고, 훨씬 더 비공식적인 상황에서 그들과 함께 일하는 동안에도 할 수 있다. 주의할 사항은 많은 교인들을 두루 접촉하고 소수의 무리들만 접촉하지 말아야 한다는 것이다. 그렇지 않으면 전체 교인들을 파악하는 데 도움이 되지 않는 소수를 표본으로 삼음으로

102) Clyde Reid, 『설교의 위기』, 64-67.

103) Jay E. Adams, *Preaching with Purpose: The Urgent Task of Homiletics*, 51-59.

써 교인 전체의 실상을 곡해하게 될 것이다. 설교자의 입장에서 목회자는 교인들로부터 자유롭게 흘러나오는 자료들을 받아들일 준비를 언제나 하고 있어야 한다.[104)]

그리고 상담은 더 적극적인 면에서 설교의 내용을 결정하는 데 지침이 된다. 교인들이 가지고 온 문제들에서 똑같거나 비슷한 문제가 지나치게 자주 생긴다고 판단된다면 그 문제를 철저히 조사하여 이유를 찾아내야 한다. 과거에 잘못되었거나 불충분하거나 부적절한 설교를 했기 때문일 수도 있으며, 교인들 사이에 그릇된 영향이 퍼져 있기 때문일 수도 있다. 상담을 하지 않는 설교자는 큰 실수를 저지르고 있는 것이며, 설교도 해로운 영향을 끼친다. 바울은 "공중 앞에서나 각 집에서나"(행20:20) 가르쳤다고 하였는데, 이는 말씀을 공중 앞에 선포한 다음에는 개인들과 가정들을 대상으로 상담을 하는 가운데 그 말씀을 개별적으로 적용하였다. 바울은 골로새서 1장 8절에서도 그 두 가지 사역을 한데 묶는다. "우리가 그를 전파하여 각 사람을 권하고 모든 지혜로 각 사람을 가르침은 각 사람을 그리스도 안에서 완전한 자로 세우려 함이니". "각 사람을 그리스도 안에서 완전한 자로" 세우기 위해서는 공적인 설교와 사적인 상담 모두가 필요하다. 매주 설교를 하는 상담자는 좋은 상담자로 성장할 것이다. 매주 성경을 공부하는 동안에 상담에 적용할 새로운 성경적 통찰을 얻을 것이고, 성경적 권위를 가지고 상담하는데 필요한 확신과 정확성을 키워나갈 것이다. 한편으로 목회에 충실한 설교자가 아니라면, 다시 말해서 양들 하나 하나에 관심을 쏟음으로써 양떼의 필요를 채워주는 설교자가 아니라면 설교도 시원치 않은 법이다. 그러나 성경해석을 주일 강단에서만 아니라 주일 내내 상담실에서 어려움에 처한 사람들을 말씀으로 목회하는 데 적용하는 사람은 설교를 할 때 교

104) *Ibid.*, 52-53.

인들의 마음의 창을 말끔히 닦아주게 된다. 이렇게 설교와 상담은 서로를 살찌운다.[105)]

마지막으로 공식적인 분석은 여러 단계들이 있지만 아담스는 몇 가지 방법을 제시하고 있다. 그것은 첫째, 지난 여섯 달간의 상담기록을 다시 읽어 볼 것, 둘째 10대 남녀, 젊은 부부 한 두 쌍, 중년독신 한 두 사람, 은퇴한 사람들, 사업가들, 주부들 등 회중을 두루 대표할만한 사람들을 만나 볼 것, 셋째, 장로들을 대상으로 모임을 소집하여 문제들을 함께 논의할 것, 넷째, 기도하는 마음으로 자세히 교인 명부에서 한 사람씩 검토해 볼 것 등이다. 또 새로운 목회지에 임한 경우는 전임 목회자가 최근에 설교했던 내용들을 먼저 분석하는 것도 중요하다는 점을 지적하기도 했다.[106)] 이러한 모든 노력들은 설교가 효과적으로 전달되는 일을 위해서는 물론 성도의 성숙을 추구해 나가는 교육목회의 차원에서 가치있는 노력이 될 것이다.

목사 중에는 자신의 직무가 전령자(傳令者)라고 자부하는 일방적인 관념 때문에 설교단 앞에 모인 회중을 한데 묶이 히나님의 말씀을 외친다. 그러나 실상은 그렇게 되어서는 안된다. 설교단 앞에 모여있는 회중은 그런 획일적인 회중이 아니다.

그리고 설교자로서 목사는 신자가 이미 '알고 있는 것'을 다시 '생각나게' 할 필요가 있다. 신자는 믿음에서 믿음에 이르게 하는 말씀을 인하여 살아간다. 신자들은 하나님의 아들이신 그리스도로 말미암아 생명을 얻게 되었으니 심령 속에서 솟아난 열심으로 인해 말씀과 굳게 맺어져 있다. 신자들은 복음을 듣고 믿음이 생겼고, 현재도 장래도 말씀 가운데 믿음을 굳게 세워 그것으로 구원을 받는다(고전15:1-2). 그러므로 신자가

105) *Ibid.*, 53-55.
106) *Ibid.*, 56.

된 자라면 말씀을 들을 필요가 있는 것이다. 신자는 하나님의 입에서 흘러나오는 말씀으로 사는 것이니 설교자는 하나님의 모든 계획, 곧 구원에 대한 모든 비밀을 그들의 목전에 보이도록 해야 할 필요가 있다.[107)]

그러므로 지금까지의 천편일률적이고 율법주의적인 설교 패턴에서 또는 세속적 설교 패턴에서 벗어나 성경을 보다 심층적으로 이해하면서 구속사적인 시각에서 성경의 깊이를 깨닫게 해주는 설교가 청중들에게 더욱 필요하고 실효를 거두게 될 것이다.

3. 성례의 강화

1) 세례의 신앙교육적 의미

(1) 유아세례와 신앙교육

옛부터 교회는 '교육하고 가르치는 교회'로 이해되고 있다. 교회의 교리문답적 과제는 '세례'에 기초하고 있다. 어린이들이 세례를 받은 후에는 서서히 그들이 받은 세례의 이해 안으로 성장해 가야 한다.

은혜언약은 우리 자녀들의 교육의 기초를 제공해 준다. 유아세례의 세례형식은 이 양자 사이에 밀접한 관계가 있음을 알게 한다. 우리 장로교 유아세례식의 서약형식은 다음과 같다.

---

107) C. 위스로프, 『설교의 본질』, 박종삼 역, (서울: 한국복음문서협회, 1977), 22-23.

서약

1문: 그대는 이 아이를 예수 그리스도의 피로 씻음과 성령의 새롭게 하는 은혜의 필요를 인식하느뇨?

2문: 그대는 이 아이를 위하여 하나님의 언약의 허락을 앙모하며, 자신의 구원을 위하여 진력하는 것과 같이 이 아이도 주 예수 그리스도를 신뢰함으로 구원얻을 줄 믿느뇨?

3문: 그대는 지금 완전히 이 아이를 하나님께 바치며, 겸손한 마음으로 하나님의 은혜를 의지하며, 친히 경건한 본분을 이 아이에게 보이기를 진력하며, 이 아이를 위하여 기도하며, 우리 거룩한 종교의 도리를 가르치며, 하나님이 지시하신 모든 기관에서 진력하여 이 아이를 주의 양육과 교훈에서 자라게 하기를 서약하느뇨?[108]

위의 세 가지 서약의 질문은 신앙교육의 문제와 직결되어 있다. 첫번째 질문은 우리의 자녀들이 죄 가운데 태어났으므로 심판을 받게 되어 있는데도 불구하고 그리스도 안에서 성화되고 세례받을 자격을 갖게 된다는 사실의 인정을 촉구하고 있다. 두번째 질문은 성경 속에 포함되고 우리 교회에서 가르치는 교리가 진실하고 완전한 구원의 교리라는 신앙고백을 부모에게 재천명할 것을 요청한다. 그리고 세번째 질문은 그러한 영광스러운 구원의 진리를 그들의 자녀들에게 성실하고 부지런하게 가르치겠다는 약속을 그들에게 엄중히 요구한다.

다시 말하면 첫번째는 그리스도인 부모의 자녀들은 세례를 받아야 한다는 당위성의 표현이고, 둘째는 자녀들에게 세례를 받게 할 부모의 권리를 말하는 것이며, 셋째는 그 특권 속에 포함된 의무에 관한 것이다.

사실 유아세례의 근거는 유아세례식의 예사(禮辭)에서 보여주는 바와

108) 『헌법』(서울: 대한예수교장로회 총회출판부, 2014), 251.

같이 은혜언약에 근거하고 있다.[109] 이스라엘의 하나님에 대한 지식과 체험은 주로 이스라엘 언약공동체에 초점이 맞추어져 형성되고 발전되었다.[110] 공동체를 세우기 위하여 하나님은 개개인의 문제 해결사가 아니라 공동체와 해당 공동체 구성원에 대해서 독특한 목적과 사명을 부여하시며, 그 목적과 사명을 달성하는 과정에서 그 공동체 구성원이 하나 된 유기적인 헌신 속에서 공동체를 목적지로 이끌어 가시는 분으로 이해해야 할 필요가 있다.[111] 은혜언약은 우리 자녀들의 교육의 기초를 제공해 준다. 그러나 놀만 하퍼(Norman E. Harper)가 지적하였듯이 이 중요한 은혜언약이 언약신학을 고백하는 사람들에게조차도 신앙교육의 실제에 있어 강조되고 있지 못함은 안타까운 일이 아닐 수 없다.

---

109) *Ibid.*, 26-27. 목사는 세례를 베풀기 전 성례에 관한 성질과 소용과 이 예식의 목적을 예사를 통해 설명하게 되는데(예배모범 제 9장 4) 이 '예사'에서도 유아세례가 언약약속에 근거한 것임을 분명히 하고 있다. 이 예사의 내용은 네 가지 항목으로 되어 있다. "(1)이 예식은 그리스도께서 세우신 것이니 믿음으로 의롭다 함을 얻은 인증(認證)입니다. (2)구약 때에 아브라함의 자손이 할례를 받는 특권이 있던 것 같이, 복음의 은혜 아래 있는 성도의 자손에게 이 예식 행하는 특권이 있으니, 그리스도께서 만국 백성에게 명하사 세례를 받으라 하셨고, 어린이들에게 축복하사 천국의 백성은 이와 같다 하셨으며, 복음의 허락은 성도와 및 그 집안에 미친다고 하셨고, 사도들도 이와 같이 집안 세례를 베풀었으니, 우리의 성품은 죄과(罪過)로 더럽게 된 것을 인하여 반드시 그리스도의 피로 씻으며, 성령의 권능으로 성결함을 얻어야 하는 것입니다. (3)그런즉 부모는 하나님의 말씀으로 자기의 자녀를 가르치며 신구약 성경에 가르친 거룩한 종교의 원리대로 가르칠 것이니, 이 원리의 요령은 우리 교회의 신경과 대소 요리문답에 간단히 가르쳤은즉, 이 모든 책은 부모의 직분을 도와주는 것입니다. (4)자녀를 위하여 기도하며, 친히 그 자녀와 함께 기도하며, 그 아이의 눈 앞에 충성함과 경건함의 본을 보이고, 하나님의 주시는 힘을 얻어 진력하여 주의 성품과 훈계 안에서 자라게 할 것입니다."

110) 김순성, "신앙공동체 영성연구의 중요성," 「복음과 실천」 제11권(2006년 봄호): 216.

111) 이승진, "신앙공동체 활성화를 위한 설교방법에 관한 연구," 「복음과 실천신학」 제21권(2010년 봄호), 113.

> 오늘날 은혜언약 교리는 언약신학을 신앙고백하는 사람들에게조차도 덜 강조되고 있다. 개혁신앙 공동체에 남겨진 귀중한 신학적 유산의 한 부분에 대한 이런 무시는, 부분적으로 구체적인 삶에 신앙을 적용하는 일에 신학적인 훈련이 덜 되고 잘못되어서 발생한다. 우리가 믿는다고 신조로 고백한 것과 실제 자녀 양육에서의 우리의 태도에서처럼 이러한 이원론이 분명히 나타나는 곳도 없을 것이다.[112]

언약관계는 언약의 자녀들에게 참된 신앙교육을 제공해야 할 의무를 어떤 방식으로 포함하고 있는가?

먼저 이러한 신앙교육의 필요성은 그리스도인 부모의 자녀들이 그들의 부모와 함께 하나님의 가족으로 양자 삼아졌다는 사실 가운데 있다. 이제 언약의 자녀들은 어떤 인간의 반열이나 귀족의 가족과 비교할 수 없는 무한히 고귀한 가족에 입양되었다. 그들은 하나님 자신의 언약 가족으로 입양된 것이다. 그늘은 지상에 있는 동안 구속받은 자 곧 하나님의 성도들의 교제를 즐기는 특권을 갖고 있다. 그들은 하늘의 예루살렘인 예수 그리스도의 교회 안에 그들의 거처를 정하고 있다. 더우기 완전하게 된 의인들, 셀 수 없는 하나님의 천군, 가장 영광스러운 왕이신 예수 그리스도와의 교제 속에서 영원히 살도록 되어 있다. 삼위 하나님과의 가장 친밀한 교제 가운데 완전한 삶은 그들에게 주어진 장엄한 세계이다. 모든 영광이 충만한 천국은 그들의 영원한 집이다.[113]

---

112) Norman E. Harper, *Making Disciples: The Challenge of Christian Education at the End of the 20th Century* (Memphis: Christian Studies Center, 1981), 34.

113) Louis Berkhof, "The Covenant of Grace and Its Significance for Christian Education," in *Foundations of Christian Education: Addresses to Christian*

두 번째로 신앙교육의 필요성은 역시 그리스도인 부모의 자녀가 언약 약속(the covenant promises)의 상속자의 위치에 선다는 사실로부터 나온다. 우리는 우리의 자녀들에게 진실한 감사의 정신을 넣어주고, 그들이 갖게 된 엄청난 부에 대하여 올바로 깨닫게 도와주며, 그들이 갑자기 얻은 재산을 바르게 사용하도록 가르쳐 줌으로, 그들의 행복을 진작시켜 주는 것이 우리의 책임이라고 느끼는 것이 당연하다. 그리스도인 부모의 자녀들은 자신들의 무가치함에도 불구하고 축복된 언약의 약속에 대한 상속자의 위치에 선다. 많은 하나님의 자녀들이 그리스도 안에서 부요하며 그 나라의 상속자들인데도 불구하고 영적인 빈곤 속에서 살고 있음은 그들이 그들의 영적 유산의 위대함과 부요함을 알도록 가르침을 받지 못하였기 때문이다. 만약 우리가 우리의 자녀들이 그들의 것으로 부여된 엄청난 은혜와 자비의 부요함이 있는데도 불구하고 영적인 빈곤 속에서 거지와 같이 살기를 원치 않는다면, 우리는 그들이 그리스도 예수 안에서 상속자로서 갖는 신적 은혜의 보고들을 그들의 눈 앞에 펼쳐 보이도록 하기 위하여 재량껏 모든 수단을 강구해야 한다. 거듭 이야기하지만 언약의 약속들은 불가피하게 그것이 우리의 자녀들에게 무거운 책임을 부과하기 때문에 신앙교육은 더욱 필요하다. 다른 모든 여건이 동일하다면 영향력 있는 사람들은 그렇지 못한 사람들보다 훨씬 그 책임이 크다. 상속받은 부(富)가 종종 받은 자에게 저주가 되는 것은, 그 부를 올바르게 관리하고 사용하는 데 훈련이 되어 있지 않기 때문이다. 분명 우리는 자녀들이 스스로 삶의 의무를 책임질 수 있도록 하기 위하여 그들을 아무리 세심하고 부지런하게 훈련시킨다고 해도 결코 지나치지 않다.[114]

Teachers, ed. Dennis E. Johnson (Phillipsburg, New Jersey: Presbyterian and Reformed Publishing Co., 1990), 76-77.

세 번째로 신앙교육의 필요성은 언약의 요구들로부터 따라 나온다. 하나님은 언약의 자녀들에게 그들이 예수 그리스도를 믿음으로 구원에 이르도록, 즉 성화의 고속도로를 따라 삶을 살도록 요구하신다. 그것은 매우 포괄적인 요구로서 그 속성은 충분하게 이해되어야 한다. 따라서 신앙교육이 필요하다. 언약의 자녀들에게는 믿음이 요구된다. 무엇보다 믿음은 그리스도와 모든 구원의 축복을 붙드는 수납적 도구이다. 그것은 순간적이거나 일시적인 성격의 것이 아니라 자신의 죄스러움과 비참한 상태를 인식하고, 예수 그리스도의 의를 항상 새롭게 환영하는 영혼의 지속적 자세이다. 그러나 언약 자녀들에게 요구되는 믿음은 단지 수동적이거나 수납적인 도구만은 아니다. 그것은 새로운 복종의 원리로서 적극적인 것이기도 하다. 믿음은 언약생활에 들어가는 유일한 조건이지만 언약이 유지되는 하나님과 사람 사이의 그러한 친밀관계를 충분히 실현하기 위해서 믿음은 성화의 삶에 의하여 보충되어야 한다.[115]

신앙교육은 하나님께서 어린이의 마음 속에 믿음이 역사하고, 초기의 믿음이 역동적이기를 요청하며, 초기의 미숙한 믿음의 걸음을 인도해 주기 위하여 사용하시기를 기뻐하시는 수단들 중의 하나이다. 그것은 어린이가 주를 보지 못하는 일이 없도록 어린이로 하여금 죄에서 벗어나서 거룩을 좇아가도록 가르치며, 어린이를 붙들고 영원한 왕의 도성을 향하여 성화의 고속도로 위를 한 걸음 한 걸음 인도해 가는 일이다.[116]

칼빈(Calvin)은 공동체로서의 가정을 중요시하였다. 그는 성례에 관한 설명에서 어린이들도 예수 그리스도와의 이런 언약적 관계에서 제외되지 않는 것을 말하였다.[117] 그러므로 신자들과 그들의 자녀간의 예수 그

---

114) *Ibid.*, 77-80.

115) *Ibid.*, 80.

116) *Ibid.*, 81.

117) *Inst.* Ⅳ.16.5-6. 그는 “유아가 계약에 참여하는 것은 정당하며, 할례에서의

리스도 안에서의 공동체적인 결합은 칼빈의 교회교육과 가정교육의 기초를 제공해 준다. 칼빈은 신앙고백서 제 15조 '세례에 관한 고백'에서 유아세례의 가능성을 말하면서 어린이들도 하나님과의 관계, 즉 예수 그리스도의 피를 통해 죄의 사함을 받을 수 있음을 말하였다. "우리의 자녀들도 우리 주님과의 이러한 관련 속에 소속되어 있기 때문에 우리의 외부적인 표가 그들에게도 바르게 적용되는 것이 확실하다고 생각한다."[118]

칼빈은 '세례집례서식'(Form of Administering Baptism)이라는 문서에서 자녀들은 신앙의 가정의 한 구성원이고, 은총의 언약의 수혜자들이라는 성경의 입장을 제시하고 있다. 그는 "우리 아이들이 그분이 우리에게 약속한 생명의 상속자임에는 의심의 여지가 없다"고 언급하였다.[119]

부쉬넬(Horace Bushnell)은 부모와 자녀들 간에는 부모의 인격, 신념, 행위 등이 유기적으로 연관되어 있기 때문에 부모의 인격, 행위, 신념 등은 아동들에게 자연스럽게 받아들여진다고 느꼈다. 그는 부모들에게, 자녀들이 자연스럽게 기독교적인 삶을 살 수 있도록 자녀들에게 기독교 신앙과 경건과 훈련의 분위기를 조성해 주도록 요구하였다. 자녀들은 그들의 인격과 성격을 형성시켜 주는 가족과 기독교 공동체의 일원이 됨으로서 습관적으로나 신앙적으로나 기독교적이 된다. 가정의 '유기적인 법칙'이 아동들의 가치관을 형성시키기 때문에, 아동들에게는 훌륭한 태도, 좋은 몸가짐, 영적인 관심을 반영해 주는 규칙, 건전한 놀이, 의식, 기도 등의 분위기가 주어져야 한다. 그의 명제는 "기독교 가정에서

계약과 공통된 것이 유아의 세례에 있다"고 하였다.

118) J. K. S. Reid ed., *Calvin: Theological Treatises*(The Library of Christian Classics Vol.XXII., Philadelphia: Westminster Press, 1954), 30.

119) John Calvin, "Form of Administering Baptism," in *Selected Works of John Calvin, Tracts and Letters, vol. 2*, ed. and trans. Henry Beveridge(Grand Rapids, Mich.: Baker Book House, 1984), 115.

자라난 어린이는 그리스도인으로 성장할 것이며 따라서 그 자신을 그리스도인 이외의 다른 어떤 존재로 알아서는 안될 것이다"[120]라는 것이다.

루이스 벌콥(Louis Berkhof)은 오래 전에 이미 미국에 있어서 이 언약 교리가 이론적으로만 시인되고 있지 교인들의 의식과 삶에 있어서는 영향을 미치지 못하고 있다는 점을 개탄하고 지적했었다.

> 미국 교계에 있어 언약교리는 거의 전적으로 알려지지 않았다. 여러분들은 조직신학 저술 가운데 이 교리에 대해 단 한 장(a single chapter)도 할애하고 있지 않은 책을 계속해서 집어들 수 있을 것이다. 그러나 하지(Hodge), 돈웰(Thornewell), 댑니(Dabney) 같은 이의 저술은 예외이긴 하다. 더우기 이 나라 대부분의 교회에 있어, 심지어 이론상 언약의 교리를 채용하고 있는 교회들에서 조차도 이 교리가 일반적으로 사람들의 삶과 의식에 무관한 상태에 있으며, 그들의 자녀들의 교육에 결정적인 영향력을 갖는데 전적으로 실패하고 있다.[121]

이러한 자성은 단지 바다건너 미국만의 상황은 결코 아닌 것으로 여겨진다. 실상에 있어 우리 한국교회도 유아세례의 중요성, 은혜언약의 교리에 대한 교리적이고 실제적인 중요성을 깊이 인식하지 못하고 있는 상태에 있다고 인정할 수밖에 없다. 유아세례의 경우 부모에 대한 깊이 있는 교육이 잘 이루어지지 않고 있는 상태이며 말 그대로 하나의 종교의식의 행사로 끝나고마는 경우가 허다하다.

유아세례의 의식은 교육목회에 있어 그 성패를 좌우할 정도로 중요한

120) Horace Bushnell, *Christian Nurture*(New Haven, Conn.: Yale University Press, 1953), 4.

121) Louis Berkhof, "The Covenant of Grace and Its Significance for Christian Education," 65.

의식임을 자각하고, 목회자들은 세례받는 유아의 부모의 사전교육은 물론 온 교인들이 유아세례의 의식을 통해 언약 교리의 중요성과 언약의 자녀에 대한 교육적 책임을 인식하고 삶을 통해 실천할 수 있도록 지도하고 훈련시키는 일에 최선을 다해야 한다.

(2) 입교의식과 신앙교육

입교의식[122]은 기독교 성례 중의 하나인 세례에 관계된 예식이었다. 이와 같은 내용이 신약성경에 나타나는 것은 아니지만 초대교회에서부터 하나의 교회의 예전적인 성격을 띤 행사로서 세례와 관련 속에서 행하여 졌다고 한다.[123] 그러나 종교 개혁자들 모두가 입교의식을 성례의 하나로 보는 로마 가톨릭의 입장을 거부한 것은 잘 알고 있는 사실이다. 그 이유는 입교의식이 성례로 되어 세례의 의미를 약화시키는 결과를 가져왔기 때문이며, 또한 그것은 예수님이 제정하신 것이 아니었기 때문이다.[124]

종교개혁자들은 입교의식을 성례로서 이해했던 입장을 거절하고 신앙교육의 전제에서 신앙의 지적 상태의 신앙고백을 시험을 통하여 나타내게 함으로써 교육적 의미를 포함하는 일로 받아들였다. 입교의식은 신학적으로 세례와 관련되었던 것이요, 후에 유아세례가 보편화되면서 세례 후의 어린이들이 신앙에 대한 학습을 거쳐서 성인 교인이 되게 하

122) 로마 가톨릭에서는 일반적으로 견신례로 부른다.

123) 정일웅, 『종교개혁 시대의 기독교 신앙의 가르침』(서울: 한국로고스연구원,1991), 220.

124) 종교개혁자들의 성례(Sacrament)에 대한 입장은 예수님이 직접 제정하신 세례(Baptism)와 성만찬(Eucharist)만 성례로 보았다. 로마 가톨릭이 주장해오고 시행하던 일곱 가지 성례 중 세례와 성만찬을 제외한 다섯 가지, 즉 [입교(견신, Confirmation), 고해성사(Penance), 관유식(Extreme unction), 서품(Holy orders), 혼배성사(Matrimony)]는 거절되었다.

는 하나의 예식으로 교회내의 전통으로 머무르게 된 것이다. 루터는 종교개혁 당시 1528년 지방 교회를 돌아보고 신앙교육의 필요성을 절감하여 전 교인을 상대로 하는 신앙문답 교육을 계획했었다.

1529년에 그의 유명한 소신앙교육서가 만들어졌으며, 이 책은 전 루터교회 교인의 신앙교육을 위한 재료가 되었다. 먼저 목사부터 시작하여 집사, 사찰, 가정의 아버지, 교사들이 배워야 했다. 이러한 입장은 칼빈(Calvin)에게 있어서도 동일한 성격으로 나타났는데 그는 벌써 제네바 1차 사역에 임하면서 신앙교육서를 집필하였고, 제 2차 사역기간에 임하면서도 입교를 위한 학습을 위해(유아세례자 청소년반) 제 2의 신앙교육서를 만들어 사용케 하였다. 이러한 신앙의 학습은 세례자들에게 의무화되었는데, 특히 유아세례자들은 만 12세가 되면 의무적으로 신앙교육서를 배우는 학습반에 등록하여 2년간을 공부하고, 다시 만 14세에서는 1년간 입교준비 반에서 공부하여 신앙교육서를 통해 기본적인 신앙교육을 받았다. 입교준비 반의 신앙교육은 개인적인 신앙의 적용과 교회생활과 예배에 대한 훈련과 성만찬을 이끌어 주는 교육을 중심으로 시행되었다.[125]

장로교회의 입교 교육에 관한 내용은 장로교회 헌법에 잘 명문화되어 있다. 한국 장로교회 〈헌법규칙〉을 따르면, 출생 후 만 2세전 아이들에게 유아세례를 베풀며,[126] 유아세례 받지 않았거나 나중에 믿게 된 자들은 만 14세 이상된 후에 6개월 동안의 학습 기간을 정하고 있으며,[127] 다

125) *Ibid.*, 231-232.

126) 헌법적 규칙 제6조 2: “만 2세까지 유아세례를 줄 수 있으며, 부모 중 한편만 믿어도 줄 수 있다.”

127) 헌법적 규칙 제5조 1: “연령이 만 14세 이상이 되고 믿은지 6개월이 경과되어 신앙이 독실한 자는 학습인 고시를 받을 자격이 있다.” 학습서약 문답은 다음과 같다. “1문:천지 만물을 창조하시고 홀로 주장하시는 하나님을 성심으로 신봉하느뇨? 2문:예수는 우리 죄를 대속하신 구주이심을 믿느뇨? 3문:

시 6개월이 지나 세례문답 시험을 거쳐서 세례를 받도록 하였다.[128] 유아세례자들은 만 15세 이상 되면 입교인이 되도록 명시하고 있다.[129]

이와 같이 입교준비자란 바로 유아의 시절에 세례를 받고 자신의 소속한 지교회를 통하여 신앙의 가르침을 받으며 성장해 오다가 만 15세 이상이 되어 성인교인의 자격으로[130] 입교하여 교회에 속한 정식 회원이 되려는 자를 말한다.

유아세례를 받은 자는 성년이 되기까지 진리지식과 경건한 생활을 배

하나님의 말씀인 성경을 힘써 배우며 그대로 지키기를 힘쓰겠느뇨? 4문:주일을 거룩히 지키며 힘써 기도하기로 작정하느뇨?" [『표준예식서』(대한예수교장로회 총회출판부, 1983), 23-24].

128) 헌법적 규칙 제6조 1: "신앙이 독실하고 학습인으로 6개월간 근실히 교회에 출석하면 세례 문답할 자격이 있다." 예배모범 제 10장 3: "세례받지 아니한 성인이 입교하려고 하면, 하나님을 아는 것과 충성함에 대하여 만족한 증거를 나타내고, 교회 공중 앞에서 자기의 신앙을 선언하게 한 후에 세례를 주는 것이 통례이다." 우리는 예배모범에서 유아세례 받지 않은 자들의 입교에 대해 더욱 신중한 입장을 보게 된다. 『헌법』(서울: 대한예수교장로회 총회출판부, 2014), 252.

129) 헌법적 규칙 제6조 3: "유아세례 받은 자가 만 15세 이상이 되면 입교 문답할 연령이 된다." 예배모범 제 10장 1: "교회 교우에게서 출생한 자녀로 아이세례를 받은 아이는 교회의 권고와 치리 아래 있고, / 글을 가르치며, 요리문답과 사도신경과 주기도문을 독습하며, 기도하는 것과 죄를 미워하는 것과 하나님을 경외하며, 주 예수 그리스도를 사랑하고 순종하는 것을 가르칠 것이요, / 성년이 된 후에는 힘써 권고하여 출생하면서부터 교회의 교우된 것을 알게 하고, / 개인으로 그리스도를 믿고 사람앞에서 증거하며, 성찬참여하는 것을 청원하는 것이 자기의 의무와 특권임을 기억하게 한다." 예배모범 제 10장 4: "아이 세례 받은 자가 당회의 허락을 받아 성찬에 처음 참여할 때에 정식으로 교회 앞에서 자기의 신앙을 선언함이 옳으나, 그 사람은 출생 때부터 교회의 특별한 관계에 있는 것을 명백히 인식하게 할 것이다."

130) 입교예식 서약 문답 제1문은 일반 세례자의 세례 문답에 보태어 먼저 묻게 되는 서약인데, 여기에서는 개인적 책임이 강조되고 있다. 입교 서약 1문: "그대들은 유아 때에 부모님들의 신앙 고백과 서약으로 세례를 받았는데, 이제는 그 고백과 서약을 여러분 자신의 것으로 삼고 성실히 지키기로 맹세하느뇨?"(『표준예식서』, 31).

우며 입교준비를 해야 한다. 그는 교리공부와 기도하는 법을 잘 배울 뿐 아니라 실생활에 있어서 죄를 미워하며 하나님을 사랑하고 순종하도록 훈련을 받아야 한다. 그리고 그가 소년이 되어 특별한 범죄도 없고 주님의 몸(성찬)에 대한 충분한 지식을 가지는 때에 입교하여 성찬에 참여할 책임과 특권을 누릴 수 있다.[131] 입교하려는 자에게는 그가 출생 때부터 그리스도와 특별한 관계에 처해 있음을 명백히 또는 계속 인식시키는 것이 필요하다. 구약시대에 이스라엘의 자녀 교육이 그러했다(출12:26-27; 신6:7; 시78:6-8).[132] 다시 말하면, 유아세례를 말할 때에 이미 지적한 바와 같이 부모나 교회가 입교행사를 중대하게 취급하여 입교할 자에게 진리를 가르치고, 그로 하여금 긴장감을 가지고 그 일을 준비하도록 하여 그의 평생의 대사(大事)로 알고 입교식에 임하도록 지도해야 한다.

그러나 이와 같은 학습자 교육과 입교자 교육을 우리의 헌법에 명시하여 교회 교육의 원칙을 세우고 있지만, 실제로 이것을 잘 운영하는 교회는 극소수에 불과한 것으로 보인다. 우리가 아는 바대로 많은 교회가 학습자반과 입교반 교육 운영을 평소에는 전혀 하지 않다가 세례와 성찬 예식을 베풀기 2, 3 주 전에 광고하여 형식적인 짧은 문답교육을 시킨 후 세례 베풀기 전날이나 혹은 예배시작 직전에 문답시간을 개최하여 몇 가지 질문에 답하면 학습을 주고 입교를 시키는 형편이다.

한국 장로교회가 학습자와 유아세례자들을 사전에 신앙문답 교육을 통하여 신앙교육을 시켜야 하는 전통적 관례를 잘 받아들였지만 그것을 활용하고 발전시키지 못했다. 그러므로 한국교회는 종교개혁자들이 입

131) 박윤선, 『대한예수교장로회 헌법주석:정치 예배모범』(서울: 영음사, 1983), 209.

132) *Ibid.*, 210.

교의식과 입교준비자 교육을 그처럼 중히 여겼던 그 의의와 본질이 무엇인가를 바르게 이해하여 이미 체계화된 신앙교육 기관인 주일학교 교육을 신학적 이론의 충실한 뒷받침 속에서, 말 그대로 신앙을 강화하는 교육이 될 수 있도록 발전시켜 나가야 할 것이다.

(3) 성인세례와 신앙교육

세례자 준비교육은 교회로 들어오는 초신자들은 물론 기존 성도들에 대한 성인 교육의 출발점으로서 가장 주요한 부분을 차지하고 있다고 할 수 있다. 교회사적으로 살펴볼 때에 교회의 신앙교육은 한 마디로 세례교인의 교육에 있었으며, 세례교인의 교육을 위한 교육과정은 바로 신앙교육서가 그 중심에 있음을 보게 된다. 따라서 교회의 신앙교육은 세례자 준비교육으로 그 본래의 위치를 회복해야 할 것이다. 그러면 세례를 어떻게 이해해야 하는가? 우리의 신앙교육서는 다음과 같이 세례를 정의한다.

> 세례는 물을 가지고 성부와 성자와 성령의 이름으로 씻는 성례인데 우리가 그리스도에게 연합됨과 은혜언약의 모든 은혜에 참여함과 주님의 사람이 되기로 하는 우리의 서약을 표시하며 인치는 것이니라.[133]

칼빈(Calvin)도 세례란 "교회라는 공동체에로의 입문"을 의미하는 것이므로 이 세례를 받기 위해서는 그리스도와 연합되어야 하며, 그럼으로써 하나님의 자녀가 되는 것이라고 보았다. 그리고 이 세례는 하나님께 대한 우리의 신앙의 상징이며 또한 사람들 앞에서 우리를 드러내고

---

133) 웨스트민스터 소 신앙교육서 제 94문.

자 하는 목적을 가진 것으로 보았다.[134)]그는 말하기를 "우리가 어떤 때에 세례를 받든지 우리는 오직 한 번 전생애를 통한 씻음과 성결을 받는 것이라고 생각해야 한다. 따라서 우리는 죄에 빠질 때마다 세례를 받은 기억으로 돌아가서 영혼의 무장을 더욱 굳게 다지며, 자기의 죄용서를 항상 확신하고 평안한 마음을 가져야 한다."[135)]고 세례가 주는 의미를 밝혀주었다. 이는 그리스도 안에서 과거의 죄에 대하여는 죽고, 새로운 생명의 삶을 사는 성화를 포함하고 있음을 나타낸다.

장로교 교회헌법에 의하면 교회에 등록한 만 14세 이상의 교인이 정상적으로 세례를 받기까지는 1년이 걸린다. 즉 믿은지 6개월이 경과되어 신앙이 독실한 자는 학습인 고시를 받을 자격이 주어지고, 다시 6개월간 성실히 교회에 출석하게 되면 세례문답할 자격이 주어진다. 그런데 오늘날 한국교회의 실상을 볼 것 같으면 앞서 지적한 바와 같이 이 학습 준비자 교육과 세례 준비자 교육이 철저히 이루어지지 못하고 있는 형편이다. 이 세례는 신앙의 첫 단계에 있는 교육으로 그리스도인으로 입문하는 중요한 시점이므로, 교회는 이들이 기독교의 기본 교리는 물론 세례교인으로서의 의무와 책임을 알고, 하나님과 교회와 사회 앞에서 책임있는 성도로 살아갈 수 있도록 철저한 교육을 시켜야 할 것이다.

교회의 신앙교육은 바로 이들을 위하여 우선적으로 존재해야 하며, 이들을 교육하기 위한 교육과정으로 웨스트민스터 신앙교육서나 개교회 실정에 맞는 신앙교육서를 준비하여 체계적인 교육을 할 수 있도록 해야 한다. 물론 그들이 세례를 받았다고 하여 교육이 끝난 것이라고 볼 수 없다. 세례교육은 기본적인 교육이며 그 이후는 그 교육내용을 재확인하고 심화하는 교육으로 이어져야 한다. 교육은 평생 계속되어야 할

134) *Inst*. Ⅳ.15.1.
135) *Inst*. Ⅳ.15.3.

과제이다. 따라서 세례준비자 교육은 교회교육의 중심에 놓여 있다고 해야 할 것이다.

2) 성만찬의 신앙교육적 의미

초대 교회의 성만찬은 세 가지의 역사적 근거를 가진 것으로 이해된다. 첫째는 현세적인 주님의 제자들과의 식사공동체에 있으며, 둘째는 예수님의 최후의 만찬에 있다. 그리고 셋째는 부활하신 주님이 제자들과 나누었던 만찬에 있다.[136]

바울은 성만찬 예식에 관해 이렇게 교훈한다. "…… 축사하시고 떼어 가라사대 이것은 너희를 위하는 내 몸이니 이것을 행하여 나를 기념하라 하시고 식후에 또한 이와 같이 잔을 가지시고 가라사대 이 잔은 내 피로 세운 새 언약이니 이것을 행하여 마실 때마다 나를 기념하라 하셨으니 너희가 이 떡을 먹으며 이 잔을 마실 때마다 주의 죽으심을 오실 때까지 전하는 것이니라"(고전11:24-26). 즉 성만찬 예식은 예수 그리스도가 그의 살을 찢으시고 피를 흘려주심에 대한 사랑을 기억하고 그가 오실 때까지 그의 죽으심을 전하는 행위이다.

고린도전서 11장 24, 25절에 "기념하라"는 말씀이 두 번 나온다. 그런데 이 "기념"(ἀνάμνησις)이란 말은 '기억'이란 뜻이다. "기념"하는 것은 형식적인 행사인 반면에, '기억'하는 것은 우리의 인식에서 잊어버려지지 않고 늘 작용함을 가리킨다. 우리의 심령이 주님을 아는 그것이 영생인데(요17:3), 한 걸음 더 나아가서 그를 기억하여 늘 마음에 주님의 사랑을 되새기는 일은 영생의 은혜를 파수하는 힘이다.[137]

---

136) 정일웅, 『기독교예배학개론』, 186.
137) 박윤선, 『대한예수교장로회헌법주석: 정치·예배모범』(서울: 영음사,

성만찬에 참여한 신자는 죄로 더불어 싸우는데 힘을 얻고, 환란 중에 든든히 서게 되며, 책임 이행에 새 힘을 얻고, 사랑과 열심을 가지게 되며, 신앙과 거룩한 결심이 증가되고, 양심의 평안과 영생의 소망으로 안위를 받게 된다. 이러한 축복이 성만찬을 합당하게 받는 자들에게 임하는 것은 속죄적 죽음에 대한 그들의 기억 때문이다.[138] 이와 같은 성만찬 예식은 기독교의 구속의 진리를 일깨우고, 그리스도인의 적극적인 삶을 자극하는 거룩한 예식이며 동시에 교육적인 의미가 깊이 담겨있는 예식이다.

또 이 성만찬은 주의 죽으심을 오실 때까지 전파하는 예식이다. 인류의 언어 중에는 문법적인 것도 있지만 상징(象徵)으로 교통(交通)하는 것도 있다. 그것은 어떠한 행동으로 형용하는 것이다. 가까운 사람들 사이에서 어떤 중대한 일을 표시하는 동작과 같은 것이다. 성만찬은 예수님이 우리를 위하여 죽으시기까지 사랑하신 그 사실과 우리를 영원토록 사랑하신다는 뜨거운 사랑의 언약을 표하는 것이다.[139]

현대 한국의 개신교 교회는 성만찬 중심의 예배보다는 말씀 중심의 예배에 더 큰 비중을 두고 있기 때문에 은혜의 수단으로서의 성만찬의 의미를 잃어버리거나 경시하는 경향이 있다. 초대교회가 모일 때마다 성만찬이 함께 하는(행2:42-43) 예배를 드렸는데, 그 뜻이 무엇인가를 바르게 이해하고 일 년에 한 두 차례[140]로 기념하는 성만찬이 아니라 말

1983), 216.

138) *Ibid.*, 212.

139) *Ibid.*, 216.

140) 쯔빙글리는 당시 성만찬 예식을 연 4차례 거행할 것을 주장했고, 칼빈도 결국 그에 동의하여 년 4회 이상 거행하는 것으로 동의하였다(정일웅, 『기독교 예배학』, 93). 칼빈은 매주 성만찬 예식을 가지길 원하였으나 당시의 특수한 형편으로 쯔빙글리에 동의해 준 것으로 보인다. 박윤선 박사는 성만찬 거행의 회수에 대해 이야기하면서 경건되이 실행되어야 하므로 너무 자주

씀 중심의 예배에 가까이 위치하는 성만찬이 되게 하여야 할 것이다.

한국교회는 일 년에 두 번 성찬식을 거행하는 것이 관례가 되어 있다. 이것이 관례가 된 것은 아직 한인 목사가 없던 시절에, 선교사들이 지방 교회를 일 년에 두어 차례씩 순방한 데서 비롯되었다는 말이 있다.[141] 또한 학습 기간을 6개월로 하고, 또 6개월이 지나면 세례를 받게 하는 관례하고도 관계가 있는 것으로 보인다. 그리고 초기의 선교시대에는 교회 공동체의 수와 세례 교인의 수의 비율이 3대 1이라는 비율[142]로 미세례 교인이 월등히 많았기 때문에, 교회 공동체의 화합과 교회성장의 차원을 고려하여 대다수를 소외시킬 수밖에 없었던 성찬식을 자주 행하지 않은 것이라고 생각할 수도 있을 것이다.

미국의 교회들도 개척 시대에는 성만찬을 1년에 한 두 번만 행하는 것

실행되지 않는 것이 유익할 것이라고 말했다. "성찬예식이 일년 동안에 몇 차례 거행되어야 하는지 이에 대하여 일정한 규례는 없다. 다만 이 일이 신중하게 실행되어야 한다는 것만은 교회가 언제나 명심해야 된다. 부주의와 망령된 행동은 절대 금물이다. 성찬식이 자주 실시될 경우, 연약한 인간성을 가진 신자들이 그것을 심상히 여길 우려가 있다. 성찬식은 언제나 많은 준비 기도가 있은 후에 경건되이 실행되어야 하므로 너무 자주 실행되지 않는 것이 유익하다."(박윤선, 『헌법주석: 정치 예배모범』, 211). 그러나 우리는 성만찬이 단순한 기념에만 머무는 것이 아니라 기억이요 상기로서 은혜의 수단이며 신앙교육의 수단이요, 또 거기에서 성령의 임재를 보는 것이므로 말씀과 성찬이 어우러지는 예배가 되어야 한다고 본다. 다만 현실적 시행에 어려움이 있다면 월 1회 정도로 시행하여 성만찬이 하나의 행사가 아니라 곧 그리스도인의 삶이라는 것을 신자들에게 인식시킬 필요가 있다고 본다.

141) 김영재, 『교회와 예배』(서울: 합동신학교출판부, 1995), 69.

142) Roy E. Shearer, 『한국교회 성장사』, 58. Shearer는 1899년에는 교회 공동체와 세례교인의 비율이 3.6:1이었다고 밝힌다. 그리고 1907년부터 1942년까지의 평균 비율은 2.6:1이었는데, 한 사람의 세례교인이 매주 정기적으로 예배에 참석하고 모든 비기독교적 종교 행사를 걷어치운 것과 아울러 다른 2.6명의 사람이 아직도 완전한 신자로 인정될 만큼 충분히 훈련을 받지 않은 채로 공동체 안에 함께 있었다는 것을 보여준다. 같은 책 52쪽은 원입교인과 세례교인의 비율을 꺾은선 그래프로 잘 나타내 주고 있다.

이 보통이었으나 20세기 후반에 와서는 예전의 회복운동도 있고, 성만찬에 대한 인식도 새로워져서 매달에 한 번씩하는 경향이라고 한다.[143] 교회가 성찬식을 자주 행하면서 예배와 설교가 그리스도 중심에서 벗어날 수 없을 것이다. 성만찬을 자주 행하면 우리의 예배가 그리스도의 복음을 중심하는 것이 될 뿐 아니라 보다 엄숙하고 차분한 예배가 될 것이다. 칼빈(Calvin)이 말한 바와 같이, 성만찬이 하나님께서 우리에게 말씀으로 약속하시는 구원을 확인하는 은혜의 방편이라고 한다면, 우리의 주관적인 종교적 만족감을 따라서 빈도수를 줄이거나 늘일 수는 없을 것이다.[144]

우리는 "말씀을 들음에서만 믿음이 생긴다"는 전제 하에 설교 편중의 예배로만 치중하고 있으나, 믿음은 들음을 통해서 오지만 그 들음을 더욱 확고하게 실체화시켜 주는 것은 성만찬임을 그 독특한 기능에서 경험할 수 있다. 따라서 우리의 예배에서 성만찬을 간과해서는 안 될 것으로 생각한다.

---

143) Donald P. Hustad, *Jubilate! - Church Music in the Evangelical Tradition* (Illinois: Hope Publishing Co., 1981), 161을 김영재, 『교회와 예배』, 69에서 재인용.

144) *Ibid.*, 69-70.

제 4장
성경교육의 강화

1. 성경교육의 목표

하나님이 성경을 통하여 자신을 나타내시고 또 사람들에게 자기의 왕국을 공개하시게 하려면 교육과정의 중심은 성경이어야 한다. 성경은 그 자체를 위해서 공부하는 것이 아니다. 성경을 통하여 오는 진리와 생명의 계시를 얻기 위함이다. 그러므로 하나님의 계시가 반드시 나타나야 할 오늘날의 생활 환경과 따로 떨어져서 성경만 연구하여서는 안 된다.

특히 어린 시기의 아이들은 성경의 이야기나 본문을 공부하고 그 안에서 몇 귀절을 외우기만 하면 충분하다고 생각하고 성경만 공부한 일이 과거에 많이 있었다. 그러나 생활에 관련이 없는 성경 교육은 의미가 없다. 성경의 내용을 많이 아는 사람이라도 하나님을 전연 모를 수도 있다. 성경의 내용에 관한 지식이 반드시 하나님에 대한 기독교적 지식은 아니다. 하나님의 말씀하시는 바가 무엇인지를, 그리고 그 말씀을 교육하고 배우는 우리들이 반응해야 할 것이 무엇인지를 아는 일이 중요하다.

하나님께서 우리들에게 말씀하시는 것을 듣지 못하면 생활 문제에 대한 기독교적 해답을 찾을 수 없다. 또 성경의 말씀이 우리들의 긴급한 문제와 관계있음을 깨닫기 전에는 성경에 대한 흥미를 가질 수 없다. 그러므로 성경을 가르친다는 말은 성경만을 가르친다는 말보다 의미가 넓다. 성경을 올바르게 또 효과적으로 공부하려면 성경을 생활 전체와 관련시켜서 공부하지 않으면 안된다.[145)]

성경교육의 목표는 아동이나 청년이나 장년으로 하여금 예언자와 사도와 예수 그리스도와 더불어 산 교제를 가지게 하고 예전에 그들의 마음 속에 살아 있으면서 좌우에 날선 예리한 검처럼 그들의 입으로부터 나오던 하나님의 말씀이 오늘날의 기독교인의 심중에도 살아있는 예리한 칼날이 되게 하려 함에 있다.[146)]

성경교육은 성경의 내용을 설명해 주어 본문을 단순히 이해시키는 정도로 머물러서는 안되고 성경을 배우는 자가 스스로 성경을 공부하고 이해해 나가며 그리스도의 제자로서 예언자들과 사도들이 가졌던 마음과 정신을 가지고 또 진리와 정의에 대하여 그들이 보여주었던 열렬한 헌신과 같은 헌신을 할 사람을 불러 일으키려는데 있다.

이러한 목표를 기초해서 성경교육의 궁극적 목표는 그리스도를 만나고 그의 메시지를 듣고 교제하며 그의 말씀대로 살아가게 하는 것이다. 따라서 우리의 가르치는 목표는 성경과 그 내용에 관한 지식을 전달하는 일에서 초월하여야 한다. 목회자들이 아이들과 청년들과 어른들을 훈련하는 것은 그들이 비기독교적 사회에서 증거하는 제자가 되려 함이다. 그들이 증거할 수 있는 능력은 성경의 귀절을 인용할 수 있는 능력이 아니고, 성경에 나타난 신앙과 생활, 또는 성경을 통하여 그들의 것이 된

145) James D. Smart, *The Teaching Ministry of the Church*, 159-160.
146) *Ibid.*, 160.

신앙과 생활에 따라서 행동하고 말할 수 있는 능력이어야 한다. 그러므로 성경교육의 목표는 성경에 나타난 하나님을 완전히 알고, 그의 빛에 비추어 자기의 모든 생활을 이해하고, 말과 행실만이 아니라 자신의 전 존재가 어느 순간에나 하나님의 실재에 대한 산 증거가 되게 하려는데 있다.

우리가 성경공부를 힘쓰는 목적은 "하나님의 아들이요 그리스도인 예수를 믿고 영생을 얻기 위함이며(요5:39; 20:31; 딤후3:15; 롬15:17, 벧전1:23-25), 구원의 확신을 가지고(요일5:13) 믿음에 견고케 되고(골1:22) 그리스도 안에서 자라고 성숙하게 되고 온전케 되기 위함이며(벧전2:2; 벧후3:18; 골1:28) 교회의 봉사자(엡4:12)와 말씀의 사역자(딤전4:12-16; 딤후2:2)와 세상과 영적 싸움에서 능력있는 선한 일꾼과 그리스도의 군사로 무장되게 하기 위함이다(딤후3:17; 엡6:10-18)."[147]

이러한 성경교육에도 역시 그 목표 설정에 있어서는 인격의 심리적인 세 가지 영역 즉 인지적인 면과 정서적인 면, 그리고 의지, 실천적인 면을 고려하여야 한다. 그리고 성경을 자신의 인식 기준에서 이해하려는 초보단계에서 점점 더 자신이 성경 속에 들어가서 하나님의 말씀과 대화하는 단계로 인도하여야 할 것이다. 그러면 성경을 어떤 방식으로 교육할 것인지를 결정하는 일이 필요하다. 곧 성경학습의 접근방식이 문제가 된다.

147) 오성종, "올바른 성경공부,"「기독교교육연구」 제7집(총신대학교부설 기독교교육연구소, 1996), 30.

2. 성경학습의 접근방식

1) 주제중심의 성경학습법

주제중심의 성경학습은 주제를 먼저 선택하고, 그 주제에 따라 성경본문을 연결시키는 작업으로서 오늘날 한국교회에서 사용하고 있는 대부분의 공과와 각종 선교 단체에서 출간하고 있는 성경공부 교재들이 모두 이러한 형태에 속한 것이라 할 수 있다.

원래 주제중심 학습법의 전형을 우리는 전통적인 '신앙교육서'에서 찾아볼 수 있다. 이것은 성경의 내용을 주제별로 요약한 형태로서 기독교 신앙의 진리에 대한 기본적인 것을 쉽게 학습할 수 있도록 문답의 형태로 만든 것이다. 이처럼 전통적 신앙교육서들은 모두 교리적 체계와 주제에 전적으로 의지하고 있는 것이 특징이다.

주제중심의 성경학습의 특징은 성경의 내용이 주제에 의존되어 있기 때문에 성경 전체의 내용을 쉽게 요약할 수 있는 점이며, 또한 학습자로 하여금 쉽게 성경의 전체를 파악하게 할 수 있다는 점이다. 그러나 약점으로는 오늘날 공과 작성에서 나타나는 것처럼 주제와 연결시킨 성경본문이 주제와 얼마나 일치하느냐 하는 점이며, 주제에 따라서 억지로 성경 본문이 연결되는 문제성이 제기 된다는 점이다. 그러나 이러한 학습법은 성장세대 특히 청소년들에게 기독교 신앙의 진리체계를 쉽게 접근시키는 데 있어 성경본문으로 직접 접근시키는 것보다 유리한 학습방법이라고 할 수 있다.

반면에 귀납적 인식 방법은 문제제기(가설)와 함께 문제의 해답을 여러 합리적 근거와 논증에 의하여 찾아내는 과학적 방법이다. 이러한 경향은 한국교회의 성경공부에도 이미 청년 대학부를 중심으로 귀납적 성경공부라는 명칭으로 적용되고 있다. 그러나 근본적으로 귀납법만의 적용으로 하나님을 증거할 수 있다거나, 성경의 계시를 다 해명할 수 있다고 생각해서는 안 된다.[148] 더불어 연역식 접근법도 교육의 인식 방법론으로서 매우 중요하다는 것을 간과해서는 안되며, 오히려 교육방법론의 다양성으로 이해하여야 한다.

2) 본문중심의 성경학습법

이 방식은 성경을 공부하게 하는 접근방식으로 성경본문을 직접 분석하고 해석하여 하나님의 말씀을 본문에서 적합하게 이해하려는데서 시작하였다. 이는 이미 칼빈의 본문강해 설교에서 적용되고 있었던 것이며, 경건주의 운동과 더불어 일어난 성경공부 운동에 그 뿌리를 두고 있다. 본문중심의 학습법은 성경본문을 읽고 직접 본문의 뜻을 이해하려는 것이다.

한국교회에서는 일찌기 사경회라는 방식의 성경공부가 있었으며, 지금도 부흥회에서 주로 낮 시간은 성경을 강해하는 방식의 성경공부가 상존하고 있다.

오늘날에 와서는 성경본문 중심의 학습은 청년 대학생 그룹에서 더 활성화되고 있으며, 성경의 각 권을 중심으로 학습을 유도하는 교재들

148) 예를 들어, 어느 본문에 A라는 단어가 10회 나오고 반면 B라는 단어가 단 1회 나타나 있는 경우, 대체로 A는 매우 중요하고 B는 빈도수를 볼 때 덜 중요한 것으로 생각할 수 있는 경향이 있다. 그러나 문맥과 신학적, 해석학적 체계에서 볼 때는 오히려 A는 평범한 설명적 단어요 B는 핵심적인 주요 단어일 수도 있다. 그러므로 귀납적 방식 일변도로 학습하는 것은 성경을 과학적으로 연구한다는 미명 하에 주관적으로 해석하는 우를 범할 수 있다.

이 많이 나타나고 있는데, 흔히 귀납적 성경연구(Inductive Bible Study)라는 이름으로 알려져 있다.

성경공부의 방식에 있어서 역시 중요한 것은 성경을 어떻게 해석하는지에 대한 해석학적인 것이 문제이다. 즉 성경을 어떻게 해석하는가 하는 문제와 해석의 기본 조건이 무엇인지가 신학적으로 분명해야 한다. 본문중심의 성경학습이 요청되는 상황에서 그것이 개인적이든 그룹의 형태이든 간에 적어도 아래와 같은 성경해석의 기본 요령들이 적용되어야 한다. 그것은 첫째로, 텍스트 안에 담겨진 내용의 관찰 및 분석과 해석[149]이 이루어져야 하며, 둘째로는 성찰과 해석적용[150]으로 이어져야 한다.

---

149) 텍스트 안에 담겨진 내용의 관찰 및 분석과 해석: *육하원칙에 의해 본문을 분석 해야 한다. - 나는 텍스트에서 어떤 내용의 말씀을 읽는지? 텍스트에 나타나는 인물은? 이야기하는 장소는? 누가 누구와 대화하는 것인지? 이야기의 시간은? 내가 이해하지 못하는 것은 무엇인지? *번역서의 참고 - 여러 가지 번역들은 어떤 점에서 나에게 유익을 주는 것인지? *관주 성경과의 관계 - 성경구절들의 공통점과 차이점은 무엇인가? 거기서 도출해낼 수 있는 특이한 말씀들은 무엇인지? *관련점들 - 텍스트의 전후관계에서 어떤 것들이 서로 연관되어 있는지? *텍스트의 구성형태 - 문단은 어디서 나눌 수 있는지? 텍스트의 중심이 무엇인지? 도표로 표현할 수 있는지? *텍스트의 문체 형식은 - 어떤 형식을 따르고 있는지?(시, 산문, 대화, 비유, 찬송, 역사적 사건의 기록) *개별적인 개념의 해명 - 특히 어떤 중요한 개념들이 텍스트 속에 있는지? 성경의 다른 곳에서도 그 개념이 어떤 큰 의미를 가지고 역할을 하는지? 그것은 오늘 우리를 위해 무엇을 뜻하는지? *텍스트의 표현이 마지막 단에서 지향하는 방향은? [정일웅, 『기독교교육』, 143-144].

150) 성찰과 해석적용: *텍스트가 나에게 말해주는 것이 무엇인가? 그리고 나의 이웃에게 말해 줄 수 있는 것이 무엇인가? *텍스트의 이야기에서 나에게 감동을 주는 것은? *나의 모순됨을 자극하는 것은 무엇인가?(내가 잘못 알고 있었던 것) *하나님의 행위의 분명한 것은? *텍스트에 묘사된 것이 오늘날에도 발생할 수 있는 것인지?(교회/사회/가정) *이 글에서 나타난 은혜의 선물은 무엇인지?(내가 신뢰하고 감사할 것은) *성경본문에서 나의 일상을 위하여 말해 주는 것이 무엇인지?(직업/가족/공동생활) *내가 다른사람에게 계속 말해 주어야 할 것이 무엇인지? *나는 어떻게 그것을 잘 수행할 수 있는지? [*Ibid.*, 144].

3. 성경교사의 준비

성경을 가르치는 교사는 준비해야 할 내용이 많이 있다. 우선 성경의 내용을 가르치기 전에 가르침의 상황을 정확히 인식하는 것이 필요하다. 그것은 첫째로 사회문화적인 전제로서 가르칠 주제나 본문에 대하여 구체적으로 공적(公的)이며 교회적인 견해가 무엇인지를 알고 있어야 한다. 그것은 성경의 해석이 공적이며 교회적인 견해에 절대적으로 매어 있어야 한다는 것이라기보다는 엉뚱하고 빗나간 해석을 방지하자는 데 그 중요성이 있다. 둘째로 인간학적인 전제로 학생, 학교, 학급, 가정 등의 관계를 이해하고 있어야 한다. 이는 교육의 심리학적인 측면에서 매우 중요하다. 교육의 심리학적인 측면에는 네 가지 면이 있는데 그것은 발달심리학적 측면,[151] 사회심리학적 측면,[152] 학습심리학적 측면,[152] 그리고 인성심리학적 측면[153]이다. 물론 여기에 덧붙여 인간에 대

151) 교육을 논할 때 학습자에 대하여 우선 관심을 갖는 것이 논리적일 것이다. 특히 학습자가 어느 성장 및 발달단계에 있는가에 대한 지식은 교육의 시기와 관련하여 중요하다. 학습자의 지능의 발달정도, 정서적 독립심의 발달정도, 신체적 기능의 발달정도 등등은 교육의 실제에 있어서 뿐 아니라 교육계획, 교육제도의 수립에 있어서까지 필요불가결한 정보를 제공해 줄 것이다.[정원식 · 이상로 · 이성진, 『현대교육심리학』(서울: 교육출판사, 1991), 22].

152) 인간은 어떤 환경에 노출되면 자연발생적으로 발달하고 변화한다. 이러한 변화는 무의도적인 변화일 뿐 교육이 의도한 변화는 아니다. 그러나 교육은 환경이 개체에 미치는 영향을 결코 무시할 수 없다. 사회 환경 속에서의 개인과 집단의 행동에 관심을 가지고 있는 사회심리학은 환경이 개체에 어떠한 영향을 어떻게 미치는가에 대한 체계적인 지식을 제공해 줌으로써 교육의 질을 향상시키고 학습을 촉진하고 능률화 시킨다는 점에서 중요한 교육적 의의를 내포하고 있다. 사회심리학은 또한 태도와 신념의 형성과 변화, 사회가 행동에 미치는 효과, 소집단 내에서의 인간의 행동과 의사소통의 형태 등에 관심을 가지고 있다.(*Ibid.*, 23).

한 영적인 이해가 필요하다. 창조와 타락과 구속의 지위에 있는 인간에 대해 이해하고 특히 세속교육에서 도외시하는 인간의 죄 문제를 이해하고 다루어야 한다. 교육이 생명과 관련되지 않는 한, 진정한 교육이 되지 못한다는 점을 인식하고 있어야 한다. 그리고 일반 교육학이나 심리학적 지식은 성경학습에 있어 참고적인 것일 뿐이라는 점도 인식해야 한다.

그 다음에는 가르칠 텍스트를 근거해 성경학습의 목표를 정하고, 어떻게 가르칠 것인지 교수방법과 보조수단 및 자료를 계획하고 준비한 다음 구체적인 계획을 가지고 교육내용을 조직하고 교안을 작성하도록 해야 한다. 성경교사는 그룹과 함께 성경을 공부한 후 더 나은 성경공부가 될 수 있도록 항상 미비점이나 보완해야 할 점들을 점검해야 한다.

교회는 성경교사가 이 일을 원활히 할 수 있도록 지원을 아끼지 말아야 하며, 그보다 더 중요한 일은 이러한 교사를 책임있게 양성하는 일이다. 실제로 교회 안에는 다양한 계층의 신자들이 있기 때문에 여러 소그룹으로 나누어 성경공부를 하는 것이 더욱 효과적인 경우가 많고 따라서

---

153) 가치관의 변화라고 하건, 행동의 변화라고 하건 교육의 직접적인 목적은 인간의 바람직한 방향에로의 변화에 있다. 이 변화를 위한 의도적인 노력, 즉 교육의 핵심을 이루는 것이 교수 또는 수업이며 교수는 인간학습의 심리학적 과정에 관한 지식을 토대로 해서 계획되고 실천된다. 아무리 유익한 지식을 교수하고자 하여도 만일 학습자가 그것을 어떻게 학습하느냐에 관한 지식이 없이는 능률적인 학습지도는 불가능하다. 학습심리학은 어떠한 조건에서 최적의 학습이 일어나는가? 어떠한 조건이 학습속도를 저해하는가? 교육내용을 어떻게 제시하면 학습의 전이를 촉진하는가? 등에 관한 일련의 법칙을 제공한다(*Ibid.*).

154) 인성심리학은 인간의 성격이해를 위하여 성격의 구조적, 역동적 및 발달적 측면에 그 연구의 초점을 두고 있다. 인성심리학은 학습자의 생활지도와 성격지도에 필요한 기술을 제공한다. 인성심리학의 지식을 근거로 한, 성격지도는 학습자의 학습능률과 직접적인 관계를 맺고 있다. 교육활동에서 중요한 영역을 차지하고 있는 개인상담은 인성심리학을 기초로 해서만 가능한 교육활동이며 상담을 통한 정서적, 개인적 문제의 해결은 학습능률과 직결되어 있다.(*Ibid.*, 23-24).

많은 성경교사 혹은 성경공부 인도자들이 필요한 실정이다.

또 성경교사와 성경을 학습하는 자들이 알아야 할 일은 성경공부 그 자체가 교회생활이나 신자의 생활의 목적인 것처럼 착각해서는 안된다는 점이다. 성경을 공부하거나 배우는 그 자체가 목적이 아니라 성경공부는 목적을 향한 수단이며, 성경을 공부하거나 배우는 자가 도달해야 할 목표는 어디까지나 하나님에 대한 신앙이요, 그리스도에 대한 믿음에 있는 것이다.

특히 성경공부의 실제에 있어 문제가 되는 것은 배우는 자가 스스로 성경으로 유도되어 본인 자신이 얼마나 성경을 이해하고 하나님의 뜻을 발견하느냐 하는 것이 중요한 일인데, 오직 성경을 가르치는 자의 주관적 해석만을 맹종하는 형태를 보이고 있다는 점이다.[155] 그러므로 이러한 문제해결을 위해 성경교사들은 일방적 주입의 교육을 지양하고 신자 스스로가 소화하고 이해하는 단계로 이끌어 주는 성경공부가 되도록 힘써야 하며, 목회자들도 그와 같은 인식을 가지고 성경교사들을 교육해야 한다.

155) 정일웅, 『교육목회학』, 123.

제 5 장 신앙문답 교육의 회복

1. 신앙문답 교육의 역사

신앙교육서를 통한 교육은 기독교회의 전통적인 신앙의 가르침을 위한 교육이었다. 교리는 크게 두 영역의 내용의 가르침으로 구분된다. 첫째는 기독교 구원의 가르침이요, 둘째는 윤리적 가르침이다. 기독교 구원의 가르침은 죄인인 인간이 어떻게 구원을 받을 수 있는가에 대한 기독교 구원 진리의 총체를 뜻하며, 윤리란 구원받은 그리스도인이 어떻게 세상에서 살아야 할 것인가 하는 삶의 지침을 뜻한다. 즉 우리의 기독교교육은 구원의 진리를 기본적으로 이해하게 할 뿐 아니라 그러한 구원을 신앙하는 자가 어떻게 그러한 신앙의 삶을 계속해야 할 것인지에 대하여 배우게 하는 것이다. 목회자는 이러한 기본적인 신앙의 지침을 따라서 교육적 과제를 수행해야 한다. 그러므로 기독교 교리와 교육은 깊은 상관성을 지닌 것이며 우리는 다시 교리교육이란 말로 바꾸어 사용할 수 있다.

이러한 일은 성경에 따르면 사도들의 가르침(행2:42)에서, 그리고 빌립이 구스 내시에게 성경을 가르치는 모습(행8:26-40)에서 볼 수 있으며, 후에는 기독교의 가르침인 기본 교리를 중심한 교육에 그 근거를 갖는다고 할 수 있다. 바울도 그의 서신들을 통해 이러한 가르침을 주었다.[156] 교회는 처음부터 다양한 직능과 은사를 통하여 하나의 주이신 예수 그리스도를 고백한 신앙인들의 공동체였다.[157] 특히 교사로서의 예수님으로부터 존재의 근거를 얻은 초대교회는 그 내부에서부터 교회에 대한 자각을 갖게 되었다. 이런 자각을 가져온 직접적이고 구체적인 계기는 일반적인 문화배경(Cultural setting)의 변화로부터 온 것들이었다.[158]

이러한 신앙문답의 교육은 초대교회에서부터 행해졌는데, 특히 이와 같은 교육은 교회의 새신자 즉 이방인이 개종하여 기독교인이 되고자 할 때 세례를 받기까지의 과정에서 준비교육으로서의 세례문답자 교육에서부터 출발되었다고 볼 수 있다.[159] 교회가 성장함에 따라 이방인 개종자들에게 기독교의 진리를 가르쳐야 했다. 그리고 이 교육을 받은 자들만이 교회의 성례에 참여할 수 있었다. 이 교육은 성인 중심이었기 때문에 본질적으로 재교육적 성격을 띠었으며, 기독교의 진리는 물론 도덕적인 재훈련까지도 포함하여야 했다. 그들은 유대인들과는 문화유형이 판이하게 달라서 윤리적 도덕적인 면에서 매우 낮은 자리에 있었다. 그리고 교회가 오랜 세월을 지나는 사이에 교회 안에 신자들의 자녀들이 태어나 성장해 갔다. 예수 그리스도를 직접 대했거나, 그 생생한 삶을 소개받았던 기독교인 1세들과는 달리 2, 3세들의 감격은 약할 수밖에 없었다. 여기에 초대교회는 이들이 예수님의 십자가와 부활을 바로 알

156) 특히 바울의 로마서와 갈라디아서는 이러한 교육의 특징을 가지고 있다.
157) 고린도전서 12장 2절 참조.
158) 정웅섭, 『기독교교육개설』(서울: 대한기독교교육협회, 1980), 22.
159) 초대교회에 의한 최초의 공식적 교육은 세례준비자들을 위한 교육이었으며 가르침의 방법은 기본적으로 문답을 통한 방식이었다(C. B. Eavey, *History of Christian Education*, 85-86.).

도록 해야 한다는 새로운 교육적 책임을 자각하고, 이들에게도 신앙문답 교육을 시행하였다.[160)]

초대교회 초기에서부터 후기에 걸쳐서 발전되어 온 신앙교육의 유형은 크게 다섯 가지가 있었다.[161)] 첫째는 성전과 가정에서 매일 행하는 구약성경의 기독교적 해석 행위였고, 둘째는 복음을 가르치는 행위로 성만찬 예식 이전의 예수님의 죽음과 부활에 관한 짤막한 해석이 중요한 의미를 지니고 있었다. 셋째는 베드로의 신앙문답을 풀이하는 것이었고, 넷째로는 구전에 의한 교육(oral teaching)으로 특히 예수님의 생애와 교훈을 가르치는 일이었으며, 다섯째로는 '삶의 두 길'(two ways of living)이라는 생활원칙으로, 특히 사는 일과 죽는 일에 대한 윤리적이고 도덕적인 일을 가르치는 것이었다.

3세기로 접어들면서 교회들은 교회의 구성원들을 위한 계속적인 가르침을 필요로 하게 되었는데 이는 세례청원자들을 위해서 뿐만 아니라 세례받은 자를 위해서, 특히 그들이 이교적 가르침에 오염되지 않게 하기 위해서였다.[162)]

---

160) 쉐릴(Lewis Sherill)에 따르면 초대교회에서 행해진 예비자들을 위한 신앙문답 교육의 일반적인 형태는 다음과 같다. 첫째로, 유대교에서 개종한 자들에게는 (1)구약성경의 연구, (2)기독교의 복음 - 예수님의 수난과 부활, (3)예수님의 교훈이 교육내용이었으며, '삶의 두 길'과 같은 도덕적인 교훈은 행해지지 않았는데 그것은 개종하기 전에 회당에서 그같은 교육을 더욱 철저히 받았기 때문이었다. 둘째로, 이방인들에게 주어진 교육으로 (1)'삶의 두 길'과 같은 도덕적 교육, (2)기독교 복음 - 예수님의 수난과 부활, (3)예수님의 교훈, (4)헬라어로 번역된 성경으로 교육내용과 실천에 있어 다양한 가르침 등이 있었다.(Lewis J. Sherill, *The Rise of Christian Education*, 152).

161) *Ibid.*, 144-150.

162) 당시 대표적인 이단은 영지주의(靈知主義) 사상이었으며, 이에 대하여 기독교 신앙의 진리가 무엇인지를 교회의 신앙생활과 기독교 선교적 차원에서 밝혀야 할 필요성이 대두되었다. 이러한 이교적 사상과의 대립관계에서 기독교 진리 즉 신앙의 가르침은 변증적 임무를 띠게 되었고, 기독교의 교리의

또한 3세기의 로마의 장로 힙폴리투스(Hippolytus)의 〈사도적 전승〉(The Apostolic Tradition, 215년경)은 고대교회의 예전의 모델로서 신앙교육서의 완전한 규정을 보여주고 있다. 사도적 전승에서는 3단계의 신앙문답 교육을 찾아볼 수 있다. 첫째는 말씀을 듣는 이들에게 기독교적인 삶에 필요한 일반적인 교수는 물론 성경적 교수를 포함하는 것이며, 둘째는 더욱 집중적인(intensive) 교수로 세례준비 기간 중에 복음을 교수한 것이고, 셋째는 세례시 또한 세례 직후에 성례전적 교수 또는 신비교육(mystagogy)을 행하는 것이었다.[163]

그리고 4세기에는 예루살렘의 감독이 되기 전, 예루살렘에 있는 초신자 세례준비학교의 교사였던 시릴(Cyril, 315~386)이 세례준비에 관한 23가지 연속 강의를 저술하였다. 이 강의는 세례받을 후보자들을 위한 강의들과 세례받은 후에 그들에게 주어질 교훈들을 포함하고 있다. 그의 저작은 초기 교회 신조의 형태(creedal forms)와 세례의식(seremonies of baptism)에 대한 통찰력을 제공해 준다.[164]

4, 5세기 경에 이르러서는 기독교 개종의 수적 증가 때문에 이러한 오랜 기간의 철저한 준비가 소홀해지면서[165] 교회는 세례청원자들을 학

이론적이고 조직적이고 체계적인 성격이 나타나게 되었다.

163) Josef A. Jungmann, *Handing on the Faith*(Herder & Herder Inc., 1959), 1-3.

164) C. B. Eavey, *History of Christian Education*, 92.

165) 교회는 새로운 개종자들에 대하여 세례를 받기까지 더 더욱 주의를 기울여 세례받을 준비를 시킴으로써 세례받은 후에 그들이 떨어져 나가지 않도록 보호감독하였다. 세례후보자들은 교회의 직분자들의 가르침 하에 일정 기간 놓여 있었는데 4~5세기에는 2~3년간 교육을 받았다. 이 시대에서 그들은 세례후보생(catechumens, 입의 말로 교수한다는 의미의 κατηχέω로부터 온 말)이라 불리웠으며 점진적으로 교회 예배의 더 큰 부분에 참여하게 되었다. 그러나 Lombard 정복으로 이어진 혼란한 시대에 들어 이 체계는 쇠퇴하였다. 그리고 기독교가 설득에 의해서가 아니라 프랑크 통치자들(Frankish rulers)의 칼에 의해 전파되었을 때에는 세례를 위한 어떤 영적 준비도 분명

습인으로 받아 성경에 나타난 구원의 역사를 집약시켜 그들에게 가르쳤다. 대표적으로 어거스틴(Augustine, 354~430)은 〈De Catechizandis rudibus〉(초신자들을 위한 신앙교육 교수 안내서)[166]란 글에서 세례준비 기간을 40일로 축소시켰다. 그리고 이 교육은 신앙고백적인 내용으로 한정시키고, 목표는 성만찬에의 참여에 두었기 때문에 여기에서는 성례의 의미와 성만찬의 내용을 밝히는 것을 중심으로 가르침의 내용이 한정되었다.

로마의 중세 교회를 거치면서 신앙의 가르침은 그 내용면에 있어서 새로운 시각으로 발전하게 된다. 폰 아를레스(Caesarious von Arles, 470~542)는 그리스도인은 적어도 자기가 믿는 대상에 대한 최소한의 신앙 지식을 갖고 있어야 함을 강조하면서 그 내용으로 사도신경(Credo)과 주기도문(Paternoster)을 언급하였다.[167]

히 불가능하였다. 하지만 교회가 가르침의 의무에 대한 인식을 중지한 것으로 생각해서는 안된다. 세례를 위한 주의깊은 준비의 체계는 교수를 위한 바람직한 기회를 제공하였다. 그것은 또한 세례 전과 마찬가지로 세례 후에도 제자들에게 주어질 수 있었음은 분명한 사실이다. 여전히 우리는 이 교수가 실제에 있어 매우 소홀히 여겨지고 있음을 부인할 수 없다. 종교회의의 신경들과 감독들의 교훈의 많은 실례에서 교구 성직자의 가르침의 의무를 강조한 사실을 볼 수 있지만 그러나 그것은 가르침이 크게 소홀한데 대한 빈번한 지적이었을 뿐 여전히 사람들의 교육을 위한 어떤 커다란 노력이 따라오는 학습의 부흥과 개혁은 아니었다.(Andrew J. C. Allen, *The Church Catechism: Its History and Contents*, 4-5).

166) 그의 대표적인 교육에 관한 두 자료는 아마도 389년에 썼을 것으로 보이는 〈De Magistro〉(The Teacher)와 〈De Catechizandis rudibus〉이다. 후자의 책은 400년 혹은 그보다 조금 후에 쓰여졌을 것이라고 여겨지는데, 세례준비학생에게 주는 준비적인 교육서로, 실제적인 논문이다. 이 글은 어거스틴의 친구이자 카르타고(Carthage)의 집사인 Deogratias에게 보낸 논문으로 교육방법론에 관한 원전이라고 할 수 있다.[졸고, "교부시대의 교육에 관한 소고," 『호크마』창간호 (대신대학신학부연합학회, 1990), 33].

167) 정일웅, 『한국교회의 기독교 신앙교육』, 294.

토마스 아퀴나스(Thomas Aquinas, 1225~1275) 시대에 와서 아퀴나스는 "기독교 구원에 이르기 위해 인간은 세 가지를 알아야 하는데, 첫째는 무엇을 믿을 것인가에 대한 내용으로서 사도신경(Apostolicum)이요, 둘째는 무엇을 바랄 것인가로서 주기도문(Paternoster), 셋째는 무엇을 행할 것인가로서 십계명(Dekalog)이라고 하였다."[168)]

종교개혁 시대에 와서 신앙교육은 새로운 단계로 발전해 나아갔다. 이것은 먼저 루터에 의하여 시작된 신앙교육서를 통한 신앙문답 교육이다. 1529년에 루터는 책으로서의 신앙문답서를 대·소로 만들었다. 그 중심 내용은 바로 중세 교회가 다루었던 십계명, 사도신경, 주기도문 등이었으며 이를 질문과 대답의 도식 안에서 해설했다는 것이 특징이다.[169)] 그러나 제네바의 개혁자 칼빈이 만든 신앙교육서[170)]는 기독교 신앙의 가르침인 교리를 중심으로 하고 있다. 기본 골격에는 사도신경, 십계명, 주기도문 등을 따르면서도, 그리스도인이 알아야 할 인생의 제일되는 목적이 무엇인가를 밝히는 것으로 시작하여 성경 전체의 가르

168) Thomas v. Aquin, *Opusula Ommia*, Hrg. v. P. Mandonnet Ⅲ, Paris, 1927을 정일웅, 『교육목회학』, 386에서 재인용.

169) 1529년 Luther에 의해 작성된 두 가지의 신앙교육서 중 어린이의 교수를 위해 의도된 소신앙교육서는 사도신경, 주기도문, 십계명을 해설하는 전통적인 방법을 따랐다. 그리고 거기에 성례의 토론을 덧붙였다. 대신앙교육서는 하나의 신앙교육서로 불리우긴 하였지만 질문과 대답의 형식을 갖추고 있지는 않다. 그것은 장성한 사람들의 교수를 위해 의도되었으며 루터의 신학적 입장에서 교리에 대한 비교적 완벽한 진술을 담고 있다. 이 두 문서의 발행은 나중에 상당히 발전된 경향을 보여준다[Andrew J. C. Allen, *The Church Catechism: Its History and Contents*, 8-9].

170) Calvin의 신앙교육서의 초안은 1536년 제네바에서 발행되었고 1541년에 완성본이 나왔다. 이 신앙교육서는 연속적으로 사도신경, 십계명, 주기도문, 하나님의 말씀, 성례를 다루고 있다. 이것은 루터의 소신앙교육서보다 풍부했고 칼빈의 폭넓은 영향력으로 인해 스위스, 프랑스, 스콧틀랜드에서 매우 널리 사용되었다(*Ibid.*, 9).

침을 기독교 교리적 관계에서 풀었고 역시 질문과 대답의 도식을 견지하고 있다. 이러한 현상은 바로 1563년에 출판된 하이델베르그 신앙교육서(Heidelberg Catechism)[171]에 영향을 주었으며 1647년에 만들어지고 우리 대한예수교장로교가 받은 웨스트민스터 신앙교육서(Westminster Catechism)[172]에도 결정적인 영향을 끼치게 되었다.

2. 책으로서의 신앙교육서의 기능

루터(Luther)나 칼빈(Calvin), 하이델베르그(Heidelberg), 그리고 웨스트민스터(Westminster)의 신앙교육서들은 모두 책으로 만들어졌다. 여기서 우리는 신앙문답 교육의 기능이 새로운 차원으로 발전하는 모습을 보게 된다. 여기에는 신앙교육에 있어 여러 가지 의미있는 기능들이 주어져

171) Heidelberg 신앙교육서는 Elector Frederick Ⅲ세의 명령으로 작성되었으며, 그 당시 칼빈주의자들과 루터주의자들 사이에 격렬히 일어난 논쟁을 가라앉히려는 기대 가운데 1563년에 발행되었다(*Ibid.*).

172) 1647년 웨스트민스터에서 모였던 장로회 성총회는 대, 소 두개의 신앙교육서를 발행하였다. 이것들은 사도신경을 생략함으로 전통적인 방법으로부터 완전히 벗어났다. 사실상 그것들은 하나님과의 관계 및 그로부터 생겨나는 의무에 대해 개인들을 교훈하는 대신 교리의 추상적인 진술을 제시했다. 소신앙교육서는 어린이의 교수를 위해 의도되었고 대신앙교육서는 성직자들이 강단에서 교수하는 일에 사용하도록 작성된 것이다. 신앙고백서(The Confession of Faith)와 함께 동시에 작성된 이 대소 신앙교육서는 그 핵심을 이루고 있는 기존의 Scotland 교회와 더불어 모든 장로교단의 표준을 이루고 있다(윗글). 대소 신앙교육서와 신앙고백서가 정확하게 완성된 것은 신앙고백서가 1647년 4월 29일, 소신앙교육서가 같은 해 11월 5일에, 그리고 대신앙교육서가 다음 해인 1648년 4월 14일에 완성되었다.[김준삼, 『Westminster 고백서 강해』(서울: 대신대학, 1977), 17].

있다.

첫째, 신앙교육서는 기독교의 신앙을 가르치는 책으로서의 기능을 갖는다. 먼저 신앙교육서는 청소년들에게 신앙을 가르쳐 주는 책이나 동시에 성인들을 위한 책이기도 했다. 더우기 이 책은 교화의 책으로 표현되었는데, 그것은 가르침과 삶을 하나로 연결시켜 준다는 의미를 가지고 있다.[173] 그리하여 우리는 책으로서의 신앙교육서를 '신앙을 가르쳐 주는 책'으로 이해하게 되는 것이다.

둘째, 신앙교육서는 신앙고백서로서의 기능을 갖는다. 신앙고백은 온 성도들의 신앙이 하나로 연결된 한 목소리요, 통일성을 나타내는 것이다. 바로 여기에 신앙의 표준적 의미로서의 신조의 특성이 있다. 신앙공동체의 신앙의 동질성은 항상 신앙고백적인 신조를 그 기준으로 삼게 된다. 그런 관계에서 볼 때 역사 속에서의 신앙교육서는 신앙고백서로서의 기능을 갖는다. 또 신조로서의 신앙고백의 기능을 갖는 신앙교육서는 교회가 밖으로부터의 도전을 받고 이단적 가르침이 생겨날 때 신학의 변증적 임무를 띠게 된다. 이런 의미에서 신앙교육서는 신앙공동체가 신앙의 삶을 추구해 나가는 데 있어서 표준의 기능을 나타내므로 신앙적 삶의 원리가 된다. 그러나 그것은 언제나 성경의 권위 아래 위치하는 것으로 시대에 따라 나타나는 신앙적 이해는 항상 성경과의 관계 속에서 늘 새롭게 이론화되고 또 새로운 언어표현으로 동시대성을 가져야 한다.

셋째, 신앙교육서는 예전서로서의 기능을 갖는다. 종교개혁 시대에 신앙교육서는 청소년 입교자들의 신앙의 기본 지식에 대한 확인서로서 공

173) 프라아스(J. H. Frass)는 루터의 소신앙교육서의 역사적 연구의 결론에서 신앙교육서를 Lebensbuch, Glaubensbuch, 또는 Gemeindebuch로 명명하고 있다(정일웅, 『종교개혁 시대의 기독교 신앙교육』, 241).

중예배에서 묻고 답하는 일에 사용되었다. 또한 성인 공중예배에서 성경 낭독을 대신하여 하나님의 말씀으로서 신앙의 확인으로 낭독되었다.

넷째, 신앙교육서는 설교자로서의 기능을 갖는다. 종교개혁 시대에 나타난 칼빈의 스위스 신앙교육서와 하이델베르그 신앙교육서는 본래 주일 오후 예배시 성인들에게 설교하도록 만들어져 있었다. 주제별로 55과로 나누어서 설교 시간에 신앙교육서를 함께 읽고 강해하며 교리적 차원에서 가르쳤다.[174] 유럽의 개혁교회는 오늘날도 여러 교회에서 그런 전통을 계속 이어받고 있다. 우리 나라에서도 주일 오후 설교를 이런 전통에 따라서 하는 것이 교육목회의 차원에서 매우 효과적일 것이라 생각된다.

다섯째, 신앙교육서는 목회상담적 기능을 갖는다. 이것은 특히 루터의 소신앙교육서에 나타나는 기능이라고 볼 수 있으며 또한 하이델베르그 신앙교육서와 웨스트민스터 신앙교육서를 비롯하여 모든 신앙교육서에 그러한 기능이 있었던 것으로 보인다. 사람들은 신앙적 물음이 생길 때마다 이러한 신앙교육서들의 질문과 대답을 통하여 그 응답을 발견하며 위로를 얻었던 것이다.

3. 신앙교육서의 교수학적 구조

신앙교육서를 통한 신앙문답 교육에서 적용된 교수학의 문제는 다음과 같이 다섯 가지 관점에서 살펴볼 수 있다.[175]

174) *Ibid.*, 298.
175) 정일웅, *Die theologiche und didaktische Bedeutung des Evangelischen*

첫째, 질문의 형태이다. 신앙교육서는 교수학적 구조에 있어서 분명히 질문하는 내용에 대한 답을 제공하는 형식을 가진 것인데 이것이 신앙교육서를 통한 신앙문답 교육을 규정짓는 하나의 특성이다.[176] 신앙문답 교육이란 주어진 질문에 대답하는 것이다. 그 질문은 가르치는 자가 배우는 자에게 질문하는 형식으로 되어 있지만, 반대로 배우는 학생편에서의 질문도 될 수 있음을 전적으로 배제하는 것은 아니라고 보아야 한다.

Erwachsenen Katechismus fur die Kirchliche Erwachsenbildung in Korea (박사학위논문, 독일 Bonn대학 신학대학, 1984), 62-63 참고.

176) 알렌(Andrew Allen)은 이 문제에 대해 다음과 같은 깊은 통찰을 제시해 주고 있다. 가르치는 자의 질문은 단순한 것이 아님을 우리는 주목하게 된다. "모든 교사의 기술(技術)의 대부분은 질문을 하고, 한 단계 한 단계 그의 학생들을 이끌어 주고, 그 마음 가운데 무의식적으로 놓여 있는 잠재되어 있는 사고들을 이끌어내어 주며, 또한 관찰의 제능력들을 적절히 사용할 수 있도록 자극해 주는 능력으로 구성된다. 재능있는 교사의 지도 하에서 모든 교육의 수단 중 가장 강력한 수단인 이 방법은 특히 catechising으로 알려진 것이다. 신앙문답 교수의 사역은 쉽지 않다. 그리고 우리는 여기에서 그것이 어떻게 수행되었는지에 관해 어떤 자세한 토론에 들어갈 수는 없다. 그러나 유용하리라 여겨지는 몇 가지를 언급할 수 있을 것이다. (1)가장 중요한 것은 문답자가 그가 가르쳐야 할 교과를 완전히 숙지하고 있어야 한다는 점이다. 미리 준비된 어떤 질문들과 대답들을 기계적으로 외워서 아는 것만으로는 충분치 않다. 그는 그 교과를 완전 숙지해야만 하며 그 교과 자체만 아니라 같은 기원의 다른 교과들과도 그 관련성을 살펴가면서 이해하고 있어야 한다. (2)교사는 아이의 마음 속에 있는 것을 그려낼 수 있어야 한다. 심지어 아이의 매우 서투른 대답에서 조차도 일반적으로 어떤 진리의 요소가 발견될 것이다. 대답은 절대적으로 독립적으로 제시되지 않는다. 그것은 항상 전에 말해왔던 어떤 것 혹은 아이의 관심을 끌어왔던 어떤 대상에 의해 제시된다. 교사의 일은 대답을 전적으로 거절하는 것이 아니라 그 대답 속에 놓여있는 사상을 이끌어 내고 그 안에 있을 수도 있는 어떤 진리를 찾아내어 깊은 이상을 심어 주며 무엇이 잘못되었는지를 분명하게 보여주는 것이다. (3)교사는 그의 문답교수를 흥미있게 만들어야 한다. 아이들 각자는 앞으로 무엇이 진행될까하는 호기심에 의해서 뿐만 아니라 교과의 설명에 있어 무엇인가를 기여할 수 있을 것이라는 기대에 의해 경계심(qui vive)이 지속되도록 인도해야 한다. 이것은 쉬운 일이 아니지만 이루어 질 수 있다"(Andrew J. C. Allen, *The Church Catechism: Its History and Contents*, 5-6).

신앙교육서의 목회상담적 기능에서는 이러한 점이 더욱 두드러진다.

둘째, 신앙교육서의 구조는 조직적 체계와 윤곽을 갖추고 있어 학습목표나 교과과정을 암시한다. 예를 들면 칼빈의 제네바 신앙교육서(1542)의 제1문[177)]이나 하이델베르그 신앙교육서의 제1문[178)]과 제2문[179)]에서 바로 이러한 신앙문답 교육 구조의 조직적 체계를 표현하고 있음을 본다. 우리가 잘 알고 있는 웨스트민스터 대·소 신앙교육서에도 칼빈(Calvin)의 신앙교육서의 영향을 받아 이와 같은 점이 더욱 뚜렷이 드러난다.[180)]

177) 제네바 신앙교육서 제1문: 인생의 주된 목적이 무엇입니까? 답: 하나님을 아는 것입니다.

178) 하이델베르그 신앙교육서 제1문: 생사간에 있어서 당신의 유일한 위로가 무엇입니까? 답: 내 영혼과 육체는 생사간에 있어서 나의 것이 아니라 그의 피의 대가로 나의 모든 죄를 대신하여 완전히 속량해 주었으며 모든 악한 권세에서 나를 구원하여 주신 신실하신 구세주 예수 그리스도의 것입니다. 그는 하늘에 계신 아버지의 뜻이 아니면 머리털 하나라도 떨어지지 않게 하시며 또한 나에게 모든 것이 합력하여 선이 될 수밖에 없도록 보호하십니다. 그러므로 그는 나에게 성령을 통하여 영생을 보증하시며, 금후로 온 마음을 다하여 흔쾌히 그를 위해 살도록 준비시켜 주십니다(성경참고. 롬14:7, 8; 고전16:19; 3:23; 벧전1:18, 19; 요일1:7; 2:2; 요6:39; 마10:29-31; 눅21:18; 롬8:28; 고후1:20-22; 엡1:13, 14; 롬8:16; 롬8:14).

179) 하이델베르그 신앙교육서 제2문: 당신이 이런 위로 가운데서 복되게 살고 죽을 수 있기 위해서 알아야 할 것은 무엇입니까? 답: 그것은 세 가지인데 다음과 같습니다. 첫째, 나의 죄와 비참이 얼마나 큰가? 둘째, 내가 이런 나의 죄와 비참에서 어떻게 구원을 받을 수 있는가? 셋째, 그리고 그러한 구원에 대하여 하나님께 어떻게 감사해야 할 것인가를 아는 것입니다.(성경참고. 마11:29, 30; 엡5:8; 요9:41; 마9:12; 롬3:10; 요일1:9, 10; 요17:3; 행4:12; 10:43; 엡5:10; 시50:14, 15; 마5:16; 롬7:24, 25).

180) 웨스트민스터 대신앙교육서 제1문: 사람의 첫째되고 가장 높은 목적이 무엇입니까? 답: 사람의 첫째되고 가장 높은 목적은 하나님을 영화롭게 하고, 그를 영원토록 온전히 즐겁게 하는 것입니다(성경참고. 롬11:36; 14:8; 고전10:31; 시73:24-26; 요17:22, 24). 웨스트민스터 소신앙교육서 제 1문: 사람의 제일되는 목적이 무엇입니까? 답: 사람의 제일되는 목적은 하나님을 영화롭게 하는 것과 그를 영원토록 즐거워 하는 것입니다(성경참고. 고전

셋째, 본보기적인 것으로서의 신앙교육서의 교수법적 개념이다. 신앙교육서는 교수에 있어 가장 근본적이고 핵심적이며 본보기적인 것들을 담고 있다.

넷째, 가르침과 삶을 연결시켜 주고 있다. 신앙교육서는 사용되는 상황에 따라서 그 형편에서의 적절한 질문과 대답을 갖는다. 신앙교육서란 학교에서 학생들이 배울 수 있는 교과서일 뿐만 아니라 더 많이 가정에서 배울 수 있는 가정의 책(Hausbuch)으로서 이해된다. 또 앞서 살핀 대로 신앙교육서가 설교나 의식으로 예배에서 사용되기도 했는데, 이와 같은 여러 상황에서 신앙교육서가 어디에 관련된 것인지를 살펴 상황에 따른 질문을 하여야 할 것이다. 적용되는 상황에 따라 신앙문답 교육의 다양한 모습이 나타날 수 있기 때문이다.

다섯째, 성경과의 관련 문제이다. 루터는 신앙교육서를 평신도의 성경(Laienbibel)이라고 불렀다.[181] 그러나 이는 성경이나 성경공부가 필요하지 않다는 뜻은 아니다. 신자의 신앙교육이란 차원에서 양자는 함께 있어야 하고 성경과 신앙교육서를 서로 의미있게 연결지어 줄 수 있는 신학적 해석학과 교수학의 연구가 계속되어야 할 것이다.

4. 신앙문답 교육의 중요성

우리의 교회 교육의 실제에 있어 입교 문답자들과 성인 초신자들을 대상으로 신앙교육을 한다고 전제할 때 다음과 같은 네 가지 관점에서

10:31; 롬11:36; 시73:24-26; 요17:22, 24).

181) 정일웅, 『종교개혁 시대의 기독교 신앙의 가르침』, 246.

신앙교육서를 통한 신앙문답 교육의 의의와 중요성을 말할 수 있다.

첫째, 신앙의 기본지식 습득으로서 성경 전체의 내용을 비교적 짧은 시간에 배우게 할 수 있다는 점이다. 성경의 내용이 너무 복잡하고 양이 많으며 때로는 전후를 잘 이해할 수 없는 것이 있으므로 그러한 내용을 잘 정리해서 신자들이 잘 이해할 수 있도록 가르칠 필요가 있다.[182] 우리가 신구약 성경을 다 배워서 지식을 얻고 신앙생활을 한다고 하면 오랜 시간이 걸릴 뿐 아니라, 그것도 역시 성경내용을 요약하거나 발췌하지 않고는 불가능하다. 그러므로 성경의 내용을 이해하기 쉽게 교인들에게 알려줄 필요가 있다.[183] 교리를 중심한 신앙문답은 바로 성경 전체를 요약하여 만든 것으로서의 특성을 갖는다. 교육의 효율성을 위해서도 이런 방식의 교육은 필요하다. 초기 교회에 최초의 공식적인 교육이 초신자 세례준비 학교를 통하여 나타났는데, 이 세례준비 학교에서도 이러한 방식으로 기본적인 교리를 중심하여 교육하였다.[184]

둘째, 신자의 신앙관의 확립 곧 기독교 신앙에 대한 체계를 확립시켜준다. 신앙관이란 신앙의 이해력 또는 하나님의 구원계시에 대한 기본적인 이해력, 신념의 기본적인 체계를 뜻하며, 신앙세계에 대한 기본적인 통찰력이라고 할 수 있다. 여기서 신앙관의 확립이란 기독교 구원의 진리에 기초한 신앙체계의 확립이다. 이것은 기독교적 세계관에 기초하여 하나님의 창조세계를 이해하며 그의 섭리와 뜻을 이해하고 어떤 이데올로기적인 가치관의 혼란 속에서도 올바른 진리의 분별력과 통찰력을 통하여 기독교 신앙을 견지하게 하는 힘이다. 그러므로 기독교 신앙

182) 이종성, "교리교육," 「교육교회」(1985년 10월호), 649.
183) *Ibid.*
184) C. B. Eavey. *History of Christian Education*, 84.

교육의 과제는 그 구체적 방법론에 있어서 언제나 기독교 세계관을 중심으로 접근해야 한다.[185]

셋째, 성경해석의 기본열쇠를 제공한다. 신앙교육서를 통한 신앙문답 교육의 또 하나의 중요성은 바로 그리스도인들로 하여금 성경을 해석하는 기본적인 눈과 자질을 제공한다는 점이다. 성경은 해석의 과정을 거치지 않고 배울 수가 없다. 바로 이 해석의 관계에 있어서 신앙교육서의 내용이 성경의 요약이요 교리의 핵심적 내용이라고 할 때 그것을 먼저 배움으로써 그 기본적인 지식은 신앙관 확립과 더불어 성경을 더 깊게 그리고 전체적 흐름 속에서 이해하고 배우도록 하는 기능을 제공한다.[186]

넷째, 신앙적 삶의 지침을 제공한다. 전통적인 신앙교육서 즉 루터, 칼빈, 하이델베르크, 웨스트민스터 신앙교육서는 바로 오늘 이 시대에까지 그리스도인들의 삶의 지침서로서 그 교육적 역할을 감당하고 있다. 특히 한국장로교회 교인들의 삶의 지침서는 1963년에 한국장로교회가 공적으로 받아들인 웨스트민스터 대 · 소 신앙교육서라고 할 수 있다.

위에서 살펴본대로 신앙교육서를 통한 신앙문답 교육은 그 역사와 전통에 비추어 볼 때 교회의 교육적 사역에 있어 중요한 역할을 해왔다. 우리 한국교회의 교회교육의 상황도 이러한 신앙문답 교육의 역사와의 관련 속에서 새롭게 재조명될 필요가 있다. 원래 한국교회는 선교 초창

---

185) 정일웅, 『교육목회학』, 402-403.

186) 예를 들면 신앙교육서를 통한 신앙문답 교육에서 교리로 가르쳐지는 삼위일체 하나님에 대한 가르침은 성경 전체를 언제나 삼위일체적 관련 속에서 이해하도록 하는 눈을 제공한다. 그러한 성경의 기본적인 틀에 대한 학습은 배운 자가 계속해서 성경을 공부하거나 직접 본문의 뜻을 이해 하려 할 때 앞서 배운 교리적 선이해 속에서 성경을 쉽게 이해할 수 있도록 도움을 주고, 또한 성경해석이 해석자의 자의적으로 흐르는 것을 막아주는 역할을 한다.

기에서부터 신앙문답 교육의 전통을 잘 이어왔다. 그러나 오늘날에 와서는 그 형식만 남아있고 교육의 실제에 있어서는 외면당하고 있는 형편이다.

한국에서 오랜 기간 헌신했던 신내리 선교사는 한국교회의 심각한 문제 중의 하나로 신앙교육서를 통한 신앙문답 교육의 부재를 들면서 이렇게 말했다. "내가 본 심각한 문제는 여러 교회에서 웨스트민스터 신앙고백(Westminster Confession of Faith)이나 소신앙교육서로 요약한 것과 같은 성경교리를 가르치지 않는 것입니다. 이것은 설교나 기도 모임이나 모든 연령층을 위한 주일학교에서도 할 수 있습니다."[187]

신내리 선교사의 지적처럼 오늘날에 와서는 이 신앙문답 교육의 전통이 거의 형식만 남아 있고 교육의 실제에서 자취를 감추어 가고 있다. 더우기 전통적으로는 웨스트민스터 신앙교육서(Westminster Catechism)를 그 신조와 함께 동등한 자격으로 받아들였음에도[188] 불구하고 교회의 신앙교육 일선에서는 그리 활용되지 않고 있다.

이는 그동안 한국교회가 교육에 초점을 맞추기보다는 전도와 외형적 교회성장에 몰두한 나머지 신앙교육서를 통한 신앙문답 교육의 의의와 중요성을 바르게 인식하지 못하고 극히 제한적으로 교회의 예식과 관련하여 형식적으로만 사용해 왔기 때문이라고 생각된다. 이제는 다시 새

187) 신내리, "외국인이 본 한국교회," 『총신』(서울: 총신대학, 1984), 257.

188) 웨스트민스터 성경 대소 신앙교육서(Westminster Catechism)는 한국교회가 독노회 조직과 함께 〈요리문답〉이란 말로 번역하여 신조와 함께 우리교회 문답책으로 채택하였다(대한예수교장로회 헌법서언 참고). "대한 예수교 장로회에서 이 아래 기록한 몇 가지 조목을 목사와 강도사와 장로와 집사로 하여금 승인할 신조로 삼을 때에 대한 예수교 장로회를 설립한 모교회의 교리적 표준을 버리려 함이 아니요, 오히려 찬성함이니 특별히 웨스트민스터 신도게요서와, 성경 대소 요리문답은 성경을 밝히 해석한 책으로 인정한 것인즉 우리 교회와 신학교에서 마땅히 가르칠 것으로 알며 그 중에 성경 소요리문답은 더욱 우리 교회의 문답책으로 채용하는 것이다."

로운 관심을 가지고 교육목회의 차원에서 이 신앙교육서를 통한 신앙문답 교육의 역사성과 의의를 바르게 인식하고 신앙교육 방법의 기본적이고 중요한 틀로서 이 시대에 합당한 방식으로 발전시켜 나아가야 할 것이다. 그리하여 오늘의 현실에 맞는 새로운 신앙문답 교육의 요구에 부응해야 한다.

이제 한국 개신교가 새로운 세기를 맞이하여 내실을 기하여 질적인 성장을 이루어 가야 할 때이다. 한국교회는 신자들의 신앙교육을 위해 기독교 신앙교육의 전통성을 회복시키고, 신앙문답 교육에서부터 교회의 신앙교육과 기독교교육의 이론을 새롭게 정립시켜 나가야 할 것이다.

제 6장
상담의 극대화

1. 교육적 상담의 필요성

교육목회의 한 영역으로서의 상담을 이해하고, 이것을 목회 현장에서 활용하고 개발하는 것은 매우 중요한 일이다. 올바른 상담을 하려면 문제상황을 바로 이해하고, 여기에 대한 상담학적 접근을 시도하여야 한다. 이러한 과정을 통하여 교육목회를 이루어 나가야 한다.[189] 교육은 지식에만 한정된 것이 아니라 전인(全人)에 관련된 것이기 때문에 효과적인 교육을 위해서는 상담의 방법을 활용하는 것이 필요하다. 상담은 인간의 내면의 깊은 문제를 다루는 것이기 때문에 그 교육적 기능은 실로 엄청난 것이다. 문제는 이 상담의 중요성을 목회자들이 깊이 인식하지 못하고 있다는 데 있다.

그동안 한국교회가 급격한 산업화 및 도시화의 과정을 겪으면서 자기를 상실한 사람들이 방황하고 있다. 교회는 크고 많은 것에만 관심을 두고 적은 것은 하찮은 것으로 인식해왔다. 그러나 21세기의 목회의 성패

189) 정정숙, "성경적 상담과 교육목회," 「기독교교육연구」, 총신대학부설 기독교교육연구소 편, (한국로고스연구원, 1990), 84-85.

는 교회에 나오는 숫자가 얼마나 많은가보다도 어떻게 하나의 생명이 예수 그리스도 안에서 다시 태어나느냐 하는 것에 목회의 사활이 걸리게 될 전망이다. 현대사회는 많은 스트레스와 충격으로 사람들은 크게 혹은 작게 정신적 질병을 앓고 있다. 이런 정신적 고뇌들은 치료를 받아야 한다. 날이 갈수록 이혼율이 증가되고, 부부간의 갈등이 심화되고, 청소년 문제는 심각해지고 있으며 직장문제, 학원문제, 노인문제 등을 비롯 각종 사회문제들이 생겨나고 있으며 변화의 시대에 예기치 못했던 많은 문제들이 쏟아져 나오고 있다. 그러므로 21세기의 목회자는 성경적인 상담훈련을 받아 목회해야만 하는 시대이다.

교회교육은 개인적이며 사회적인 문제 앞에 고민하고 있는 영혼들을 위하여 그들이 개인의 삶의 문제들, 내적 갈등, 또 불안정한 정서들을 효과적으로 처리할 수 있도록 도움을 주어야 한다. 이러한 사역을 감당하기 위해서 목회자들에게 일차적으로 요구되는 것이 상담의 기능이며, 이런 기능은 효율적인 교육목회의 사역을 감당하기 위해 교육과 더불어 이루어져야 한다.

그런데 중요한 문제는 목회자들이 훈련된 기술적 방법으로 상담을 하여 그들을 효과적으로 돕고 말씀을 중심한 올바른 교육의 기회가 될 수 있도록 노력해야 한다는 것이다. 이 점에 대해서 웨인 오츠(Wayne Oates)는 다음과 같이 목사가 자질있는 상담자로서의 역할을 감당해야 할 것을 강조하였다.

> 훈련정도에 관계없이, 목사는 자신이 교인들과 상담을 하고 안하고를 선택할 수 있는 특권을 누리지 못한다. 교인들은 최선의 지도와 가장 현명한 배려를 얻기 위해 자신들의 문제를 가지고 늘 목사에게 온다. 그가 목회를 계속하는 한 이런 일을 피할 수는 없다. 그가 선택

> 할 수 있는 것은 상담을 하고 안하고의 문제가 아니다. 문제는 훈련된 기술적인 방법으로 상담을 하는가 아니면 훈련이 안된 미숙한 방법으로 상담을 하는가이다.[190]

이런 상황에 처한 목회자들과 크리스천 상담자들을 돕기 위해 개혁주의 입장에 서있는 많은 서적들과 논문들이 필요하다. 한국 기독교계에 상담에 관해서 많은 책과 논문들이 나타나고 있지만 아직도 목회상담에 관한 연구는 매우 부족한 상태에 있다. 대부분의 글에서 잘못된 신학원리에서 출발한 이론들을 다루면서 그것을 목회상담의 진수인 양 소개하고 있는 것은 안타까운 일이다. 오늘날 기독교상담학 분야에서 심히 우려되는 것은 기독교상담을 성경의 차원에서가 아니라 심리학이나 행동과학의 차원에서 이해하고 적용한다는 점이다. 이러한 형편을 우리는 시정해야 할 것이다.

현대의 생활은 더욱 복잡해져 가고 있으며 과학기술의 범람은 많은 이점과 함께 우리에게 인간소외를 가져다 주고 있다. 급격히 변화하고 첨단화되어가는 세류(世流)에서 현대인은 더욱 긴장과 스트레스로 시달리고 있다. 이들에게 좋은 상담자가 되어주어야 할 책임이 목회자들에게 있다.

그리스도인의 본이 되시는 예수님은 도움이 필요한 사람들과 그룹으로 혹은 개인적으로 만나 얘기하시는 데 많은 시간을 보내셨다. 고통받는 자들의 요구에 민감했던 사도 바울은 “우리 강한 자가 마땅히 연약한 자의 약점을 담당하고 자기를 기쁘게 하지 아니할 것이라”(롬15:1)고 썼다. 아마도 바울은 여기에서 의심과 두려움을 가졌던 자들에 관해서 썼

190) Wayne E. Oates ed., *An Introduction to Pastoral Counseling (Nashville: Broadman*, 1959), vi.

을 것이다. 그러나 그의 관심은 오늘날 부닥칠 수 있는 거의 모든 문제 영역에까지 확대된다. 성경에는 선택된 자들만이 사람들을 도울 것으로 나타나 있지 않다. 그것은 교회 지도자들을 포함한 모든 믿는 자들에게 요구되고 있다. 때로 상담이 시간낭비인 것처럼 느껴질지도 모르겠지만, 그러나 그것은 중요하고 필요하며 또한 성경에서 확인된 사역의 한 부분임에 틀림없다.[191)]

그래서 목회자들이 상담훈련을 잘 받고 성실히 상담하면 신자들은 교회를 떠나지 않고 또 신앙도 성장하여 봉사와 전도에도 열매를 거둘 것이다.[192)] 또는 별 문제가 발견되지 않는다고 하여도 예방적이고 교육적인 상담을 통해 유익을 줄 수 있다.

성경적으로 목회상담은 목회활동의 본질에 가까운 것으로 시편 23편 3절("내 영혼을 소생시키시며":"내 영혼"은 시편에 자주나오는 시적 표현으로서 단순히 "나"를 의미한다. "나를 소생시키시며")에 언급된 "소생시키시는 것"[193)] 은 방황하며 찢기우고 실패하고 낙심한 양을 돕는 활동이다. 선한 목자는 "힘을 주며", "고쳐준다"(겔34:4, 16). 그와 반대로 삯군 목자는 분명하게 이 사명을 다하지 못하는 목자이다.(슥11:16 참조, "그가 없

---

191) Gary R. Collins, Christian Counseling:*A Comprehensive Guide*, 피현희 · 이혜련 공역, 『크리스챤 카운슬링』(서울: 두란노서원출판사, 1984), 19.

192) 신성종, 『이런 교회가 성장한다』(서울: 도서출판 하나, 1995), 374.

193) Jay E. Adams, *Pastoral Counseling*, 정삼지 역, 『성공적인 목회상담』(서울: 기독교문서선교회, 1980), 24. 아담스는 각주에서 '소생시키는 것'을 목회활동으로 보고 이렇게 설명하고 있다. "소생시키는 것은 목회활동이다. 그러므로 목회방법들을 필요로 한다 – '여호와의 율법은 완전하여 영혼을 소성케 하고'(시19:7). 이 구절에서 '소성케 하는 것'은 '원기회복'을 의미한다. 이것은 시련과 패배, 실패, 혹은 낙심 후에 확신을 주고 변화를 시키며 격려하거나 용기를 북돋아줌으로써 새로운 생활에 들어갈 수 있도록 해주는 활동이다. 사람들은 목자가 하나님의 말씀으로 도와 줄 때 소성케 될 수 있다. 그러므로 목회상담은 영적이어야 한다."

어진 자를 마음에 두지 아니하며 흩어진 자를 찾지 아니하며 상한 자를 고치지 아니하며 강건한 자를 먹이지 아니하고").[194] 바울은 아마 스가랴를 회상하는듯 비슷한 용어로 장로들(목회에 있어서는 목사들, 감독자들)을 "주 안에서 너희를 다스리며(leaders) 권하는 자들(advisers)"(살전5:12)이라고 불렀다.[195] 이들의 활동이 스가랴가 지적한대로 14절에 서술되어 있다.[196]

교육은 이론과 논리로만 이루어지는 것이 아니다. 곧 지성적으로만 이루어지는 것이 아니라 마음을 열고 마음과 마음이 서로 교통하는 가

---

194) *Ibid.*, 24-25. 아담스는 이 구절에서 "강한 자를 먹이지 아니하고"의 의미는 아마도 난국을 회피할 수 있는 예방적인 방법을 가리키는 것일 것이라고 본다. 그는 결혼 전의 목회상담과 같은 활동들이 이에 속할 것이라고 예를 들고 있다. 그러나 예방적 방법, 혹은 예방적 상담은 사실 삶의 현장의 모든 면과 관련된다고 보며 상담의 이러한 측면은 교육과도 밀접한 관련을 갖게 되는 것이다.

전통적으로 상담을 치료적, 예방적, 교육적 상담의 세 영역으로 나누어 왔다. 치료적 상담은 사람들이 현재 가지고 있는 삶의 문제들을 처리하도록 돕는 것을 의미한다. 예방적 상담은 문제들이 더 악화되지 않도록 하거나 아예 문제들의 발생을 방지하려는 것이다. 교육적 상담은 상담자가 주도권을 쥐고 보다 많은 그룹들에게 영적이고 정신적인 건강의 의미를 가르치는 것을 의미한다. 근래에 미국 심리학회의 한 위원회는 세 가지 상담에 있어서 그 역할의 중요성의 순위를 바꿀 것을 건의했다고 한다. 즉 교육적 상담을 가장 중요시하고, 둘째는 예방적 상담을, 그리고 전통적인 치료적 상담을 마지막에 놓아야 한다는 것이다. 따라서 그러한 변화는 상담분야를 넓히고 크게 변화시킬 것이다. 문제를 갖고 있는 개인에게 촛점을 맞추는 대신에 공동사회 안에 있는 사람들의 그룹을 더욱 중요시하게 될 것이다. 상담 기법들을 강조하는 것 이외에도 서적의 활용, 계획된 학습, 오디오 카세트, 또 다른 교육적 방법들에 초점을 맞추게 될 것이다. 그러나 이 모든 사실들이 치료적 상담은 사라지게 될 것이라고 가정하지는 않는다. 아마도 치료적 상담은 언제나 존재하며 항상 필요할 것이다(참조, Gary R. Collins, *Christian Counseling: A Comprehensive Guide*, 78-79).

195) *Ibid.*, 25. "권하는 자"들이란 "상담자"들이라고 번역할 수 있을 것이다.

196) 데살로니가전서 5장 14절. "또 형제들아 너희를 권면하노니 규모없는 자들을 권계하며 마음이 약한 자들을 안위하고 힘이 없는 자들을 붙들어 주며 모든 사람을 대하여 오래 참으라."

운데 전인적으로 이루어지는 것이라고 말할 수 있다. 교육이 효과적으로 이루어지기 위해 상담의 사역이 긴요하며, 특히 목회적 상황에 있어서 더욱 그러하다. 이러한 면에서 상담은 우리의 교육적 사역을 극대화시키고 많은 열매를 거둘 수 있도록 도움을 줄 것이다.

2. 상담의 목적

상담은 성장과 인간을 돕기 위한 한 방법으로서 인격의 발달을 자극하려고 노력한다. 즉 개인들로 하여금 삶의 문제들, 내적 갈등, 또 불안정한 정서 등을 보다 효과적으로 처리할 수 있도록 도움을 준다. 상실이나 실망에 직면하고 있는 사람들을 격려하고 지도한다. 또한 삶의 형태가 자멸적이어서 불행하다고 느끼는 사람들에게 도움을 준다. 그 외에 기독교 상담자는 예수 그리스도와의 개인적인 관계 속으로 사람들을 이끌려고 노력한다. 뿐만 아니라 그는 사람들이 먼저 예수님의 제자들이 되고 난 후 다른 사람을 훈련시키는 자들이 되도록 도우려는 궁극적인 목표를 가지고 있다.[197)]

콜린스(Gary R. Collins)는 상담의 목표와 관련해 아들을 보내신 하나님의 목적이 "저를 믿는 자마다 멸망치 않고 영생을 얻게 하려하신"(요 3:16) 일이라고 보며, 따라서 예수님은 사람들을 위해 두 가지 목표를 가지고 계셨는데, 그것은 (1)이 땅에서의 풍성한 삶과 (2)천국에서의 영생이라고 본다. 예수 그리스도를 따르는 상담자는 사람들에게 풍성한 삶을 사는 방법을 보여주는 동시에 믿는 자들에게 약속된 영생을 알려 주

197) Gary R. Collins, *Christian Counseling: A Comprehensive Guide*, 29.

고자 하는 궁극적으로 연관된 목표를 갖는다. 또한 복음전도와 제자도(Discipleship)는 기독교 상담자에게 있어 '궁극적으로 서로 연관된' 목표들이다.[198] 그는 또한 "성령께서 우리들을 사용하셔서 다른 사람들의 삶에 관계하시고, 그들을 변화시키시고, 또 심리적인 성숙뿐만 아니라 영적인 성숙으로 이끄시는 것이다. 이것이 모든 믿는 자－목사이든 평신도이든, 전문 상담자이든 평신도 조력자이든 간에－의 목표가 되어야 한다"[199]고 말하고 있다.

그는 그밖에 부차적인 목표들로 다섯 가지를 들어 다음과 같이 설명하였다. 첫째, 자기이해－자신을 이해하는 것이 대개 치료의 첫 단계가 된다. 객관적이고 지각적으로 민첩한 조력자가 도움을 받고 있는 사람들로 하여금 자신들의 내부와 자신들을 둘러싼 세계 속에서 어떤 일이 진행되고 있는지에 대한 올바른 이해를 얻도록 돕는 것이다. 둘째, 피상담자들은 감정과 생각과 태도를 정확하고도 효과적으로 서로 전달하는 법을 배워야 한다. 그런 의사소통에는 자신을 표현하는 것과 또 다른 사람으로부터 정확한 메시지를 전달받을 수 있는 능력들이 포함된다. 셋째, 학습과 행동의 변화－전부는 아니라 하더라도 대부분의 우리의 행동은 학습되어지는 고로 상담에는 피상담자들이 비효과적인 행동을 버리고 보다 효과적으로 행동하는 방식을 학습하는 것도 포함된다. 넷째, 그리스도화(Christ-actualization)－우리를 영적으로 성숙케 하는 성령의 힘을 통해 우리가 가진 최고의 잠재력을 개발하면서 삶의 목표가 그리스도 안에서 완성되어야 한다. 다섯째, 지지－일시적으로 스트레스나 위기에 처한 때를 제외하고는 삶들은 대개 위에 나온 각각의 목표들에 이르고 효과적으로 행동할 수 있게 된다. 그런 사람들은 자신들이 인격

198) *Ibid.*, 31-32.
199) *Ibid.*, 22.

적이고 영적인 자원들을 재동원해서 삶의 문제들에 효과적으로 대처할 수 있을 때까지 지지와 격려를 통해서 유익을 얻을 수 있다.[200)]

제이 아담스(Jay E. Adams)는 "권면적 상담의 목적은 바울 사도가 디모데전서 1장 5절에 말한 '사랑'이다. 즉 경계의 목적은 청결한 마음과 선한 양심과 거짓이 없는 믿음으로 나는 사랑이다"라고 하였다.[201)] 로렌스 크랩(Lawrence J. Crabb)은 상담의 목표를 (1)그리스도인의 영적 성숙과 (2)심리적인 내적 성격개발이라고 보았다. 바울이 사람들과의 언어적인 상호관계(이를 상담이라고 해도 좋을 것이다)를 항상 그리스도인의 성숙을 진작하기 위해 고려하였다는 것을 골로새서 1장 28절("우리가 그를 전파하여 각 사람을 권하고 모든 지혜로 각 사람을 가르침은 각 사람을 그리스도 안에서 완전한 자로 세우려 하노니")에서 기록한 내용을 통해 알 수 있다. 그리고 크랩은 '성숙한 신자'는 그의 삶의 궁극적 목적 곧 예배(worship)와 봉사(service)에 더 깊이 들어간다는 점을 말하면서, 따라서 성경적 상담은 그 주된 전략으로서 영적 · 심리적 성숙의 촉진을 채택해야 할 것이라고 주장하였다. 성숙의 요소는 두 가지를 포함하는데 그것은 첫째로 구체적인 상황에서의 즉각적인 순종과, 둘째로 원대한 성품의 성장이라는 것이다.[202)]

상담자와 피상담자가 상담에 있어 명확한 목적이나 목표를 설정할 수만 있다면 어떤 종류의 상담이든지 대개는 도움을 줄 것이다. 그런 목표는 막연하기보다는 구체적이고 현실적이어야 한다. 목표가 여러 가지일 때는 먼저 도달해야 할 목표가 무엇인지를, 또 때에 따라서는 그 목표에

---

200) *Ibid.*, 32-34.

201) Jay E. Adams, *Competent to Counsel*(Nutley, N.J.: Presbyterian and Reformed Publishing Co., 1970), 48-49.

202) Lawrence J. Crabb Jr., *Effective Biblical Counseling* (Grand Rapids, Mich.: Zondervan Publishing House, 1979), 22.

도달하기까지 얼마나 오랜 시간이 걸리는지를 밝혀주는 어떤 논리적인 순서에 따라 우선순위가 세워져야 할 것이다.[203)]

3. 상담의 원리

목회자가 효율적으로 상담하기 위해서는 상담의 기초적인 원리에 대해 알아야 할 필요가 있다. 어떤 상담관계이든지 상담자의 인격(personality)과 가치관(values), 태도(attitudes), 그리고 신앙(belief)이 일차적 중요성을 지닌다.[204)] 예수 그리스도를 따르는 사람은 사랑이라는 낱말 하나로 요약할 수 있는 특징들을 계발한다. 여러 가지 연구조사 결과에 의하면 효과적인 상담자들이 성공하는 이유는 그들의 이론적 배경이나 상담기술 때문이라기보다는 오히려 감정이입(empathy),[205)] 온화함(warmth),[206)] 그리고 순수함(genuineness)[207)] 때문이라는 것이 밝혀지고 있다. 상담에 있

203) Gary R. Collins, *Christian Counseling: A Comprehensive Guide*, 34.

204) Gary R. Collins ed., *Helping People Grow: Practical Approaches to Christian Counseling*(Ventura, California: Vision House, 1982), 190.

205) 감정이입(empathy)라는 말은 독일어의 einfühlung에서 유래한 것으로 "상대방과 함께 느낀다"(feel with), "상대방의 감정에 동참한다"(feel into)는 뜻이다(*Ibid.*, 192).

206) 온화함(warmth)은 보살핌(caring)과 어느 정도 동의어라고 할 수 있다. 이것은 얼굴표정, 어조(tone of voice), 몸짓, 자세, 눈의 접촉(눈길, eye contact) 그리고 피상담자의 안위를 돌보는 행동에 의해서 보여주는 친절과 배려를 나타내는 상황을 말한다(*Ibid.*).

207) 순수함(genuineness)은 상담자의 말과 행동이 일치하는 것을 말한다. 한 저자에 의하면 참으로 순수한 사람은 자연스러운 사람이다. 그러나 충동적이거나 남을 멸시하지 않고, 그의 가치관이나 태도에 일관성이 있고 방어적이 아니며 자신의 감정을 의식하되 자신과 자신의 감정을 기꺼이 나누려

어서는 상담자가 피상담자와 어떤 관계를 맺느냐 하는 것이 매우 중요한 의미를 갖게 된다. 성공적인 상담에 있어서는 상담자와 피상담자의 친화적 관계(rapport)가 필수적이다.[208] 이런 관계는 상담자의 노력과 피상담자의 태도, 동기, 도움을 받고자 하는 욕구가 맞물려 이루어질 수 있는 것이지만[209] 상담자가 주도적인 입장에서 이런 관계의 형성을 위해서 노력해야 한다. 감정이입, 온화함, 순수함 등의 상담자의 특성은 이 친화적 관계 형성을 위해서도 중요한 의미를 지니고 있다.

그리고 상담에 임하는 목회자는 피상담자의 감정(emotions)과 사고(thought)와 행동(behavior), 이 세 가지 모두에 초점을 맞추어야 한다. 많은 경우에 있어 세속 상담자나 그리스도인 상담자나 간에 감정이나 사고나 행동 가운데 한 가지를 강조하는 상담방식을 취하고 있으며, 세 가지 모두를 함께 강조하는 경우는 드물다.[210] 콜린스(Collins)는 성경을 살펴볼 때 감정과 생각과 행동이 모두 중요하게 다루어지고 있다는 사실

고 하는 사람이다[*Ibid.* 참고. L. M. Brammer, *The Helping Relationship: Process and Skills*(Englwood Cliffs, N.J.: Prentice Hall, 1973)].

208) Gary R. Collins ed., *Helping People Grow: Practical Approaches to Christian Counseling*, 195.

209) *Ibid.*, 193.

210) *Ibid.*, 197-198. “예를 들어 엘리스(Albert Ellis)의 합리적 정서요법(Rational Emotive Therapy)은 그 제목 자체에서 생각과 느낌을 언급하고 있으나 그의 요법은 거의 전적으로 피상담자의 생각만을 다루고 있다. 이와 대조적으로 로저스(Carl R. Rogers)는 피상담자의 느낌을 주로 강조할 뿐, 그의 지성 세계에서 어떤 일이 일어나고 있는지를 분석하려는 시도는 거의 하지 않고 있다. 학습적 접근방식들(learning approaches) 가운데 많은 방식들은 행동의 변화를 강조하면서 피상담자의 느낌과 생각은 별로 중요하지 않다고 생각한다. 이들은 사고와 감정을 얼마나 경시하는지 종종 피상담자가 자기 안에서 무엇이 일어나고 있는지를 인식하지도 못하는 사이에 치료가 이루어 진다고 말한다.” 그러나 이러한 한 부분만을 강조하는 입장들은 다 비성경적이다.

을 지적하고 있다.[211] 인간의 문제는 무엇으로 기인되었든지 그 문제의 해결은 전인적으로 해결하여야 한다.

> 인간의 문제는 그 진원(震源)을 추적할 때에 사회 구조의 문제에 기인할 수도 있고, 인간의 정서 문제나 육체적인 문제에 기인할 수도 있으나 일단 문제가 발생하면 그 문제는 전인(whole person)의 문제로 화하기 때문에 문제의 진원을 해결하였다고 해서 전인의 문제는 해결되지 않는다. 일단 문제가 발생되면 문제의 근본적인 해결은 전인적인 인간 이해에 기초하여 전인적인 방법으로 해결하지 않으면 안된다.[212]

그리고 무엇보다도 중요한 것은 상담에 있어서 하나님의 주권에 대

---

211) Gary R. Collins, *How to be a People Helper*, 정동섭 역, 『훌륭한 상담자』 (서울: 생명의 말씀사, 1983), 56-57. 여기에서 콜린스는 감정과 생각과 행동이 모두 중요하게 다루어지고 있다는 사실을 지적하면서 그 예로 빌립보서의 내용을 제시하고 있다. 빌립보서의 마지막 부분에 가서 사도 바울은 성도의 일상생활에 많은 실제적인 충고를 하고 있는데 거기에서 이 세 가지 면이 잘 드러나고 있다는 것이다. 첫째로, 감정을 다루면서 독자들에게 기뻐하고 오래 참고 염려하지 말고 하나님의 평안으로 안정하라고 훈계하고 있다(빌4:4-7). 그 다음에 생각이 강조되고 있다. 무엇에든지 참되고 고상하고 옳으며 순결하며 사랑스러우며 명예스러우며 덕스러우며 칭찬할만한 것들을 "생각하라"고 훈계하고 있다(빌4:8). 끝으로 행동이 강조되고 있다. 우리는 배운 바를 실행하고 바울처럼 자족하고, 그리스도의 능력 안에서 모든 것을 하는 것을 배워야 할 것이라는 점을 훈계한다(빌4:9-13).

그리고 그의 다른 책에서는 복음서를 중심한 예수님의 사역을 살피면서 예수님은 이 세 가지 면에서 적절하게 상담하셨음을 밝혀주면서 이 세 부분 중 다른 두 부분을 소홀히 하면서 한 부분을 강조할 수 없다고 한다[Gary R. Collins, *Helping People Grow*, 198-199].

212) 오성춘, "전인적 인간이해와 교역의 관계성에 관한 연구," 「교회와 신학」 제 19집(1987), 308.

한 인식이다. 개혁주의 상담학자인 아담스(Adams)는 “하나님의 주권은 인간의 필요를 해결하는 궁극적 진리이다. 이 사실은 모든 사람들 가운데서 목회상담자가 왜 이 진리를 믿어야 하며 각각의 그리고 매번의 상담상황에서 이 진리의 숨겨진 의미를 찾아내야만 하는지에 대한 이유인 것이다”[213]라고 하였다. 하나님께서 알고 계시고, 하나님이 돌보시며, 하나님께서 우리의 기도를 들으신다. 그 자신의 선하신 뜻에 따라 어려움 가운데 처한 이들을 상담사역을 통하여 그분의 때에, 그분의 방법으로 역사하신다는 것을 분명히 인식할 때, 이 상담은 상담자와 피상담자를 위해 유익한 방향으로 인도될 것이다. 이러한 소망은 바로 하나님의 주권에 대한 흔들림없는 확신에서 기인한 것이다.

또 아담스는 상담의 문제를 다루면서 인간은 어떠한 상황에서도, 예를 들어 아직 선악과를 따먹고 범죄하기 이전에도, 독립된 존재가 아니라 피조물로서 하나님과 교제하고 대화하며 그의 인도하심을 받아가며 살아가야 하는 존재라고 하는 사실을 인식해야 한다고 강조했다.[214] 그의 이러한 강조는 신학적 측면에서만 아니라 상담의 측면에서 생각할 때 예방적, 교육적 상담의 중요성과 필요성을 밝혀주는 의미있는 진술이다.

213) Jay E. Adams, *What about Nouthetic Counseling?*(Grand Rapids, Mich.: Baker Book House, 1977), 9.

214) Jay E. Adams, *More Than Redemption*(Phillipsburg: Presbyterian and Reformed Publishing Co., 1979), 2.

4. 상담의 기술

목회자들이 실제로 상담을 하는 데 있어서 다양한 상담기술을 필요로 한다. 기술(skill)이란 용어는 두 가지 관점에서 볼 수 있는데 하나는 상담 시에 상담자가 사용하기 위해 배울 수 있는 요령이고 다른 하나는 상담의 방향성과 관련된다. 콜린스(Collins)는 상담자가 또 다른 인간을 이해하고 돕기 위해서 적어도 다음과 같은 요령을 활용해야 한다고 주장한다.

첫째, 경청한다.[215] 여기에는 상담자가 피상담자에게 주의를 집중하고 눈과 눈의 접촉,[216] 편안한 자세[217]와 몸짓,[218] 격려하는 표현의 사용,[219] 탐색적인 반응의 주기적인 사용,[220] 및 우리 상담자가 이해한다는 것을 상대방에게 확인시켜 주기 위해 중간 중간에 피상담자가 한 말을 반복하는 것 등을 통해서 꾸준히 주의를 기울여 주는 것을 뜻한다.

둘째, 유도한다. 우리는 때로 피상담자가 말을 하도록 유도하는 기술을 사용한다. 이와 같이 요약과 질문, 그리고 반사 등을 통하여 유도질문을 할 때에, 우리가 목표하는 바는 피상담자를 자극하여 그의 감정이나 생각을 표현하게 하고 그의 행동을 정직한 눈으로 일변해 볼 수 있도록 격려하는 데 있다. 목적은 우리를 위해 정보를 얻어내는 것보다 피상담

---

215) Gary R. Collins, *How to be a People Helper*, 58-59.

216) 눈의 접촉: 관심이나 이해를 전달하는 방법으로 노려보지 말고 자연스럽게 바라본다.

217) 자세: 긴장하지 않고 편안해야 하며 일반적으로 피상담자 쪽으로 몸을 기울인다.

218) 몸짓: 지나치거나 정신을 산란하게 하지 않고 자연스럽도록 한다.

219) 격려하는 표현의 사용: "이해가 갑니다", "무슨 말씀인지 잘 알겠습니다" 등의 표현.

220) 탐색적인 반응의 주기적인 사용: "계속하세요", "더 이야기 해보세요", "그리고 나서 어떻게 됐습니까?" 등.

자를 도와 그의 문제를 명확히 직시하도록 유도하는 데 있다.[221]

셋째, 지원해 준다. 이 말은 상담자가 심리적인 불구자들을 붙들어 주어 그들이 혼자 문제를 해결하는 법을 배우지 못하게 한다는 의미가 결코 아니다. 그러나 지원한다는 것은 피상담자가 처음에는 입을 열기가 어려우며 자신의 실패에 대해 털어놓고 죄악된 생각이나 행동을 시인하거나 어떤 문제로 인하여 타격을 받았음을 인정하기가 어렵다는 것을 받아들임을 뜻한다.[222] 목회자에게 마음을 터놓고 얘기한다는 것은 거절이나 비판 또는 배척을 감수하는 것이다. 이러한 이유 때문에 사람들은 종종 자신의 실패나 내면적인 생각을 마음에 간직하고 타인에게 터놓기를 꺼려하는 것이다.[223]

그러나 성경은 우리가 우리의 잘못을 기도를 통하여 하나님께 알릴 뿐 아니라 피차간에 서로 고백해야 한다고 말하고 있다.[224] 이러한 고백을 들을 때에 상담자는 충격이나 거절의 반응을 보여서는 안되며 죄된 행동을 용인하거나 그것이 하찮은 일인 것처럼 일축해서도 안 된다. 그리스도인은 동정하는 마음으로 피상담자의 짐을 함께 진다.[225] 죄가 있을 때는 피상담자를 권면하여 그의 죄를 고백하도록 하고 그가 태도나 행동을 바꾸기 위해 노력하는 동안 계속 그를 붙들어 준다. 피상담자가 개인적인 성장과 성숙을 위해 한 단계씩 조치를 취함에 따라 우리는 그에게 정서적인 후원과 영적인 지원을 제공한다.

넷째, 직접 도전한다. 상담자가 피상담자의 말을 경청하고 유도질문을 하여 얘기를 하도록 하고 뒷받침을 해주고 후원을 아끼지 않는다 해

221) Gary R. Collins, *How to be a People Helper*, 59, 63-64.
222) *Ibid.*, 64.
223) *Ibid.*.
224) 야고보서 5장 16절.
225) 갈라디아서 6장 2절; 로마서 15장 1절, 12장 15절.

도 피상담자가 조금도 나아지지 않을 수가 있다. 이것은 피상담자의 문제가 변화되어야 할 마땅한 행동이나 태도 · 사상에 뿌리를 두고 있기 때문이다. 여기에 변화가 일어나기 위해서는 피상담자가 자기의 행동을 직시해야 하고 상담자는 이 과정을 확고하면서도 온유한 태도로 도와주어야 한다.[226] 정면도전은 피상담자의 생활에서의 죄를 지적하는 것이지만 이에 국한되는 것은 아니다. 상담자는 피상담자의 일관성 없는 행동을 보고, 아니면 그의 자기패배적인 행동을 놓고, 또는 문제를 회피하려는 경향을 놓고 정면도전할 수 있다.[227]

정면도전은 어려운 과업이다. 이러한 도전(confronting, 직면화)은 잘못 고정된 사고를 하는 피상담자에게 새로운 견해를 제시하는 것을 뜻한다.[228] 이것은 온화하면서도 판단적이 아닌 태도로 이루어져야 한다.[229] 즉 도전은 사랑이 담긴 부드럽고 무비판적인 방법으로 하는 것이 가장 효과적이다.[230] 그리고 목회자는 피상담자의 공공연한 저항이나 수동적인 저항을 감수할만한 용기를 지녀야 한다. 그리고 피상담자가 면박을 받을 때 위협적으로 받아들일지도 모른다는 사실을 인식하여야 한다.[231]

---

226) Gary R. *Collins, How to be a People Helper*, 65.

227) 이러한 문제에 대하여 예를 들어 다음과 같은 말로 정면도전할 수 있다(*Ibid.*, 66).
  *일관성없는 행동에 대해: "아내를 사랑한다고 말하지만 실제로는 아내를 냉정하게 대하고 있지 않습니까?" "운동을 좋아한다고 말하지만 실제로 하는 운동이 없지 않습니까?" 등.
  *자기패배적인 행동에 대해: "당신은 성공하기를 원하지만 기준을 너무 높이 설정하기 때문에 실패할 것이 틀림없습니다" 등.
  *문제를 회피하려는 경향에 대해: "당신은 신앙적으로 성장하고 싶다고 말하지만, 이 문제가 나올 때마다 주제를 바꾸지 않습니까?" 등.

228) Gary R. Collins, *Christian Counseling: A Comprehensive Guide*, 39.

229) 갈라디아 6장 1절; 마태복음 7장 1절.

230) Gary R. Collins, *Christian Counseling: A Comprehensive Guide*, 39.

231) Gary R. Collins, *How to be a People Helper*, 66.

그러므로 목회자는 면박을 하면서도 피상담자를 지원해 주어야 하며 피상담자가 그의 반응을 표현하거나 행동을 바꿈으로써 면박에 반응할 수 있는 충분한 기회를 주어야 한다.[232)]

다섯째, 가르친다. 이것이 기본적으로 상담의 실제적인 내용이다. 피상담자는 달리 느끼고 생각하는 법을 배우는 것이고 상담자로서의 목회자는 교사의 역할을 수행하는 것이다.[233)] 가르침은 여러 가지 방법으로 이루어진다. 가르침은 교훈이나 충고, 또 피상담자에게 무엇을 어떻게 하라고 말해 주는 것도 포함한다. 피상담자가 좋아질 때는 그를 칭찬해 주고 격려해 주고 보강해 주며, 피상담자가 결정을 하고 실천에 옮기고 변화를 위해 필요한 행동을 점검할 때 그를 도와 협조해 주는 것이다.[234)]

---

232) *Ibid.*
233) *Ibid.*, 66-67.
234) *Ibid.*

제 7장
가정교육의 지원

1. 가정교육의 기초

기독교 가정은 교회, 즉 그리스도의 몸의 한 표현이다. 어떠한 목회에 있어서도 가정은 우리가 알고 있는 하나의 영향력 있는 교회이다. 교육목회에는 양육하고, 축하하고, 가르치고, 훈련하는 기능들이 있는데, 이 기능들을 위한 가능성 있는 하나의 장(context)이 가족인 것이다.[235]

오늘날 한국교회가 쇠퇴하고 있는 이유를 여러 방면에서 찾을 수 있겠지만, 가장 중요한 이유 가운데 하나는 아마도 교회를 구성하고 있는 기본 단위인 가정에서의 신앙교육이 제대로 이루어지지 않기 때문일 것

---

235) *Workbook: Developing Your Educational Ministry*, 83-84. 여기에서는 우리의 가족생활에 대한 목회가 4중적이라고 지적한다. 그것은 (1)기독교 가족이 가족생활의 주기를 통해 살아가는 일을 지도하고 강화하기 위한 회중의 가족목회, (2)가족 내에서의 기독교적 양육을 포함하는, 구성원들을 위한 가족의 목회, (3)회중이나 또 다른 기관 안에서 이루어지는, 그리고 일정한 형식들을 통하여 이루어지는 가족의 목회, (4)세계 안에서, 즉 이웃과 지역사회와 국가와 또한 온 땅 위에서 선교를 성취해 가는 가족의 목회 등이다. 이러한 시각은 교육목회의 측면에서 가정교육에 대한 넓은 통찰력을 제공해 주고 있다.

이다. 이에 언약백성의 가장 중요한 공동체, 교회를 이루는 가장 기본적인 단위, 아니 그것 자체로 교회인 가정이 신앙교육의 장으로 바로 자리매김할 수 있어야 한다.[236] 가정은 그리스도인이 함께 모여 예배드리며 서로 교제를 나누는 장이다. 교회를 통해 그리스도인 부모들은 자녀들에 대한 그들의 교육적 책임을 배울 수 있어야 한다.[237]

가정은 다양한 기능을 수행한다. 부부관계를 통해 성적인 욕구를 충족하고 자녀를 출산하여 양육하며, 정서적 안정과 충족감을 위해 지원하며, 경제적인 활동을 하고, 종교적인 행위를 하는 등의 복합적인 기능들이 가정에서 이루어지고 있다.[238]

이 목회를 위한 가능성 있는 설정들은 실제로 무한하다. 모이고 흩어짐에 있어서 일상의 리듬, 함께 먹는 가운데 일어나는 사랑의 상징, 성공과 실패를 서로 나누기, 공동체로서의 예배드리기, 모험하고 발견하며, 서로에게 봉사하기, 놀이와 일하기, 대면하는 것과 고백하는 것, 서로 용서해 주는 것과 후원해 주는 것 등 목회의 설정이 될 수 없는 가족경험은 거의 없다. 우리는 모든 가족 성원 개개인을 위한, 특히 부모를 위한, 그리고 한 단위로서의 전체 가족을 위한 새로운 형태의 지도와 훈련으로 옮겨가야 할 필요가 있다.[239]

가정교육은 태도와 가치관, 감정 그리고 영적인 면에서 변화가 요구되는 정의적인 영역의 변화를 필요로 한다. 또한 정의적인 영역의 변화는 인식의 영역에서의 변화를 필요로 한다. 때때로 잘못된 태도는 무지

236) 김웅기, 『기독교교육의 기초』(서울: 한국성서대학출판부, 2015), 228.

237) 장화선, "기독교 어린이교육에 대한 역사적 탐구," 「기독교교육논총」 18(2008년 6월), 246.

238) 박진숙, "크리스챤 가정을 위한 기독교 경제교육," 「복음과 교육」 16(2014년 12월), 194.

239) *Workbook: Developing Your Educational Ministry*, 84.

에서 비롯되기 때문이다. 지식을 얻게 되면 내적인 관점이 달라지고 태도가 바뀌게 된다. 특히 그 메시지가 성경에 근거할 때에는 더욱 그렇다.

그러나 성경말씀 같은 지식조차도 항상 변화를 가져오는 것은 아니다. 올바른 교리가 언제나 올바른 삶을 만들어내지는 않는다. 그러므로 야고보서는 올바른 것을 알면서도 그것을 행하지 않을 수 있다고 경고한다.[240)]

에덴동산에서의 인류초기로부터 가정은 지상에서 가장 중요한 교육기관이 되어왔다. 그것은 하나님이 그렇게 계획하셨으며 히브리인들은 그들의 교육에 있어서 가정을 중심으로 하는 교육에서 결코 떠난 적이 없었다.[241)] 부모는 그들의 자녀에게 민족의 역사와 율법의 계명과 규례를 가르치도록 명령을 받았다(출12:26-27; 신4:9-10; 6:6-7; 11:19). 모세는 이스라엘 백성에게 그들의 역사 속에서 하나님이 행하신 일을 기억할 것과, 하나님의 명령을 가르칠 것과, 무엇보다도 하나님을 사랑하고 두려워하며 섬길 것을 권고하라고 하였다. 하나님에 대한 사랑은 하나님의 계명을 순종하고 전인적으로 마음과 뜻과 정신과 힘을 다해 자신을 하나님께 드리는 것으로 드러났다.[242)] 오늘날에도 자녀들이 교회에 잘 적응하고 신앙생활의 성장을 이루기 위해서는 이와 같은 신앙교육을 강조하는 부모와 교회학교 교사들의 역할이 중요하다.[243)]

성도들이 풍성한 가정생활을 이루려면 성경적인 권면, 토론, 책망, 후

---

240) 야고보서 4장 17절.

241) Kenneth O. Gangel and Warren S. Benson, *Christian Education: Its History and Philosophy*(Chicago: Moody Press, 1983), 21.

242) Robert W. Pazmiño, *Foundational Issues in Christian Education: An Introduction in Evangelical Perspective*(Grand Rapids, Mich.: Baker Books, 2004), 19-20.

243) 이창옥 · 김난예, "부모 양육태도와 하나님 이미지가 후기아동기 회복탄력성에 미치는 영향," 「기독교교육논총」 34(2013년 6월), 113.

원과 함께 실제적인 교육 프로그램이 필요하다. 이와 같이 교회와 목회자는 기독교교육의 장으로서 가정이 그리스도인 가정생활의 충만함을 실현하도록 도울 책임이 있다. 그러면 교회는 어떻게 이러한 책임을 수행할 수 있을 것인가? 교회는 다음과 같은 방법으로 이러한 책임을 수행해 나가야 한다.[244)]

첫째, 교회는 그리스도인 가정생활의 중요성을 인정해야 한다. 하나님께서 사회와 개인과 하나님 나라의 건설을 위한 본질적 기능을 수행하기 위하여 기본단위로서 가정을 제정하셨다.

둘째, 교회는 가족과 가족들이 살고 있는 문화가 다양하다는 것을 인정해야 한다. 가족의 필요를 채우기 위해서는 가족구조의 다양함, 가정생활에 대한 태도의 변화, 가족이 봉착하는 여러 가지 문제들을 고려하여야 한다. 또한 주변 공동체나 문화의 가치 전승이 가족에게 미치는 영향력을 포착할 수 있어야 한다.

셋째, 교회는 가정생활 주기를 통하여 그리스도인 가정생활의 전 영역을 도와야 한다.

넷째, 가정이 그리스도인 양육의 기능을 담당하도록 도와주는 것도 교회의 책임이다. 이것은 부모가 그리스도인으로서 믿음과 생활에 성숙하도록 도와줌으로 가능하다. 가정에서의 교육은 무의식적이며 말로 표현하지 않고도 이루어진다. 가정의 분위기가 어린이의 신앙에 영향을 미치며, 삶의 깊이, 태도, 가족관계 형성에 따라 믿음의 형태가 결정된다.

다섯째, 전체 교회생활에 의미있는 참여를 해야 할 책임이 있음을 가르쳐야 한다. 교회로부터 분리될 때 가정으로만은 한계에 도달하게 됨을 알아야 한다. 그리스도인의 교제에 참여함으로써 오는 유익을 체험

244) Leon Smith and Edward D. Staples, *Family Ministry through the Church* (The General Board of Education of The Methodist Church: n.d.), 40-41.

할 필요가 있다.

여섯째, 교회는 가족 자체가 세상 안의 교회라는 것을 가르쳐야 한다. 복음을 증거하고 봉사할 수 있는 기회들을 깨달아야 한다. 방어자세로 사회의 영향력을 개탄하는 대신에, 그리스도인의 가정은 사회 저변의 문화에 영향력을 미칠 수 있는 적극성을 띠어야 한다. 기독교교육의 장으로서의 그리스도인 공동체는 교회와 가정이다. 이 두 기관은 사역의 책임을 나누어져야 한다.

가정은 하나님께서 세우신 가장 작은 기관이다. 하나님께서 창조하신 인간인 남자와 여자가 부모를 떠나 애정과 정절과 책임감을 수반한 인격적, 영적, 육체적 연합을 이룸으로서 형성된 곳이 가정이다(창2:24). 교육목회의 입장에서 가정은 가장 기본적인 작은 단위의 신앙공동체로 인간의 신앙교육의 제일 중요한 장(場)이다. 자녀들의 신앙교육은 하나님의 명령으로써 부모들의 책임에 속한다. 비록 자녀가 부모의 몸에서 태어났지만 자녀는 하나님께서 창조하신 또 다른 인격체이다. 성경에서도 자녀는 '하나님의 선물'(시127:3)이라고 표현되어 있으며, 이 선물을 받은 부모들에게는 율법의 계명과 규례와 이스라엘 민족사에 관하여 자녀들을 가르치도록 명령이 주어졌다(출12:26, 27;신4:9-10, 6:1-9).[245]

히브리 민족에게는 가르치는 일이 하나님의 뜻을 실행하는 일로 간주되었다. 하나님을 사랑하는 일과 자녀를 가르치는 것을 동일한 것으로 간주하였다(신4:6-7). 그들은 일찌기 자신들을 교육 공동체로 생각하고 있었다. 그런 의미에서 유대인들에게는 종교와 교육이 동일한 것이었고 그 둘 사이에는 명확한 구분이 없었다. 그들은 토라(Torah)라고 하는 한 단어를 종교와 교육에 공통적으로 사용하였는데 이 토라는 일반적으로 율법

245) 김희자, "패러다임적 전환기에 놓인 인성교육의 기독교교육적 접근," 「제25차 한국복음주의신학회 발표논문집」(한국복음주의신학회, 1995년 4월), 34.

이라고 번역되지만 실제적으로는 가르침이라고 번역할 수 있다.[246] 성경에 나타난 가정은 처음부터 자녀들의 신앙교육의 온상이었고 부모는 하나님의 뜻을 자녀들에게 전달하는 특별한 사명을 가지고 자녀들을 종교적으로 훈련하였다. 성경에 나타난 가정생활은 그 자체가 종교교육적인 의미를 지닌 것으로 생활과 종교를 분리시킬 수 없는 곳이다. 가정이 최초의 교육의 장이요 부모가 최초의 교사라는 말은 가정과 부모가 자녀의 사회화(Socialization)를 일차적으로 책임진다는 의미이다.[247]

가정은 기도하기를 배우는 최초의 교회이다. 생각하고 사랑하기를 배우는 최초의 학교이다. 그리고 흔들림없는 삶의 자세를 배우는 곳이다. 오늘날 가정이 인간의 품성을 기르는데 무력한 존재가 되다시피 되어가고 있는 반면 오직 보호와 양육, 기본적인 습관 정도나 가르치고 있는 듯한 인상을 주는 것은 참으로 슬픈 일이 아닐 수가 없다.[248] 가정은 이 지구상에서 인간이 살아가는데 가장 긴밀한 공생관계로 맺어진 집단이다. 가정은 우리에게 생명을 주는 근원이다. 사람이 사람다워지게 되는 도장(道場)이다.[249]

가정에서의 부모와 자녀의 관계는 사랑과 신뢰의 관계요, 교육적인 관계이어야 한다. 부모의 개념은 성경적으로 자녀를 '낳은 자'의 생리적 관계 뿐만 아니라 하나님께서 창조하신 다른 인격체를 '가르치는 책임을 가진 자'로 이해하여야 한다. 가르치는 책임을 다하는 부모가 되기 위하여서는 부모가 먼저 하나님과 올바른 관계를 유지하여야 한다. 부모가 신앙으로써 살아있는 모델(빌3:17)이 될 때 자녀의 신앙교육은 시작

246) *Ibid.*
247) *Ibid.*, 34-35.
248) 김재은, "자녀교육의 철학," 「월간목회」(1981년 6월호), 52.
249) *Ibid.*, 53.

될 수 있다.[250)]

가정의 부모들이 자녀의 영성형성을 위해 부모 스스로가 영성형성을 위해 살고 또 그렇게 살기를 추구할 수 있어야 한다. 아울러 교회는 그리스도인 가정에서 관계형성, 발단단계에 합당한 헌신, 기도생활, 성경암송, 정의로운 삶, 구원의 확신 등과 관련된 전 영역에서 부모의 자녀교육에 관심을 촉구해야 한다.[251)] 모범의 방법은 신앙이 감성과 관심, 동기, 인지, 행동이 연합되는 실제상황, 즉 가정과 같은 사회화 상황에서 더 잘 형성된다. 부모의 모범을 통해 형성되는 가정의 분위기가 자녀의 신앙, 삶에 대한 태도, 가족 관계 형성 등에 영향을 미친다.[252)]

바울은 가족 관계에 관한 일련의 명령을 이렇게 하고 있다. "아내들이여 너희 남편에게 복종하기를 주께 하듯 하라. 이는 남편이 아내의 머리됨이 그리스도께서 교회의 머리됨과 같음이니 그가 친히 몸의 구주시니라 그러나 교회가 그리스도에게 하듯 아내들도 범사에 그 남편에게 복종할지니라 남편들아 아내 사랑하기를 그리스도께서 교회를 사랑하시고 위하여 자신을 수심같이 하라. …… 이와 같이 남편들도 자기 아내 사랑하기를 제 몸같이 할지니 자기 아내를 사랑하는 자는 자기를 사랑하는 것이라"(엡5:22-25, 28). "자녀들아 너희 부모를 주 안에서 순종하라 이것이 옳으니라 네 아버지와 네 어머니를 공경하라 이것이 약속있는 첫 계명이니 이는 네가 잘 되고 땅에서 장수하리라 또 아비들아 너희 자녀를 노엽게 하지 말고 오직 주의 교양과 훈계로 양육하라"(엡6:1-4).

---

250) 김희자, "패러다임적 전환기에 놓인 인성교육의 기독교교육적 접근," 35.

251) Craig Williford, "Spiritual Formation in the Home," in *Christian Education: Foundations for the Future*, ed. Robert E. Clark; Lin Johnson; Allyn K. Sloat, (Chicago: Moody Press, 1991), 588-592.

252) 신현광, "교육목회와 가정의 신앙교육에 대한 고찰," 「신학과 실천」 47(2015), 378.

남편과 아내의 역할은 보충하는 역할이다. 남편은 사랑해야 한다. 이 사랑은 단순히 성적인 사랑이 아니고 신적인 사랑이다. 이러한 사랑은 그의 교회를 위하여 자기 몸을 주신 그리스도의 자기 희생적인 성격을 지니는 것이다. 이 사랑은 사랑받는 대상의 응답 혹은 매력에 의해서 나오는 것이 아니라, 단순히 사랑하는 그 사람의 마음으로부터 흘러나오는 것이다. 남편의 모범은 권위를 가지신 주님이 섬김을 받으러 오신 것이 아니라 섬기려 오셨고 선물을 받기 위해서 오신 것이 아니라 주시기 위해서 오신 그리스도의 사랑이다. 아내의 모범은 그리스도에게 봉사하고 그를 즐거워하고 경외하는 것이다. 자녀들은 부모에게 순종할 의무가 있으며 부모들은 자녀들을 노엽게 하지 말아야 할 책임이 있다. 자녀들은 부모와 의존 관계에 있으며, 이것은 부모의 책임 중 하나이다. 부모와 자녀의 목표는 아무 것도 필요로 하지 않고 다만 그리스도만을 필요로 하는 청년으로 키우는 것이며 주님의 이름으로 모든 사람에게 봉사하도록 기르는 것이다.

칼빈이 기대했던 가정교육의 명시된 내용은, 그가 작성한 세례서식에 나타난 부모의 서약내용에 잘 나타나 있다. "이 모든 교리와 성경 안에 있는 모든 것을 삼가 가르칠 것을 약속합니다. 이처럼 온 맘과 힘을 다해 하나님을 사랑하고 이웃을 내 몸과 같이 사랑하라는 두 가지로 요약되는 하나님의 율법을 따라 살아갈 것을 자녀에게 훈계할 것입니다. 또, 하나님이 선지자들과 사도들을 통해 주신 훈계를 따라 살기 위해 그들로 하여금 자기 자신과 자신의 욕망을 버리도록 하기 위해, 하나님과 예수 그리스도의 이름을 영화롭게 하고, 이웃을 교화시키는 일에 자기 자신을 헌신하여 성화되도록 하겠습니다."[253)]

가정의 교육적 중요성에도 불구하고 실상 가정은 늘 교육내용이 부실

253) John Calvin, "Form of Administering Baptism," 460-461.

해질 위험성을 안고 있다. 가정이라는 작은 공동체의 한계와 부모의 한계가 있기 때문이다. 따라서 가정은 전문적인 기독교교육의 모체인 교회로부터 프로그램의 지도를 받아야 한다. 교육목회는 각 가정의 자료들을 수집하고 분석하고 정리해서 적당한 교육내용과 방법을 제시하는 것이어야 한다.

가정과 교회는 이러한 관계를 잘 유지해야 한다. 이 일은 심방과 상담 등의 일과 더불어 이루어질 수 있고 비공식적인 접촉을 통해서도 일어날 수 있다. 교육목회를 통해 가정의 부모들과 자녀들은 교회의 평신도훈련 프로그램과 주일학교 프로그램을 비롯한 다양한 프로그램을 통한 교육적 지원을 받을 수 있어야 한다.[254)]

2. 부모교육

가정의 도움이 없는 기독교교육의 결과는 기대하는 것과 거리가 멀 것이다. 가정은 기독교교육이 능률적 또는 비능률적이 되도록 만드는 환경을 조성한다. 목회자들은 부모들로 하여금 교회의 교육적, 구속적

254) 김태원, 『교회의 교육적 사명』, 83. 그는 교회와 가정의 관계를 다음과 같은 도표로 잘 표현해 주고 있다.

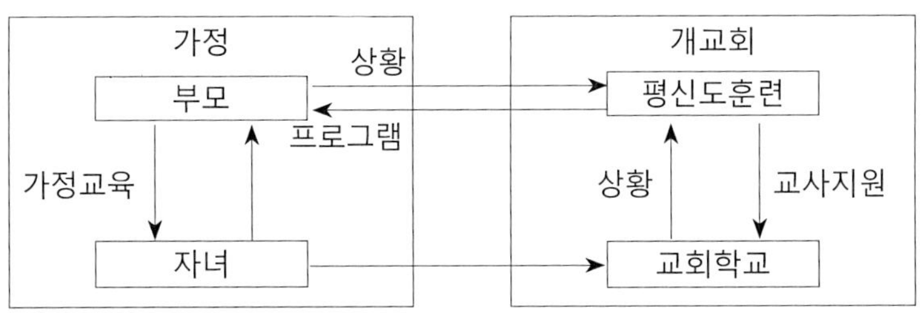

사역을 이해하도록 도와주고, 그들의 수고를 위로해 주며, 그들의 필요에 도움을 주고 안내해 주어야 한다. 하워드 그라임스(Haward Grimes)는 부모에게 초점을 맞추지 못한 상태에서의 자녀에 대한 교육은 효과적이지 못할 것이라고 지적한다.

> 세상은 어린 아이들의 발자취에 의해 발전되지 않는다. 오히려 세상은 어린 아이들이 커서 스스로 판단할 수 있을 때까지 어린 아이들의 형성에 책임을 지고 있는 어른들에 의해 발전하기도 하고 퇴보하기도 한다. 이런 이유로 인하여, 교회는 기독교교육의 프로그램이 근본적으로 부모에게 초점을 맞추어야 한다는 사실을 점차적으로 알게 되었는데, 이런 부모교육의 부재 상태에서의 어린 아이들의 교육은 비교적 비효과적일 것이다.[255)]

그라임스의 지적은 교육목회가 가정을 중시해야 할 것을 강조하는 적절한 지적으로 보인다. 특히 목회자는 가정예배의 교육적 역할을 중시해야 할 것으로 생각된다. 예배를 시작하는 본래적인 장소는 가정이다. 여기에는 몇 가지 이유가 있다. 첫째로 이러한 장소에서는 부모가 자신들이 배운대로 신앙과 예배 속에서 마음을 가다듬을 수 있으며, 또한 아이들을 교육할 수 있다. 둘째로 아이들이 가정에서 예배에 관하여 배운 많은 부분이 가르쳐지기 보다는 그들의 가슴 속에 남는다. 부모의 기도와 헌신의 생활을 통해 주어질 수 있는 중요한 교훈들이 묵시적인 방법으로 가족 구성원에게 전달되게 된다.[256)] "여호와를 경외하는 자에게는

255) Haward Grimes, *The Church Redemptive*(Nashville: Abingdon Press, 1958), 92.

256) Grant S. Shockley, "Worship in Christian Education," 243-244.

견고한 의뢰가 있나니 그 자녀들에게 피난처가 있으리라”(잠14:26). 이런 확신을 가진 부모는 자녀 성장의 매 단계에 영적 발달을 격려해 줄 수 있는 기회를 찾을 수 있게 된다. 특히 어린시절 자녀와 그 아버지와의 관계는 장래 가지게 될 하나님에 대한 관념의 기초가 된다.[257] 성인의 인성(personality)의 약 85%가 6세 생일까지에 이미 형성되는고로,[258] 이 시기의 가정의 예배하는 분위기와 교육환경은 참으로 중요하다고 말할 수 있다. 이 점을 성경은 이렇게 말씀하고 있다. “마땅히 행할 길을 아이에게 가르치라 그리하면 늙어서도 그것을 떠나지 아니하리라”(잠22:6). 예배 공동체를 위한 가장 확실한 기초는 가족들이 그리스도의 교훈과 생활 가운데서 자연스럽게 예배하는 가정이라고 말할 수 있다. 성숙한 성인 그리스도인의 영적 생활은 대부분 가정에서의 상호관계와 지도를 통하여 정착된 성향에 크게 의존하고 있다. 따라서 목회자는 가정예배의 중요성을 강조하고 개인의 신앙지도에 있어 항상 가정과 연관시켜 교육적인 목회가 이루어지도록 노력해야 한다.

Kerry Pateck에 의하면 미국의 경우 개혁교회에서 가정예배는 17세기 후반부터 서서히 쇠퇴의 조짐이 보이기 시작하여 19세기 중반에 이르러서는 급격하게 쇠퇴하였다고 한다. 그것은 19세기에 유행하기 시작한 주일학교의 영향에 의해서 가정예배가 급격히 쇠퇴하기 시작했다는 것이다. 즉 그리스도인 부모들이 자녀들의 신앙교육을 주일학교에 맡기면서 가정에서의 신앙교육의 기회를 제공해 주는 예배를 소홀히 하기 시작했다는 것이다.[259] 주일학교의 영향과 가정예배의 쇠퇴가 어느 정도

257) Paul D. Meier; Frank B. Minirth; Frank B. Winchern, *Introduction to Psychology and Counseling: Christian Perspectives and Applications* (Grand Rapids, Mich.: Baker Book House, 1982), 136.

258) *Ibid.*, 139.

259) Kerry Pateck, 『아버지는 가정 목회자』, 김시완 · 윤혜란 역,(서울: 미션월드

관련되어 있는지는 더 살펴보아야 할 문제라 하더라도 그리스도인 부모가 자녀의 신앙교육에 대한 책임을 주일학교 교육에 떠넘기고 가정에서 스스로 가르치려는 교육적 노력을 기울이지 않는 점에 대해서 경고하고 있음은 분명하다. 언약 백성들은 가정예배를 실천함으로 그들의 자녀들을 주의 교양과 훈계로 키우라는 주님의 명령에 순종해야 한다.[260)]

기독교 가정의 목표는 "하나님의 뜻과 목적에 부합되도록 그 생활을 전개해 나가는 것이다. 기독교 가정은 지적이고 헌신적인 계획에 의해 살아야 한다."[261)] 부모는 하나님의 뜻에 응답하고 성령의 지도를 받으며 자녀들의 내적인 훈련에 관심을 두어야 한다.

Slaughter는 기독교 가정의 특성과 목적을 다음과 같이 밝힌다. 그것은 역동적이고 서로 채워주는 긴밀한 교제(신6:4-9; 엡6:4), 배우자에 대한 사랑과 결혼의 영속(창2:24; 마19:1-6), 근면함으로 훈련을 받는 일, 성령의 인도와 통제(요14:16,17,26; 16:13; 갈5:22-23), 매일의 생활에서 하나님의 뜻과 가치를 찾고 따를 것(약1:15, 4:13-17), 기도가 매일의 가정생활에 녹아있을 것(요15:5; 살전5:17), 서로 존중하는 특성을 찾을 것(엡5:21-6:9; 골3:18-25; 벧전2:18-3:7; 빌2:1-11) 등이다.[262)] 그는 여기에 덧붙여 가정의 구성원들은 영적으로 맛을 잃은 우리 사회를 위해 소금이 되는 것(마5:13)보다 더 고상한 목적은 없다는 사실을 알아야 한다

라이브러리, 2003), 141-169.

260) R. C. Sproul Jr., "In Jesus' Name. Amen," in *The Case for Covenant Infant Baptism*, ed. Gregg Strawbridge(Grand Rapids, Mich.: Baker Books, 2003), 310

261) Hazen Werner, *Christian Family Living*(New York: Abingdon Press, 1958), 30.

262) James R. Slaughter, "Biblical Perspective for the Family," in *Christian Education: Foundations for the Future*, ed. Robert E. Clark; Lin Johnson; Allyn K. Sloat, (Chicago: Moody Press, 1991), 567.

고 지적한다.[263)]

교육기관으로서의 가정의 잠재 능력이 흔들릴 때는 부모에게 그 책임이 있다. 휴크트(Feucht)가 말한대로 가정이란 하나님에 대한 최초의 교육기관이고 인격의 요람이며, 잠재적인 위대한 교사이고 선교기관이며, 문화의 교환자이고 악에 대한 장벽이며, 교회의 방파제이고 국가의 초석이다.[264)] 그러므로 "부모와 자녀들은 가정이 기독교교육을 위하여 자녀들을 훈련시키는 가장 중요한 기관"임을 알 필요가 있다. 가정은 "크리스천이 생활하는 학교이고, 세상에서 기본적인 단위이며, 모든 세대의 보육실이고, 인생 대학이며, 자녀들의 훈련 장소"이다.[265)]

어린 자녀들은 그들의 부모가 하나님의 계명을 따라 그들을 가르치고(신6:6-7), 훈련시키며(잠22:6), 양육하여(엡6:4) 그들이 풍성한 삶(요10:10)을 경험할 수 있도록 할 때 영적인 발달을 가져올 수 있다. 이런 의무에 있어 그리스도인 부모들은 종종 잘못에 빠진다. 특히 아버지들은 너무 그들 자신들의 세계에만 몰입해 있어서 그들의 가장 고귀한 소명, 곧 자녀들의 영적 발달에 소홀할 수 있다는 점에 주의해야 한다.[266)] 바울은 교회의 지도자의 조건으로 "방탕하다 하는 비방이나 불순종하는 일이 없는 믿는 자녀를 둔 자라야 할지니라"(딛1:6)고 제시하여 성공적인 자녀교육을 지도자의 중요한 시금석으로 삼았음을 알 수 있다.[267)]

칼빈(Calvin)은 '교회의 조직과 예배에 관한 조례'나 '교회헌법' 등의 규칙 속에서 부모의 책임을 크게 강조하였다. 한 문서에서 칼빈은 다음

263) *Ibid.*
264) Oscar E. Feucht, *Helping Family Through the Church*(St. Louis: Concordia Publishing House, 1957), 61-68.
265) *Ibid.*, 244.
266) Paul D. Meier; Frank B. Minirth; Frank B. Wichern, *Introduction to Psychology and Counseling: Christian Perspectives and Applications*, 135.
267) *Ibid.*, 147.

과 같이 썼다. "부친들은 그들의 자녀에 대해 책임을 진다. 위반사항이 있을 때 벌금은 부친들에게서 엄하게 징수되도록 한다."[268] 그리고 칼빈은 "자녀들에게 세례를 주기 위하여 그들을 데리고 나오는 부모들에게도 그 어린이들을 주님의 교훈으로 양육해야 할 책임이 있지만 목회자들도 이 일을 위해 노력해야 한다고 했다."[269] 이처럼 칼빈은 부모와 교회의 자녀교육에 관심과 참여를 매우 강조했다.

그리고 루터(Luther)는 부모를 하나님이 세우신 가정의 목회자이며 가정을 작은 교회(Kleine Gemeinde)라 불렀다.[270] 이와 같이 종교개혁자들도 자녀 교육의 책임을 부모의 의무로 보았다. 부모들은 그들의 자녀를 주님의 교양과 훈계 속에서 기르며, 자녀들에게 성경의 위대한 진리를 가르치도록 명령을 받았기 때문이다. 그러므로 교육목회는 가정과 긴밀한 유대를 가지며 특히 가정의 부모들을 신앙적으로 교육하고 그들의 자녀교육에 대한 책임을 강조해야 한다.

3. 예비부부 교육

연약하고 깨어지기 쉬운 결혼의 흐름을 바꾸기 위해 모든 젊은이들에게 다방면의 예비교육을 마련해 주어야 한다. 결혼실패의 주요 원인은 부적합한 결혼 배우자의 선택, 결혼생활에서의 배우자에 대한 비현실적

268) John Calvin, *Theological Treatises*, tr. J. K. S. Reid(The Library of Christian Classic Vol.XXII. Philadelphia: Westminster Press, 1954), 78.

269) 황성철, "칼빈의 문헌에 대한 교육학적 관점에서의 고찰," 「신학지남」(1995년 봄호), 122.

270) 정일웅, 『기독교교육』, 173.

인 기대, 결혼 전의 부족한 준비로 볼 수 있다. 그러나 이러한 요인들은 적합한 예비부부 교육을 통하여 제거될 수 있으며, 적어도 현저하게 감소시킬 수 있다.

그러면 예비부부 교육의 목적은 어디에 있는가? 하우웰(John C. Howell)은 예비부부 교육의 목적을 다음과 같이 네 가지로 잘 지적해 주었다.[271)]

첫째, 결혼에 대한 일반적인 준비를 갖추기 위함이다. 결혼을 위한 개인적인 성숙에 대한 통찰력을 얻고, 각자의 역할을 이해하도록 하며, 의사소통에 대한 기술을 개발시키고, 갈등을 해소하는 방법을 소개한다.

둘째, 공동의 삶을 준비하는 데 알아야 할 특별한 문제를 다룬다. 문제의 영역은 영적인 것, 신체적인 것, 경제적인 것, 심리적인 것, 결혼에 대한 가족의 태도와 관련하여 다룰 수 있다.

셋째, 교회가 인정하고 본인들이 원하는 결혼식 및 결혼 자체에 대한 계획을 다루는 것이다.

넷째, 장래 상담을 위한 좋은 분위기를 형성해 놓음으로써 결혼을 위협하는 문제가 발생했을 경우 상담을 요청할 수 있도록 도와 준다. 결혼 전 목사에 의해 도움을 받은 부부라면 갈등을 해결하기 위한 수단으로 교회를 통해 상담을 의뢰하고자 하는 경향이 더욱 짙다.

이러한 목적을 성취할 수 있는 방법들로는 다음과 같은 것들이 있다. 물론 목사의 성향, 훈련, 태도는 방법을 선택하는 데에 많은 영향을 미칠 수 있다.

첫째, 결혼예식을 안내문으로 사용할 수 있다. 목사는 결혼의 의미와 언약의 심각성을 결혼예식 자체를 설명함으로써 고양시킬 수 있다.

---

271) John C. Howell, *Church and Family Growing Together*(Nashville: Broadman Press, 1984), 85-86.

둘째, 책을 안내문으로 사용한다. 교재로 선정된 책의 정해진 장을 읽게 한 후 각자의 느낌과 반응을 나누도록 한다.

셋째, 수양회를 개최할 수 있다. 과제가 포함된 자료를 사용하여 약혼자들을 위한 수양회를 주말에 개최할 수 있다. 주말을 이용하여 수양회를 개최할 경우, 적어도 6~8개의 강좌를 토의할 수 있다.[272] 수양회는 짧은 기간에 집중적인 연구와 전체적인 삶의 경험을 함께 나누기 때문에 유익하다. 만일 한 교회에서 수양회에 참가할 커플이 충분치 않다면 여러 교회가 연합으로 개최할 수 있다.

넷째, 그룹상담을 개최할 수 있다. 3쌍 내지 6쌍이 한 그룹을 이루어, 사역자가 강좌를 인도한 후에 그룹상담으로 들어간다. 전문적인 지도자의 인도 아래, 결혼생활의 개인적인 감정적 적응문제, 자기이해와 의사소통에 대한 강조 등 여러 가지 측면의 문제가 다루어 질 수 있다. 횟수는 일주일에 한 번씩 2시간 정도의 소요로 3~4회 또는 그 이상 만날 수 있게 한다.

다섯째, 결혼준비를 위한 세미나를 개최할 수 있다. 큰 교회는 이러한 세미나를 연 4회 정도 실시하면 좋다. 작은 교회의 경우 독자적으로 개최할 수 없으면 큰 교회에 의뢰하여 참여토록 할 수 있다.[273]

이와 같은 예비교육을 통하여 중요한 학습이 이루어질 수 있다. 결혼관계의 비판적인 정보를 얻을 때, 배우자 각자는 자신의 능력이나 약점

---

272) 토의될 강좌에는 다음과 같은 것이 있을 수 있다. 그리스도인 결혼의 본질, 자신과 자신의 배경에 대한 이해, 결혼생활에서의 의사소통, 우정과 조화, 결혼에서의 성의 완성, 가족계획, 결혼생활에서의 직업과 돈관리, 시부모나 처가와의 관계, 자신들을 넘어서 친구, 공동체, 세계와의 관계, 배우자들(한 부부)로서의 영적 성장. 이러한 주제들을 가지고 수양회의 시간표에 맞추어 하루에 2~3 강좌씩 계획할 수 있다.

273) Joseph W. Hinkle and Melva J. Cook, *How to Minister of Families in Your Church*(Nashville: Broadman Press, 1978), 81.

을 발견하게 될 것이며, 거짓된 정보를 시정하고 결혼에 대한 성경적 입장을 발견할 수 있게 된다. 또한 이러한 프로그램들은 서로를 보다 잘 이해하고 자신의 결혼준비도를 평가할 수 있도록 돕는다.

이상과 같이 결혼을 앞두고 행하는 예비교육도 중요하지만, 젊은이들이 생의 반려자를 선택하기 전에 결혼을 준비할 수 있도록 도움을 받는 것 또한 중요하다. 교회는 청년기에 결혼을 잘 준비할 수 있도록 도와 주어야 한다. 따라서 교회학교 교과과정에 인격성장에 관한 연구, 성의 의미, 우정과 남녀관계, 가정생활의 의미, 반려자의 선택, 그리스도인의 결혼의 의미 등과 같은 과정들이 필요하다.

4. 부부교육

훌륭한 결혼과 부부관계는 우연히 발생하는 것이 아니다. 관계를 개선하고자 의도적으로 노력하는 사람들에 의하여 이루어질 수 있다. 교회의 교육적 책임은 부부로 하여금 결혼에 대한 많은 통찰력과 이해를 경험케 하도록 돕는 것이다.[274] 결혼이 하나님과 백성 사이의 관계의 상징인 언약이므로, 결혼관계는 도덕적으로 순결해야 하며, 영혼과 정신과 몸에서 연합되어야 한다. 칼빈은 결혼이 하나님의 창조질서에 따라 일부일처의 관계여야 한다고 보았다. 그래서 그는 언약의 관계를 망쳐버리는 간음은 배우자와 하나님과 공동체의 언약유대도 망쳐버린다고 한다. 칼빈은 결혼이 남편과 아내의 사랑과 지원, 자녀의 생산과 양육,

274) John C. Howell, *Church and Family Growing Together*, 83.

죄의 유혹으로부터의 보호에 기여한다고 하였다.[275] 풍성한 가정생활이 교인들의 삶의 현실이 되게 하기 위하여 교회는 가능한 한 모든 일을 할 필요가 있다.

목회자는 부부들이 그들의 결혼관계에 우선권을 두도록 강조해야 하며, 때때로 성숙한 결혼관계를 돕는 도움들을 그들에게 제공해야 한다. '성숙하여가는 결혼(growing marriage)'에 대한 개념은 계속적으로 강조되어야 한다.[276] 실질적이고도 지속적인 풍성한 결혼생활을 위한 프로그램은 결혼생활의 성장을 이끌어 줄 수 있다. 가능한 프로그램에는 다음과 같은 것들이 있다.

1) 부부수양회

부부수양회는 정상적인 가정생활의 책임에서 벗어나 결혼에 관심을 집중시킬 수 있는 방법 중의 하나이다. 모든 교회는 한해에 이틀 정도 결혼한 부부들을 위한 수양회를 개최하는 것이 바람직하다. 리커슨(Rickerson)은 이러한 수양회가 결혼을 강화시켜 주는 가장 좋은 방법 중 하나라고 말했다.[277] 긴장이 완화된 수양회 분위기에서 부부들은 그들의 결혼을 강화하는 데 열심을 내고자 하는 동기가 고조된다.

부부수양회를 위하여 좋은 자료들이 도움이 되고 있으며, 지역에서 교회를 위하여 부부수양회를 인도할 수 있는 유능한 사람을 발견할 수

275) J. Witte Jr., "Marrige and Family Life," in *The Calvin Handbook*, ed. H. J. Selderhuis(Grand Rapids, Mich.: William B. Eerdmans Publishing Co., 2009), 460-461.

276) Wayne E. Rickerson, *How to Help the Christian Home: Your Church Can Minister to Families*(Glendale: A Division of G/L Publications, 1978), 80.

277) *Ibid.*

도 있다. 또한 목회자나 사역자가 결혼에 대한 신학적인 혹은 신앙적인 기초를 놓아주어야 한다. 다음으로 부부는 올바르고 건전하게 서로의 감정을 이야기하도록 해야 한다. 인도자가 된 부부가 자기들의 경험을 먼저 이야기하면 좋다. 사용할 수 있는 테스트와 연습문제들이 점점 늘고 있는데 가장 두드러진 점은 질문을 사용하고 있다는 것이다.[278]

2) 세미나

결혼 세미나는 주말을 이용하여 혹은 어떤 기간을 택해 연속적으로 개최할 수 있으며, 특히 '부부의 밤'을 정해 하루 저녁 프로그램을 가질 수 있다. 이러한 세미나에는 몇 가지 목표가 있다.

첫째, 개인, 부부, 교회, 세계, 하나님을 이해하도록 해야 한다. 특히 결혼의 성격이 배우자로 하여금 자아를 보는 독특한 거울이 되게 하므로 자기이해가 주목적이다.

둘째, 부부는 성경의 이상과 다른 사람들의 경험에 비추어 자신의 결혼을 이해하도록 해야 한다.

셋째, 배우자의 새로운 발견이다. 피상적인 대화로 전에는 자기노출의 순수한 관계를 방해하였으나 이러한 부부의 경험은 종종 혁명적이 될 수 있다. 성경공부와 예배 그리고 기도를 통해서 부부는 서로의 사랑

278) 친밀감을 나타내기 위한 질문은 주로 다음과 같은 것이다. / 나는 어째서 여기 왔는가? ; 나는 여기서 무엇을 얻으려고 왔는가? ; 우리 부부 사이에 가장 행복한 순간은 언제였는가? ; 내가 배우자와 가장 연합되었다고 느낀 때를 세 번 적어보라. ; 내가 계속 남편과(아내와) 살아가기를 원하는 이유는 무엇인가? / 질문을 던지고 나서 각자에게 10분 정도 시간을 주고 배우자를 향해 연애편지 형식으로 대답을 쓰게 한다. 그런 다음 부부들이 각자 방으로 흩어져서 잠시 동안 이야기를 나눈다. 질문에 이어 의사소통에 대한 강의, 글쓰기, 서로 이야기 하기, 그룹으로 나누어 토의하기 등이 있다.

의 기반이 되는 그리스도의 사랑을 더욱 더 인식하게 된다. 또한 하나님과의 관계를 맺을 수 있는 능력이 강화된다.

넷째, 풍성한 결혼을 위한 세미나의 목표는 결혼을 초월해서 가정과 교회와 세계로 나아가게 하는 것이다. 가정 안에서의 사랑의 표현은 가정 밖에서의 사랑의 사역을 위한 바탕이 될 것이다.

3) 소그룹

결혼생활을 풍성하게 하는 다른 방법은 소그룹 연구를 통해서이다. 3~5쌍의 부부가 정보교환, 나눔, 토론을 위하여 특정한 시간에 만난다. 매 주 한 번씩 만나 결혼관계에 대한 책을 읽고 토의할 수 있다. 각 부부는 모임에 참석하기 전에 정해진 장을 읽어야 한다. 소그룹의 가장 중요한 핵심은 개인적인 나눔과 격려에 있다.[279] 참석한 부부들은 그들의 결혼을 통한 기쁨과 좌절은 물론, 책에서 얻은 통찰력과 의문점들을 나눌 수 있다. 이러한 나눔을 통하여 큰 힘을 발견하게 되며, 다른 부부를 격려할 수도 있고 격려받을 수도 있다.

4) 특강

특별한 주제를 놓고 하루 저녁 강의를 하는 것도 매우 유익하다. 관련 서적 가운데 특별한 장을 택해 강의할 수 있으며 또는 모임에 참석하기 전에 그 책을 읽게 한 후 서로 책의 요점을 나누고 정리해 보게 할 수 있다. 이러한 방법의 이점은 가정생활에 관한 책을 읽지 못한 사람들에게 읽도록 하는 동기가 부여된다는 점이다.

279) John C. Howell, *Church and Family Growing Together*, 99.

5) 설교

결혼관계에 대한 일련의 설교는 매우 효과가 있다. 주일 낮예배에만 참석하는 교인들의 경우, 결혼에 대해 교육을 받을 수 있는 유일한 길은 설교를 통해서이다. 설교의 효과를 증진시키기 위해 설교 뒤에 이어지는 대화식 강좌를 가지면 좋을 것이다. 대화식 강좌의 목적은 설교에 제시된 원리들을 더욱 분명히 하고 적용시키기 위함이다. 목사가 회중을 인도한 후 토론과 교제를 위해 소그룹으로 나누어질 수 있다.

목회자가 가정생활에 대해 설교할 경우 하우웰(Howell)은 특별히 네 가지 목표를 제안한다.[280]

첫째, 자기 정체성, 결혼 그리고 가정생활에 관한 성경적, 신학적 개념을 해석해 준다. 교회가 이것을 가르치기를 게을리 하기 때문에 심리학자나 일반 매스컴이 결혼에 대해 교인들에게 더 많은 영향력을 끼치는지도 모른다. 성문제도 교회가 가르쳐야 한다. 성의 의미에 대하여 생물학적 또는 심리학적 설명만으로는 불충분하다. 그리스도인에게는 이러한 인간적인 범주뿐 아니라 성에 대한 하나님의 의도와 목적이 내포되어야 한다.

둘째, 구속적인 용서와 사랑의 맥락에서 가족의 상호관계를 강조해야 한다. 가족이 삶의 모든 문제에 부딪치는 소우주라는 것을 생각할 때 사랑과 용서를 주고 받는 것 없이 지속될 수 없다. 정상적인 그리스도인의 가정이라 해서 항상 완전한 조화를 이루는 것이 아니며 늘 서로 협력하는 것이 아니다. 건전한 가정과 파괴적인 가정의 차이는 문제의 부재에 있는 것이 아니라 어떻게 그러한 문제들을 다루는가에 달려 있다.[281] 기

280) *Ibid.*, 42.
281) Kenneth Chafin, *Is There a Family in the House?*(Waco: Word Books,

독교 신앙은 가족의 상호관계에 중요한 역할을 한다. 기독교는 죄와 실패에 용서를 제공하는 사랑의 사건에 그 신학을 바탕으로 하고 있기 때문에, 신앙은 가정을 구원하는 사랑의 가능성을 제공한다.

셋째, 일상적인 가정생활에 대한 건설적인 지침을 제공한다. 출생, 결혼, 직업, 죽음 등 일상적 대사 뿐만 아니라 교인들이 가져오는 특별한 문제, 부부관계, 부모자녀 관계, 개인의 삶의 발달적 과업에 대해 가르칠 수 있어야 한다.

넷째, 결혼에 실패한 사람들에게 구속적 소망에 대해 선포한다. 해마다 이혼율이 급증하는 추세에 있으므로 교회마다 내용은 다를지라도 이혼한 사람이 새로운 삶과 소망을 가질 수 있는 메시지를 듣도록 기회를 제공한다.

목사, 장로, 집사, 교사 모두가 건전하고 성숙한 결혼을 위해 함께 일해야 한다. 우리는 부부가 단순히 설교를 듣고 강좌를 들었다고 해서 혹은 성경말씀을 이해했다고 해서 변화된다고 기대할 수는 없다. 현대사회의 난제는 그리스도의 몸된 교회가 성경적 가치와 원리를 근거로 한 경험들을 체험하고 증진시켜야 한다는 것이다. 그렇지 않으면 선포되는 이상주의와 실제 삶에 경험되는 것과의 간격이 점점 더 커질 수밖에 없다. 수양회, 세미나, 각종 테스트, 연습, 두 사람의 대화기술, 토론, 소그룹 예배 등은 성경연구나 말씀 선포의 대치가 아니라 보충이다.

가정의 문제에 대한 해결책은 복음에 대한 이해와 가정의 영적 분위기에 우선적으로 달려 있는 것이므로 교회가 감당해야 할 일은 기초교리에 대한 교육과 훈련이 필요하며 아울러 생활훈련이 필요하다.[282] 이

1978), 31.

282) 이정호, "목회자가 본 기독교 가정교육," 「기독교교육연구」, (서울: 로고스

와 같은 가정에 대한 교회의 가르침이 온전히 자리하게 될 때에 기독교 가정들은 반석 위에 굳게 세워질 것이다.

연구원, 1994), 93-98.

제 8장
평신도 훈련의 강화

1. 평신도에 대한 이해

교육목회는 사람들이 그들의 생활 속에 있는 삶의 의미를 발견하도록 도울 임무가 있다. 삶의 의미를 찾도록 하는 사역은 가르침, 상담, 예배, 파송, 복음전도, 그리고 사회봉사 등에 연관된다. 이 모든 것은 사람들의 삶의 목적을 실현시키는데 기여한다.

영어로 표현되는 평신도의 용어는 laity이다. 이 laity는 헬라어의 λαικός(laikos), 라틴어의 laicus에서 유래되었다. 그보다 더 근원적인 어원은 히브리어 성경을 번역한 헬라어 판본 성경에 나타나는 λαός(laos)라는 용어이다. 이 용어는 그 당시 이방인들과 대비되는 '선택된 사람들'이라는 의미로 널리 사용되었다. 그러나 '선택된 사람들' 혹은 백성 전반을 두고 썼던 이 말은 "본래 배운 것이 없는 보잘 것 없는 사람"(행4:14)을 뜻하는 말로 그 의미가 바뀌어지면서부터 점점 목회자와 평신도 사이에 이질적인 계급의 성격으로 바뀌어졌다.

이 구분이 이원론적으로 이해되기 시작한 것은 주후 2세기를 전후하여 당시의 종주국이었던 로마제국의 제도로부터 영향을 받은 그 이후라고 본다. 통치자의 계급으로 명명된 κλῆρος(kleros)의 위치가 교회 구조에 들어오면서 그것은 신의 은총을 관리하고 시행하는 자로서 나타났으며, 피지배자의 계급으로 알려졌던 λαός는 신의 은총을 받는 자(recipients)로서 규정되기 시작하였다. 여기서 κλῆρος와 λαός 사이에는 지배자와 피지배자의 이질적 간격이 이루어졌으며, 그것이 교회 구조에 적용되었을 때 목회자(성직자)는 κλῆρος로, 평신도는 λαός로 이질화되기 시작했다.[283)]

무엇보다 목회자와 평신도의 이원 계급을 교회론적으로 합리화한 것은 중세교회였다. 교회는 완전한 사회(societas perpecta)이지만, 평등하지 않은 계급의 사람들로 구성된 사회라고 정의하였다. 목회자는 초자연법(supernatural law)에 따라 성역에 속하는 사람이며, 언제나 성례전의 집행과 가르치는 일을 하는 사람들로 규정하였다. 평신도는 자연법(natural law)에 따라 속역에 속하는 사람들로서, 목회자와는 그 운명과 존재에 있어서 다른 사람들로 구분되었다. 이것은 오랜 역사의 흐름을 따라 형성되어 온 것이었으며, 또 교권주의적으로 합리화되어 온 것이라고 할지라도 한 가지 분명한 것은 이러한 이원론적 구분이 비성경적이었다는 사실이다.[284)]

종교개혁의 근본사상은 평신도의 개념과 위치 전체에 있어서 근본적인 변화를 약속하였다. 루터는 결정적인 순간에 교황의 계급적인 권위 안에 구체화된 교회에 복종하기를 거부하였다. 그것은 하나님의 말씀에 복종했기 때문이었다. 루터의 교회 개념은, 특히 그의 초기의 전투적인 저작 중에 나타난 것으로 보면, 교회의 계급적 개념에 대하여 정면으로 공박하였다. 이러한 계급적 의미로서의 목회자라는 관념을 거부하였

283) 은준관 『교회, 선교, 교육』(서울: 전망사, 1982), 187.
284) *Ibid.*, 187-188.

다. 그는 '크리스천 귀족에게'라는 성명서 가운데서 다음과 같이 말하고 있다. "모든 그리스도인은 참으로 제사(祭司)들이며 사무(司務)에 관한 일을 제외하고는 그들 사이에 아무런 구별도 없다. …… 세례를 받은 모든 사람들이 하나의 제사 또는 감독 또는 교황으로 성별되어 있다는 것을 주장할 수 있을 것이다."[285] 이것이 신자들의 보편적인 제사성 또는 흔히 말하는 '만인제사장론'을 의미하며, 이것은 그 후 '은총으로만'(sola gratia), '성경으로만'(sola scriptura)의 원칙과 함께 종교개혁과 특히 프로테스탄티즘의 위대한 형식적 원리로서 선언되어 왔다.[286] 물론 목회자는 예배를 인도하고 말씀을 증거하는 사역을 위해 교회의 선택을 받았다는 의미에서 그 권위는 인정되어야 할 것이다. 교회의 질서를 위해서만 어떤 사람들이 교인들에 의해서 '교역자'(minister)로 선정될 것이다. 그들은 문화적인 의미의 제사도 아니요, 하나님과 교인, 또는 하나님과 인간 사이의 중보자도 아니요, 다만 '하나님의 말씀의 교역자'이다.

그러므로 루터에게 있어서 교권적인 구조 속에서의 목회자와 평신도의 구별은 실질상 있을 수 없게 된다. 말씀과 신앙과 구원에 관해서는 목회자나 평신도는 평등한 것이다. 하나님으로부터 부름을 받았다는 소명에 있어서도 그들은 평등한 것이다. 여기에는 교회를 완전한 사회라고 정의하였던 로마 가톨릭 교회와는 달리, 말씀과 신앙과 부르심은 완전한 것이라고 말한다. 다만 제정된 선교의 기능에 따라 목회자와 평신도는 구별된 기능과 직능을 수행하는 것으로 이해된다. 이러한 이해는 모든 개신교 신앙과 평신도 신학의 근거가 되었다.[287]

모든 신자의 제사장직에 대한 교리는 기독교교육에 새로운 의미를 부

285) Hendrik Kraemer, *A Theology of the Laity*, 유동식 역, 『평신도신학』(서울: 대한기독교서회, 1963), 65-66.

286) *Ibid.*, 66.

287) 은준관, 『교회, 선교, 교육』, 188.

여해 준다. 이 교리는 기독교교육을 명령하고 가능하게 해주며 기독교교육을 위한 함축성있는 신학적 기초를 제공한다. 모든 신자들이 제사장이라는 성경적 원리를 바로 이해할 때 그것은 기독교교육에 신선한 생동력과 갱신의 정신을 불어 넣는다. 모든 신자가 제사장이라는 것에 관한 균형잡힌 개념은 모든 그리스도인들의 개인적인 영적 의무를 확고히 해주며, 그리스도의 이름으로 섬기는 권리와 의무를 확실하게 해준다.[288)]

루터는 모든 신자의 제사장직 교리를 그리스도의 최종적 구속사역에 근거한 것으로 보았다. 그에 의하면 그리스도의 죽음과 그 효과는 믿음으로 말미암아 은혜로 받아들여지며 모든 회개하는 신자들에게 완전히 유용한 것이다. 그러므로 구원은 사제들에 의해서 시행된 성례에 의해서가 아니라 그리스도께 대한 개인적 회개를 통하여 주어진다. 계속적인 제사의식을 대신하는 단번의 완전한 구속사역에 관한 교리는 칼빈(John Calvin)과 쯔빙글리(Ulich Zwingli)에 의해 개진되었다. 그들은 그리스도의 완결된 구속사역이 교회의 사제들에 의해서 반복될 수 없고 그의 구속사역은 믿음을 통해서 그를 신뢰하는 모든 사람들에게 분담되어졌음을 주장했다. 루터(Luther), 칼빈(Calvin), 그리고 쯔빙글리(Zwingli) 모두는 그리스도의 구속적 은총을 사제의 도움을 거치지 않고도 영적으로 수용할 수 있으며 거듭난 사람들이라면 그리스도로부터 직접 받을 수 있다는 진리를 강조했다.[289)] 쯔빙글리는 신약성경의 만인제사장직의 근본적인 의미를 모든 신자들이 그들의 영적 은사를 교회의 유익을 위하여 행해야 하는 책임이라고 하였다.[290)]

---

288) Jim Wilhoit, *Christian Education and the Search for Meaning*, 신서균 역, 『현대기독교교육』(서울: 기독교문서선교회, 1991), 13-14.

289) *Ibid.*, 14.

290) *Ibid.*, 15.

크래머(Kraemer)는 루터의 공박이 정당한 것이며 그의 주장은 모든 성직주의(clericalism)의 철폐를 의미하는 것이며, 그리고 일찌기 보지 못한 가장 강한 만인제사장주의의 옹호와 회복을 의미하는 것이라고 하였다. 그러나 그는 교회의 이러한 새로운 개념이라든가 만인제사장주의에 관한 강력한 이 옹호가 그 후 결코 지배적인 것이 되지 못했다는 사실을 지적하였다.[291)]

그는 평신도의 재발견은 반(反)목회자운동도, 그렇다고 목회자 밑에 종속시켜 놓는 평신도의 자리 설정도 아니라고 단호하게 말한 바 있다. 평신도의 재발견을 그는 교회를 새롭게 하는 신앙적 시도라고 불렀다. 잃어버린 회중을 교회의 안과 밖에서 다시 공동체화 하는 신학적 운동이라고 단정지었다. 반목회자 운동이 아니라 목회자와 협력관계를 새로이 하는 선교적 운동이라고 했다. 결국 목회(ministry)라고 하는 성경적 의미는 처음부터 봉사(diakonia)와 섬김을 의미했으며, 이 섬김으로서의 봉사는 목회자의 독점물이 아니라 목회자를 포함하는 전체 신도, 즉 전 교인의 봉사이다.[292)]

한스 큉(Hans Küng)은 만인제사장직이란 모든 신자가 하나님의 소명으로 다른 사람을 위해 하나님 앞에 나아가는 자이며, 신자마다 자신을 위해 사는 것이 아니라 하나님 앞에서 서로 다른 사람들을 위해 살아가므로 서로 교제하는 것이라고 말하였다.

> 만인제사장직은 신자들이 세상 앞에서 하나님과 그의 뜻을 증거하고 세상을 봉사하기 위하여 생명을 바치게 하려고 부르신 소명으로 이루어져 있다. 이 제사장직을 만들고 그것으로 신자들끼리의 교

291) Hendrik Kraemer, 『평신도신학』, 67.
292) 은준관, 『교회, 선교, 교육』, 195.

> 제를 창조하신 분이 하나님이시다. 그들은 각자가 다른 사람들을 위해 하나님 앞에 나아가는 자임을 알고 있다. 그리고 자기를 위해서는 다른 사람들이 하나님 존전으로 나아가고 있다는 것을 알고 있다. 각 사람마다 다른 형제들을 책임지고 있는 것이다. 그는 그들의 고통과 고난을 같이 나누며 그들의 죄짐을 같이 지며, 매사에 같이 동거하기 위해 부름을 받은 사람이다. 만인제사장직이란 신자마다 자신을 위해 살지 않고 하나님 앞에서 다른 사람들을 위해 살며, 그 대신 자기는 다른 형제의 도움을 받아가며 사는 성도의 교제를 말한다.[293)]

이 만인제사장직의 의미를 바로 알고 예수 그리스도의 제사장직에 참여할 때에 그리스도인의 사역이 가능할 것이다.

> 모든 그리스도인의 특권인 제사장직은 곧 이웃을 향한 기독교 교역의 기초이다. 하나님께서 우리에게 여러 가지 은사를 주시는 것도 제사장직을 실천하여 이웃을 섬기는 사명을 위한 것이요, 하나님의 사랑을 부어주시는 것도 이웃을 위한 제사장직의 바른 실천을 위한 것이다. 하나님은 우리에게 제사장직을 주실 뿐 아니라, 제사장직을 실천하는 도구인 은사들과 아가페의 사랑을 주신다. 기독교 교역은 예수 그리스도의 제사장직에 참여할 때에만 가능한 것이다.[294)]

크래머도 평신도의 직무를 교회의 생활과 봉사의 본질적인 부분으로 강조하였다. 교회의 모든 회원은 원칙적으로 다같은 소명과 책임과 권

---

293) Hans Küng, *The Church*(New York: Imaga Books, 1967), 487.

294) 오성춘, "교역의 기초로서 만인제사장직에 관한 연구," 「교회와 신학」 제23집(1991), 229.

위를 가지고 있으며 교회의 사도적, 봉사적 성격과 소명 속에 참여하고 있다는 것이다. 즉 그는 교회의 본질과 소명을 표현하는데 있어서 '평신도의 책임있는 참여'를 주장하였으며, 평신도는 '교회의 동결된 자산'이며 '잊혀진 직분'이라고 하였다.[295)]

2. 평신도 훈련의 중요성

스페너(Philipp Jacob Spener)는 신자의 만인제사장직에 대한 강조가 교회로 하여금 봉사, 예배, 상호관심, 간증, 그리고 기도 등의 성경적 책무를 수행케 하는 데 꼭 필요하다고 생각했다. 그는 제사장직을 사례를 받고 일하는 목사직과 비교하지 않았다. 오히려 제사장으로서 평신도 한 사람이 할 수 없는 일들을 협력하여 성취할 수 있다고 하였다. "이 제사장직의 합당한 사용은 목회에 어떤 해도 끼치지 않는다. 사실상 목회가 제대로 모든 것을 성취할 수 없는 주요한 이유 중의 하나는, 만인제사장에 입각한 평신도 사역자들의 도움이 없어서 너무 허약한 상태에 있기 때문이다."[296)] 만인제사장 교리는 평신도가 다른 사람을 가르칠 수 있고 또 가르쳐야만 한다는 사실로 인해 현대 기독교교육에 필수적인 요소이다. 평신도들이 다른 평신도들을 가르치는 것을 강조하지 않으면 오늘의 기독교교육은 발전될 수 없다. 기독교교육의 과제는 결코 전적으로 전문가에게만 일임될 수 없다. 왜냐하면 기독교교육 프로그램에 대한

295) 정성구, 『실천신학개론』(서울: 총신대학출판부, 1980), 250-251.
296) Philipp Jacob Spener, *Pia desideria*, tr. and ed. by T. Tappert(Philadelpia: Fotress, 1964), 94.

모든 전문 인력들을 교회가 고용할 수 없기 때문이다. 그러므로 평신도들은 그들의 목사님 혼자서 그들 개인의 교회 교육을 책임질 수 없다는 것을 알아야만 한다. 그들 자신의 제사장적 사역이 목회의 모든 영역에 다양하게 요구되고 있다.

평신도들은 하나님 앞에서 세상의 죄악과 아픔을 대변하는 제사장이요, 세계 속에서 하나님의 구원을 선포하고 또 증거하기 위해서 세상으로 보냄을 받은 그리스도의 제자로서의 소명자요, 받은 은사대로 하나님과 세계를 섬기는 봉사자임에 틀림이 없다. 이와같은 직무를 수행해야 하는 평신도들의 사역은 평신도 양육을 거쳐서 비로소 가능해질 수 있다. 따라서 평신도 양육은 목회의 필수적인 사역일 뿐 아니라 목회를 성공적으로 이끄는 지름길이 될 수 있다.[297)]

평신도도 평신도 나름의 소명을 가지고 있음을 인정해야 한다. 평신도를 수동적인 자리에서 능동적인 자리로 옮기는 작업이 필요하다. 잠자는 평신도를 깨워서 그들이 달란트대로 일할 수 있도록 동원하는 목회여야 한다. 교역자 혼자서 목회하려는 것은 너무나 과중할 뿐 아니라 21세기의 분업화된 사회 또는 조직화된 사회에 걸맞지 않다. 그래서 평신도를 직능별로 훈련시키는 평신도를 위한 사역이 속히 개발되어야 한다. 평신도 목회개발에서 이른바 효과적인 제직훈련이나 분야별 훈련이 요구된다. 결국 훈련된 군인이어야 전쟁을 할 수 있듯이 훈련된 평신도여야 사명을 감당할 수 있다. 일찌기 요한 칼빈(John Calvin)도 그의 신학적 이론 못지 않게 실제적인 훈련을 엄격히 했다. 칼빈의 제네바에서의 훈련은 매우 실제적이면서도 구체적이어서 그의 신학적인 이론이 구체적인 삶의 현장에 나타나도록 훈련시켰다.[298)]

---

297) 김득렬, "교육적 목회," 「교육교회」(1985년 1월호), 11.
298) 정성구, "변화하는 시대의 목회," 「신학지남」(1993년 여름), 159-160.

현대교회는 만인제사장직의 근본정신을 다시 한 번 회복하여야 할 절실한 문제를 안고 있다. 평신도가 자기 본연의 위치에서 그 역할을 다하는 사도적인 교회가 되기 위해서는 소수의 사람이 아닌 전 교회가 하나님께 직접 나아가며 예배드리며, 복음을 증거하며, 이웃을 봉사하는 에클레시아의 공동체가 되지 않으면 안 된다.[299] 오늘날 교회성장에 있어 평신도 훈련의 중요성은 강조되어야 한다. "성장하는 교회를 가지고자 하는 성직자는 대담하게 평신도들을 동원하고 조직화하여 복음전도의 강력한 전력으로 세워야 한다. 아무리 좋은 이론을 좇아 평신도를 강력하고도 치밀하게 구역적 세포조직 속에 소속시켰더라도 이 조직에 발동을 걸어 움직이게 하는 일이 따르지 않으면 안된다. 이와 같은 일을 하기 위하여 두 가지 사항이 이뤄져야 한다. 첫째가 조직화된 평신도 지도자의 훈련이다. …… 둘째로, 이 방대한 수의 평신도 리더(Leader)들에게 끊임없는 격려가 필요하다."[300]

평신도의 신학적 재발견을 평신도의 자기 정체감(identity)의 재발견이라고 한다면, 이것을 교육적 표현으로는 평신도가 비로소 하나님과의 관계, 형제와의 관계 속에서 존재를 찾았다고 표현할 수 있다. 평신도의 자기 정체감 혹은 평신도의 존재는 신앙적 구조에서, 하나님 앞에서, 이웃과의 관계에서 제사장이었다.[301] 하나님이 사랑하시고 구원하시려는 세상에 내보내져야 하는 선교적 요청 앞에서 한국교회는 그 어느 때보다도 평신도의 신학적 훈련을 통한 자의식, 선교참여를 통한 구체적 방법과 전략을 모든 평신도의 교육을 통해서 이루어가야 한다. 만남과 대화를 통한 신앙의 자의식과 세상을 향한 봉사의식으로 변화되어가는 교

---

299) 옥한흠, 『평신도를 깨운다』(서울: 도서출판 두란노, 1984), 86.
300) 조용기, 『성공적 교회성장의 열쇠』(서울: 영산출판사, 1976), 123-125.
301) 은준관, 『교회, 선교, 교육』, 200.

육의 구조가 이루어져야 한다.[302] 또한 교육목회와 평신도의 문제를 이야기함에 있어, 그 중요성 중의 하나는 교회의 모든 구성원은 교육의 대상자요, 또 다른 한편으로 교육의 주체자라고 보아야 한다는 점이다. 교육은 생의 어느 한 시기에만 필요한 것이 아니고 일생을 통해 필요한 것임은 두말할 필요가 없다. 이 점에 대해 웨스터호프(John H. Westerhoff Ⅲ)는 우리가 생각하고 있는 것과 아주 유사한 관찰을 하고 있다.

> 교육은 개념상으로 출생으로부터 시작하여 죽음에까지 연속된다. 너무나 오랫동안 우리는 교육의 계획을 아이가 초등학교 1학년에 들어가는 것으로부터 시작하여(그 전까지는 탁아소 정도로 생각하고) 고등학교를 졸업할 때까지(고등학교까지 보낼 수 있다면)의 프로그램으로 생각해왔다. 한 사람의 일생에 있어서 가장 의미있는 학습의 몇 부분들이 출생 후 6세까지의 기간 중에 이루어진다는 것을 우리는 망각하는 것 같다. 또한 우리는 발전적인 학습의 종류들, 예를 들어 고차원의 도의심은 고등학교를 졸업하고 나서야 배울 수 있는 것이라는 것도 잊고 있는 것 같다. 중간 아동기도 무시되어서는 안된다. 그러기에 필자는 교육자들은 기독교교육을 나서부터 죽을 때까지를 위하여 계획해야 한다고 확언하고 싶다.[303]

평생교육의 관점에서 교육목회는 교회에 있어 더욱 긴급하며, 그것은 교회의 모든 평신도들에 대한, 더 포괄적으로 말한다면 교회의 모든 회중에 대한 교육의 긴급성과 그들의 생애 동안 지속적인 교육이 필요함

302) *Ibid.*, 203.
303) John H. Westerhoff Ⅲ, "기독교교육의 정의," ed. John H. Westerhoff Ⅲ, *A Colloquy on Christian Education*, 김재은 역, 『기독교교육논총』(서울:대한기독교출판사, 1984), 77.

을 인식해야 한다.

3. 평신도 직분자들의 교육

하나님께서는 교회의 질서로 주님의 교회가 통치되기를 원하셨다. 오직 하나님만이 교회를 다스리고 지배해야 하며 교회 위에 드러나셔야 한다. 하나님의 이 지배는 하나님의 말씀으로 실행되고 실현되어지는 것이다. 그렇지만 하나님은 우리 앞에 가시적으로 나타나시지 않는다(마 26:11). 하나님께서는 자신의 뜻을 사람들에게 나타내고자 하실 때 친히 말씀을 사용하신다. 따라서 이 말씀 안에서 사람의 섬김을 요구하신다. 그것은 말하자면 '파송'의 일이며 섬기는 사람 본인에게 권리와 영예를 인도하는 것이 아니라 다만 그들의 입을 통하여 하나님 자신의 일을 행하시는 것이다.[304)]

하나님은 이 일을 아무런 보조수단을 사용하지 않고 친히 하실 수 있으시며 천사들을 시켜서도 이루실 수 있으시다. 그럼에도 불구하고 인간을 수단으로 하여 이 일을 행하신 데에는 많은 이유가 있다고 칼빈(Calvin)은 말한다.[305)]

첫째로, 하나님은 이 방법을 사용하심으로써 우리 인간을 얼마나 중요시 하는가를 드러내고자 하셨다. 즉 하나님은 인간들 가운데서 자신을 대리하여 사신의 직분(고후5:20)을 이 세상에서 행할 자를 선택하시고 그를 자신의 감추인 뜻의 해설자나 또는 자신을 대표하는 자로 삼으

304) *Inst*. Ⅳ.3.1.
305) *Ibid.*.

심으로써 인간을 존중하신 것이다.

둘째로, 하나님은 우리에게 당신의 말씀에 복종하게 하심으로써 가장 유용한 습관인 겸손을 길러주신다. 흙으로 빚어진 보잘것없는 인간이 하나님의 이름으로 말할 때 그 사람이 우리보다 나은 것이 조금도 없지만 하나님의 사역자인 그 사람에게 겸손히 귀를 기울여 듣게 되면 하나님께 대한 우리의 경건과 복종을 잘 나타낼 수가 있다. 이런 이유에서 하나님은 자신의 신적 지혜의 보배를 연약한 질그릇(고후4:7)에 감추시고 그로 말미암아 우리가 그 보배를 얼마나 존중하는가를 시험하시는 것이다.

셋째로, 한 사람이 목자로 세움을 받은 후 다른 사람들을 가르치고 제자로 임명된 자들이 한 입으로부터 같은 교리를 받는 일이 우리 가운데서 형제 상호간의 사랑을 길러주는 가장 적절한 굴레가 될 것이다. 왜냐하면 인간이 스스로의 능력을 믿고 다른 사람들의 도움을 필요로 하지 않는다고 하면, 이것이야말로 인간 본성의 거만함인 것이다. 이는 모든 사람들이 그들 서로서로가 서로를 낮추어 보는 경향이 있기 때문이다. 따라서 주 하나님께서는 교회의 단일성을 유지할 수 있는 가장 강력한 수단으로 일종의 가시적인 끈을 가지고 자기의 교회를 한데 묶어 놓으셨다.

주께서 직분을 위탁하고 또 은혜를 베풀어 직분을 행하도록 하신 사역자들을 통해서 주님은 그의 은사들을 교회에 베풀어 주신다. 또한 그는 이것이 헛되거나 소용없는 것이 되지 않도록 성령의 힘을 이 제도(制度) 가운데 주심으로 하나님 자신의 임재를 나타내신다. 성도들의 새로와짐은 이와 같이 이루어지며 그리스도의 몸은 이와 같이 세워진다(엡4:12).[306] 그러므로 교회의 직분은 지상의 교회를 보존하기 위해 주님께서 세우신 제도인 것을 인식해야 한다.

---

306) *Inst*. Ⅳ.3.2.

교회의 교역자에는 대표 교역자와 일반 교역자가 있다. 대표 교역자는 교회의 모든 사역을 총괄하고 교회 전체를 이끌어 갈 목회철학을 가지고 있어야 한다. 그리고 일반 교역자들은 목회와 사역에 있어 대표 교역자와 그 철학을 조율하고, 대표 교역자를 돕는 자로서 일해야 한다. 그 일을 위해 항상 대화의 채널이 열려 있어야 한다.

신약의 교회시대에는 하나님께서 평범한 자들을 세우셔서 복음사역을 하게 하신다. 그들은 사도적 이적은 행하지 못하는 평범한 자들이다. 대표적인 교회의 평신도 직분은 장로, 안수집사가 있는데, 이들은 목사와 더불어 성령의 역사에 의하여 신자들의 심령을 구원하여 새롭게 하는 데 수종든다.[307] 그 외에 임시직원으로 전도사와 전도인, 권사와 남녀 서리집사가 있다.[308]

이상은 헌법상 명시되어 있는 교회의 평신도 직분들이고 개교회에서 실제로 봉사하는 부서에서 활동하는 직분들이 있다. 주일학교 교사, 성가대원, 각종 위원회의 임원, 각종 봉사위원, 구역장, 권찰, 교회관리원 등 다양한 직분이 있다. 그래서 이 직분이 겹치는 경우도 있고 헌법상 명시되지 않은 직분만을 가진 경우도 있다.

대한예수교장로회 헌법에 제시되어 있는 평신도들의 각 직분에 따른 직무는 다음과 같이 나타난다.

307) 박윤선, 『대한예수교장로회 헌법주석: 정치, 예배모범』, 34.

308) 장로교회의 직제는 삼직(목사, 장로, 안수집사)에 국한된다. 그렇지만 고린도전서 12장 28절에 있는 여러 가지 은사들 가운데는 “돕는 것”이라는 은사도 있으므로 이에 근거하여 교회는 임시직(돕는 직분)을 둔다.(I. V. Dellen & M. Monsma, *The Church Order Commentary*, 1964, 17-18을 *Ibid.*, 35에서 재인용).

가. 장로의 직무[309)]

(가) 교회의 신령적 관계를 총찰한다.

치리장로는 교인의 택함을 받고 교인의 대표자로 목사와 협동하여 행정과 권징을 관리하며 지교회 혹은 전국 교회의 신령적 관계를 총찰한다.

(나) 도리오해나 도덕상 부패를 방지한다.

주께 부탁받은 양무리가 도리 오해나 도덕상 부패에 이르지 않기 위하여 당회로나 개인으로 선히 권면하되 회개하지 아니하는 자가 있을 때에는 당회에 보고한다.

(다) 교우를 심방하여 위로, 교훈, 간호한다.

교우를 심방하되 특별히 병자와 조상자를 위로하며 무식한 자와 어린 아이들을 가르치며 간호할 것이니 평신도보다 장로는 신분상 의무와 직무상 책임이 더욱 중하다.

(라) 교인의 신앙을 살피고 위하여 기도한다.

장로는 교인과 함께 기도하며 위하여 기도하고 교인 중에 강도(講道)의 결과를 찾아본다.

(마) 특별히 심방할 자를 목사에게 보고한다.

병환자와 슬픔을 당한 자와 회개하는 자와 특별히 구조받아야 할 자가 있을 때에는 목사에게 보고한다.

나. 집사의 직무[310)]

집사의 직무는 목사 장로와 합력하여 빈핍 곤궁한 자를 권고하며 환자와 갇힌 자와 과부와 고아와 모든 환난당한 자를 위문하되 당회 감독 아래서 행하며 교회에서 수금한 구제비와 일반재

309) 헌법 제5장 4조.

310) 헌법 제6장 3조.

정을 수납지출한다(행 6:1-3).

다. 권사의 직무[311)]

당회의 지도대로 교인을 방문하되 병환자와 곤난을 당하는 자와 연약한 교인을 돌아본다.

라. 남녀 서리집사의 직무[312)]

교회 혹은 목사나 당회가 신실한 남녀로 선정하여 집사 직무를 하게 하는 자니 그 임기는 일년이다.

위에 드러난 평신도 직분들에 대한 교육은 총회적으로, 노회적으로, 혹은 교회적으로 이루어져야 한다.

장로와 집사, 권사들에 대한 교육 프로그램은 별로 없는 실정이며, 제직 세미나 등을 통해 부정기적으로 이들에 대해 교육하고 있다. 더러 장로반, 집사반, 권사반 등을 두어 성경공부와 더불어 직분에 대한 교육을 실시하고 있는 교회들이 있다. 각 교회는 이러한 반의 개설을 고려해야 할 것이며, 장로의 교육을 위해서 규모가 적은 교회들은 몇 교회가 연합하여 교육할 수도 있고 지역의 좀 더 규모가 큰 교회의 협조를 얻어 의뢰하거나 위탁할 수도 있다.

이 직분자 훈련을 위해서 총회에, 그리고 지역의 몇 노회가 연합하여 상설 제직훈련원 혹은 평신도직분자훈련원을 개설하여 각 직분자들의 교육을 위해 공통과목과 필수과목, 선택과목 등 유익한 커리큘럼을 마련하여 각 교회에서 등록하는 직분자들을 교육하는 것도 바람직하다.

그리고 헌법에 제시되어 있지 않은 많은 직분자들, 예를 들어 주일학

311) 헌법 제3장 3조 3항.
312) 헌법 제3장 3조 4항. 서리집사의 직무는 집사의 직무와 동일하나 임시직원이며 임기가 1년이다.

교 교사, 성가대원, 지휘자, 반주자, 교회관리원 등의 직분자들도 유사한 방법으로 교육할 수 있을 것이다. 모든 평신도들이 훈련을 받아 어떠한 직무라도 한 가지 이상 맡아 봉사할 수 있도록 훈련하는 일이 필요하다.

교회에는 이들을 위한 교육프로그램이 상설되어 있어야 한다. 직분자 교육에는 필요한 내용이 많겠지만 대체적으로 크게 구분하여 교리적, 신앙적 확신을 위한 프로그램, 직분에 대한 이해와 봉사훈련을 위한 프로그램, 영성훈련을 위한 프로그램 등을 계획할 수 있을 것이다.

예비자와 현직자 교육프로그램 둘 다 교회의 지속적인 교육사역을 위해 개발되어야 한다. 훌륭한 예비자 교육프로그램은 다음과 같은 항목들을 포함한다. 즉 다른 사람들(기존의 직분자들)의 일을 관찰하기, 직분의 경력자 면담(본교회 및 타교회), 관련도서 읽기, 테이프 듣기, 관련된 영화 및 슬라이드 보기, 일에 관련된 수업 및 필요한 수업 참여, 관련 세미나 또는 웍샵 참여 등등이다. 이러한 항목들은 좋은 교육프로그램을 지속시킬 때도 포함된다. 예비자와 현직자 교육을 위한 조직적인 계획이 개발되어야 하며, 이 계획은 적어도 일 년에 한 번은 평가되어야 한다. 그리하여 그간의 경험과 특수한 상황에 따른 변화하는 욕구들을 기초해서 개선이 이루어질 수 있도록 해야 한다.[313)]

중요한 문제는 개교회의 담임목회자가 평신도 직분자 교육의 의의와 중요성을 인식하고 이들의 교육에 대해 세밀한 계획을 세우고 실천하는 것이다. 그러나 개교회로서 한계가 느껴지는 부분들에 대해서는 위탁과 의뢰의 방법을 사용하면 된다.

지금까지 우리의 평신도훈련은 개인의 신앙과 경건훈련과 함께 개교

313) Eleanor Daniel, John W. Wade and Charles Gresham, *Introduction to Christian Education*, 이은규 역, 『기독교교육학개론』(서울: 도서출판 동서남북, 1993), 275-276.

회적인 봉사자들을 양육하는 일에 집중하였고, 세상과 삶에서 복음의 가치실현과 복음의 사회적 책임에 대한 통찰과 의식을 일깨우지 못했다는 점에 문제를 가지고 있다.[314)]

따라서 새로운 시대에 부합할 수 있는 평신도훈련이 요청되고 있다. 평신도훈련의 방안과 가능성에 대해 언급하자면, 평신도들이 통전적(統全的)인 신앙을 갖도록 도울 것, 평신도들의 영성훈련에 힘쓸 것, 성경공부의 새로운 접근으로 스스로가 성경을 해석하여 직접 자기의 이해를 갖도록 해줄 것, 평신도들의 역사의식과 통찰을 일깨울 것, 그리고 평신도들의 기독교 윤리의식을 강화시킬 것 등을 말할 수 있을 것이다.[315)] 중요한 문제는 신앙의 전인적 훈련이 이루어지도록 하는 일이다.

314) 정일웅, "평신도 리더십 개발," 「월간목회」(1996년 9월호), 37-38.
315) *Ibid.*, 39-41.

제 9장
교육과 선교의 관계

1. 교회의 교육적 사역으로서의 선교

새로운 교회의 또 하나의 표지(標識)는 선교이다. 그리고 선교에 의하여 교회의 목회가 부분적으로, 교회 밖을 향하게 되는 것이다. 확실히 교회는 그 자체 내의 사람들을 위하여 여러 가지 타당한 목회들을 수행하고 있다. 그러나 더 나아가서 교회는 세계에 봉사하도록 부름을 받은 것이다. 실제로 우리의 '내부적' 목회들이 하나님께서 사회에로의 '외부적' 목회를, 즉 선교를 할 수 있도록 우리에게 능력을 주시는 방향으로 계획되어야 한다는 사실에 많은 사람들이 공감하고 있다.[316)]

교회의 교육적 사역의 한 부분은 선교의 훈련이다. 그것은 세상 속에서 봉사를 통한 학습, 그리고 하나님을 섬기는 일을 위한 학습을 요구한다. 교회는 그 성격상 그리스도의 화목케 하시는 사역을 수행하도록 부르심을 받은 선교 공동체이다. 보통 성장하지 않는 교회들은 그들의 지역 공동체의 전도에 실패한 교회이다. 그들은 아마도 인적 자원이 부족

316) General Board of Education of The Methodist Church, *Workbook: Developing Your Educational Ministry*, 29.

하거나 어설프게 훈련된 교사들이나 직원들을 가지고 있을 것이다.[317] 예수께서 그의 제자들을 교육시킨 상당 부분이 선교에 대한 교육인 것처럼 진정한 기독교교육은 이 선교적 추진력을 요구한다. 아마도 기독교교육의 일반적 형태의 가장 큰 약점은 바로 이점일 것이다. 그 형태들은 너무나 자주 내향적으로 이루어져 왔으며 세상으로부터 성도들과 교회를 보호함으로써 그리스도인의 품성과 기독교적 기관들을 개발하는 데 관심을 가져왔다. 그 형태들은 강인한 품성보다는 온순함에, 확고부동한 목표보다는 좋은 매너에, 그리고 인류에 대한 봉사보다 종교적인 조직을 위해 헌신하는 데 더 가치를 두어왔다. 그것은 교육의 과정 자체를 그리스도인의 증거와 봉사가 가장 의미를 지닐 수 있는 세상으로 성도들을 내보내는 대신 그 세상 속의 삶으로부터 그들을 끌어들이는 것으로 구성해 왔다.[318]

그러나 예수 그리스도에 대한 신앙은 하나님 자신이 그가 창조하신 세상으로부터 초연해 계시기를 원치 않으신다고 믿는 것을 의미한다. 스피어(Robert R. Speer)는 말하기를 "선교사업의 가장 깊은 근거가 발견되는 것은 하나님의 존재와 성격에 있다"고 하였다.[319] 그 말을 바꾸어 말하면 하나님은 인간과의 커뮤니케이션을 원하시는 분이요 그런 성격의 소유자이심을 말하는 것이다. 하나님은 자신을 이 세상에 드러내시고 세상의 멸시 가운데 화목의 사역을 목적하시고 이 세상의 삶 가운데

---

317) D. K. Reisinger, "Teacher Training," in *An Introduction to Evangelical Christian Education*, ed. Edward J. Hakes(Chicago: Moody Press, 1964), 99.

318) Roger L. Shinn, "The Educational Ministry of the Church," in *An Introduction to Christian Education*, ed. Marvin J. Tayler(Nashville: Abingdon Press, 1966), 17-18.

319) George W. Peters, *A Biblical Theology of Missions*(Chicago: Moody Press, 1978), 55.

로 들어오신다. 하나님은 그의 교회를 그의 거룩한 사역에 참여하라고 부르신다. 선교에 관심을 갖지 않는 교육적 사역은 개념상 모순이다. 그러므로 기독교교육은 세상에 대한 연구, 세상에서의 삶에 대한 이해, 그리스도인의 행동을 위한 훈련을 포함한다. 기독교교육의 주요한 부분은 자신의 직장 가운데서 그리스도인으로서 증거하고 하나님께 순종하는, 그의 책임있는 활동으로서 평신도의 사명들(lay vocations)을 감당해야 한다.[320]

하나님께서 온 세상을 다스리는 왕이라는 사실과, 그리스도께서 이 땅에 오셔서 인간 역사 속에 한 나라를 세우시고 독특한 방식으로 그 나라를 다스려 간다는 사실, 그리고 지금 이 땅에 사는 그리스도인이 바로 그 나라에 살고 있다는 사실은 우리가 이 세상에서 하는 모든 일을 새로운 빛으로 보게 한다. 이런 사실에 비춰볼 때, '이 죄악된 세상을 하루바삐 떠나서 저 낙원에 가기를 원한다'는 생각만이 결코 그리스도인에게 마땅한 생각이 아님을 알 수 있다. 이 세상은 믿는 자의 아버지의 세상이다. 그리고 지금 그리스도께서는 자신이 세운 나라의 왕으로서 이 세상에서 주권을 행사하고 계신다. "하늘과 땅의 모든 권세를 내게 주셨다"(마28:19)는 그리스도의 말씀은 결코 공연한 소리가 아니다. 이 세상은 그리스도인이 영원히 정붙이고 살 수 있는 곳도 아니며 이 세상에 정을 붙이고 살려는 태도를 성경이 우리에게 권하지도 않는다. 그럼에도 불구하고 하나님께서 그 택하신 자를 세상에 보내셔서 살게 하신 것은 이 세상에서 충성되이 하나님의 일을 하며 그 나라를 증거하라는 것이다.[321] 그러한 증거의 방식은 Herbert Kane이 선교를 "영혼구원과 사

320) Roger L. Shinn, "The Educational Ministry of the Church," 18.
321) 황영철 편저, 『그리스도인의 현실참여 어떻게 할 것인가』(서울: 도서출판 나비, 1988), 32.

회봉사"로 정의하였듯이[322] 영혼구원을 위한 직접적인 복음의 전달과 더불어 복음과 관련된 사회봉사와 참여의 방식으로 이루어져야 할 것이다.

선교를 지향하는 기독교교육에는 항상 저항이 따르게 된다. 만일 성경연구가 이미 받은 진리들을 단순히 전달하는 것이라면 그러한 성경연구는 그 자체가 비성경적이다. 왜냐하면 성경은 지속적으로 현세계와 관련되어 있기 때문이다. 참으로 성경연구가 결코 연구를 넘어서지 못하는 것이라면 그것은 비성경적이다. 왜냐하면 성경은 행동의 기록이기 때문이다. 기독교교육은 행동 이전에도, 행동 가운데도, 그리고 행동 후에도 일어난다. 신선한 전망들을 찾아보기 위해, 그리고 우리의 행동의 의미를 숙고해 보기 위해 행동으로부터 물러나야 하는 적절한 시기도 있다. 그러나 선교와 선교가 요구하는 행동을 그만두기 위한 적절한 시기는 없다. 기독교교육은 선교의 교육이며, 선교는 세상에의 참여이다.[323] 블라우(J. Blauw)가 "세상으로 보냄을 받은 교회 이외에 다른 교회는 없고 그리스도 교회의 선교 이외의 다른 선교는 없다."[324]고 밝힌 것은 매우 적절한 지적이다.

교회의 교회화, 그것은 모이고(congregation) 또 흩어지는(diaspora) 변증 속에서 이루어진다. 신앙으로 모이고 증언으로 흩어지는 과정 속에서 부활의 예수님은 교회와 세상의 "주"로 고백되고 증언된다. 모여서 그들은 "서로 교제하며", "떡을 떼며(koinonia)", "사도의 가르침을 받아(교육과 설교)", "기도하기를(예배에)" 힘썼다(행4:42). '하나님의 선교' 신학의 변호자들은 한국교회의 소위 '복음주의 교회'들로부터, 이 강하게

322) John M. Terry & Ebbie Smith ed. *Missiology*, 최정만 역, 『선교학개론』(서울: 기독교문서선교회, 2003), 27.

323) *Ibid.*

324) Johannes Blauw, *The Missionary Nature of the Church in Cross Road in Missions*(South Pasadena: William Carey Library, 1971), 120.

모이는 "신앙", "교제", "가르침"의 교훈을 외면하지 말아야 한다. 모이는 과정(congregatio)이 없이는 흩어지는 과정(diaspora)도 없기 때문이라고 한다.[325] 교회는 구원받은 사람이 모인 공동체이면서도 봉사를 위해 흩어지는 교회이다. 부름받은 공동체인 교회는 영적 각성을 이룬 다음 구원의 전사로 나서야 한다. 하나로 모여 예배드리고 나가서 하나로 선교해야 한다. 하나님의 나라를 이룰 때까지 이 두 가지는 계속되어야 하고 또 계속적으로 갱신되어야 한다.

초대 교회는 모임 자체만으로 끝나지 않았다. 부활하신 주님과의 만남(기도, 교육, 교제)에서 형성되었던 교회는 "권능을 받고 예루살렘과 온 유대와 사마리아와 땅 끝까지 이르러 내 증인이 되는"(행1:8) 흩어짐 속에서 교회화되어 갔다. 모여서 선교화된 하나님의 백성들은 하나님의 선교의 전 역사를 향한 하나님의 일 속에 동참하는 흩어진 백성이 된다. 디아스포라의 한 형태는 세상의 구조 속에 들어가서 그 속에 '누룩'이 되는 것을 의미한다. 산업선교, 군인선교, 학원선교, 경찰선교 등은 한국에서 실시되고 있는 디아스포라(diaspora)이다.[326]

기독교의 복음전도가 지향해야 할 "선교의 목적은 첫째, 미전도 종족에게 복음을 전하여 교회를 개척하고, 둘째, 선교 현지인들의 필요를 섬기고 채우며, 셋째, 현지인들을 예수 그리스도를 닮는 제자로 육성하며, 넷째, 선교지 교회로 하여금 그리스도의 지상명령을 성취할 수 있도록 무장시킴으로써 하나님께 영광을 돌리는 것"[327]이다.

325) 은준관, 『사회, 선교, 교육』(서울: 전망사, 1982), 183-184.

326) *Ibid.*, 184.

327) 박영호, "기독교교육과 선교의 관계연구," 「복음과 실천신학」 제19권(2009년 봄호), 240.

2. 한국교회 교육적 방향과 선교

한국교회는 지난 60년대부터 일어난 복음전도 운동을 통해 사람들을 교회로 인도하기 위하여 오로지 모으는 일에 열심을 기울여 왔다. 그 결과 오늘에 와서 수적인 증가에 대한 긍정적인 평가가 없지 않다. 그러나 수의 획득을 위한 전도운동의 상황은 모우는 일만을 집중함으로써 교육을 그 일의 수단으로 전락시켰고, 진정한 인격적인 신앙인의 양육과 하나님 나라 백성의 양육을 위한 교육은 실천되지 못하는 경우가 많았다. 물론 사람들을 모아야 교육을 할 수 있으므로 교회학교도 어린이들과 성장세대를 모으는 일을 게을리 할 수는 없다. 그러나 문제는 역시 그러한 상황에서 교육다운 교육이 실행되지 않은 점이 문제라고 할 수 있다.[328]

그러므로 이제 우리는 교육다운 교육이 이루어지도록 힘써야 하며, 그것은 개인의 축복과 개인구원만 힘쓰는 복음전도와 선교가 아니라 인격적인 신앙인으로 나타나도록 해야 한다. 그리고 한국교회의 교육적인 방향은 전인격적인 신앙인으로서, 그리고 하나님 나라의 백성으로서, 개인적인 삶과 더불어 공동체적인 삶을 의식하고 하나님 나라의 일에 봉사하는 일꾼들을 양육해야 한다. 주님께서는 가르침을 일차적으로 제자들을 만드는 면에서 생각하셨지만, 동시에 전파를 위한 필수적인 준비작업(preparatio evangelica)이라고 보셨다.[329]

---

328) 정일웅, "교회(주일)학교 교사 훈련과제와 방법," 「신학지남」(1993년 겨울호), 130.

329) Waldron Scott, *Bring forth Justice: A Contemporary Perspective on Mission*, 강선규 역, 『사회정의와 세계선교를 위한 제자도』(서울: 도서출판 두란노, 1988), 108.

교회의 교육 중 커다란 한 부분은 이웃과 사회에 대한 봉사에 관한 교육이다. 복음 교육의 근본 과제는 정체성 획득이며, 사회봉사 교육의 근본 과제는 책임의 수행이다. 봉사는 하나님께서 지배하신다는 표이다. 봉사는 예수님을 따르는 자로서의 품위를 밝히 드러낸다. 참된 크리스천의 품위는 봉사에서 비로소 드러나는 것이다(마25:34-40).

어린이는 어른으로 성장하면서 개인의 정체성 추구를 통한 복음화의 길과 함께 인간들과의 조화로운 관계의 실현이라는 사회화의 과정을 걸어간다. 복음화와 사회화의 길은 서로 분리될 수 없다. 구원의 소식이라는 복음전파는 이미 소외, 억압, 차별, 착취 등 모든 형태의 죄악들에 대한 심판의 소식을 함께 포함하고 있기 때문이다.[330]

독일 기독교회가 교회의 사회봉사의 책임을 다음과 같이 밝혀 주고 있는데 우리로서는 매우 주목할만한 내용이다.

> 크리스천은 하나님으로부터 선교의 사명을 다하기 위하여 이 세상에 부름받았다. 그리고 이와 같은 소명에 대한 순종은 이 세상의 삶에 전적으로 참여함을 의미한다. 크리스천은 시민으로서의 책임을 지고 있다. …… 크리스천으로서 영혼들을 구원하고 개개인의 성품을 선도하는 일은 중요하다. 그러나 거기에만 그쳐서는 안된다. 크리스천은 사회의 구조들에 대한 관심과 개개 인간들의 윤리 도덕 수준에 대한 관심을 지니고 있어야만 한다. 크리스천은 의식적으로나 무의식적으로, 의도적으로나 비의도적으로 이미 사회의 정치적 생활, '삶'에 관여되어 있다. 이 관여되어 있음에 의도적이요 책임있는 참여로 만들어 나가는 일이 오늘날 우리에게 주어진 계명이다.[331]

---

330) 오인탁, 『기독교교육』(서울: 종로서적, 1989), 30.
331) *EKD-Denschrift: Appel an die Kirchen der Welt; Dokumente der*

지금까지 한국사회 속에서 보수교회와 진보교회 사이에 선교적 사명 인식은 복음전파와 사회적 책임으로서 봉사적 활동을 이원적으로 생각해 왔다. 그러므로 보수교회들은 개인영혼의, 죄인으로서의 회개와 중생을 중심한 개인전도와 개인구원에 역점을 둔 선교관에 종속되었다. 그리고 진보적 자유주의교회는 보수교회의 입장을 간과하고 사회적 책임만을 강조하며, 정치와 사회의 모든 구조의 개혁과 혁신을 위한 정치적 투쟁에 역점을 두었다. 결국 한국교회는 두 그룹의 각기 다른 이원화된 분리적 입장에서의 선교론적 이해를 지니고 있었다고 할 것이다. 이런 상황에서 보수교회는 복음전파에 있어 개인 영혼의 회개와 중생을 중히 여기되 복음의 사회적 책임이 복음 속에 동시에 포함되고 있다는 사실을 인식해야 할 것이다.

1966년 미국의 세계선교대회의 휫튼 선언과 1974년 로잔의 협약, 그리고 1982년 그랜드래피즈의 세계복음주의협의회가 밝힌 선교관에서처럼 교회와 크리스천의 사회적 책임은 "이웃을 네 몸과 같이 사랑하라" 하신 말씀의 실천으로서 사회정의와 민주화, 그리고 비인간적인 환경에 대한 투쟁과 노력을 복음의 과제로 받아들여야 할 것이다. 그러나 이는 Missio Dei의 선교론에서보다는 사회의 문제를 그리스도의 통치를 받아들인 자들의 이웃에 대한 사랑의 빛으로서의 책임을 생각한 것이다.

복음의 본질은 인간 자신을 개혁할 뿐 아니라 그가 처하여 있는 환경까지도 변화시킨다는 사실을 잊어서는 안 된다. 교회와 크리스천은 한 인간을 복음으로 바꾸는 일 뿐만 아니라 사회의 불의와 구조적 악의 개선을 위한 노력에도 투철한 자기 행위를 보여야 할 것이다.[332] 인간 구원

Weltkonferenz fur Kirke und Gesellschaft, Stuttgart 1967. 16을 *Ibid.*, 30-31에서 재인용.

332) 정일웅, 『교육목회학』, 32-33.

과 사회 변혁은 하나님의 나라를 이룩해 가는 하나의 개념으로 생각하는 것이 바람직하다.

사회 변혁의 주도자 및 그 원천으로서의 한국교회의 역할은 결코 경시되어서는 안될 중요한 부분이다. 한국의 기독교인들은 역사가 그리스도의 말씀대로 이루어지고 하나님께서 영원히 섭리하시고 주관하실 것을 믿는 신앙관을 수호하고 있다. 이러한 믿음과 역사성을 바탕으로 교회는 언제나 그리스도의 정신에 입각한 삶의 양식을 이 땅 위에 구현하기 위하여 노력해야 한다는 사명을 가지고 있다.

현대 에큐메니칼 운동에 대한 강력한 도전은 아마 1974년 7월 16일에서 25일까지 열린 로잔 대회일 것이다. 이 대회는 존 스탓트(John R. Stott)의 'The Biblical Basis of Evangelism'이라는 서론적 연구를 통해 밝혀진, "선교는 복음전도와 봉사 둘 다 포함하는 넓은 의미로 재해석해야 한다"[333]는 결론을 채택하였다. 이 대회는 교회에 대한 전통적인 개념에 교회성장의 개념을 덧붙여서 복음주의 선교관 및 교회관을 새로이 정립한 역사적인 대회이다. 이 대회의 가장 큰 장점은 성경의 축자영감과 무오성을 강조했다는 점이다.

그러나 이 대회의 약점은 첫째로, 복음전도와 사회참여를 동등하게 강조한 점이다. 이것은 후에 복음전도보다 사회 정치참여를 앞세우는 쪽으로 관심을 기울일 수 있는 여지를 남겨 두었기 때문이다.[334] 둘째 약점은 교회성장의 강조에서 비롯되는데, 그것은 자칫 교회성장의 궁극적 목표를 왕국보다 교회 자체에 두는 위험이 있기 때문이다.[335] 그럼에도

333) John R. W. Stott, *Christian Mission in Modern World*(Downer Grove: I.V.P., 1975), 15-19, 25-28 참조.

334) Arthur P. Johnston, *The Battle for World Evangelism*(Wheaton: Tyndale House Publishers Inc., 1978), 326-329.

335) *Ibid.*

불구하고 이 대회가 복음주의 입장에서 '기독교인의 사회적 책임'에 대하여 밝힌 로잔의무 5항은 이전까지 소홀하였던 기독교인의 사회적, 선교적 책임을 분명하게 밝혀주었다.

> 우리는 하나님께서 모든 인간의 창조주임과 동시에 심판주이심을 확신한다. 그러므로 우리는 모든 인간사회 분야에 그 분의 배려와 공의와 화목을 나누어주어야 한다. 이는 모든 압제로부터 인간을 해방시키는 것을 목표로 하고 있다. 모든 사람은 인종, 종교, 피부색, 문화, 계층, 성별, 연령에 관계없이 모두 다 평등하게 창조된 하나님의 형상이므로 본래적인 존엄성을 지니고 있다. 그러므로 인간은 착취당해서도 안되며, 오히려 존경을 받으며 발전되어야 한다. 우리가 이러한 문제에 소홀했던 것과 여러 번 복음화와 사회적 책임을 서로 상반되게 배타적으로 여겼던 것을 회개한다. 물론 인간 상호간의 화목이 하나님과의 화목을 동시에 이루어주지 않고, 사회적 활동이 복음화가 아니며, 또 정치적 해방이 구원은 아니다. 그럼에도 불구하고 우리는 복음화와 사회·정치적 활동이 똑같이 기독교인으로서 우리의 임무에 속한다고 주장한다. 왜냐하면 이 둘은 하나님과 인간 이웃에 대한 사랑, 그리고 예수 그리스도를 향한 우리의 복종에 관한 교훈의 필수적인 표현방식이기 때문이다. 또한 구원의 메시지는 각종 소외, 압제, 차별에 대한 심판의 메시지이기도 하므로, 우리는 악의와 불의가 항상 존재하는 곳에서 이를 공공연히 탄핵하기를 두려워하지 않아야 한다. 사람들이 그리스도를 영접할 때, 그들은 중생을 통하여 그의 나라에 들어가 불의한 세상에서 그 나라의 의를 나타낼 뿐 아니라 또한 확장시키기를 힘써야 한다. 우리가 선포해야 하는 구원은 모든 개인적·사회적 책임의 분야에서 우리를 변화시켜야 한다. 행함이

없는 신앙은 죽은 것이다.[336]

성경이 가르치는 바 이스라엘에 대한 교훈은 공의로운 사회의 구현이다. 그것은 '고아와 과부'의 하나님으로 스스로를 소개하심으로써 하나님께서 사회의 소외된 계층에 대하여 언제나 권념하고 계심을 알게 한다. "여호와께서 이같이 말씀하시되 너희가 공평과 정의를 행하여 탈취당한 자를 압박하는 자의 손에서 건지고 이방인과 고아와 과부를 압박하거나 학대하지 말며 이곳에서 무죄한 피를 흘리지 말라"(렘22:3). 이와 같은 공평과 정의의 원리, 즉 탈취당하는 자들과 압박받는 자의 자유는 오늘의 사회나 권력구조 속에서 노사문제 또는 정의사회 구현 문제도 되고 또 민주사회의 구현 문제도 된다고 볼 수 있다. 그러기 때문에 기독교는 이런 문제들에 대하여 언제나 앞장서 온 것이 사실이고 앞으로도 그럴 것이다. 기독교는 한 사회의 각양 문화가치에서 소외된 인간성에 대해서 언제나 구원의 손길을 펴왔다. 예수님 당시에도 가난한 자, 병든 자, 세리와 죄인들을 부르시어 그들에게 근원적 존엄성을 부여하시었고 따라서 삶의 새 희망을 예수님에게서 얻었던 것이다. 그러므로 오늘도 교회는 가난한 자, 병든 자, 각종 문화가치에서 소외되어 고통당하는 인간성에 대한 권념을 등한히 해서는 안 된다.[337]

---

336) Klaas Runia and John R. W. Stott eds. *Das Himmelreich hat schon begonnen: Reich Gottes in Unserer Zeit*, 정일웅 역, 『하나님 나라의 신학』(서울: 한국로고스연구원, 1990), 95-96.

337) 한철하, "성경이 가르치는 현실참여," 「성경과 신학」(1983), 19. 그러나 한 교수는 "이와같은 성경적 가르침이 결코 해방신학의 사고법을 정당화 한다고 말할 수는 없다. 왜냐하면 해방신학은 '경제적 착취'란 한 가지 관념 속에 하나님도 역사도 모든 것을 통일시키는 서양신학의 전형적인 과오인 환원주의(reductionism)의 과오를 되풀이 하고 있기 때문이다"라고 같은 쪽에서 바르게 지적한다.

원래 선교는 사회를 복음화하는 것이었고, 사회선교의 본질을 가졌으나 기독교의 역사 속에서 언젠가부터 교회의 선교에서 사회가 소외되고 교회가 중심이 되는 선교형태로 발전하게 되었다.

교회가 사회참여를 하는 것은 참여하는 영역 그 자체에 관심을 갖는 것보다는 그것에 대한 그리스도 정신의 실현에 목적이 있다. 그리스도인으로서의 궁극적인 관심은 정치나 국가, 사회제도 등에 있는 것이 결코 아니다. 우리가 관심을 가지는 것은 그리스도이다. 그럼에도 불구하고 이러한 사회 영역에 관심을 가지는 것은 한국이 가지고 있는 빈곤의 문제, 소외의 문제, 비인간화 문제 등 제반 사회문제에서 우리의 신앙고백이 구체화되기를 바라기 때문이다.[338)]

한국교회와 더 나아가 한인교회는 세계교회를 위한 선교 마인드를 가져야 하며 이를 교육해야 한다. 2015년 미국교회는 문명의 이기와 인간의 오만 앞에 강한 도전을 받은 한 해였다. 교회는 침체하고 사회불안은 가중됐다. 미국 여론조사기관 퓨리서치 조사에 의하면 주일예배를 거의 가지 않는다는 비율이 2003년 25%에서 29%로 증가했고 기독교인구 역시 자치 기독교인이 2007년에 비해 7.8%나 내려간 70.6%였다. 개신교 인구는 처음으로 4.8%가 감소해 미국 인구 절반에 못 미치는 46.5%로 떨어졌다. 이에 비해 무종교인은 젊은 세대들의 이탈이 심한 가운데 22.8%로 7년 전에 비해 6.7%나 증가한 것으로 나타났다.[339)] 이처럼 미국교회는 점차 비어가고 그 목소리마저 잦아들고 있는 형편이다. 이러한 추세는 여러 선진국에서 나타나고 있는 현실이다. 한국교회는 세계에 흩어져 있는 한인교회와 손잡고 성경의 권위와 진리 사수를 위해 고

---

338) 양참삼, “한국교회에 대한 사회학적 이해,” 총신 대학부설 한국교회문제연구소 편, 『한국교회의 현실과 전망』(서울: 도서출판 풍만, 1989), 132.

339) 기독신문 2015년 12월 13일자 28면.

민하면서 다민족 교회를 견인하는 리더로 세계교회를 변화시키는 새로운 선교적 역할을 감당해야 한다.

3. 선교의 실제로서의 교육

선교는 부분적으로 봉사와 활동의 문제이다. 즉 선교는 인간의 요구에 응하여 우리의 사회적 패턴들을 개선하려는 노력 가운데서 주어지는 진정한 도움의 실제적인 내용이다. 선교는 눈에 보이는 사랑이다. 이러한 선교는 다른 사람에 대한 온정과 후원의 표현에서부터, 하나님의 일들을 방해하는 사회의 거대한 힘들 중 하나에 대한 계획된 공격에 이르기까지 무수한 형태들을 취한다.

그러나 선교는 또한 증거의 일, 곧 세상에 있으면서 하나님의 백성의 한 사람으로서 그 사건들에 참여하는 일이기도 하다. 그리고 때때로 크리스챤은 그의 사랑과 복종과 희망의 원천으로서의 복음을 지적함으로써 이러한 증거를 확장시킬 수도 있다. 조금씩 조금씩 우리들은 교회 자체를 위하여서가 아니라 세상을 위하여 살고, 죽고, 모이고, 흩어지고, 예배하고, 가르치고, 상담하고, 동료됨을 나누며, 훈련하고 증거하며, 봉사하는 교회가 되어야 함을 배워가고 있는 것이다.[340)]

해외에 선교사를 파송하는 것만이 선교가 아니라 성장세대를 복음으로 양육하는 교육적 과제야말로 선교의 실제라는 사실을 인식해야 한다.

---

340) *Workbook: Developing Your Educational Ministry*, 30-31.

> 기독교의 선교명령은 땅 끝까지 복음을 증거해야 하는 것으로 이해한다(행1:8). 그러나 이 본문을 주해하면 지구는 둥근데 과연 '땅끝이 어디인가'에 대한 질문이 생겨진다. 여기에서 재해석되어야 하는 '땅끝은' 지정학적인 이해보다는 아마도 세대간의 관계(generation to generation)로 보아야 할 것이다. 우리는 선교라고 할 때에 무조건 타문화권의 세계로 향하여 가는 것으로만 인식하는데, 또한 기독교의 선교는 세대간의 서클현상으로서 성장세대를 복음으로 인도하고 양육하는 일이 바로 선교라는 것을 새롭게 생각하게 된다. 그러므로 우리는 해외에 선교사 파송하는 것만이 선교가 아니라 성장세대를 복음으로 양육하는 교육적 과제야말로 선교의 실제라는 것을 새롭게 인식해야 할 것이다. 그리고 설사 타민족에게 가더라도 그곳에서 역시 가르치는 일에서 선교는 시작되어야 한다는 것을 잊지 않아야 한다. 그러므로 이 시대의 참다운 선교는 선교사를 위한 선교비 지원 이상으로 자국의 교회교육을 위하여 교육비를 투자해야 한다. 선교사도 거기서 자라며, 목회자도 거기서 자라며, 평신도들도 바로 거기서 자란다는 것을 기억해야 한다.[341]

목회자는 성도들에게 기독교인의 봉사를 강조해야 하며 아침예배, 저녁예배, 수요예배와 그 외의 가용한 시간을 통해서 이 사명에 대한 전반적인 내용을 교육해야 한다.[342]

교회가 사회 속에서, 사회를 위해 본질적으로 해야 할 일은 주님께서 가르쳐 주신 기도 가운데 잘 나타나 있다. "나라이 임하옵시며 뜻이 하늘에서 이룬 것 같이 땅에서도 이루어지이다"(마6:10). 교회가 사회를 향

---

341) 정일웅, "교회(주일)학교 교사 훈련과제와 방법," 128-129.
342) Herbert W. Byrne, *Christian for the Local Church*, 78.

해 해야 할 기본적 사명은 '하나님 나라'를 선포하여 이 땅 위에 '하나님의 나라'가 이루어지도록 하는 것이며, 하늘의 뜻이 바로 우리가 사는 구체적인 이땅에 이루어지도록 실현시키는 일이라 하겠다. 주기도문은 형식적으로 외우기만 하라는 것이 아니다. "너희는 늘 이렇게 기도하라"고 한 것은 늘 "이렇게 되도록 실천하라"는 말씀이다. 오늘날 교회들이 이 기도를 외우기만 하고 실천하지 않는 데서 사회를 향한 선교적 사명의 중요한 대목을 놓치고 있다고 볼 수 있다.[343)]

크리스천으로서 우리는 언제나 새롭게 하시는 하나님께서 살아계시어 개인적인, 그리고 사회적인 삶에 있어서 갈피를 잡기 어려운 변화들에 방향을 제시하고 계심을 확신한다. 그것은 도전하는 것이나 지원하는 것, 이끄는 것이나 따르는 것 등의 참여를 의미하는 것이다. 홀로 있는 크리스천은 쓸모가 없다.

그리고 만약 크리스천이 변화하는 세계에서 하나님과 동참하도록 부르심을 받았다면, 그들은 응답하기 위하여 무장하는 일이 필요하게 될 것이다. 교회의 교육목회는 선교를 하는 데 있어 우리들을 준비시키고 지원하는 데 필요한 특정한 도움을 줄 수 있도록 되어야 할 필요가 있다.[344)] 복음전도와 사회봉사가 없는 교회는 그 명맥을 유지할 수 없고 교회의 역사는 지속될 수 없다. 복음전도(선교)하는 교회는 역동적이며, 그 생명력을 이어가는 교육훈련이 있었다는 것이 역사의 교훈이다.[345)]

선교훈련의 부족은 한국교회의 문제점이다. 지금 제한된 일부 선교회만이 훈련을 자체적으로 실시하여 선교사를 파송하고 있다. 대부분의 선교회는 훈련을 자체적으로 할 수 있는 시설과 인적 자원이 부족하여

---

343) 이삼열, "사회선교의 이론적 근거와 실천방법," 한국 기독교문화연구소 편, 『한국사회와 기독교』(서울: 숭전대학교출판부, 1984), 177.

344) *Workbook: Developing Your Educational Ministry*, 34.

345) 박영호, "기독교교육과 선교의 관계연구," 257.

외부의 강사를 초청하여 훈련하지만 교육내용, 강의진, 전문성 등에서 한계가 있다.[346] 따라서 군소 선교회의 선교훈련은 초교파적으로 협력하는 것이 필요하고, 기존선교사의 재훈련도 필요하다. 개교회의 목회자는 교회에서 선교에 관한 교육에 관심을 기울여야 하며 선교사의 자질을 갖춘 후보생을 발굴하는 일에도 관심을 가져야 한다.

더 나아가 목회자들은 선교본부 지도자들과 긴밀한 유대를 가지고 협력해야 하며, 선교본부지도자들은 통치자(master)가 아닌 선교사 각자가 자신이 맡은 역할을 잘 할 수 있도록 이끌어내는 지휘자(maestro)가 되어야 한다. 선교사들이 직접 참여해 전략을 세우고 그에 따른 사역을 할 수 있게 해야 한다.[347] 선교전략이 세워지는 데는 선교본부, 파송교회, 선교사 모두의 역할이 중요하며, 그 기초로 교회 전체가 선교교육의 활성화를 위하여 노력하여야 한다.

346) 전호진, "한국교회의 선교의 현황과 방향," 「성경과 신학」 제16권(서울: 도서출판 횃불, 1994), 74. 선교사 훈련을 자체적으로 실시하고 있는 교단선교부는 합동, 통합, 고신이며 감리교는 교단적으로 훈련을 하지 아니하고 개교회와 개인이 독자적으로 훈련한다. 초교파 선교회로는 아세아연합신학대학, 동서선교훈련원, GMF의 세계 선교훈련원이다(윗글).

347) 기독신문 205년 12월 9일자 15면.

제 10장
교회 교육행정의 개선

1. 한국교회 교육행정의 이원적 구조의 탈피

미국에서 여러 연합단체들이 개발한 교육과정 이론의 중요한 공통점은 종래의 "교회내 주일학교(혹은 교회학교) 교육을 위한 교재(공과) 개발"에 역점을 둔 협의의 교육과정 이해를 극복하고 광의의 교육과정이 지닌 의미를 적극 수용해서 교회를 "하나의 교육집단(교육공동체)"으로 보고, 목회적 기능을 교육의 관점(educational ministry of the church)에서 보면서 교육과정의 이론을 전개하였다.[348)]

이러한 동향은 한국교회로 하여금 교육과정에 대한 새로운 인식을 자극하였다. 즉 교육과정 이해에 있어서 과거처럼 프로그램의 보완이나 교재의 재편성, 학습자료의 보완 등 지엽적인 문제보다 보다 근원적인 교회의 교육구조로부터 문제를 삼아야 할 것을 자극하였다. 지금까지 한국교회의 교육구조를 반성하면 교육(대개 주일학교에 국한된 미성년자

348) 고용수, "한국교회의 교육과정 진단과 교육적 과제," 한춘기 편, 『한국교회와 교육』(서울: 총신대학출판부, 1990), 66-67.

중심)과 목회(성인 중심의 돌봄)를 이분화하거나, 별개의 기능으로 구조화해서, 교회의 교육과정을 이야기할 때는 대개 유년 내지 청소년 주일학교 교육에만 국한시켰고, 거기에 관련된 교재(공과)에만 신경을 써 왔다. 교회 내에 속한 어린이로부터 어른에 이르기까지 지속성, 연계성, 통합성이 결여된 한국교회 교육의 구조와 운영은 근본적으로 비합리적인 문제를 지니고 있다.[349)]

예전에는 주일예배 직전에 성경공부 시간을 가졌는데 그것마저도 요즘에는 많은 교회에서 경쟁적으로 3, 4부 예배를 드리다 보니 자연히 그런 시간이 없어져 버렸다. 대신 주간에 소그룹 단위로 성경공부 등을 실시하는 경우가 많지만, 이것은 전교인을 상대로 한 것이 아니기 때문에 성인교육을 다했다고 볼 수 없다.[350)] 간단히 말해서 양적 팽창에 관심을 두다 보니 성인교육은 어린이나 청소년을 위한 교육보다 훨씬 열악한 상황에 놓이게 됐다. 우리 나라의 교회가 예배는 강조해도 교육은 경시하는 경향이 있고, 또 성경연구는 많아도 기독교인으로서의 삶의 윤리를 교육하는 일은 부족하다.[351)]

한국교회의 교육과정의 근본적인 문제는 무슨 프로그램의 보완이나 보충의 문제 이전에 근본적으로 교회는 교육공동체라는 인식을 기본적으로 설정해 놓아야 한다. 커리큘럼이라고 하면 적어도 어린아이에서부터 어른에 이르기까지 한 목표를 향하여 나아가는 기본방향과, 원리적인 측면에서 제시해 주는 교육방향 제시가 있어야만 교회에 주어진 교육적 사명을 일관성 있게 추구해 나갈 수 있다. 최근의 커리큘럼 이론에 비춰볼 때에 한국교회 커리큘럼 이론화 작업은 상당히 중요할 뿐만

349) *Ibid.*, 67.
350) 기독교신문취재팀 편, "정담(鼎談)시리즈:한국교회 2천년대를 진단한다 – 교육과 신학," 『한국교회의 허와 실』(서울: 쿰란출판사, 1992), 285-286 참고.
351) *Ibid.*, 286.

아니라 교재 개발의 면에서도 전반적인 새로운 검토가 이루어져야 한다.[352)]

그리고 우리가 또한 주목해야 할 점은 교회교육은 연령에 구애됨이 없이 누구에게나 시행되어야 한다는 것이다. 대개 교육이라면 유년교육을 대상으로 생각하나 성인교육도 그 이상으로 중요하다. 성인교육이 우선되어야 할 이유는 아이들은 사업의 설계나 계획을 현실적으로 효과있게 세우기가 어려울 뿐 아니라 더 나아가서 사업 운영의 능력도 없다. 교회는 교회 안에 있는 성인들에 대한 올바른 이해가 필요하다고 생각한다. 성인들은 어느 층의 연령보다도 더 좋은 봉사의 기회를 가지고 있는 사람들이다. 가정과 사회, 교회 안의 모든 사업에 실제적인 지도권을 소유하고 행사하는 실력을 가진 자들이기 때문이다. 다음 세대에 사상이나 생활 양식을 가르치는데 영향력을 가장 효과있게 발휘할 수 있는 사람은 성인들이며 유년부나 중, 고등, 대학의 교육도 성인들이 관심을 나타내지 않는 한 그 성과는 비관적이 될 것이다. 유능하고 충성스러운 성인들을 잘 교육하여서 성경지식과 그리스도의 정신으로 무장케 하면 교회의 전반적인 문제가 쉽게 해결될 것이다. 건전한 신앙과 기독교적인 인격을 소유한 성인들이 나오기까지는 진정한 의미에서 교회의 조직은 연약할 수밖에 없을 것이다. 교회 전체가 항구적으로 발전하기 위하여서는 성인교육에 대한 특별한 관심과 배려가 있어야 한다고 본다.[353)]

352) 고용수, "한국교회의 교육과정 진단과 교육적 과제," 67-68.
353) *Ibid.*

2. 교육사(教育師) 제도의 활용

교육사라는 생소한 말이 소수의 교육에 관심을 둔 목회자와 교육전문가들에 의하여 사용되기 시작하였다. 교육사는 글자 그대로 교육만을 교회 안에서 전담하는 직분을 칭하는 말이다. 우리는 몇몇 큰 교회에서 전도 목사, 심방 목사, 교육 목사 등으로 부목사에게 주어진 일의 내용에 따라서 부목사의 명칭이 세분화되어 있음을 본다. 이러한 세분화는 상담 목사, 음악 목사 등으로 더욱 더 분화되어질 수 있다.

교육(목)사의 명칭은 기독교교육 전문인으로서 주로 교회교육을 전담하는 사람으로 안수의 여부에 따라 교육목사[354]와 교육사[355]로 불리우고 있다.[356]

교육사라고 하는 직은 원래 미국에서 20 세기 초반 10년 동안에 생겨났다. 교육사의 직접적인 과업은 교회에 교육적인 이상(ideal)을 제시하는 일이었는데, 특히 주일학교와 밀접히 관련되어서 그런 일을 하였다. 이 직업에 대한 이론적 기초는 교육철학적인 면에서 존 듀이(John Dewey)가 마련했고, 이를 교회교육을 위해 성경적 입장으로 바꾸어 새롭게 잘 적용한 인물은 버튼(Ernest DeWitt Burton)과 매튜스(Shailer Mattews)이다. 이 직(職)을 마련하는 일에 대한 조직적인 시도는 종교교육협회(Religious Education Association)와 그 협회의 초대 회장이었던 하퍼(William Rainey Harper)로부터 나왔다. 듀이, 버튼, 매튜스, 그리고 하

354) 안수받은 교육전문인.

355) 일의 기능적 분화를 위해 안수를 받지 않았거나 안수문제가 해결되지 않은 교회교육 전문인으로 '교회교육 지도자'라는 명칭으로 불리우기도 한다.

356) 김희자, "교육(목)사(Director of Christian Education) 제도의 역사적 형성과정과 한국적 적용," 「신학지남」(1989년 여름호), 170.

퍼는 종교교육협회가 1903년에 조직될 당시 시카고 대학(University of Chicago)의 교수진에 속해 있었다. 이 직에 대한 가장 강력한 옹호자는 1907년에서 1923년 자신이 죽을 때가지 종교교육협회의 총무로 일했던 코프(Henry F. Cope)였다.[357] 1910년 3월 10일 종교교육협회의 후원 하에 종교 교육사들의 첫 모임이 종교교육협회의 7차 회합과 연관하여 이루어졌다. 이는 종교 교육사로서 교회와 다른 기관들에 채용된 사람들이 함께 만나 공통 관심사를 토론하는 것이 필요했기 때문이다.[358] 이들은 교회 안에서 교육과 관련하여 다양한 역할을 했는데, 프로그램 개발과 조정, 지도자 개발, 교육정책의 주도, 그리고 교회 지도자들간의 협력적 사역 분위기 조성 등의 역할을 감당하였다.[359]

오늘날 우리는 고도로 전문화된 문명 사회를 살아가고 있다. 이 사회는 사회 전체가 하나의 교육사회의 구조를 갖고 있다. 현대 사회를 성공적으로 살아가기 위하여 우리는 매일 매일 끊임없이 무엇인가를 새롭게 배워 나가야 한다. 교육 사회 안에 있는 한국교회의 미래는 교회교육의 성패에 달려 있다. 이를 위하여 교회는 이제 교육을 교육 전문인에게 맡길 때가 되었다.[360]

교육사의 자질은 전문성과 신앙의 뿌리를 바탕한 것이어야 한다. 교육사의 전문성을 논할 때는 교육학적, 신학적으로 높은 전문성을 요구한다. 미국 종교교육협회에서 규정한 교육사의 자격은 (1)정회원이 4년제 대학을 마치고 종교교육 과목을 이수하면서 3년간의 신학원 교육을

357) Marvin J. Taylor ed., *Changing Patterns of Religious Education*(Nashville, Tennessee: Abingdon Press, 1984), 194.

358) "Preliminary Program, Seventh General Convention," *Religious Education 4*(February, 1910), 13을 *Ibid.*에서 재인용.

359) Marvin J. Tayler ed. *Changing Patterns of Religious Education*, 200-202.

360) 오인탁, 『기독교교육』, 178.

졸업하였거나, 4년제 대학을 졸업 후 기독교교육을 전공한 석사이어야 하며 (2)준회원은 고등학교 졸업 후 인정된 종교교육 학교에서 2년간 교육받은 사람이어야 한다.[361]

교육사의 우선적인 책임 중의 하나는 전체적인 교육프로그램에 대한 행정이다. 교육사는 하나의 부목사로 간주되어서는 안된다. 그는 교육 분야의 훈련된 전문가이며, 따라서 전반적인 교육프로그램을 조직하고 감독하고 조정하는 기회가 그에게 주어져야 한다. 교육사 혹은 교육담당 교역자는 교회교육에 있어서 전체적인 목적을 세워야 한다. 그 목적은 총회적으로 세워진 것을 교회가 그대로 사용할 수도 있고, 총회의 것을 기초로 해서 교회가 새롭게 만들 수도 있다. 교육담당 교역자는 교회가 지향해야 할 교회학교의 목표를 담임목사 및 다른 지도자들과 함께 논의하고 확정해야 한다.[362] 주요한 교육기관의 행정가와 감독자로서 어떤 특정한 책임들이 그의 영역 아래 놓여 있다. 그의 많은 시간은 잠재력을 가진 교사들과 지도자들을 발굴하고 지도자 훈련과정과 강습회를 통해서 그들의 이해와 능력을 영적으로 성장 발달시키는 일을 돕는 데 사용될 것이다. 그는 기독교교육위원회의 위원장으로 일하기 보다는 총무로서 일해야 한다. 그는 계획의 적용에 관련된 문제의 영역에서 뿐 아니라 개인적인 문제의 영역에서 지도하면서 종종 상담자의 자리에 앉기도 해야 한다.[363]

〈교회와 교육사〉(The Church and the Director of Christian Education)

---

361) 김희자, “교육(목)사(Director of Christian Education) 제도의 역사적 형성과정과 한국적 적용,” 176.

362) 현유광, 『교회교육길라잡이』, 218.

363) Paul R. Finlay, “The Christian Education Director,” in *An Introduction to Evangelical Christian Education*, ed. Edward J. Hakes, (Chicago: Moody Press, 1964), 222-223.

라고 하는 제목의 소책자가 전미교육사협회(The National Association of Directors of Christian Education)에 의해 만들어졌는데, 거기에는 '교육사(기독교교육 책임자)는 교회를 위해 무엇을 할 것인가?'라는 주제 가운데 교육사의 직임에 대해 다음과 같은 목록을 제시하고 있다. (1)그는 교회로 하여금 교회의 모든 일을 교육적인 관점으로 보도록 도울 것이다. (2)그는 기독교교육위원회나 협회에 행정적인 지도력을 제공할 것이다. (3)그는 목사가 교육 프로그램에 관련된 행정적인 책임에서 벗어나도록 도울 것이다. (4)그는 교회의 프로그램의 교육적 목표들에 초점을 맞출 것이다. (5)그는 교회의 교육적 노력을 통일시킬 것이다. (6)그는 프로그램을 진행하기 위해 평신도 지도력을 훈련시킬 것이다. (7)그는 교회와 더불어 새로운 아이디어들과 사역을 소개하고 개발할 것이다. (8)그는 기독교교육 분야에 있어서의 경향들을 탐구하고 해석할 것이다.[364)]

바로 위에서 언급하였듯이 그는 급속히 발전되고 있는 기독교교육 분야의 새로운 아이디어에 있어 뒤떨어지지 않도록 이 분야의 연구에 시간을 가져야 한다. 그에게 회중 개개인과 공동체에게 기독교교육의 대의를 이해시킬 수 있는 충분한 기회가 주어져야 한다.

그러나 대부분의 교회에서 교육사가 전적으로 행정가의 역할만하는 것은 불가능할 것이므로, 가끔 프로그램을 실제로 지도하는 활동적인 부분을 맡는 것이 필요하다. 예를 들면, 청소년 활동 분야에 있어 그룹을 감독하고 프로그램을 전반적으로 기획하는 일을 맡는 경우도 있고, 가끔 캠프를 포함한 청소년 수련회나 특별 행사를 계획하고, 경우에 따라선 특별한 청년 친목회를 위해 자문역으로 활동하기도 할 것이다. 종종 교육사는 전체 프로그램의 행정가요 혹은 심방프로그램의 지도자로

364) Kenneth O. Gangel, *Leadership for Church Education*, 권명달 역, 『교회교육의 리더쉽』(서울: 보이스사, 1991), 95.

서 주일학교 사업 분야에 참여할 수도 있다. 그는 사용되고 있는 여러 가지의 교육과정의 자료들을 평가해야 한다. 어떤 교회들에서는 교육사가 여름, 또는 겨울방학 성경학교를 지도해야 할 것이다.[365] 그러나 이러한 일들의 상당 부분은 평신도들을 육성하여 그들에게 넘겨주고 교육사로서 우선적으로 해야 할 일들에 더 많은 시간을 가질 수 있도록 그 자신과 교회가 노력해 나가야 할 것이다.

교육사는 여러 사람들과 관계하지만 가장 우선적이고 중요한 관계는 담임목회자와의 관계이다. 담임목회자와의 조화롭고 화목한 관계 이상으로 중요한 것은 없다. 바로 여기에서 모든 것이 시작될 수 있다. 해리 파이랜드(Harry Piland)는 교육사와 담임목사의 관계에 대한 몇 가지 제안들을 이야기한다. 첫째, 교육사는 담임목회자가 아니라는 점을 인식해야 한다. 그는 교회의 최고 지도자가 아니며, 그 역할은 담임목회자의 역할이다. 둘째, 교육사는 담임목회자보다 "앞서 나가서"(run ahead)는 안된다. 교육사는 담임목회자의 의중을 살피고, 특히 새로운 일이거나 독특한 일인 경우에는 그의 충고를 구해야 한다. 담임목회자는 교육사에게 조언자, 지지자, 그리고 상담자가 될 수 있다. 담임목회자는 교육사가 그의 일을 상당히 자유롭고 창의적으로 해나갈 수 있도록 허용해야 한다. 셋째, 교육사와 담임목회자는 정기적으로 서로 대화하여야 한다. 그들은 문제들과 필요한 것들에 대해 토론하고 그것들을 위해 기도해야 한다. 담임목회자와 교육사는 동역자일 뿐만 아니라 가장 다정한 친구가 될 수 있고, 또 되어야 한다. 넷째, 아마 가장 중요한 것이라 여겨지는데 그것은 교육사와 담임목회자가 같은 교회의 교역자로 섬기기 이전에(before) 서로에 관하여 가능한 많이 알도록 노력하는 것이다. 개방적이고 솔직하고 정직해야 한다. 그것은 커다란 이익을 가져다 줄 것이다. 담

365) Faul Finlay, "The Christian Education Director," 223.

임목회자와 교육사가 서로 마음과 정신과 뜻이 함께 할 때보다 더 신선한 관계는 없다.[366)]

3. 교회의 교육적 시설과 설비

또 한 가지 우리가 교육목회의 효과를 위하여, 즉 크리스천의 삶과 증거의 학교, 배움과 섬김의 학교로서의 교회는 예배하는 집 혹은 설교 장소 그 이상이 되어야 한다. 예수 그리스도를 따르는 충성스럽고 지혜로운 학습자들을 "제자로 만들기" 위하여 가장 효율적으로 교육할 수 있는 건물과 설비를 필요로 한다.[367)]

교회의 건물을 계획함에 있어서 설교와 교수는 상호 연관적인 것으로 인식되어야 한다. 설교의 주된 목적은 설득이며 교수의 주된 목적은 교육(instruction)이다. 설교가 학구적이 될 경우 그 매력과 능력을 많이 상실하게 되며, 가르치는 일이 설교식이 될 경우는 그 특성과 효율을 많이 잃어버리게 된다. 설교자는 설교를 듣는 청중들이 성경에 대한 지식과 이해의 배경이 있음을 알고 있을 때 큰 잇점을 갖게 된다. 설교와 교수 사이에는 분명한 선이 없다. 왜냐하면 모든 훌륭한 설교에는 가르침의 요소를 가지고 있고, 또 모든 훌륭한 가르침에는 설교의 요소를 가지

366) Harry M. Piland, "The Minister of Education," *The Ministry of Religious Education*, Compiled by John T. Sisemore(Nashville, Tenn.: Broadman Press, 1978), 157-158.

367) Gaines S. Dobbins, "Building and Equipment for Christian Education," in *An Introduction to Evangelical Christian Education*, ed. Edward J. Hakes (Chicago: Moody Press, 1964), 256.

고 있기 때문이다. 그러나 거기에는 차이가 있으며 설교하는 것과 가르치는 것에는 그 특징을 살릴 때 더욱 효과가 있다.[368)]

교육목회를 효율적으로 이루어가기 위해서 교회의 건물은 설교와 가르치는 일의 보완적인 관계로 지어져야 하고 이 관계를 유지해야 한다. 교육을 위한 설비는 가능하다면 강당 혹은 예배실과 같이 한 건물에(한 지붕 밑에) 있어야 한다. 주일학교의 직원들과 교사들은 협동적 예배의 인도에 있어 설교자 및 자기 주위에 있는 다른 사람들과 함께 협력하여 참여하고 있다는 사실을 깨달아야 한다. 주일학교 각 부서와 반에서 예배 장소에 이르기까지 넓고 편리한 통로를 마련해야 한다. 건물 자체는 가능한 한, 설교하는 일과 가르치는 일이 구분되지 않으면서도 조화 가운데서 제 역할을 할 수 있도록 마련되어야 한다.[369)] 이 점에서 목사와 설계위원회는 이를 주의하고 설계사에게도 그러한 점을 알려서 교육적 목적을 위하여 각 층을 설계해 달라고 부탁하여야 한다. 건물의 교육적 목적이 가장 중요하다는 것을 명심해야 한다. 만약 건축을 할 때 교육을 위한 건물을 동시에 짓지 않는다면 예배를 위해 짓는 일도 허사일 것이기 때문이다.[370)] 또한 각 부서의 효율적인 교육을 위해 교육적인 설비의 투자에도 인색하지 말아야 한다.

368) *Ibid.*
369) *Ibid.*
370) *Ibid.*, 259.

제11장
주일학교 운영의 강화

1. 주일학교의 중요성

주일학교는 주로 어린이 및 젊은이들을 대상으로 기독교교육을 시행하기 위해 교회 또는 교구에 설치해 놓은 학교로 다양한 종교교육이 이루어지고 있다. 물론 주일학교는 모든 연령층을 대상으로 한다.

주일학교 운동이 처음 시작된 것은 영국의 교도소에서였다. 낭시 많은 재소자, 특히 젊은이들은 일요일을 제외한 평일에 공장에 나가 일을 했다. 지방신문 발행인이었던 로버트 레익스(Robert Raikes)는 일요일날 기초적인 종교교육을 시행한다면 범죄생활을 막을 수 있으리라는 생각에서 교도소 내에서 주일학교를 운영하기 시작했다. 주일학교는 차츰 영국은 물론 전세계로 확산되기에 이르렀다.

이처럼 초기 주일학교는 단순히 신앙을 주입하기 위한 종교교육에 국한되어진 것이 아니라 청소년들의 심성을 순화시키는 도덕교육은 물론이고 그들에게 꿈과 이상을 심어주는 가치관의 교육에도 중점을 두었다.

그 후 교회교육의 양과 질에 있어서도 커다란 변화가 있었고 강조점도 교파마다 차이가 있었다. 교리를 중점적으로 가르치는 교회가 있었는가 하면 사회에 대한 봉사에 좀 더 치중하는 교파도 나타났다. 결국 주일학교는 교육방법의 차이점에도 불구하고 신앙교육을 통해 청소년들에게 올바른 가치를 심어준다는 교육목적으로 인해 프로테스탄트 교회에서 근본적으로 중시되었다.

제4회 전선(全鮮)주일학교 대회에서 양주삼 목사는 "신자의 85%가 주일학교를 통해서 왔다. 주일학교만 잘 되면 교회는 자연히 왕성할 것이다"라고 하면서 주일학교의 중요성을 강조했다.[371] 미국 남침례교는 미국에서 급성장한 최대 교파인데 그들의 교인증가 이유를 50%는 주일학교를 통해서, 35%는 학교와 다른 기관을 통해서, 15%는 개인전도와 기타 이유로 설명하고 있다.[372] 주일학교가 교회성장에 있어 그만큼 중요하다는 사실을 보여준 보고였다.

벤슨(Benson) 박사는 "엄정한 평가에 의하면 모든 교파들의 전회원의 75%는 주일학교를 거쳐 양육된 사람들이며 교회일꾼의 85%와 성직자들과 선교사들의 95%가 한 때 주일학교에서 공부하던 학생들이었다"[373]고 말하고 있다. 그만큼 주일학교의 중요성을 말해준 것이다.

교회 평신도들이 성경을 체계있게 배울 수 있는 기관은 교회 안에서 주일학교가 가장 바람직하다. 주일학교는 교회의 황금밭이다. 그런데 아직도 많은 교회에서는 주일학교에 대한 인식이 매우 부족하다. 큰 주일학교는 큰 교회를 만들며 미래의 교회는 오늘의 주일학교에 달려 있다.[374] 그러므로 평신도들의 주일학교 참석을 권면하고 또 구체적 교육

---

371) 문동환, "한국의 교회교육사," 『한국 기독교교육사』(서울: 대한기독교교육협회, 1974), 46.

372) 오병세, 『교회, 교육, 신학』, 121.

373) C. H. Benson, *The Sunday School in Action*(Chicago: The Bible Institute Colpotage Association, 1932), 37.

374) 김득룡, 『현대 기독교교육운동 연구』(n.p., 1983), 45.

을 실시해야 한다.

특별히 성인주일학교의 개선은 시급하다. 샬러(Schaller)는 성인주일학교의 개선책으로 다음의 세 가지를 제시하였다. 그것은, 첫째로 대중 속에서 소집단들을 중요시하는 인식을 가질 것, 둘째로 신지한 성경연구에 관해 새롭게 강조할 것, 셋째로 개인적인 종교체험을 강조할 것 등이다.[375] 사실 현재의 상황을 볼 때 성인주일학교 교육은 상당히 약화되어 있음을 부인할 수 없다.

주일학교는 평신도들의 배움의 장소인 동시에 또한 평신도들의 일터이기도 하다. 그러므로 주일학교는 평신도들의 성경지식과 신앙인격은 물론 교회를 위한 봉사정신을 아울러 훈련시키는 교육기관이라 할 수 있다. 특히 평신도 훈련을 위해 특별한 교과과정을 만들 수 없는 형편의 교회들이 주일학교 교육계획에 관심을 가지고 연구해야 할 것이다. 또 교회가 성장되어갈 때도 장년교육의 조건은 충분히 고려되어야 한다.

2. 교사훈련과 공과교육

현대교회는 최첨단 시설로 주일학교 수준을 높이려 하고, 그 방법을 최선으로 여긴다. 하지만 주일학교 발전에 가장 중요한 요소는 바로 교사이다.[376] 교회의 교육은 임명된 교사들에게 일방적으로 맡겨질 것이 아니라 그 교사들의 자질개발을 위하여 목사는 그들을 교육하고 훈련하는 일에 책임을 져야 한다. 적어도 목사의 목회관과 교육철학이 교사들

375) Lyle E. Schaller, *That's Our Church*(Nashville: Abingdon Press, 1975), 145.
376) 황병준, 『미래교회 트렌드』(서울: 올리브나무, 2015), 173.

에게 기본적으로 확인되는 속에서 주일학교의 교육이 이루어지도록 해야 한다. 목회자들은 자기 교회의 주일학교의 교사들에게 다음 주일에 가르칠 공과준비를 위해 교사성경공부를 인도하여야 한다. 물론 교회 일의 규모에 따라 교육목사에게 위임할 수도 있다.

그러나 교회는 교사들을 임명하고, 그들의 봉사에 격려와 위로를 아끼지 않아야 할 뿐 아니라 훈련과 교사교육을 통하여 그들의 자질을 후천적으로 개발하여 그들이 임무를 원활히 수행할 수 있도록 도와 주어야 한다.

기독교 교사의 제 1의 우선적인 필요조건은 그가 참된 그리스도인이어야 한다는 점이다. 그리하여야 그가 하나님의 진리를 증거하고, 동시에 그리스도를 닮아가는 것이 기독교교육의 목적이라는 사실을 보여줄 수 있게 된다.

또한 중요한 교사의 자질로는, 교사는 그의 교과를 알아야 하고, 학생들과 그가 다루어야할 재료들을 알아야 한다. 그는 훌륭한 인격과 학생에 대해 기본적인 사랑을 가져야 하며 가르치는 일을 위해 직접적으로 하나님의 부르심을 입었다는 의식이 있어야 한다.[377]

각 교회는 교사양성과 훈련을 위한 반을 만들어 계획적으로 교사를 양성하고 재교육하여야 한다. 이 일은 담임 목회자의 책임 하에 이루어져야 하며, 이 양성반은 교회의 교역자 또는 기독교교육의 전문가를 강사로 초빙하여 운영해 나갈 수 있다. 그리고 이 반의 효율적 운영을 위해서 개교회 실정에 맞는 교육프로그램 즉 적절한 커리큘럼을 마련해야 한다.

이 교사 교육과 훈련의 프로그램을 위하여 각 노회 차원이나 이웃교회들과 연합하여 프로그램을 운영할 수도 있다. 이럴 경우 비용절감, 이

---

377) Herbert W. Byrne, *A Christian Approach to Education: Educational Theory and Application*(Milford, Mich.: Mott Media, 1981), 125.

웃 교회들과 유대관계, 체계있는 교육 등을 기대할 수 있다. 그리고 교단에서 교사 양성과 교사 재교육 프로그램을 항시 개설해 놓고 교육할 수도 있으며, 각 교회나 노회의 요청에 따라 인적 지원과 프로그램 지원 등을 해줄 수도 있다.

3. 주일학교의 교육체계

현재 주일학교의 교육은 발달단계에 따른 적합한 교육이 이루어지지 못하고 있다고 볼 수 있다. 즉 일방적으로 성경 본문을 중심하여서 이야기식으로 전개해 나가는 방식이다. 이는 유년에서 장년에 이르기까지 흔히 개교회에서 목도할 수 있는 상황이다. 그러나 유년부, 초등부는 현재하고 있는 것처럼 공과를 중심으로 성경 이야기를 많이 듣게 하고, 중등부 3년 과정은 성경 본문중심의 성경공부 차원을 넘어서 신앙교육서를 중심으로 신앙사상에 대한 교리적 체계를 확립해 주는 학습반으로 운영하여 고등부로 올라갈 때에 유아세례를 받지 않은 학생들에게는 세례를 받도록 권유하며, 고등부 3년 과정은 신앙문답의 반복학습 과정으로 공부하게 한 후 대학부로 진급하기 전에 성인교인으로 전교회가 환영해 주는 방법이 바람직 할 것이다.[378] 이러한 교육체계가 인간의 발달단계를 보아서도 적절하다고 여겨진다. 그리고 성인 교인들을 위해서는 계속하여 더 폭넓은 신앙문답 교육을 시행하여 일관된 교회의 교육체계를 갖추어야 한다. 현재의 교육체계로서는 주일학교 중고등부를 거친다고 해도 분명한 신앙관과 가치관을 갖기 힘들 것으로 여겨진다. 각 교단

378) 정일웅, 『종교개혁 시대의 기독교 신앙의 가르침』, 237.

과 교회에서는 이런 새로운 차원에서 교육의 체계를 마련하고 또 그에 적합한 신앙교육서를 마련해야 할 것이다.

그리고 우리가 또한 주목해야 할 점은 교회교육은 연령에 구애됨이 없이 누구에게나 시행되어야 할 성질의 것이라는 점이다. 대개 교육이라면 유년교육을 대상으로 생각하나 성인교육도 그 이상으로 중요하다. 성인이 없이는 교회가 하나님으로부터 부여받은 사명을 수행할 수가 없다. 기독교의 본래적인 대상은 아이들만이 아니라 성인도 포함되어야 한다는 사실을 잊어서는 안된다. 또 유년교육은 전적으로 성인들의 수중에 의존하면서 이루어지기 때문에 성인교육은 어느 층의 연령보다도 우선적으로 실천되어야 한다. 예수께서 세상에 오셔서 친히 교육시킨 대상은 아이들로부터 시작한 것이 아니라 성인들을 우선으로 하신 것이다. 교회가 짊어지고 있는 구령사업의 막중한 과제는 성인들의 노력 여하에 달려 있다. 예수께서 어린 아이들을 품에 안으신 것은 성인들을 교육시키기 위한 것이었다. 실제에 있어서 교회의 기본적인 교육 방침은 성인들로 하여금 성숙한 신앙인이 되게 하여 어린이나 청소년에게 기독교적인 영향을 끼치게 하는데 있다.[379)]

그러므로 주일학교의 교육은 유년, 청소년만을 대상으로 하는 것으로 국한하지 말고 대학부, 청년부, 장년부, 노년부에 이르도록 연계성을 가지고 교육이 이루어지도록 해야 한다. 특히 현재 한국은 초고령화 사회를 앞두고 있어 노인교육의 중요성이 더욱 강조되고 있다. 기독교 노인교육은 구체적으로 기독교적 삶의 성숙을 목적으로 한다. 이는 노인의 삶 속에서 새로운 피조물로서의 자유와 풍요로운 삶이며, 평안과 여유 있는 삶으로 모든 사람들에게 모범이 되며, 귀감이 되는 삶이며, 선교에

379) 조해수, “교육을 통한 교회성장,” 「월간목회」(1981년 6월호), 28.

로의 활성화가 이루어지는 삶을 가리킨다.[380] 물론 청소년 이후의 성인들에게는 교육의 방법과 형태가 달라져야 할 것이다.

380) 박상철, 『노인의 사회역할 상실에 따른 대안적 교육목회』(파주: 한국학술정보, 2006), 176.

맺음말

교회의 성장 문제는 새로운 의미로 우리에게 다가오게 되었다. 교회의 성장은 교회 구성원들의 믿음과 행위가 일치되는 신앙생활, 곧 교회의 영성회복을 통한 교회의 갱신을 그 주요한 테마로 삼아야 한다. 이러한 교회의 질적 성장을 통해서 양적 성장이 주어질 때 그 양적 성장도 의미있게 되는 것이다. 우리는 교회성장을 하나의 현상적 측면으로만 보아서는 안될 것이며 덧붙여 그 속에 포함되어 있는 의미가 무엇인지를 밝혀야 한다고 생각된다. 양적 성장은 외적으로 나타나 보이는 교회건물, 시설, 인원수, 재산, 행사 등에 관계된 성장으로 특히 수적인 증가에 관심을 두고 있으며, 질적인 성장은 교회의 신앙의 성숙도를 중심으로 보는 것이다. 그렇지만 양적인 성장과 질적인 성장을 엄밀히 구분하는 것은 불가능하다. 우리가 여기에서 생각하고자 하는 것은 질적인 성장에 근거해서 양적인 성장도 일어나야 한다는 점이다.

더 나아가 현실적인 면에 있어서 성도의 수가 감소되기 시작한 추세를 감안하면서 한국교회의 현실을 솔직하게 그리고 정확하게 진단하면서 교회를 갱신하고 미래를 준비해야 할 것이다. 따라서 새로운 성장방법론이 강력하게 요청되고 있다. 한국교회의 성장은 계속되어야 한다.

이 과제는 한국교회의 역사적 과제이다. 그러나 양적 성장이 질적 성숙을 희생시키는 대가로 이루어져서는 안된다는 점에 우리는 주의해야 한다. 또 과거와는 달리 이제는 질적 성숙 없이는 양적 성장이 점점 어려워질 것으로 예측되는 상황이다.

이러한 시점에서 어떻게 하면 질적이고 양적인 교회의 성장을 가져올 수 있는가 하는 것이 우리의 주요한 관심사항이 될 수밖에 없다. 지나간 교회의 역사를 살펴보면 한 때 크게 흥왕했던 교회들이 쇠락하여 명맥을 유지하기도 어려운 처지에 있는 경우가 많음을 보게 된다. 우리는 이 교회 성장의 문제를 절실한 의식으로 고민하고 그 해결방안을 모색해야 할 당위성에 직면하고 있다. 교회가 바르게 성장하려면 교회는 보다 철저하고 효과적인 교육을 그 성장의 통로로 삼아야 한다. 이것은 양적 성장에 대한 질적인 뒷받침을 강조하는 내용이기도 하며, 목회 자체를 교육적으로 하여야겠다는 생각이다.

하나님의 백성이요 그리스도의 몸이요 성령 안에서의 성도의 교통으로서의 교회요, 하나님과 세상을 섬기는 교회는 그 사명으로 예배하고 그리스도의 복음을 증거하며, 성도의 교제를 나누며 구제하고 봉사하는 사명을 갖는다. 우리가 이러한 교회의 사명의 중요성을 인식하면서 한 가지 염두에 두어야 할 것은 이러한 사명을 과연 교회가 잘 감당해 나갈 수 있기 위해서는 우선적으로 교회의 성원에 대한 철저한 교육이 필요하다는 점이다.

교육은 초대교회 때부터 지금까지 교회가 참으로 교회일 수 있는 통로일 뿐 아니라 말씀의 선포, 성도간의 교제, 그리고 봉사와 더불어 교회가 마땅히 하지 않으면 안되는 교회의 본질적인 사명이다. 더 근본적으로 말해 교회의 사명들을 구체적으로 감당할 수 있기 위한 지식과 의식 그리고 모든 준비가 교육을 통해서 이루어진다고 말해야 할 것이다. 그러므로 하나님의 말씀을 통한 교육목회는 교회를 교회되게 하고, 침체된 교회를 갱신함으로써 교회의 성장과 성숙을 가져올 수 있는 목회의 유일한 대안으로, 예수님과 바울도 그렇게 사역하고 목회했던 성경적 목회 방법이라고 생각한다.

목회와 교육이 서로 유기적인 관계에 있음은, 목회사역이 곧 그리스도인의 신앙의 성숙을 지도하고 그리스도인을 그리스도의 장성한 분량에 이르기까지 양육하는 일이기 때문이다.

그동안 한국교회가 하나님의 특별한 은총 아래서 많은 약점들이 있음에도 불구하고 성장해 왔던 것에 대해 우리는 감사드려야 한다. 그러나 우리는 이러한 축복에 감사하면서 더욱 하나님의 교회의 질적 · 양적 성장을 위해 노력해야 할 과제를 인식하지 않을 수 없다. 교회가 고난과 핍박 중에, 혹은 평안한 시절을 거치는 중에 여러 계기와 역사를 통해 성장해 왔는데, 지금 우리 시대에 여러 요인에 따른 쇠락을 관망만 하고 있어서는 안 된다. 교회의 성장을 염원하고 하나님 나라의 확장을 소원하는 우리 목회자들은 하나님의 은총을 바라는 동시에, 우리 자신들이 주체적으로 교회의 성장을 위해 헌신하여야 한다. 아울러 모든 목회사역을 하나님의 말씀을 매개로 한 교육적 차원에서 수행함으로 성도들의 질적 성숙을 도모하는 교육목회를 지향해 나아가야 한다. 그리하여 날로 새로와지고 변화하는 시대 속에서 교회를 건전히 세우고 성장시키며 하나님 나라를 확장해 나가야 한다.

주요 참고문헌

김순성. "신앙공동체 영성연구의 중요성." 「복음과 실천」. 제11권. 2006년 봄호:211-229.

김양선. 『한국기독교해방10년사』. 서울: 대한예수교장로회 종교교육부, 1956.

김양선. 『한국기독교사연구』. 서울: 기독교문사, 1971.

김영재. 『한국교회사』. 개정3판. 서울: 합신대학원출판부, 2009.

김영재. "한국교회 성장의 역사와 전망." 「신학지평」. 제7집. 1998년 봄호: 141-168.

김영재. "한국교회 죄책 고백과 독일교회 사례." 「신학지평」. 제18집. 2005: 255-284.

김웅기. 『기독교교육의 기초』. 서울: 한국성서대학출판부, 2015.

김중기 · 정진홍 · 정학섭. 『한국교회성장과 신앙양태에 관한 조사연구』. 서울: 현대사회연구소, 1982.

김형태. "목회적 교육의 관점에서 본 한국 기독교교육의 평가." 「기독교교육논총」. 제13집. 2006년 6월:17-52.

노치준. 『한국의 교회조직』. 서울: 민영사, 1995.

대한예수교장로회. 『헌법』. 서울: 대한예수교장로회총회출판부, 2014.

문화체육관광부. 『한국의 종교현황』. 서울: 새 성균기획, 2012.

민경배. 『한국기독교회사』. 서울: 대한기독교출판사, 1993.

박상철. 『노인의 사회역할 상실에 따른 대안적 교육목회』. 파주: 한국학술정보, 2006.

박영신 · 정재영. 『현대 한국사회와 기독교』. 서울: 한들출판사, 2007.

박영호. "기독교교육과 선교의 관계연구." 「복음과 실천신학」. 제19권. 2009년 봄호:229-261.

박조엘. 『맞아죽을 각오로 쓴 한국교회 비판』. 서울: 박스북스, 2008.

박종현. 『일제하 한국교회의 신앙구조』. 서울: 한들출판사, 2004.

박진숙. "크리스챤 가정을 위한 기독교 경제교육." 「복음과 교육」. 16. 2014년 12월: 193-223.

백낙준. 『한국개신교사』. 서울: 연세대학교출판부, 1973.

신현광. "교육목회와 가정의 신앙교육에 대한 고찰." 「신학과 실천」. 제47호.

2015:373-399.
심군식. 『세상끝날까지: 한국교회 산 증인 한상동 목사의 생애』. 서울: 총회출판국, 1997.
안명준 외 9인. 『한국교회의 문제점과 극복방안』. 서울: 이컴비즈넷, 2005.
안인섭. "칼빈의 제네바 교회의 사회복지." 요한 칼빈 탄생 500주년 기념사업회. 『칼빈의 목회와 윤리, 사회참여』. 서울: SFC출판부, 2013.
양희송. 『가나안성도 교회밖 신앙』. 서울: 포이에마, 2014.
오인탁. 『기독교교육』. 서울: 종로서적, 1989.
이만식. "한국기독교사회복지의 실태." 『기독교사회복지총람』. 서울: 보이스사, 2007.
이상규. 『한국교회 역사와 신학』. 서울: 도서출판 생명의 양식, 2007.
이석철. 『교육으로 목회를 본다』. 대전: 침례신학대학교출판부, 2012.
이승진. "신앙공동체 활성화를 위한 설교방법에 관한 연구." 「복음과 실천신학」. 제21권. 2010년 봄호:99-123.
이영헌. 『교회의 발자취』. 서울: 총회교육부, 1969.
이영헌. 『한국기독교사』. 서울: 콘콜디아사, 1980.
이종윤 · 전호진 · 나일선, 『교회성장론』. 서울: 정음출판사, 1983.
이창옥 · 김난예. "부모 양육태도와 하나님 이미지가 후기아동기 회복탄력성에 미치는 영향." 「기독교교육논총」. 제34권. 2013년 6월:93-120.
이하준. 『한국교회, 패러다임을 바꿔야 산다』. 서울: 새물결플러스, 2011.
장화선. "기독교 어린이교육에 대한 역사적 탐구." 「기독교교육논총」. 제18권. 2008년 6월: 229-258.
전택부. 『한국교회발전사』. 서울: 대한기독교출판사, 1987.
정일웅. 『교육목회학』. 서울: 도서출판 솔로몬, 1993.
정재영. 『한국교회의 종교사회학적 이해』. 서울: 열린출판사, 2012.
채필근. 『한석진 목사와 그 시대』. 서울: 대한기독교서회, 1971.
최동규 · 전석재 · 박관희. 『미래세대의 전도와 목회』. 서울: 대한기독교서회, 2015.
최윤식. 『2020-2040 한국교회 미래지도』. 서울: 생명의 말씀사, 2013.
『한국기독교분석리포트』. 서울: 도서출판 URD, 2013.
한국기독교사회문제연구원. 『한국교회 100년 종합조사연구』. 서울: 한국기독교사회문제연구원, 1982.
한국복음주의실천신학회 편. 『21세기 실천신학개론』. 서울: 기독교문서선교회, 2006.

허호익 · 김경호 · 정종훈 · 최형묵. 『위기의 한국교회, 진단과 대안』. 서울: 도서출판 동연, 2010.

현유광. 『교회교육길라잡이』. 서울: 도서출판 생명의 양식, 2008.

황병준. 『미래교회 트렌드』. 서울:올리브나무, 2015.

황영철 편저. 『그리스도인의 현실참여 어떻게 할 것인가』. 서울: 도서출판 나비, 1988.

황성철. 『칼빈의 교육목회』. 서울: 도서출판 이레서원, 2002.

Adams, Jay E. *What about Nouthetic Counseling?* Grand Rapids, Mich.: Baker Book House, 1977.

Adams, Jay E. *Competent to Counsel*. Nutley, N.J.: Presbyterian and Reformed Publishing Co., 1970.

Adams, Jay E. *Preaching with Purpose: The Urgnt Task of Homiletics*. 이길상 역. 『설교의 시급한 과제』. 서울: 아가페출판사, 1993.

Adams, Jay E. *Pastoral Counseling*. 정삼지 역. 『성공적인 목회상담』. 서울: 기독교문서선교회, 1980.

Allen, Andrew J. C. *The Church Catechism: Its History and Contents*. London:Longmans, Green, And Co., 1892.

Anthony, Michael J. ed. *Introducing Chritian Education: Foundations for the Twenty-first Century*. Grand Rapids, Mich.: Baker Academic, 2001.

Bavinck, Johannes H. *An Introduction to the Science of Mission*. trans. David Hugh Freman. Philadelphia: Presbyterian and Reformed Publishing Co., 1960.

Berkhof, Louis. *Systematic Theology*. New combined edition. Grand Rapids, Michigan: Wm. B. Eerdmans Publishing Co., 1996.

Beyerhaus, Peter. *Mission: Which Way? 'Humanization or Redemption.'* Grand Rapids, Mich.: Zondervan Publishing Co., 1971.

Byrne, Herbert W. *A Christian Approach to Education: Educational Theory and Application*. Milford, Mich.: Mott Media, 1981.

Byrne, Herbert W. *A Christian Approach to Education: Educational Theory and Application.* 신현광 역. 『기독교교육학총론』. 서울: 민영사, 2003.

Calvin, John. "Form of Administering Baptism." in *Selected Works of John Calvin, Tracts and Letters, vol. 2*. ed. and trans. Henry Beveridge. Grand Rapids, Mich.: Baker Book House, 1984.

Calvin, John. *Institutes of Christian Religion*. ed. John T. Mcneill, tr. Ford Lewis Battles. Philadelphia: Westminster Press, 1960.

Clark, C. A. *The Korea Church and the Nevius Methods*. New York: Fleming H. Revell Co., 1930.

Clark, C. A. *The Nevius Plan for Mission Work: Illustrated in Korea*. 박용규·김춘섭 역. 『한국교회와 네비우스 선교정책』. 서울: 대한기독교서회, 1994.

Collins, Gary R. ed. *Helping People Grow: Practical Approach to Christian Counseling*. Ventura, CA: Vision House, 1982.

Collins, Gary R. *Christian Counseling: A Comprehensive Guide*. 피현희 · 이혜련 역. 『크리스찬 카운슬링』. 서울: 두란노서원출판사, 1984.

Coleman Jr., Lucien E. *Why the Church Must teach*. 박영철 역. 『교육하는 교회』. 서울: 요단출판사, 1990.

Comenius, Johann A. *Pampaedia*. Lateinischer Text und deutsche Übersetzung. Nach Handschrift herausgeben von Dimitrij Tschižewsk in Gemeinschaft mit Heinrich Geissler und Klaus Schaller. Heidelberg: Quelle & Meyer, 1965.

Crabb Jr., Lawrence J. *Effective Biblical Counseling*. Grand Rapids, Mich.: Zondervan Publishing House, 1979.

Dodd, C. H *The Apostolic Preaching and Its Developments.* London: Hoder and Stoughton Ltd., 1944.

Eavey C. B. *History of Christian Education*. Chicago: Moody Press, 1965.

Gangel, Kenneth O. and Benson, Warren S. *Christian Education: Its History and Philosophy*. Chicago: Moody Press, 1983.

Graendorf, Werner C. ed. *Introduction to Biblical Christian Education*. Chicago:Moody Press, 1993.

Hakes, Edward J. ed. *An Introduction to Evangelical Christian Education*. Chicago:Moody Press, 1964.

Harper, Norman E. *Making Disciples: The Challenge of Christian Education at the End of at the 20th Century*. Memphis: Christian Stidies Center, 1981.

Hinkle, Joseph W. and Cook, Melva J. *How to Minister of Families in Your Church*. Nashville: Broadman Press, 1978.

Hodge, Charles. *Systematic Theology, Vol. III*. Grand Rapids, Michigan: Wm.

B. Eerdmans Publishing Co., 1995.
Howell, John H. *Church and Family Growing Together*. Nashville: Broadman Press, 1984.
Hunt, William B. *Annual Report of the Board of Foreign Mission of the Presbyterian Church*. New York, 1910.
Huntley, Martha. *Caring, Growing, Changing: A History of the Protestant Mission in Korea*. 차종순 역. 『한국개신교초기의 선교와 교회성장』. 서울: 목양출판사, 1985.
Jaarsma, Cornelius. *Fundamentals in Christian Education*. Grand Rapids, Michigan:Wm. B. Eerdmans Publishing Co., 1995.
Johnson, Dennis E. ed. *Foundations of Christian Education*: Addresses to Christian Phillipsburg, New Jersey: Presbyterian and Reformed Publishing Co., 1990.
Johnston, Arther P. *The Battle for World Evangelism*. Wheaton: Tyndale House Publishers Inc., 1978.
Kuiper, R. B. *God-Centered Evangelism: A Presentation of the Scriptural Theology of Evangelism*. Grand Rapids, Mich.: Baker Book House, 1961.
Kuiper, R. B. *God-Centered Evangelism: A Presentation of the Scriptural Theology of Evangelism*. 신현광 역. 『하나님 중심의 복음전도』. 서울: 민영사, 2003.
Ladd, George E. *The Gospel of the Kingdom: Popular Expositions on the Kingdom of God*. Grand Rapids, Michigan: Wm. B. Eerdmans Publishing Co., 1983.
Machesn, Grasham. *The New Testament: An Introduction to Its Literature and History.* Edinburgh: The Banner of Truth, 1981.
McGavran, Donald A. *Understanding Church Growth. Grand Rapids*, Michigan: Wm. B. Eerdmans Publishing Co., 1980.
Meier, Paul D.; Minirth, Frank B.; Winchern, Frank B. *Introduction to Psychology and Counseling: Christian Perspectives and Applications.* Grand Rapids, Mich.: Baker Book House, 1982.
Murray, Andrew. *The Spirit of Christ: Thoughts on the Indwelling of the Holy Spirit in the Believer and the Church*. New York: A. D. F. Randolph and Co., 1888.

Nipkow, Karl E. *Christliche Erziehung und Glaube*. 오인탁 역. 『기독교교육과 신앙』. 서울: 홍성사, 1984.

Pateck, Kerry. 『아버지는 가정 목회자』. 김시완 · 윤혜란 역. 서울: 미션월드라이브러리, 2003.

Pazmiño, Robert W. *Foundational Issues in Christian Education: An Introduction in Evangelical Perspective*. Grand Rapids, Mich.: Baker Books, 2004.

Rhodes, H. A. *History of the Korea Mission: Presbyterian Church U. S. A., 1884-1934. Vol. 1*. Seoul: Chosen Mission Presbyterian Church, 1934.

Runia, Klass. and Stott, John R. eds. *Das Himmeleich hat schon begonnen: Reich Gottes in Unserer Zeit*. 정일웅 역. 『하나님 나라의 신학』. 서울: 로고스연구원, 1990.

Scott, Waldron. *Bring forth Justice: A Contemporary Perspective on Mission*. 강선규 역. 『사회정의 와 세계선교를 위한 제자도』. 도서출판 두란노, 1988.

Slaughter, James R. "Biblical Perspective for the Family." in *Christian Education:Foundations for the Future*. ed. Robert E. Clark; Lin Johnson; Allyn K. Sloat, Chicago: Moody Press, 1991:555-568.

Shearer, R. E. *Wildfire: Church Growth in Korea*. 이승익 역. 『한국교회성장사』. 서울:대한기독교서회, 1992.

Sherll, Lewis J. *The Rise of Christian Education*. New York: Mcmillan Co., 1953.

Sisemore, John T. compiled. *The Ministry of Religious Education*. Nashville, Tenn.:Broadmans Press, 1978.

Smart, J. D. *The Teaching Ministry of the Church*. Philadelphia: The westminster Press, 1954.

Sproul Jr., R. C. "In Jesus' Name. Amen." in *The Case for Covenant Infant Baptism*. ed. Gregg Strawbridge. Grand Rapids, Mich.: Baker Books, 2003.

Stott, John R. *Christian Mission in Modern World*. Downer Gtrove: I.V.P., 1975.

Taylor, Marvin J. ed. *An Introduction to Christian Education*. Nashville, Tenn.:Abingdon Press, 1966.

Taylor, Marvin J. ed. *Changing Patterns of Religious Education*. Nashville,

Tenn.:Abingdon Press, 1984.

Terry, John M. & Smith, Ebbie. ed. *Missiology*. 최정만 역. 『선교학개론』. 서울: 기독교 문서선교회, 2003.

Tippet, Alan R. *Church Growth and the Word of God: The Biblical Basis of Church Growth Viewpoint*. Grand Rapids, Michigan: Wm. B. Eerdmans Publishing Co., 1970.

Wagner, C. Petwr. *Church Growth and the Whole Gospel*. New York: Harper & Row, 1981.

Wagner, C. Petwr. *Your Spiritual Gift Can help Your Church Grow*. Glendale: A Division of G/L Publications, 1980.

Westerhoff III, John H. *Will Our Children Have Faith?* 정웅섭 역. 『교회의 신앙교육』. 서울: 대한기독교교육협회, 1990.

Wilhoit, Jim. *Christian Education and Search for Meaning*. 신서균 역. 『현대기독교교육』. 서울: 기독교문서선교회, 1991.

Williford, Craig. "Spiritual Formation in the Home." in *Christian Education: Foundations for the Future*. ed. Robert E. Clark; Lin Johnson; Allyn K. Sloat. Chicago: Moody Press, 1991:583-596.

Witte Jr., J. "Marrige and Family Life." in *The Calvin Handbook*. ed. H. J. Selderhuis. Grand Rapids, Mich.: William B. Eerdmans Publishing Co., 2009.

Wyckoff, D. C. *The Task of Christian Education*. 전택부 역. 『기독교교육의 과제』. 서울: 대한기독교교육협회, 1993.

Zuck, Roy B. *Spiritual Power in Your Teaching*. 권성수 역. 『성령과 교육』. 서울: 지혜문화사, 1982.

옮긴이 : 신현광

총신대학교에서 기독교교육을 전공하고(B.A., M.A.) 同 대학원에서 실천신학을 전공하여 신학박사학위(Th.M., Ph.D.)를 받았다. 그는 CalvinTheological Seminary의 Henry Meeter Center for Calvin Studies에서 Faculty Research Fellow로 참여했으며, Emory University의 Candler School of Theology에서 Visiting Scholar로 연구했다. 또한 그는 총회교육국에서 집필간사로, 여러 교회에서 교육목사와 협동목사로 사역하였고, 안양대학교 교목실장과 신학대학장, 신학대학원장을 역임하였으며, 한국복음주의실천신학회 회장과 전국기독교대학교대학원장협의회 회장을 역임하였다.

현재 안양대학교에서 기독교교육학과 교수로 재직하고 있으며 학과장으로 일하고 있다. 저서로는 『교육목회와 교회성장』, 『하나님의 언약과 생활』, 『창세기, 살아숨쉬다』, 『출애굽기, No Turning Back』, 『그리스도인이 보는 세계종교』가 있고, 역서로는 『기독교교육학총론』(Herbert W. Byrne), 『하나님 중심의 복음전도』(R. B. Kuiper)가 있으며, 책임감수로는 『기독교교육학사전』(Michael J. Anthony ed.) 등이 있다. 그 외 다수의 공저와 논문이 있다.

교육목회와 교회성장 (제3판)

지은이 신현광
펴낸이 김동현
펴낸곳 민영사
펴낸날 초판 : 1997년 8월 12일
수정판 : 2005년 3월 7일
제3판 : 2016년 3월 10일

주소 서울시 성동구 독서당로 39길 43 1층
전화 (02)711-1224, 711-1225
팩스 (02)711-1226
등록 2014년 1월 1일 제2014-000001호
Home http://www.minyoungsa.com
E-mail myspub@hanmail.net

ISBN 979-11-86378-10-6 03230

정가 18,000원

※ 잘못된 책은 바꾸어 드립니다.